现代企业人力资源管理

XIANDAI QIYE RENLI
ZIYUAN GUANLI

主　编：李俊生　杨炜苗
副主编：孙　晓　吉　涛
　　　　孙海峰　赵玉萍

中国社会科学出版社

图书在版编目（CIP）数据

现代企业人力资源管理 / 李俊生，杨炜苗主编. —北京：中国社会科学出版社，2014.10
ISBN 978-7-5161-4774-0

Ⅰ.①现… Ⅱ.①李…②杨… Ⅲ.①企业管理—人力资源管理—高等学校—教材 Ⅳ.①F272.92

中国版本图书馆CIP数据核字(2014)第206334号

出 版 人	赵剑英
责任编辑	卢小生
特约编辑	解书森
责任校对	石春梅
责任印刷	李　建
出版发行	中国社会科学出版社
社　　址	北京鼓楼西大街甲158号　（邮编100720）
网　　址	http://www.csspw.cn
	中文域名：中国社科网　010-64070619
发 行 部	010-84083685
门 市 部	010-84029450
经　　销	新华书店及其他书店
印刷装订	北京天正元印务有限公司
版　　次	2014年10月第1版
印　　次	2014年10月第1次印刷
开　　本	710×1000　1/16
印　　张	22
字　　数	406千字
定　　价	60.00元

凡购买中国社会科学出版社图书，如有质量问题请与本社联系调换
电话：010-64009791
版权所有　侵权必究

序　言

　　2008年发生在美国的次贷金融危机，不仅影响世界范围内的经济运行，也给美国和世界政治、社会、经济、国际贸易带来阴影。危机不仅加剧了欧洲次贷危机，也影响到了发展中国家经济、社会、贸易持续发展。中国经济在高速发展20多年之后，不仅受到西方经济金融危机导致的消费需求降低的影响，同时也面临劳动力成本提升、人民币汇率升高、传统制造业和进出口出现速度减缓、企业销售额和盈利率大幅度下降等挑战。面临挑战，中国国有企业和民营企业开始认真考虑转型。很多企业快速走出海外，力求在国际市场中拼出一条血路。

　　在金融危机影响传统行业和企业的同时，移动互联网经济在中国和世界上发展迅猛，超出人们的预期。大数据、云计算、物联网、网上购物、网上银行、互联网社会传播媒体——微博、微信、脸谱等风起云涌，势不可当。谷歌、苹果、三星、百度、腾讯、阿里巴巴等移动互联网巨无霸企业在这个世界中对我们每一个人的生活、工作、价值观产生了难以估量的影响。今天，每个人通过互联网所接收到的信息量是过去几十年甚至上百年信息量的总和。

　　世界政治、经济、社会发展趋势体现出三大特征：复杂性、多样性、不确定性。在互联网时代，传统和新兴行业、市场、产品、服务竞争愈演愈烈，成本增高，利润下滑。在产品和服务竞争的后面是激烈的人才之争。在过去的几年中，我们不仅观察到横跨很多行业的中国传统制造业遇到招工难的挑战，更看到了在新兴互联网企业中人才急剧流动的现象。现代年轻人对企业的忠诚度降到最低点，频繁跳槽现象屡见不鲜，给企业造成了巨大的损失。迅速提升全方位领导力，带领企业员工共启愿景、面对未来是企业领军人物面临最大的挑战。

　　《现代企业人力资源管理》（以下简称《管理》）在这种政治、经济、文化背景下的出版真可谓雪中送炭。《管理》一书不是一本原著，而是总结了人力资源管理中不同观点、不同流派、不同学科中的核心思想和精髓，有针对性地做了筛选、分析、归纳、梳理，对在变化环境中受到人才短缺挑战和困惑的中国不同类型企业具有良好的学习、参考、借鉴意义。

《管理》一书第一章到第五章归纳了传统人力资源管理的人力资源的定义、结构、招聘、培训、待遇、福利。但是，与市面上很多人力资源书籍不一样，《管理》一书针对国际化的趋势和中国人才市场环境发生的变化，增添了对当今中国企业很有现实意义的章节。第五章对不同国家人力资源管理特质进行了详细阐述，阐述了韩国、日本、德国人力资本管理的特质和政策，对走出和准备走出海外的中国企业有很大的借鉴意义。第六章总结归纳了国际化人力资本管理中普遍遇到的战略、文化、法律、政策问题，并针对跨国公司管理提出了很多切实可行的建议。第七章阐述了企业并购前和并购后的人力资源管理的特质、方法、策略，特别强调并购后的跨文化融合问题。第九章针对21世纪中国企业面对的老龄化危机、网络经济的挑战、蓝领工人的"民工荒"以及中国企业国际化面临的挑战问题进行了详尽的描述、分析、总结，提出了建议。第十章还附上了三个世界顶级企业的精英案例。德鲁克生前说过，管理既不是科学，也不是艺术。管理学更是一门实践学科。相信《管理》一书会给正在发展转型走向海外的中国企业不断发展培养造就一流世界级人才做出贡献。

                杨　壮（北大国家发展研究院管理学教授）
                2014年9月12日

目 录 CONTENTS

第一章 人力资源及其管理概论

第一节 人力资源概念概述 …………………………………… 1
第二节 人力资源管理理论概述 ……………………………… 10
第三节 现代人力资源与传统人事管理 ……………………… 16
第四节 企业人力资源战略 …………………………………… 20

第二章 企业人力的结构编制

第一节 企业人力组织的结构部署 …………………………… 28
第二节 企业人力领导的组织结构 …………………………… 34
第三节 企业人力的组织设计 ………………………………… 50
第四节 企业人员编制 ………………………………………… 54
第五节 企业工作岗位编制 …………………………………… 61
第六节 企业职位编制 ………………………………………… 66

第三章 企业员工招聘与培训

第一节 企业员工招聘概述 …………………………………… 72
第二节 企业管理人员的选聘 ………………………………… 83
第三节 企业员工招聘的面试流程 …………………………… 90
第四节 企业员工的录用 ……………………………………… 98
第五节 企业员工的培训 ……………………………………… 105

第四章　企业员工待遇与福利

第一节　企业员工的薪金管理 …………………………………… 111
第二节　企业劳资谈判 …………………………………………… 120
第三节　企业员工的保险制度 …………………………………… 124
第四节　企业员工福利 …………………………………………… 132

第五章　企业劳动关系

第一节　企业劳动关系概述 ……………………………………… 142
第二节　企业劳动争议 …………………………………………… 152
第三节　企业劳动合同分析 ……………………………………… 161

第六章　企业员工素质、职业生涯与绩效

第一节　企业员工素质测评 ……………………………………… 176
第二节　企业员工职业生涯管理 ………………………………… 184
第三节　企业员工绩效管理 ……………………………………… 192

第七章　外国企业人力资源管理及中外比较

第一节　韩国企业人力资源管理 ………………………………… 199
第二节　日本企业人力资源管理 ………………………………… 204
第三节　德国企业人力资源管理 ………………………………… 212
第四节　中国与国外企业人力资源管理对比 …………………… 218

第八章　国际企业人力资源管理实务

第一节　国际企业人力资源管理概述 …………………………… 230
第二节　国际企业人力资源配置 ………………………………… 236
第三节　国际企业跨文化人力资源管理 ………………………… 246
第四节　国际企业人力资源管理发展趋势 ……………………… 254

目 录

第九章 企业并购与人力资源管理

第一节 企业并购 …… 262
第二节 跨国并购中的人力资源管理概论 …… 272
第三节 企业跨国并购中的人力资源管理实务 …… 289

第十章 企业人力资源管理参考案例

第一节 苹果的文化与人力资源管理 …… 300
第二节 联想并购 IBM …… 309
第三节 沃尔玛的人力资源规划 …… 313

附 录 21世纪的中国

第一节 中国人口老龄化导致劳动人口下降 …… 330
第二节 中国的用工荒 …… 332
第三节 网络经济的崛起 …… 334
第四节 全球化国际竞争日益激烈 …… 338
第五节 全球化格局对未来人力资源管理的影响 …… 340

参考文献 …… 342
后记 …… 344

第一章

人力资源及其管理概论

第一节 人力资源概念概述

一 什么是资源？

通常,"资源"是指一国或一定地区内拥有的物力、财力、人力等各种物质要素的总称。在经济学中,"资源"概念更多指的是能够形成资产的来源,具体指的是为创造物质财富而投入生产经营活动的一切要素。在管理学中,"资源"则指一切可以作为发展前提的条件和基础,既可以是有形的物质基础,也可以是无形的精神要素。总体而论,所谓"资源"指的是一切可被人类开发和利用的物质、能量和信息的总称,它广泛存在于自然界和人类社会,是一种自然存在物或能够给人类带来财富的财富。

对于资源,有很多分类,可以根据不同标准进行分类。按性质可分为自然资源和社会资源,按资源的经济属性可分为经济资源与非经济资源,按用途可分为农业资源、工业资源、信息资源、资本资源、人力资源等,按资源状况可分为现实资源、潜在资源和废物资源等,从资源的再生性角度可分为再生资源和非再生资源,从资源利用的可控性程度可分为专有资源和共享资源。

紧密联系企业管理的是自然资源、资本资源、信息资源和人力资源。

所谓"自然资源"一般是指大自然赋予的可供人类用于生产活动的一切未经加工的自然物,如未开发的土地、森林、矿藏等,如阳光、空气、水、土地、森林、草原、动物、矿藏等。

所谓"资本资源"是指用于生产活动的资金、机器、厂房、设备等。人们并非直接消费资本本身，而要借助资本资源去生产最终消费品。

所谓"信息资源"在生产经营活动中又离不开信息资源，信息是对客观事物特征之描述。信息的价值在于信息本身的差异性、传递性，更重要的在于信息的共享性。

所谓"人力资源"则是世界上最重要的资源，被经济学家称为第一资源，人力资源也是生产活动中最活跃的因素。

二 什么是人力资源？

"人力资源"这一概念曾先后于1919年和1921年在约翰·R. 康芒斯（John Rogers Commons）的两本著作《产业信誉》和《产业政府》中使用过，康芒斯也被认为是第一个使用"人力资源"一词的人。但当时他所指的人力资源和现在我们所理解的人力资源在含义上相去甚远，只不过使用了相同的词语而已。

我们现在所理解的"人力资源"概念，是由管理学大师彼得·德鲁克（Peter F. Drucker）于1954年在其名著《管理实践》中正式提出并加以明确界定的。德鲁克之所以提出这一概念，是想表达传统人事管理所不能表达的意思。他认为，与其他资源相比，人力资源是一种特殊的资源，它必须通过有效的激励机制才能开发利用，并为企业带来可观的经济价值。在我国，最早使用"人力资源"概念的文献是毛泽东于1956年为《中国农村社会主义高潮》所写的按语。他在按语中写道，中国妇女是一种伟大的人力资源，必须发掘这种资源，为建设一个社会主义中国而奋斗。20世纪60年代以后，随着西奥多·W. 舒尔茨（Theodore W. Schultz）提出人力资源理论，"人力资源"概念更加深入人心，对人力资源的研究也越来越多。到目前为止，对于人力资源的概念界定，学者们给出了多种不同的代表性解释：

第一类主要是从能力角度来解释人力资源的含义，例如：

人力资源，是指能够推动整个经济和社会发展的劳动者的能力，即处在劳动年龄的已直接投入建设和尚未投入建设人口的能力。

人力资源，是人类可用于生产产品或提供各种服务的活力、技能和知识。

人力资源，是指包含在人体内的一种生产能力，它是表现在劳动者的身上、以劳动者的数量和质量表示的资源，对经济起着生产性作用，并且是企业经营中最活跃、最积极的生产要素。

人力资源，是指社会组织内部全部劳动人口中蕴涵的劳动能力的总和。

人力资源，是指劳动过程中可以直接投入的体力、智力、精力总和及其形成的基础素质，包括知识、技能、经验、品性与态度等身心素质。

人力资源，是指企业员工天然拥有并自主支配使用的协调力、融合力、判断力和想象力。

第二类主要从人的角度来解释人力资源的含义，例如：

人力资源，是指一定社会区域内所有具有劳动能力的适龄劳动人口和超过劳动年龄人口的总和。

人力资源，是企业内部成员及外部的顾客等人员，即可以为企业提供直接或潜在服务及有利于企业实现预期经营效益人员的总和。

人力资源，是指能够推动社会和经济发展的具有智力和体力劳动能力的人的总称。

根据以上观点，可以做出以下概括：所谓人力资源，是指能够推动整个经济和社会发展的具有智力劳动能力和体力劳动能力的人的总和。它是技能、体能、知识和经验的总和。它包括质量和数量两个指标。这个定义中包括如下两个要点：一是人力资源的本质是人所具有的脑力和体力的总和，可以统称为劳动能力。二是这一能力要能对财富的创造起决定作用，成为财富形成的来源。

三　人力资源的内容

人力资源包括数量和质量两个指标。围绕着这两个指标，人力资源包括以下四方面内容。

（一）人的体质

所谓人的体质，通常是指由先天遗传和后天获得所形成的，人类个体在形态结构和功能活动方面所固有的、相对稳定的特性。过去对体质的定义只是关注人体本身是否健康，是否无病无残，而现在的衡量标准却是：①身体素质；②精神状态；③营养状况；④忍耐力；⑤抗病能力；⑥对自然环境和社会环境的适应能力。

（二）人的智力

智力也叫智能，是人们认识客观事物并运用知识解决实际问题的能力。对于智力，有不同的认定标准，有生理学的标准，也有心理学的标准。但总体看，一个人的智力主要由以下指标来确定：（1）记忆力；（2）应变能力；（3）接受能力；（4）感知能力；（5）观察力；（6）想象力；（7）分析判断能力；（8）思维能力；（9）应变能力。

（三）人的文化素质和受教育程度

主要由以下十四个指标来衡量一个人的文化素质和受教育程度：（1）最后学历；（2）文化知识总量；（3）分析能力；（4）创造力；（5）决策能力；（6）再学习的能力；（7）组织能力和管理能力；（8）演讲能力；（9）社交能力；（10）应变能力；（11）预见力；（12）文明礼貌；（13）写作能力；（14）参政议政能力。

（四）人的思想觉悟和道德水平

人的思想觉悟和道德水平具有强烈的时代性、历史性和阶级性，在当代中国，主要由以下指标来衡量一个人的思想觉悟和道德水平：（1）是否坚持四项基本原则？（2）是否有较高的职业道德和社会道德？（3）是否有较高事业心和责任感？（4）是否坚持社会主义的核心价值观？（5）是否爱国、爱人民、爱民族？等等。

四 人力资源的特征

作为一种特殊的资源形式，人力资源具有不同于其他资源的特殊性，表现在以下几个方面：

（一）生物性

人力资源的载体是人，因此，它是有生命的"活"的资源，具有天然生理构成的方方面面和出生、成长、死亡的自然生理发展过程。

（二）时效性

人力资源的形成和开发、利用都要受时间、空间的限制。从个体角度来说，作为生物机体的人，有其生命周期；从社会角度来说，人力资源也有培养期、成长期、成熟期和老化期。在人的发育成长期之前，体力和脑力还处在一个不断增强和积累的过程，这一时期人的体力和脑力还不足以用来进行价值的创造，因此还不能称之为人力资源。当人进入成熟期，体力和脑力的发展都达到了可以从事劳动的程度，可以对财富的创造作出贡献，因而也就形成了现实的人力资源。当人进入老年期，其体力和脑力都不断衰退，越来越不适合进行劳动，也就不能再称其为人力资源了。生命周期和人力资源的这种倒"U"形关系，决定了人力资源的时效性，必须在人的成年时期对其进行开发和利用，否则就浪费了宝贵的人力资源。自然资源则不同，自然界的物质资源如果不能开发利用，一般来说，它还会长久存在，不会出现"过期作废"的现象，对自然资源而言，只存在开发利用程度问题。

（三）智力可变性

人力资源和自然资源不同，在使用过程中它发挥作用的程度可能会有所变动，从而具有一定的可变性。一方面，人在劳动过程中会因为自身心理状态的不同而影响劳动效果；另一方面，人在一生中，智力是会随着年龄的变化而变化的，有高低之分。所以，智力的不断开发，是人力资源开发和管理的重要组成部分。

（四）资源再生性

资源可以分再生资源和不可再生资源两大类，人力资源是可再生资源。针对人类整体而言，人类的繁衍生息，使人力资源取之不尽、用之不竭，而人力资源的再生性又不同于一般生物资源的再生性，它依赖人的个体而存在，因为只有人脑才有高级思维活动。

（五）能动性

人力资源是劳动者所具有的能力，而人总是有目的、有计划地在使用自己的脑力和体力，这也是人和动物的本质区别。在蜂房的建筑上，蜜蜂的本事还使许多以建筑师为业的人感到惭愧。但是，最拙劣的建筑师和最灵活的蜜蜂相比也显得优越，自然就是这个事实：建筑师在用蜂蜡构成蜂房之前，已经在他的大脑中把它构成。劳动过程结束时得到的结果，已经在劳动过程开始时存在于劳动者的观念中。正因为如此，在价值创造过程中，人力资源总是处于主动的地位，是劳动过程中最积极、最活跃的因素。人具有主观能动性，潜在可挖掘性，意识可强化，观念可创新。这些特点都是人力资源管理的基础。

（六）社会性

人生活在群体当中，是社会性的高级动物。从宏观的角度看，人力资源总是与一定的社会环境相联系的，人所具有的体力和脑力明显地受到时代和社会因素的影响，从而具有社会性。从本质上看，人力资源是一种社会资源，不但会产生经济效益，更会产生社会效益。

五　相关概念的区别与联系

与人力资源紧密相关的概念有人口资源、劳动力资源、人才资源、人力资本等。

人口资源是指一个国家的人口总和。它主要体现的是数量指标。

人力资源是指人所具有的脑力劳动能力和体力劳动能力的总和。

劳动力资源是指一个国家具有劳动能力的人口总和。它通常是指18－60岁的健康人。

人才资源是指一个国家具有较高管理能力、研究能力、创造力和专业技术水平的人的总和。强调的是人的智力水平。

以上四个概念之间的包容关系，如图1－1所示。

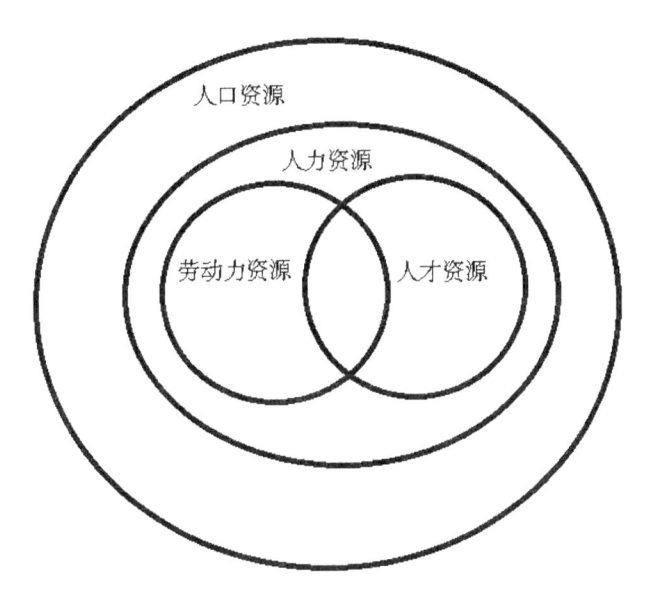

图1-1 人口资源、人力资源、劳动力资源、人才资源之间的关系图

在数量上，人口资源是最多的，它是人力资源形成的数量基础，人口资源中具备一定脑力和体力的那部分才是人力资源；而人才资源又是人力资源的一部分，是人力资源中质量较高的那部分，也是数量最少的。

"人力资源"和"人力资本"也是容易混淆的两个概念，很多人甚至将它们通用，其实，它们是有区别的。

"资本"一词，语义上有三种解释：一是指掌握在资本家手里的生产资料和用来雇用工人的货币；二是指经营工商业的本钱；三是指牟取利益的凭借。马克思认为，资本是指那些能够带来剩余价值的价值。

对于人力资本的含义，西奥多·W.舒尔茨认为，人力资本是劳动者身上所具备的两种能力，一种是通过先天遗传获得的，是由个人与生俱来的基因所决定的；另一种能力是后天获得的，由个人经过努力学习而形成的，而读写能力是任何民族人口的人力资本质量的关键成分。

同物质资本一样，人力资本也要通过投资才能形成。按照劳动经济学的观点，人力资本的投资主要有教育和培训、迁移、医疗保健三种形式。而且与其他类型的投资一样，人力资本的投资也包含这样一种含义：在当前时期付出一定的成本并希望在将来能够带来收益，因此人们在进行人力资本投资决策时主要考虑收益和成本两个因素。只有当收益大于成本或至少等于成本时，人们才愿意进行人力资本的投入，否则，人们将不会进行人力资本的投资。

　　人力资源和人力资本是既有联系又有区别的两个概念。应该说，人力资源和人力资本都是以人为基础而产生的概念，研究的对象都是人所具有的脑力和体力，从这点上说，两者是一致的。而且，现代人力资源理论大都是以人力资本理论为依据的；人力资本理论是人力资源理论的重点内容和基础部分；人力资源经济活动及其收益的核算是基于人力资本理论进行的，两者都是在研究人力作为生产要素在经济发展中的作用时产生的。

　　虽然这两个概念有紧密联系，但它们之间还是存在着一定的区别：

　　首先，在与社会财富和社会价值的关系上两者是不同的。人力资本是由投资形成的，因此劳动者将自己拥有的脑力和体力投入生产过程中参与价值创造，就要据此来获取相应的劳动报酬和经济利益，它与社会价值的关系应当说是一种由因索果的关系。而人力资源则不同，作为一种资源，劳动者拥有的脑力和体力对价值的创造起着重要的贡献作用，它与社会价值的关系应当说是一种由果溯因的关系。

　　其次，这两者研究问题的角度和关注的重点也不同。人力资本是通过投资形成的存在于人体中的资本形式，是形成人的脑力和体力的物质资本在人身上的价值凝结，是从成本收益的角度来研究人在经济增长中的作用，关注的重点是收益问题，即投资能否带来多少收益的问题。人力资源则不同，它将人作为财富的来源来看待，是从投入产出角度来研究人对经济发展的作用，关注的重点是产出问题，即人力资源对经济发展的贡献有多大，对经济发展的推动有多强。

　　最后，人力资源和人力资本的计量形式不同。众所周知，资源是存量的概念，而资本则是兼有存量和流量的概念，人力资源和人力资本也同样如此。人力资源是指一定时间、一定空间内人所具有的对价值创造起决定作用并且能够被组织利用的体力和脑力的总和。而人力资本，如果从生产活动的角度看，往往是与流量核算相联系的，表现为经验的不断积累、技能的不断增进、产出量的不断变化和体能的不断损耗；如果从投资活动的角度看，又与存量核算相联系，表现为投入到教育培训、迁移和健康等方面的资本在人身上的凝结。

六　人力资源分类

　　对于企业的人力资源，不仅可以从不同的角度进行分类，而且不同的国家与地区也有自己的分类。例如，美国劳工统计局先后用过三种统计分类方法：一是传统分类法，即20世纪80年代以前颁布的分类法①：

（1）白领管理人员、专业人员和行政人员

·专业技术人员、技术人员经理及行政管理人员

·经理、行政人员、服务人员、专业人员

·销售人员、农林渔业职员

·职员、技工、熟练工人及技工

（2）蓝领操作工、非熟练工及半熟练工

·技工

·操作工

·非农业劳动力

·服务业工人

·农业劳动力

二是美国商务部20世纪80年代颁布的分类法。这一分类法将人力资源分为6类：

管理人员、专业人员、技术人员、服务人员、农业渔业工人、技工、操作工。

三是美国最新颁布的人力资源分类法。将人力资源分为行政长官、经理及行政管理人员、专业人员、职员、熟练工人及技工、非熟练工、半熟练工。

在我国，现行的企业员工按以下六类统计分类：（1）工人；（2）学徒；（3）工程技术人员；（4）管理人员；（5）服务人员；（6）其他人员。

随着社会经济的快速发展与变化，一般情况下过一段时间，国家都会对企业人力资源进行再次分类，以适应企业现有人力资源的发展与管理。近几年来，有专家就提出了一个新的分类方案，即将企业的人力资源分为7类：

（1）非熟练工；（2）熟练工；（3）技工；（4）职员；（5）专业管理人员；（6）工程技术人员；（7）主管人员。这种分类方法有以下优点：它以企业可供开发利用的人力资源客观状况作为统计的对象，其数据可以更准确地显示企业、地区及国家的经济实力及潜力；它清楚地显示了各类人员的职业特点，能更好地为制定宏观与微观人力资源计划及政策服务；它可以更多地反映企业的组织和技术方面的变化。

---

① John Douglas, *The Strategic Management of Human Resources*, John Wiley & Sons Inc. 1985, 7 – 12.

第二节　人力资源管理理论概述

一　什么是"人力资源管理"？

　　人力资源管理是一门新兴的边缘科学，它是在人才学、劳动经济学、教育学、管理心理学和行为科学的基础上形成的学科。它不仅属于企业管理学，而且属于公共管理学，是当代管理学的重要分支。

　　自从1954年彼得·德鲁克提出现代意义的"人力资源"概念之后，1958年社会学家怀特·巴克第一次提出了"人力资源管理"（Human Resource Management，HRM）的概念，怀特·巴克将人力资源管理视为企业的一种普通的职能，其后众多学者分别从人力资源管理的目的、主体、过程等方面阐述此概念。目前，国内教材对"人力资源管理"的定义繁多，没有完全达成统一。但总体来看，所谓人力资源管理，就是通过规划、协调、控制、监督等手段对组织的人力资源进行有效开发、合理利用和科学管理，从而提升员工与组织的业绩，实现组织目标的过程。

　　从开发的角度看，它不仅包括人力的智力开发，也包括人员的思想文化素质和道德觉悟的提高；不仅包括人力现有能力的充分发挥，也包括人力潜在能力的有效挖掘。从利用的角度看，它包括对人才的发现、鉴别、选拔、分配和合理使用。从管理的角度看，它包括人力资源的预测与规划，也包括人力的组织和培训。总之，人力资源管理就是对人力资源的形成、开发、利用、管理等进行系统控制。

　　以上概念，可以从以下几方面理解：

　　（1）人力资源管理并不直接管理社会劳动过程，也不是简单地对人和事进行管理，而是对社会劳动过程中人和事之间的相互关系进行管理，是谋求社会劳动过程中人与事、人与人、人与组织的相互适应，做到人尽其才。

　　（2）人力资源管理的手段是通过组织、协调、控制、监督等手段进行的。组织就是在知人、知事的基础上，根据因事择人的原则，使人和事结合起来。协调就是根据人和事各自的变化发展及时调整它们之间的关系，保持人事相宜的良好状态。控制就是采用行政的、组织的、思想的种种办法，来防止人与事、人与人、人与组织关系的对抗。监督就是对组织、协调、控制人力资源活动的监察。

（3）人力资源管理是一个动态的管理过程。它不是使人消极地、被动地适应工作，而是要根据每个人的能力特点和水平，把人安排在一个适当的岗位上，人尽其才。随着时间的推移，人才选聘的标准在变化；绩效考核的水平在提高，薪酬的标准也不会一成不变。因此，人力资源管理不是一个消极的静态的管理过程，而是积极的动态的管理过程。

（4）人力资源管理最终要实现组织的目标。员工有员工的目标，组织也有组织的目标，员工的目标与组织的目标不可能完全一致，通过人力资源管理，可以使每一个员工的目标尽可能地靠向组织目标；通过企业文化，使公司的资源得以整合，使员工的目标更加明确，使人的力量形成合力，最终实现组织的目标。

二　人力资源管理的内容

人力资源管理的内容很丰富，大致可以分为以下九个方面：

（一）理论基础与指导实践的基本原理

这是对人力资源开发与管理的理论提升与指导实践的总结与归纳。一门科学没有理论基础是不行的，必须有系统的逻辑体系与内在的理论框架，只有在实践中检验理论与发展理论，才能更好地指导人力资源实践的发展。

（二）系统设计与职务分析

一个组织系统必须建立合理的知识结构，才能提高劳动生产率，这是前提和基础。只有在建立合理组织系统结构的基础上，才能有效地进行职务与工作分析。什么岗位对组织的系统最为重要，什么岗位需要什么样的人力资源，需要多少符合岗位的人力资源，这都需要科学地进行系统设计与岗位工作分析。

（三）制订人力资源发展规划

企业要发展必须制定科学合理的发展战略规划，而支持企业战略发展规划得以实现的两个支持平台：一是财物规划，二是人力资源规划。从社会发展来看，人力资源规划是最重要的规划，离开人力资源规划的支持，企业的一切规划都不能付诸实施。人力资源发展规划就是要做好长期规划、中期规划与短期规划，预测人力资源发展趋势与人力资源供求状况，制定人力资源培训、储备与使用的发展规划。

（四）人力资源的招聘与培训

它要求在合理系统机构下，建立合理的人员招聘与录用调配管理机制，在遵守公开、公正、公平原则下为企业寻找最好的、最适合的人才。同时，要建立企业有效的培训机制与体系，建立有特色、实用的培训途径与方法，以提高劳动生产率为标准，做好培训效果的测评对比工作，做好投入与产出的综合评价工作。

（五）制订员工职业生涯计划

企业的高层管理人员和人力资源职能部门要与员工相互沟通，关心员工个人职业发展的愿望与个人目前工作的关系，共同制定员工个人职业生涯发展规划，使员工感到企业把自己作为企业的一员，激发他们的奉献精神与创新精神。同时为员工个人价值的体现与身份、地位的象征建立了期望与要求，并从组织角度上建立了发展与培养员工的保证机制。

（六）绩效考评

绩效考评必须根据工作说明书及建立科学、合理的员工考核机制，以科学合理的考核标准，对员工的工作评价作出结论。绩效考评要建立双向考评机制，即纵向考评与横向考评相结合，以保证考评公开、公平、公正。同时要切实与提拔、晋升、工资、福利、裁员等相结合，以保证考评能真正促进员工积极、向上、进取的精神，促进员工自身的发展。

（七）薪酬与激励

薪酬是推动企业战略目标实现的重要工具之一。它对员工的工作态度、吸引人才与留住人才都非常重要，同时，也是企业成本项目之一，必须重视企业的支付能力和盈利能力。薪酬也是员工地位和成功与否的标志。要对不同人才实行不同的薪酬与激励，企业不同发展时期应该实行不同的激励措施与薪酬制度，保证企业人才的创造力。

（八）公平就业与职业安全

要重视法律环境对企业发展及安全的重要作用，了解中国人力资源相关法律、法规。人力资源管理的实践要求健全公平就业与职业安全的法律法规制度，保护员工的安全和健康，做好员工劳动保护、劳动保险、医疗保险等相关标准与制度，保护员工的各项合法权益。

（九）人力资源投资与人力资源会计

人力资源管理实践的发展要求企业必须建立人力资源投资与人力资源会计工作，以更好地做好人力资源成本的研究和使用，建立人力资源价格体系，逐步开展人力资源投入与产出效益的核算与评价工作，这也是人力资源职能工作发展的方向之一。

三　人力资源管理地位和功能

（一）人力资源的地位

1. 加强我国人力资源管理，具有弥补物质资源短缺的重要价值

我国虽然物质资源丰富，但由于人口众多，人均拥有资源量却很低，今后的经济增长将面临严峻的资源短缺压力。要继续保持经济的快速增长，必须加强人力资源的开发和管理。美国经济学家西奥多·W. 舒尔茨曾提出这样的理论：在经济增长中，人力资源的作用大于物质资本的作用。我国专家也研究表明：在一个地区经济发展预测中，当把投向物质资

本的资金减少的部分改为人力资本以后，每年的 GDP 平均增长率增加近 0.1 个百分点。因此，从总体和长远来看，增加向人力资本的投入，减少向物质资本的投入，对经济增长更为有利。把我国的人口负担转变为人力资源优势，进而转变为有用的人力资本是人力资源开发和管理的责任。忽视了这一点，就难免会使经济增长后劲不足。与国外发达国家相比，我国人才资源匮乏，人才资源密度仅为 5.5%，因此，加大人才资源的开发力度，加强人力资源管理势在必行。我国目前不仅缺乏"人才"，更缺乏高效的"人力资源管理"和优秀的"用人机制"，因此，应充分认识人力资源开发在企业管理、政府管理、社会管理中的决定性作用。

2. 人力资源是现代经济增长的战略资源

所谓战略资源，即经济发展依赖的资源，是指导和决定经济发展全局的重要资源。这是因为：

一是现代经济发展不是取决于物质资源的多少，而是取决于人力资源的多少。人力资源所凝聚的人力资本存量决定一个国家、地区、企业经济增长的速度和后劲。这是以人力资本为依托的经济发展模式的特点。

二是一个国家缺乏甚至没有物质资源时，只要有一支高技术、高知识含量的人力资源队伍，就可以进行高附加值的生产，推进经济迅速增长。比如：第二次世界大战中战败的日本在财产损失 42%、工业设备损失 44%、完全丧失海外市场和殖民地、能源全部依赖进口、经济全面崩溃、物质资源贫乏的情况下，仅用了 30 多年的时间就重新崛起，就是采用高科技、高附加值生产的原因。20 世纪 50—70 年代的 20 年间，日本的国民生产总值增加了近 30 倍，一跃成为世界经济强国。日本已故首相大平正芳曾说："战后日本经济复兴是靠人的头脑、进取心、纪律性和不屈不挠的精神这些无形的资源发展起来的。受过高等教育并精通业务的人，是日本最有价值的资源。"战败后的德国成为世界经济强国、亚洲"四小龙"的腾飞等，均走的是以人力资源为依托的经济发展之路。联合国开发计划署《1996 年度人力资源开发》报告指出：一个国家国民生产总值的增长主要是靠人力资源，其次才靠资本资源。世界经济发展充分说明，人力资源是现代经济增长的战略资源。

（三）人力资源是现代经济增长的决定因素

经济的发展是伴随技术进步而发生的。现代经济增长是依靠高科技来推动的。高科技使组织由资本密集型、劳动密集型转向知识密集型，使人类进入了知识密集型时代，高质量的人力资源作为现代科学技术知识的载体，是现代经济增长的决定因素。这是因为：

（1）现代经济依靠科学、技术、知识而发展，而科学、技术、知识是劳动者创造的。

（2）第三次技术革命不同于以往的技术革命。前两次技术革命是以资本的扩张为特征，人力资源的作用未突出显现，而第三次技术革命则是以最新科学成就和知识为基础，所以，它是人力资源的智慧、知识、技能的结晶。

（3）科学技术与知识对现代经济的推动作用，只有通过人力资源的劳动过程才能实现。

（二）人力资源管理的功能

1. 政治管理功能

人力资源管理是保证国家政权巩固和发展的重要条件之一，是国家行政管理的核心。国家为了维护统治阶级的利益而设立了国家政权，国家政权需要由人来掌握，行政管理工作需要由人来做。因此，是否有一定数量的合格人员来掌握国家政权、执行国家公务，就成为国家政权能否巩固和发展的重要因素。选好人才，用好人才，处理好人与事、人与人、人与组织之间的关系是非常重要的问题。

2. 生产力功能

人力资源管理对于开发人的智能、调动人的积极性和创造性、推动经济和社会发展具有重要作用。生产力是推动经济和社会向前发展的基本动力，而人是生产力中最基本、最活跃、最关键的因素。提高人的素质，充分调动人的积极性和创造性，合理利用人力资源，是提高生产力水平的主要途径。这些都离不开对人的管理。在人力资源管理过程中，通过考核、奖惩、晋升、工资、福利等活动，来激发各类人员的积极性和创造性，合理地满足员工的物质需求和精神需求。

3. 资源管理功能

人力资源管理是挖掘人才资源、加强人才建设的重要途径。一个国家的经济发展水平取决于这个国家的人才资源与物质资源以及两者的结合状况。因此，人才的挖掘、培养和科学合理的使用是人力资源管理的基本任务。虽然我国的人力资源比较丰富，但由于经济和科学文化落后等原因，公民受教育程度以及智力、能力的开发程度与现代化建设的要求仍有很大差距，因此，挖掘、开发、培养人力资源，充分利用人力资源对我国经济和社会的发展将起到决定作用。高效的人力资源管理是国家稳定、团结的重要保证。一个国家是否稳定,主要取决于这个国家的政府能否完全代表广大人民的利益。政府工作人员素质高低会极大地影响政府的工作实效。因此,选择廉洁奉公、秉公办事的工作人员,是国家长治久安、社会安定团结的重要保证。

第三节 现代人力资源与传统人事管理

一 传统人事管理与现代人力资源管理的内涵

传统的"人事管理",是指对人事关系的管理,一般是指人事部门作为组织内的职能部门所从事的日常事务性工作。它是在一定管理思想和原则的指导下,以从事社会劳动的人和相关的事为对象,运用组织、协调、控制、监督等手段,形成人与人之间、人与事之间相互关系的某种状态,以实现一定目标的一系列管理行为的总和。广义的"人事管理",是指一切组织机构(即单位、部门、团体等)对组织内人群的管理。人事管理过程包括"进、管、出"三个环节。人员的调进调出,被认为是传统人事管理的中心内容。

现代人力资源管理是指为了完成组织管理工作和总体目标,对人力资源的取得、开发、利用和保持等方面进行计划、组织、指挥和控制,以影响员工的行为、态度和绩效,使人力、物力保持最佳比例,以充分发挥人的潜能,提高工作效率的各种组织管理政策、实践及制度安排。目的就是吸引、保留、激励和开发组织所需要的人力资源。其基本内容包括:人力资源规划、工作分析、教育和培训、考核和激励、工资福利、劳动保险和劳动保护、职位分类、定编定员、企业文化与团队建设、人力资源管理系统评估与生产力改进等。与传统的人事管理相比较,现代人力资源管理是一种深入全面的新型管理形式。

随着西方人本主义管理的理念与模式的兴起,现代人力资源管理便应运而生。它与传统人事管理有本质的差异。这些差异主要表现在:

现代人力资源管理通过进行人力资源战略规划、建立人力资源开发与管理系统,以提高组织的竞争力,从而实现组织的目标;将人力资源管理部门转变成组织的生产效益部门，而非纯粹职能部门；将人力资源视为组织的第一资源，既注重对它的开发，又注重对它的保持；现代人力资源管理对员工实行人本化管理，重视对员工的需求的研究，并采取积极措施以满足员工需求。

现代人力资源管理与传统人事管理的区别见表1-1。

表1-1　现代人力资源管理与传统人事管理的区别

项目	现代人力资源管理	传统人事管理
管理观念	员工为有价值的重要资源	员工是成本费用的承担者
目标	达成员工自我发展的追求，确保企业能长远发展	实现组织中短期发展目标
模式	以人为本	以事为本
视角	广阔、远程性	狭窄、短期性
性质	战略、策略性	战术、业务性
深度	主动、注重开发	被动、注重管理
功能	系统、易整合	易分散
内容	丰富	单一
工作方式	参与、透明型	工作控制
地位	中高层次的决策部	中低层次的执行部
与同级部门的关系	合作化	对立面
同部门下的员工间关系	服务、协助	管理、控制
对待员工的态度	尊重	工作命令性质
角色定位	易转化、有挑战	执行
部门属性	生产效益型	非生产非效益型

二　传统人事管理与现代人力资源管理的比较

（一）二者的相同之处

严格来讲，现代人力资源管理是在传统人事管理的基础上发展而来的，是在新形势下对传统人事管理的发展和完善，因此，两者有一些共同之处。

1. 管理目的的相同性

尽管两者管理方式和具体内容不同，但都以完善单位管理和保证单位目标的实现为最终目的，力求在不断变化的经济条件下，充分利用"人"这一能动资源，实现人、财、物的最佳配合，提高效率，使员工实现自己的价值，为单位、社会创造最大的财富。

2. 管理任务的相同性

人员的招聘录用、培训考勤、职务升降、考核奖惩、绩效管理、工资福利、档案管理、劳动关系和劳动合同等，既是传统人事管理的基本任务，也是现代人力资源管理的基础性工作。

3. 管理对象的相同性

笼统地说管理对象都是人，都是处理单位中"人与人"及"人与事"的关系，按需设岗，对人员进行合理配置，恰当地协调、解决"人与人""人与事"之间发生的各种矛盾冲突，以达到企业所有资源的优化配置，创造和谐的工作环境，发挥人的主观能动性，实现企业的发展目标。

（二）二者的不同之处

虽然现代人力资源管理与传统人事管理在渊源上有一定的联系，但毕竟两者的发展环境不同，所体现出来的特点也不同。而认识这些区别，对完善我们的管理是大有益处的，具体分析，有以下几点：

1. 管理观念不同

传统人事管理视人力为成本，把人当作一种"工具"，将员工视为成本负担，注重的是投入、使用和控制，把花费在员工身上的成本和费用简单等同于费用，并最大程度地加以控制和降低，如减少各种培训开发投资。同时以"事"为中心开展工作，只见事不见人；只见某一方面，而不见事与人的整体性、系统性，强调"事"的单一方面的、静态的控制和管理，其管理的目的和形式就是"控制人"。

现代人力资源管理视人为资源，将员工看成是有价值的，注重开发和产出。这种管理认为，人力资源是企业最宝贵的财富，同物质资本、货币资本一样共同创造企业财富。所以，现代人力资源管理是以"人"为中心开展工作，充分肯定和认同人在组织中的主体地位，强调一种动态的、心理、意识的调节和开发，管理的根本出发点是着眼于人，其管理重在人与事的系统优化。

2. 管理模式不同

传统人事管理基本属于行政事务管理，多为"被动反应型"的操作式管理，企业任何制度上的变革都是由企业 CEO 或高层主管提出要求，人力资源部门根据上级的指示做被动的调整。而现代人力资源管理多为"主动开发型"的战略型、策略式管理，重视对人的能力、创造力和智慧潜力的开发和发挥，要求企业必须在快速变动的环境下，主动发现问题所在，懂得利用信息技术去寻找对策，提出创新的构思。

3. 管理内容丰富程度和管理重心不同

传统人事管理内容简单，主要是对员工"进、管、出"的管理过程。"进"是指员工的招聘、录用；"管"是指员工的考核、奖惩、职务的升降、工资福利待遇、档案管理等；"出"即办理员工离开的各种手续，等等。因为以"事"为中心，所以不承认人在管理中的中心地位，认为人是机器的附属物，组织在进行工作安排时主要考虑组织自身的需要，很少考虑员工自身的特点和要求，极大影响了组织效益的增长和员工积极性的发挥。

现代人力资源管理涵盖了传统人事管理的基本内容，而且管理内容更加丰富，工作范围拓宽了。因为强调以"人"为本，所以在考虑组织工作的同时，充分考虑员工个人特点、兴趣、特长、性格、技能和发展要求等，把合适的人放在合适的工作岗位上，有效激发了员工工作热情，使组织和员工的需要都得到了满足。

4. 管理地位不同

传统人事管理属于功能性部门，管理活动处于执行层、操作层，往往无需特殊专长、不需要专业知识、不需要良好的管理水平和综合素质，着重展现各种功能及执行效率，单纯处理文书、事务性工作的人事行政、执行已制定的政策、活动、薪资管理及维持员工关系和谐的管理角色。现代人力资源管理进入决策层、运作层，是具有战略和决策意义的管理活动，除承担传统人事管理的基础业务外，还扮演各部门的战略性伙伴角色，主要承担策略及执行前瞻性的人力资源规划等任务。

5. 对创新的重视程度不同

员工的知识优势形成后，要想使之发挥应有的作用，需要根据具体发展形势，不断创新管理。创新管理的核心，就是要在创新活动中充分发挥每个员工的特长，获取尽可能多的创新产品。传统的人事管理，有的直接组织员工开展科研，有的制订科研奖励条例鼓励创新，这些虽然也属于创新管理，但是不够系统全面，没有根据员工的特长去组织个人的创新活动，远远不能适应社会发展的需求。现代人力资源管理重视创新管理，根据员工特长去规划、组织知识资源开发、重组及学术研究等，并注意事后效果的调查，及时发现与处理有关问题，不断改进完善创新体制，保证创新活动有序、快速、高效地开展。

从以上区别分析来看，传统的人事管理与现代人力资源管理还是存在很大不同的，要想适应现代社会的发展，必须转变观念，采取必要的措施，构建现代人力资源管理体制。

第四节 企业人力资源战略

一 企业战略

"战略"一词最早出现在历史上的战争和军事活动。战略的本意是指军事上的谋略或者是指挥军队的艺术。而随着时代的发展，人们将战略的思维方式应用在社会、政治和经济活动等方面。

1938年，管理学家切斯特·巴纳德（Chester I. Barnard）出版了《经理的职能》一书。他在对影响企业经营的各种因素的分析中提出了战略因素的构想，被认为是首开企业经营战略研究之先河。随着后来的战略管理研究逐渐兴起，出现了多个不同的流派战略管理，例如设计学派、计划学派、定位学派、企业家学派、认知学派、学习学派、权力学派、环境学派、结构学派、核心能力学派、战略资源学派，等等。而每一个流派里面实际上又有很多种不同的对战略的定义。有人统计过，自从战略概念诞生以来，有关企业战略的定义不下200种。那么，到底什么是企业战略呢？这实际上仍然是一个不容易讲清楚的问题。总体看，"企业战略"的概念可以从下面四个角度来把握：

（一）目标+手段

第一种角度是将企业战略定义为"目标+手段"。这是最传统的战略定义，有很多学者的定义形式都可以归结到这一略显抽象的表述上。

詹姆斯·布莱恩（James Brian Quin）在《应变战略：逻辑增值主义》中提到：战略就是将一个组织的主要目标、政策和行动过程整合为一个整体的方案或计划。一个明确的战略将有助于组织根据自己的相对优势和劣势、预期的环境变动、竞争对手情况等来规划和配置资源。

阿尔弗雷德·D.钱德勒（Alfred Dupont Chandler Jr.）在《战略和结构》中认为：战略是企业长期基本目标的决定，以及为贯彻这些目标所必须采纳的行动方针和资源配备。

肯尼斯·R.安德鲁斯（Kenneth R. Andrews）在《公司战略思想》中谈到：战略是目标、意图或目的，以及为了达到这些目的而制定的方针和计划的一种模式。这种模式界定了公司当前或将来从事的经营业务，并规定了公司当前或将来所属的类型。

从这个定义出发，企业战略包括两件事情：

第一，确定企业的发展目标；

第二，寻找确定实施这种目标的手段。

（二）问题+问题解决方案

第二种角度将战略定义为"问题+问题解决方案"。

所谓"问题"不是人们通常认为的"毛病""错误"。在管理学中，有一种定义是把"问题"描述为现在状态与期望状态之前的差距。这种差距也可以看作"是什么"与"应该是什么"之间的差别。解决问题就是缩小差距的过程，换句话说，就是改变现在状态，使其转入期望状态的过程。

这个角度同前一个角度既相互联系也有区别，因为企业的目标就是企业的期望的状态。两者区别则主要反映在，本角度不仅仅盯着期望状态，对现实状态也有考虑。"目标+手段"角度的重点放在期望状态，即"目标"，仿佛登山，设定山顶为目标，便想方设法朝这一目标前进；"问题+问题解决方案"则仿佛是架桥过河或者过山谷，天堑是"问题"，架桥是"解决方案"，架桥不能只看对岸的目标，还要强调此岸的现状，时刻关心两岸间的差距。

根据这种战略定义，战略也是两件事：

第一，寻找一个企业在经营过程中存在的问题。

第二，找到解决这些问题的办法。

（三）基于核心能力

1990年，普拉哈拉德（C. K. Prahalad）和哈默尔（G. Hamel）在《哈佛商业评论》上发表《企业核心竞争力》（The Core Competence of the Corporation）一文之后，越来越多的研究人员开始投入企业核心能力理论的研究上来。所谓核心能力，是指促成组织为客户提供独特价值与利益的技能和技术的组合。它代表组织从其所拥有的资源当中，获得的学习能力的大小。它是所有能力中最核心的部分，可以通过向外辐射作用于其他各种能力，影响其他能力的发挥和效果。一般说来，核心能力具有如下特征：

（1）核心能力可以使企业进入各种相关市场参与竞争；（2）核心能力能够使企业具有一定程度的独特的竞争优势；（3）核心能力不容易被竞争对手模仿或复制。

核心能力学派认为，现代市场竞争与其说是产品的竞争，不如说是基于核心能力的竞争。企业经营能否取得成功，已不再取决于企业的产品、市场的结构，而取决于其行为反应能力，即对市场趋势的预测和对变化中的客户需求的快速反应。因此，企业战略的目标就在于识别、开发和培育竞争对手难以模仿的核心能力。只有具备了这种核心能力，企业才能快速适应变化的市场环境，满足客户需求，培育和建立客户忠诚。

从核心能力的角度出发定义战略，可以将战略看成三件事情：

第一，寻找一个企业的核心能力；

第二，根据寻找出来的这种核心能力，确定企业的业务发展有什么样的能力，就做什么；

第三，基于这种核心能力发展出与竞争对手竞争的手段。

（四）差异化的选择与定位

第四种角度主要来自美国著名战略学家、哈佛大学的迈克尔·波特（Michael Porter）教授的观点，他认为企业战略是差异化的选择与定位。

1980年，波特明确指出企业在考虑战略时必须将企业与所处的环境相联系，而行业是企业经营最直接的环境；每个行业的结构又决定了企业的竞争范围，从而决定了企业潜在的利润水平。企业在制定战略过程中必须做好两方面的工作：一是企业所处行业的结构分析，这是确立企业竞争战略的基石；二是企业在行业内的相对竞争地位分析。通过这些分析，就可以大大减少企业之间由于程序化的产业结构分析而带来的定位趋同，并降低企业之间竞争的强度。因此，从这个意义上来看，企业的战略制定人员应该是行业分析家，其首要任务是选择利润潜力比较大的行业。为此，波特还开发了各种方法和技术来分析企业所处行业的状况和企业在行业中的竞争定位。如著名的五要素分析模型（认为一个行业的竞争状态和盈利能力取决于五种基本竞争力量之间的相互作用，即进入者威胁、替代品威胁、买方讨价还价的能力、供方讨价还价的能力和现有竞争对手之间的竞争）、公司地位和行业吸引力分析矩阵、价值链分析等。此外，还总结了赢得竞争优势的三种基本企业战略，即总成本领先战略、差异化战略和集中化经营战略等。

波特对企业战略的定义包含两件事：

第一，战略是与众不同的；

第二，确定一个企业的位置或者定位。

战略的问题也像战略的定义一样包罗万象，很难把握其要点。通过总结、研究、思考和提炼，我们将战略的问题定位成五个方面：行业选择、产品选择、定位选择、竞争手段选择和内部管理方式选择。

二 人力资源战略（HRS）

企业战略是定义人力资源战略的基础，结合以上对企业战略的定义思路，同样可以从以下的五个角度对人力资源战略进行定义：

（一）目标+手段

HRS指的是企业对其人力资源管理的目标确认和达成这些目标手段的系统性思考过程和一整套思考方法。

（二）问题+方案

HRS即为企业对其人力资源主要问题的确认和对这些问题解决之道的系统思考过程和思维方式。

（三）"双核"

HRS是以核心能力和核心人力资源为中心的一个思考过程和思考体系。

（四）竞争优势

HRS是指如何运用人力资源来帮助企业获得竞争优势。

（五）系统匹配

HRS是围绕人力资源管理体系如何匹配企业战略所做的一整套系统思考以及帮助思考的一整套方法。

三 为什么要从战略角度思考人力资源问题？

尽管大家可能有自己不同的看法，我们认为，要从战略的角度思考人力资源问题至少有如下四条理由：

（一）企业战略的落地，离不开人力资源管理体系的支持

从怎样帮助企业战略落地这个角度思考人力资源管理体系的构建很必要，而当我们思考和构建这种人力资源管理体系时，我们实际在做的就是战略性人力资源管理。企业的战略目标必须分解为更具体的目标体系，并且采取有效的资源保证和配置，通过有效的激励和约束，才能得到最终的实现。战略性人力资源管理对企业的外部环境、内部氛围、人力资源部门职能管理、任务完成等层面都对企业战略目标的实现有重要的影响。战略性的人力资源管理还能确保企业人力资源的数量、素质能力、结构和状态与企业的战略要求相一致，支持企业的战略顺利落地。

（二）核心竞争能力

核心能力在企业竞争中变得越来越重要，人力资源管理者和学者必须

思考如何发展企业的核心能力。从核心能力的角度思考人力资源的问题实际上是个战略问题。

前面在基于核心能力的角度定义战略时讲过，现代市场竞争与其说是产品的竞争，不如说是基于核心能力的竞争。企业经营能否取得成功，已不再主要取决于企业的产品、市场的结构，而取决于其行为反应能力，即对市场趋势的预测和对变化中的客户需求的快速反应。因此，企业战略的目标就在于识别、开发和培育竞争对手难以模仿的核心能力。一般来说，核心能力具有如下特征：

第一，核心能力可以使企业进入各种相关市场参与竞争；第二，核心能力能够使企业具有一定程度的独特的竞争优势，第三，核心能力不容易被竞争对手模仿或复制。人力资源完全可以培养出这三方面的特点，从而发展成为企业的一种核心能力，帮助企业取得竞争优势。

（三）企业人力资源管理职能转型

随着经济发展和社会转型，人力资源管理体系也面临新的转变，导致人力资源管理部门的传统管理职能在减少。人力资源管理部门必须寻求新的管理职能、寻求新的角色定位，巩固被削弱的地位，避免被淘汰。战略合作伙伴就是可以考虑的重要的新职能。

图1-2表达了新旧人力资源管理的不同。在传统人力资源管理中，战略、顾问、服务三项管理职能呈金字塔形。

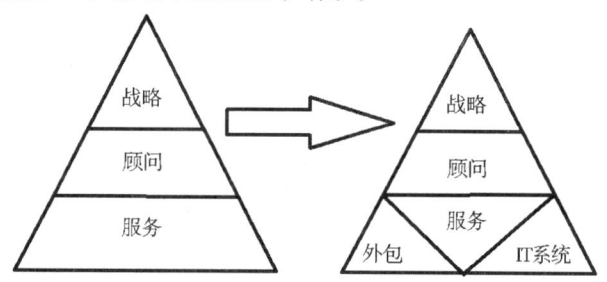

图1-2　新旧人力资源管理模式

在新型人力资源管理中，服务表现为一个菱形，虚线中的部分被切割出去，有两个因素造成这一结果：第一，一部分服务被外包；第二，一部分服务由IT（计算机或者互联网）系统去完成。

1990年，普拉哈拉德和哈默尔在《哈佛商业评论》上发表了《企业核心能力》一文，不仅掀起了研究核心能力的浪潮，还发明了"外包"这个词。所谓"外包",即企业或单位把整个项目交给专门从事这种工作的公司。通过外包那些企业自身所缺少能力的部分,企业可以专注于创造价值的核心竞争力。例如,耐克和锐步都将其生产部分外包,而专著于设计和市场营销方面。业务外包作为一种新的工具,也越来越多地被运用于人力资源管理,据此预测,美国的人事外包业务额2003年就达到102亿美元。

在企业的人力资源管理中,哪些业务适合外包呢?

人力资源管理流程包括职位需求分析、工作分析、招聘、甄选、培训、绩效考评、员工意见调查、薪酬福利、员工关系等。工作分析、招聘、培训、员工意见调查、薪酬福利等大多数工作都可以外包。公司低层人员招聘需求最多,也最繁杂,这种业务可以外包;国家法定的福利,如养老保险、失业保险、医疗保险、住房公积金等事务性工作也可外包。但是关于公司文化宣传、文化建设、关系协调、激励、核心决策的事情不能外包。

信息技术的飞速发展是知识经济时代的主要特征之一,企业人力资源管理也正受到信息技术的深刻影响。信息技术在人力资源管理中主要是作为工具来应用,它可以用来处理比如员工考勤、薪资计算等等所有定量的问题,这类工作的特点一般缺乏创造性,但是又需要日常处理的重复性。信息技术的应用将大大降低例行性工作占用人力资源管理人员时间的比例,无疑极大提高了HR部门的工作效率。

原来由人力资源部门做的一些事情有的让别人来做了,有的让IT技术、信息系统来做了,那自然就会产生一系列问题——"人力资源部门雇用这么多人,还做什么事情呢?人力资源部门是被分化掉,还是去强化一些职能?"面对这样的"生存空间"被压缩的情况,人力资源部门应该寻找一些新的工作,否则就没有存在的价值。当代企业对战略的高度重视和人力资源管理部门的"空虚"一拍即合,战略于是成为人力资源管理新的主攻方向。事实上,从战略的角度思考企业的问题包括人力资源的问题,对企业确实是很有价值的事情,这是原来该做而被烦琐的日常事务掣肘没有体现出价值来,所以,这样的情况对人力资源管理部门既是威胁,又是一种机遇。

这就是人力资源实践者和学者主张从战略角度来思考人力资源管理的第三个理由,也是重要的一个理由。

（四）只有注重战略问题，人力资源管理才能上一个层次

换言之，不从战略的角度考虑人力资源管理的问题，人力资源管理的水平就不可能高。前一条理由强调的是人力资源管理的传统职能减少，必须寻找新的领域，人力资源管理部门是被动的，而本条理由注重的是人力资源管理的层次。

关注战略问题与提升人力资源管理的层次，这两者是相辅相成、相互促进的。一方面，从战略上看，人力资源管理从诸多职能事务中进行"取舍"，人力资源管理才能关注具有最大价值的事情，在企业中的地位也更加重要，这都带来人力资源管理层次的提升。另一方面，从技术上看，人力资源是企业的核心能力，对企业战略的成功落地具有重要影响。提升人力资源管理的层次，提升人力资源部门的地位，必将更加充分发挥人力资源部门的各项作用，支持企业的高绩效，保证企业的战略顺利实施和战略目标的成功实现。

以上理由也是战略性人力资源管理所具有的作用。概括地讲，这种作用表现为两大方面：战略性人力资源管理对企业战略的贡献；战略性人力资源管理对人力资源管理部门和管理职能自身的贡献。

第二章

企业人力的结构编制

第一节 企业人力组织的结构部署

一 企业人力组织的直线制结构

(一)直线制结构是最古老、最简单的企业组织形式

相比其他企业组织形式,直线制结构对于小型企业而言更为适用,并且在这类企业中,需要有一个全才型的,能够对本部门所有问题作出有效决策的经理。如果随着规模的扩大,这种企业就需要适当增加其管理层次,或者针对每一个层次增加新的工作单位。在这种结构中,直线经理和下属的职权关系有如下特点:

(1)直线经理被授予的职权是全面的。例如,总经理有领导本企业的全部权力,广告经理有领导广告部门的全部权力,等等。由于有完全的职权,直线经理在决策时可以不受他人约束,迅速作出决策。

(2)每个直线经理有权直线指挥其下属,即直接向下属发布指示和命令。

(3)下属只向一个顶头上司汇报,同样,下属也只接受一个领导者的指示或命令。

（二）直线制结构的主要优点

（1）指挥系统单纯，从而迅速决策，命令统一，并能将决策贯彻到底。

（2）每个企业组织成员的权职较为明确，方便上下部门的沟通协调。

（3）直线制结构组织简单，管理费用较低。

（三）直线制结构的缺点

（1）对管理者素质要求较高，在缺乏专家咨询的情况下，只能凭借自己的工作经验解决所面临的问题。

（2）横向间联系较少，部门间的沟通协调大多需要总经理出面，大大增加了总经理的工作负担。

（3）直线制结构容易形成官僚作风，缺乏灵活性和自主性。

二 企业人力组织的直线—参谋制结构

随着公司规模的扩大，直线制企业组织中直线经理的任务就变得越来越复杂。如果仅仅依靠直线经理个人的知识和时间，已经无法完成繁重的管理任务，需要有专家的帮助，参谋人员就是这种专家。这样，就产生了直线—参谋企业组织，在这一组织结构中，参谋经理的作用是为直线经理提供有效管理所需要的在某一方面的建议、服务和帮助。

（一）直线经理与参谋经理的关系

直线经理与参谋经理的区别在于他们职权关系的不同。参谋人员起着顾问的作用，本身无权作出决策，也无权下达命令。对于参谋经理向直线经理所提出的建议，直线经理可以接受，也可以不接受。当直线经理赞同参谋经历的建议时，其可以做出决策，将此建议付诸执行。以广告相关部门为例，当销售部门规模较小时，销售经理能够直接领导本部门的各项业务，如领导销售人员，对广告策划等业务直接作出决策。但随着公司规模的扩大和销售业务的增加，销售经理的时间和经历已远远达不到要求，他便可以选择增加一名广告经理或主管广告的参谋经理，帮助其拟订公司的广告战略。广告经理作为广告方面的专家，在其帮助下，销售经理便可以抽出时间和经历去关注其他问题。这里应当指出，在企业内部，只要有需要，各个管理层次都可以直接增设参谋人员。

在一些情况下，参谋人员在某一特定领域，如会计制度、库存控制、人事制度等方面也可以有向直线人员发布命令的有限权力，这时，其职权就要超出参谋职权的范围，这种职权便称为职能职权。职能职权兼有直线职权和参谋职权两种特征，与直线职权相似，其有下达命令和作出决策的权限，但是这种权限只限于参谋人员自身的专业范围之内。公司授予参谋经理的职权，是为了更好地联系专家并减轻直线经理的工作负担。

（二）直线—参谋制结构的优点

（1）直线经理在工作中可以得到专家的帮助和支持。

（2）直线经理可以不在日常业务工作中花费过多的时间，从而有时间和精力以从事更为重要的工作。

（三）直线—参谋制结构的缺点

（1）直线部门和参谋部门间很容易发生矛盾，参谋部门如果权力过大，就会侵犯直线部门的权力，影响统一指挥；但如果不重视参谋部门的作用，也会影响专家积极性的发挥。

（2）有可能把参谋部门搞得过大，或设置不必要的参谋部门，使管理费用增加。

三 企业人力组织的事业部制结构

（一）事业部制企业组织结构形式

事业部制企业组织结构形式，是在公司总部下设立若干个自主运营的业务单位——事业部。这些事业部，或是按产品来划分，或是按地区来划分。每一个事业部都是要对成本、利润负责的利润中心。

事业部制企业组织结构形式，类似于直线—参谋制结构，因此，这种企业组织结构保留了直线—参谋制结构的部分特点。但是，这两种结构存在着本质的差别，事业部制被赋予更大的职责及权限，它是一个相对独立的单位，而直线—参谋制结构则不具备这样的特点。实际上，每个事业部往往更类似于一个直线—参谋制企业组织结构单位。

正因为许多职责、权力从公司总部转移到事业部，所以才要求这种企业组织结构绝不允许有一个软弱的"中央"，以保证整个公司的完整性。除了运用必要的控制手段，有关公司的目标、方向等重大战略问题的决策，必须由公司总部直接作出。一般来说，以下三大领域，事关公司发展的战略问题，必须由公司总部直接作出决策：一是公司将应用什么样技术，开发什么样产品，公司的基本经营观念是什么；二是资金的分配及大宗投资决策；三是公司优秀人力资源的运用，即事业部一级的管理人员，特别是主管人员的任免、奖励等，以及公司的人事政策。

（二）事业部制企业组织结构的优点

（1）事业部制既有利于公司高层领导摆脱日常事务，集中精力研讨公司的重大问题，又有利于各事业单位充分发挥自己的主观能动性。

（2）事业部制既具有高度的稳定性，又有很强的适应性。稳定性表现在其适用范围更加广泛，公司一旦采用事业部制结构，一般就不需要改变，而只是在局部上加以调整。适应性是其组织结构形式具有以下功能：公司可以根据市场环境的需要及公司战略的要求，改变一个或几个事业部的产品，或在一个事业部内发展某种新产品；当某个事业部的规模发展到足够大的时候，就可以成立新的分部，以避免事业部过度膨胀。

（3）事业部制有利于经理人员的培养与发展。公司高级主管必须具备较多的知识及各方面的管理才能，而事业部正是培养这样一位主管的最适宜的场所，因为事业部经理必须从整体来组织其各项业务活动。

（4）由于各事业部都是利润中心，事业部间存在比较和竞争，因而有利于整个公司效益的增长。

（三）事业部制企业组织结构的缺点

（1）容易使各事业部只考虑自身的利益，而忽视公司整体利益。

（2）公司总部及各事业部都设有职能部门，一定程度上易造成职能机构的重叠，增加管理费用。

（3）如果不注意调整，事业部会随着时间的推移而逐渐膨胀。

一般来说，事业部制企业组织结构形式适用于规模较大、产品种类较多、市场环境不稳定的大型公司。

四 企业人力组织的模拟分散化结构

当一个公司的规模发展到使直线—参谋制企业组织结构不能有效地运用，且由于生产、技术内在联系的紧密，无法把公司分解为若干个相对独立的事业部门的时候，就需要采用模拟分散化企业组织结构形式。这种企业组织结构形式是介于直线—参谋制与事业部制之间的一种企业组织结构形式。所谓模拟分散，是指结构中的组成单位并不是真正的事业部门，而是把它视为或模拟为一个"事业部"，让其独立经营，单独核算。这些模拟性"事业部"相互间的内部转移是以内部价格为基础，而不像事业部制的内部转移以市场价格为基础。模拟分散化结构常见于大型钢铁联合公司、化学工业公司、制铝工业公司等，在这类公司中，生产活动的连续性及经营活动的整体性都很强，并且规模又很大，因此，它既不宜采用事业部制，又不能运用直线—参谋制，而适宜运用模拟分散化结构。

模拟分散化企业组织结构不是一种非常明确的结构。各"事业部"只是有模拟性的盈亏责任，任务不很明确，目标比较模糊，公司总部对这些单位的考核也比较困难，很难明确究竟赋予各模拟性"事业部"多大的独立性。如果独立性不够，会使公司的活力不大；如果独立性过于明显，会导致公司整体利益的破坏。因此，这就要求各个模拟性"事业部"的经理人员有较高的全局观念，把公司整体目标放在首位，而不计较局部的得失。模拟分散化结构的缺点一般是很难克服的。所以，除非直线—参谋制或事业部制等其他企业组织结构形式不适用于这个公司，一般情况下不采用模拟分散化企业组织结构形式。

五 企业人力组织的矩阵结构

（一）矩阵企业组织结构

矩阵企业组织结构是一种较新的企业组织结构形式，适用于技术进步较快、技术要求较高的公司，如计算机制造厂、航空航天产品制造公司、软件开发公司、生物医药制造公司等高新技术产业。通常的矩阵企业组织结构是：运用若干项目小组而使企业组织成为新的结构形式。

项目小组是指组内人员分别出自企业组织中的不同部门，他们具有不同的知识和技能，为了完成一个特定的工作任务而组合在一起，由项目经理担任领导。实际上，矩阵企业组织结构是一种按双重因素进行的部门划分。

一个暂时性的项目小组存在于企业组织之中，并不能使企业组织成为矩阵的结构，只有项目小组成为永恒的企业组织设计依据，使得项目小组成为稳定的、不可缺少的经营性企业组织时，这种结构才是矩阵式的。暂时性项目小组的组成人员可以从各部门抽调，并可暂时脱离原工作部门，而在矩阵结构中的项目小组成员则必须继续接受原部门经理的领导，也就是矩阵结构中的成员要受到双重领导。

项目经理相对于纵向部门经理来说，常常存在一层"职权差距"，因为项目经理职权只是一种不完全的职权。例如：项目经理无权给他所管理的员工以奖励或晋级，而只能提供建议，但部门经理却有这种权力。此外，职权差距还意味着项目经理的职责要大于其职权，因为项目经理总是被要求领导项目小组完成一件特定的任务，其权力也是在保证完成其职责的前提下才能够拥有。这种差距的存在，对项目小组经理提出了更高的要求。首先，项目经理必须有较高的威望，能动员、说服小组的每个成员，以使工作能如期完成；其次，项目经理必须有更高的才干，在各部门之间进行有效的沟通与协调，项目经理必须依靠其自身的能力，以弥补职权差距。但无论怎样，职权差距的存在使得矩阵企业组织结构变得更为复杂化。

（二）矩阵企业组织结构的优点

（1）项目小组可以不断地接受新的任务，使企业组织富有一定的灵活性。

（2）矩阵企业在组织结构的形式上相对固定，可以在人员安排上随时进行调整，使企业组织在运用人力资源时具有很大弹性。

（3）矩阵企业组织结构有利于把管理中的纵向联系与横向联系更好地结合起来，有利于加强各部门之间的沟通与协作。

（4）增加了专家间的联系和协商，有利于更多的专家提升业务能力和水平。

（三）矩阵企业组织结构的缺点

（1）项目经理与部门经理之间权限存在交叉，容易造成通过权力斗争的形式来改善单方面工作绩效的现象。

（2）矩阵企业组织结构中的成员受横向与纵向双重领导，可会造成命令不统一，影响运行效率。

（3）项目小组经理相对于部门经理而言职权较小，容易使项目小组成员对本小组的工作任务完成缺乏动力。

通过以上分析可以看出，没有一种企业组织结构形式是十全十美的。既不存在一种完美无缺的企业组织结构形式，也不存在一种漏洞百出的企业组织结构形式。每一种结构都有各自的合理性和适用条件。企业采用哪一种企业组织结构形式，应与其自身的规模，产品的种类，生产技术特点以及市场环境等因素相结合，综合进行考量。

第二节 企业人力领导的组织结构

一 什么是企业人力领导的组织结构？

所谓企业人力领导的组织机构，就是指企业经营活动中起决策、执行和监督功能的领导机构。一般来说，企业组织机构包括决策机构、执行机构和监督机构三个部分。

在现代企业组织机构中，通常要实行决策权、执行权和监督权三权分离，平衡权力，相互制约。企业组织机构的领导成员必须具备一定素质，要把企业组织机构成员的利益同企业经营管理的好坏紧密联系起来，但对不同成员素质的要求是不同的。

现代企业通常以公司形态存在，由此，企业人力领导的组织机构也通常被称之为公司人力领导的组织结构。

二 公司人力领导的决策机构

现代公司制企业中，人力领导的决策机构主要采用股东大会和董事会两种基本结构。

（一）股东大会

1. 股东

一个公司的股东是指持有该公司股票的个人或组织。任何拥有财产的组织或个人都有资格购买公司股票而成为该公司的股东。但公司不可自为股东，否则，当公司停业解散时，属于公司的那部分股份将没有最终的所有者。

股东对公司具有一定程度的管理权和监察权，还有取得股息的受益权以及对公司资产的拥有权。股东对公司行使的控制权一般都是在股东大会或以书面同意方式通过决议而实现的。股东通过选举而控制董事会，进而获得对公司业务的控制权。股东所拥有的管理权一般不是指股东直接管理，而是指股东通过董事会间接地参与对公司日常行政事务的领导和管理。股东还要承担一定的义务和责任。股东的权利和义务的大小完全由其所持有的股票或股份数量的多寡而定。这些权利和义务的具体内容由各公司的章程和内部细则规定。

2. 股东大会

股东大会是由公司全体股东组成的决定公司重大问题的最高权力机构，是股东表达其意志、利益和要求的主要场所和工具。

（1）股东大会的种类：①股东普通年会，即公司一年一次必须召开的股东大会。普通年会一般由董事会组织召开。通常由公司法对两个年会之间的间隔期限做出具体规定。如果公司超过一定的期限仍不召开会议，有管辖权的法院有权根据任何股东的请求，迅即责令公司举行会议。会议的主要内容在公司法规定的范围内，一般由各个公司的章程或内部细则具体规定。②股东特别大会，即在两次年会之间不定期召开的讨论决定公司重大决策问题的股东会议。特别大会的内容往往在法律上予以明确规定。③法定股东会议，即法律明确指定必须召开的股东会议。④各类别股东会议，指在公司的股票分成若干类别的情况下，由属于同一类别的股东们召开的股东会议。此类会议的程序与普通年会几乎一致。由出席会议的法定人数的多数通过的决议对该类别全体股东有效。

（2）股东大会的召集：股东大会必须有一定的机构正式召集召开。无召集权的机构召开的股东大会是不合法的，其决议无效。股东大会按召集者的不同可作如下分类：①由董事会召集的股东大会。②由少数股东召集的股东大会。③由监察委员会召集的股东大会。④由其他机构召集的股东大会。如由上级主管机关或由有管辖权的法院召集的股东大会。股东大会召集权的划分、归属，由公司法和公司章程具体规定。

（3）股东大会的通知。通知必须依照公司章程的规定发出，其内容一般写明大会的地点、时间及会议内容。

（4）股东大会的法定人数。参加股东大会的股东如果不满法定人数，则大会为非法。对于不同的公司和不同类型的股东大会，法定人数各不相同，一般由公司法和公司章程加以规定。

（5）股东会议的主席。大会主席一般由董事长担任。如董事长未出席或不愿担任，则可从董事中选一人担任。若董事都不愿当选主席，则由大会从参加股东大会的股东中间选举产生。

（6）股东大会记录。股东大会的一切记录经大会主席签名，便成为会议的证据，应予以保存。在有相反的证据以前，应该认为大会已经召开，其决议均为有效。各股东都有权得到这种记录的复本。

（7）表决信托。任何数量的股东可成立一个表决信托，其目的是把表决权或代表其股份的权利授予一个或数个受托人。

所谓表决受托人，就是为股东实现表决权的代理人。股份有限公司可以任命一人以上的表决信托人。他们在会上只有表决权而无发言权。表决信托人本人通常也是股东，但必须具有行为能力。表决信托协议的最长有效期一般由公司法规定。除了在表决信托协议中有"不可撤销"的明确规定外，公司内部细则一般规定，表决信托协议是可以像代理人一样任意撤销的。如果一个股东在任命了一个表决信托代理人后，又亲自参加了股东大会，他就可以亲自投票表决。股东亲自投票表决优于信托代理人的此种权利。股东的出席并不使表决信托协议无效。但是，如果他先于表决信托代理人进行了投票，那他实际上就是暗示在此次会议上撤销了这个协议。如果一个已经任命了表决信托人的股东死亡，在公司内部细则没有其他规定的情况下，就自动撤销了表决信托协议。但是，内部细则往往规定，不管股东是否死亡或是否精神失常，表决信托依然生效。

（8）股东的控制权。股东大会的几种表决方式。股东对公司实施一定程度的控制，通常做法是在股东大会上进行表决，或在没有开会的情况下签署书面同意的方式实现的。股东以什么方式来进行表决,构成了股东对公司行使控制权的关键。通常的投票方式有:①直接投票。②累积投票。③分类投票。④偶尔投票。⑤不按比例投票。究竟哪个公司在何种情况下应用何种表决方式,是简单多数通过还是2/3多数通过,除了公司法有所限制的以外,都由公司章程或公司内部细则加以规定。

(9)股东大会决议。股东提交股东大会讨论的问题,一般都可以决议草案形式提出。大会主席和任何其他股东可以向会议提交各种决议草案,以便进行公开讨论。决议草案讨论后,主席就将它提交大会表决。他首先向大会作出说明,表明该决议草案是由谁提出的,然后要求表决。表决结果当场公布。因此,股东们便当场可知道决议是否通过。如果通过的决议与公司章程或与公司内部细则相违背,则决议无效,除非再依法修改章程或细则。有的重要决议必须上报主管部门,有的还要得到法院的认可方能生效。

(二)董事会

1. 董事会

它是由董事组成的负责公司经营管理活动的合议制机构。在股东大会闭会期间,它是公司的最高决策机构。除股东大会拥有或授予其他机构拥有的权力以外,公司的一切权力由董事会行使或授权行使。作为合议制机构,公司的业务活动必须由全体董事组成的董事会议决定,任何一个董事都无权决定公司的事务,除非董事会授权他这样做。

2. 董事

(1)董事资格。对董事的资格一般有如下的限制:

第一,关于破产者当选董事的限制。当选的董事不得在法院有"破产"的未结案。否则,该董事以董事身份进行业务或参加公司管理工作的,将被视为触犯了刑律。所以,许多公司都在其细则中规定,破产者不得被任命为董事。

第二,关于在法院有前科者当选董事的限制。凡被法院指控犯有下述罪行的,从犯罪之日起五年内没有当选为董事或参加公司管理的资格:①在公司的设立和管理方面严重失职而被法院判刑的;②在公司破产时,进行欺骗性贸易,或在任公司职员时,在业务中犯有欺骗罪或逃脱对公司应承担的责任,曾被提起民事或刑事诉讼者;③目前或过去是两个公司的董事。这两个公司都已接到法院的指令宣布清算或在五年内已相继清算,但在清算时，无力偿付其债务者；④作为任何公司的董事或秘书，在制作利润报表时，以及在向公司管理部门报送的财务账本中，或在其他公司法规定应呈交的文件中，一贯进行欺骗者；或在五年内至少犯有类似欺骗罪三次以上者。

第三，关于年龄的限制。年满70岁的老人，一般不得当选为股份有限公司及其子公司的董事（尽管其子公司可能是有限责任公司）。如要任命超过70岁的董事，得经过特定的手续，即由股东大会通过正式的特殊决议。

第四，关于董事资格股的限制。在有些情况下，要求每个董事必须握有一个最低数额的公司股份作为担任董事的资格股。这样做，一方面，可以直接刺激他们在为公司服务过程中贡献出其最大的聪明才智和能力；另一方面，作为他们担任公司董事职务的一种质押品。如果董事玩忽职守，违反法令和股东大会的决议而擅自行动，从而给公司业务带来损失，其资格股就作为对公司的直接赔偿。董事资格股的最低额，由公司内部细则加以规定。董事在正式当选以前，无需购买资格股。在被正式任命为董事后的较短时期内，必须购买资格股，否则，就会被停止董事职务。如果在限期内既不能满足资格股的要求，又继续行使董事的职务，则应负刑事责任。公司法对董事资格股的限制正在淡化，有的已经取消；有的进而规定董事不必是股东，甚至公司不得以章程规定董事必须是股东。

第五，对董事的品行和能力的要求：服从公司最高利益，勤奋和忠诚。

（2）董事的选任。董事会主要是一个工作机构，而非各股东利益集团的代表机构。所以，重要的是董事本人的素质，即他的学识、经验、才能和品德。董事的选任还应重视董事会的整体工作能力。

一个董事正式当选后，必须在注册办事处详细登记其简况，包括姓名（以及曾用名）、居住地点、国籍、所从事的专业及其在公司的职位。如果是股份有限公司或其子公司的董事，还必须写上其出生年、月、日，以便到时令其退休。

（3）董事的任期。公司法对于董事的任期没有什么硬性的规定，其长短一般都由公司内部细则予以规定，一般规定为三年左右。董事可以连选连任，直至因年老而退休。

（4）董事的更换。董事任期满时在股东年会上进行换届选举。当董事成员较多时，为了取代一次选举全体董事的做法，可以在公司章程中做出如下规定，即把董事分成若干个组，各组人数尽可能相等，在一次股东年会上只重新选举一组董事。这样做的好处是：第一，尽管每年的董事成员可能有变化，但董事会总人数保持不变，不影响整个董事会的分工和能力；第二，可以保持董事会成员的相对稳定性和公司政策的连续性，使董事会在吐故纳新的过程中始终保持其应有的决策效率。

公司法一般明确规定，任何董事以至整个董事会，不论有无原因，皆可由有权表决董事人选的多数股东的表决而被撤换。此外，经监督委员会建议，在任何时候皆可由一般性会议撤销某个董事的职务。

如果一个公司的董事发生了变化，必须在更换董事后的法定期限内给工商管理局寄去一份报告书。在报告书内应详细列明董事变化的具体情况，然后由工商管理局在政府公报上登出公告，以便向公众公布董事变动的情况，避免已免职的董事继续非法从事公司的业务活动，危害第三者。

（5）董事的空额。董事会发生空额时，可由尚存的董事多数赞成票增补，尽管董事人数少于董事会的法定人数。增补的董事任期为其前任未满的任期。任何因董事数目增加而需要增补的董事职位，可由董事会决定，其任期仅到股东下一次选举董事为止。

（6）董事的责任：

第一，董事以公司的名义并在公司授权的范围内与第三者订立的合同对公司有约束力。公司既可以从该合同中取得权利，也须承担由此而产生的义务，而董事不负个人责任。

第二，董事不得进行欺骗。董事进行任何欺诈性或暗中进行的交易活动而使公司蒙受损失，应由董事个人承担责任。

第三，董事不得接受贿赂。当贿赂事件发生时，公司与贿赂者之间的任何协议必须予以撤销。此外，公司可以向法院对行贿者和受贿者提出连带控告，要求获得用以贿赂的物品或由此而使公司遭受损失的赔偿。受贿董事在事发后必须向公司如数缴出其所得的贿赂，并有责任用其资格股来抵偿由于其接受贿赂而给公司造成的损失。受贿赂董事应被立即开除，而且禁止他们对在非法交易中所花费用提出任何补偿要求。

第四，董事不得越权。董事的越权行为是指董事超出法律规定或公司授权范围以外的行为。公司可以要求董事对其越权行为给公司造成的经济损失如数赔偿，而无须证明其行为是一种疏忽行为。但在下述情况下，董事不必承担责任：①如果该董事在董事会议上仅仅投票赞成做出越权的支付决议，但没有投票赞成以后的对上述决议的具体实施方案；②如果其他董事已经做出了上述错误的支付，该董事只是在事后表示赞同；③如果董事们都参与了越权的决议，但事实上并未实现。

第五，董事不得使自己处于与公司的利益冲突之中。董事必须对公司保持忠诚和信用，不得将自己置于职责和个人利益相冲突的地位来谋取私人的利益。具体包括：①董事不得为了自身利益而与公司的业务相竞争；②董事不得篡夺公司的营业机会；③董事不得私自与公司内的一个机构做买卖。董事为自己或第三者与公司进行的交易，必须符合下列两个条件才是合法的：①该董事的职务关系与利益关系为董事会所了解，而董事会表决同意上述交易；②该项交易对公司是公正的和合理的。

第六，对于因为董事相信了一个过去的行为还没有被怀疑的职员所提供的虚假情报，从而做出错误的判断，以及对该职员的失职行为，董事会不负责任。

（7）董事在某类情况下的责任：

第一，如果董事违背公司法或公司章程，表决赞成宣布股利或以其他方式把公司资产分配给股东，该董事与所有其他表决赞成或同意的董事，应对公司负连带责任，其数额为已支付的上述股利数额或分配的资产的价值数额，超出在不违背公司规定或公司章程限制的条件下，允许支付的股利数额或分配的资产数额的部分。

第二，如果董事违背公司法的规定，表决赞成购买本公司的股份，他与所有其他表决赞成的董事应对公司负连带责任，其范围为支付上述股份的对价数额，超出在不违背公司法的条件下，所允许支付的最高数额部分。

第三，如董事在没有支付或清偿公司所有已知的债务、债款或责任，或没有为其作出足够的储备时，表决赞成在清理该公司期间把公司的资产分配给股东，则在公司上述债务、债款或责任未被支付或清偿的范围内，他与所有其他表决赞成的董事应对公司就上述已被分配的资产的价值负连带责任。就上述事项被起诉并被判决，对此负有责任的任何董事，有权向明知而又接受和收到任何上述股利或资产的股东，按他们收到的资产数额的比例，要求分担责任；并有权向表决赞成作出上述起诉事由的行动的其他董事要求分担责任。

3. 董事会会议

（1）董事会的筹组会议，也称初始董事会议。在公司设立证书颁发后，由公司章程指定的董事应召开筹组会议，主要内容有：①通过公司内部细则；②任免职员；③认可或处理公司成立前的业务交易。

（2）董事会会议的分类。董事会议分为普通会议和特殊会议。普通会议就是定期召开的会议，召开会议的时间在公司内部细则中予以规定。特殊会议就是董事认为必要时召开的会议，公司法往往对其召开程序做出规定。

（3）董事会会议的通知。在召开董事会议之前，必须给全体董事发出会议通知，这主要是指特殊会议。经全体董事同意，召集普通会议的各种手续可以从简。通知上只要注明会议召开的地点和时间就足够了，无需在上面注明会议要讨论的内容。

（4）董事会议的法定人数。法定人数，指由法律规定的参加董事会议的最低董事人数。规定董事会议法定人数的意义在于：①参加董事会议的董事人数只有符合法定人数，会议才属合法；②只要由出席会议的董事法定人数中的多数通过的决议，应视为整个董事会的决议，采取的行动应作为整个董事会的集体行动，因而对公司具有约束力。

法定人数并不是法定多数。法定人数可以低于简单多数，但不得少于公司董事总数的1/3。法定人数具体为多少，由公司法、公司章程和公司内部细则作出具体规定。

（5）董事会议的表决。董事在董事会议表决时，每人一票，不得委托别人投票，但可以弃权，也可以不出席会议。董事在通过决议时，只需出席会议的董事法定人数的简单多数同意就有效。在投票时，万一出现僵局，董事长往往有权行使裁决权，即进行决定性的投票。公司内部细则一般规定，禁止与决议有利害关系（不管是直接的还是间接的利害关系）的董事参与对该决议的投票表决，但该董事有权获得会议通知，有权参加会议并就将要做出决议的问题发言。

（6）董事会议的形式。董事会议可以在会议室进行，也可以采取电话会议或电视会议的形式。此外，董事会还可以在不召集会议（即使是电话会议）的情况下，采取集体行动。只要注明将被采取行动的书面同意书经全体董事签署，该书面同意书就与合法董事会议上的表决结果具有同等效力。通过电报电传方法签字也可生效。

（7）董事会议的记录。必须对董事会会议的进程和实质性内容作出记录。会议记录一旦被会议主席签署，就作为会议已经召开、记录在案的决议已被通过的证明。会议记录应公开，随时接受董事的审查和检阅。

4．董事会的职权

董事会职权包括以下几个方面：

（1）股东大会。①股东大会的召集；②批准向股东大会所作的季度、年度报告和专题报告；③协调公司与股东之间的关系。

（2）执行机构。①挑选精明强干的经理人员尤其是总经理，并对他们的业绩加以全面的连续的考核；②确定主要经理人员的报酬及奖惩；③保证总经理职位的稳定过渡和替换。

（3）董事会。①就董事会的组成提出建议；②在董事中选举董事长；③规定董事的最大服务年龄；④推荐、吸收新董事；⑤批准董事与公司间的交易。

（4）财务活动。①提议并交股东大会批准资本结构的变动，包括新股的发行和股份的分割；②债务政策的重大修改；③批准全部长期贷款项目和每年短期债务的最高限额；④审议公司的年度财务报告。

（5）公司目标和公司政策。①决定公司的长远发展目标；②审议年度生产和营销计划；③听取研究和开发工作年度进展报告；④定期审议、选择公司长远目标和经营战略，确定主攻方向，提出修改意见；⑤决定公司组织机构的变动。

（6）监督控制。①提出需要了解的公司情况，并向有关部门要求及时提供情况；②按预定的目标、政策、规划，审查执行情况；③查究经营不善的原因。

（7）对外关系。在处理公共关系、公司承担的社会责任和道德方面提出指导意见。

5. 董事会内部结构

（1）董事会人数。公司法一般不对董事会的人数作出具体规定，至多只规定最低人数和最高人数，而具体人数则由公司章程或公司内部细则加以规定。为了减少董事会内出现僵局的机会，董事的数目往往规定为奇数。

（2）内部董事与外部董事。董事从其来源看，可分为内部董事和外部董事。内部董事是指在本公司任职的董事，往往是公司的高级经理人员。外部董事是指在外单位任职而在本公司挂名的董事。他们可来自各个方面。对外部董事的一个最重要要求是具有善于提出问题的敏锐洞察力。让外部董事参加董事会，可以扩大忠告和建议的来源，尽可能全面地考虑问题，以免决策失误。内部董事往往具有双重身份（以经理人员的身份进行执行机构的工作，以董事的身份进行决策机构的工作，如此时间一长，就容易混淆并降低两种职能的效率）。所以，经理人员（除总经理外）一旦选入董事会，就应尽可能解除原有的具体经营职责，而运用自己对本公司的丰富知识和深刻了解，担负制定政策、检查监督等董事应尽的职责。

（3）董事长。董事会作为一个合议制机构，需要一个主席来召集、主持会议。董事会的职责范围很广，工作量大，需要一个人来组织协调董事们的工作。董事会闭会期的日常工作，需要有人负责，这个人就是董事长。董事长一般由资历深厚、德高望重、经验丰富的董事担任，其主要工作是把握公司的发展方向，带领董事会制定公司的重大政策和战略。

（4）董事会的内部工作机构。大型公司董事会的工作量大、涉及面广，可以在董事会下设立若干个附属委员会，作为董事会的顾问和分支机构，负责公司某一方面的高级事务。委员会的活动不能干扰公司的日常管理业务，也不受管理人员的干扰和影响。委员会的人数不宜过多，以董事为主，可以吸收少量非董事参加。一名董事可以参加若干个委员会。

董事会可以依靠其全体成员的多数决议，指定几位董事组成一个委员会，其职能由公司章程和上述决议作出规定。

各公司设立的委员会不尽相同，比较常见的有：

第一，执行委员会，又称常务委员会。它是各个委员会中最重要也是权力最大的一个委员会，在董事会闭会期间代行董事会职权，是公司实际上的最高领导核心。它的主要任务是决定和审议公司政策，并对大量日常工作和活动作出协调性规定。执行委员会人数不多，一般为3—5人，其成员通常由正副董事长、总经理、经营管理部门和行政管理部门的副总经理组成，由董事长兼任主席。

第二，财务委员会。它的职能是代表董事会对公司财务活动作出深入细致的分析，确定财务政策，监督检查公司各部门的工作效果，协调公司各部门的财务活动，争取最大利润；对公司的决算进行审查，负责制定股利分配方案。它与执行委员会同处于公司管理层次的最高级地位。有的公司不单独设置这个委员会，而是由执行委员会来承担其职责；或把它作为一个政策研究小组，附属在执行委员会名下。

第三，审计委员会。一般由外部董事组成。作为一种成功的管理形式，几乎所有的公司都设立这一委员会。它的主要工作是：审查独立审计公司的业务能力，参与选定合格的独立审计公司；审计前与独立审计公司就审计的范围和程序进行协商讨论；复查研究审计结果，并提出有关建议。它还有责任监督、审查公司内部财务活动，保证董事会得到的材料是可靠的。

第四，管理发展委员会。也叫公司发展委员会。它的主要职责是通过定期的经常性研究，贯彻执行正确的管理发展计划，保证公司拥有胜任干练的最高管理集团，确保各级领导的稳定继承和过渡。为此，该委员会要协助董事会判定总经理是否称职，确定其职权、任期和报酬，评价其工作成效。还应评价各副总经理、各子公司、各职能部门主要负责人的工作表现。在吸收和选拔新董事、新经理时，委员会要确定标准，了解这些人员的兴趣、经历、能力和学识，加以研究并提交全体会议审议。

第五，人事任免委员会。负责公司高级领导备用人员的提名（一般人员的选用由人事管理部门决定）。

第六，除上述委员会以外，有的公司还设立公共政策委员会、利益协调委员会、技术委员会等。

三 公司的执行机构

（一）公司执行机构概述

1. 公司职员的含义

公司职员是指在公司的企业组织机构里从事管理工作的人员，公司职员必须具有法律行为能力。

2. 公司职员的任免

公司的高级职员由股东大会或董事会任免。公司一般职员根据公司法或内部细则的规定，通常是由任职时间长、资历深的高级职员直接任免。任命高级职员的一般做法是由董事会与职员签订一个聘用合同，根据合同，董事会有权从公司的最高利益出发，随时撤换其职员，但必须向被解雇者陈述原因。如果属于明显不合理的解雇，即在违反合同条款的情况下解雇职员，公司必须给予被解雇者以一定的经济补偿。如果没有其他规定，只要同担负的职务不冲突，一个职员可以同时在其他公司兼职。

3. 公司职员的任期

公司法一般都把公司职员的任期限制在一年之内，但允许公司通过章程或内部细则等方式规定例外的情况，如在股东协议或董事协议中明确规定，长期保持某些职员的职位不变。只要上述职员的工作是忠诚的、有效的和胜任的，股东大会或董事会就不得随意撤换他们。

4. 公司职员职权种类

公司职员的职权分成如下三种形式：

（1）明示权限。公司职员的明示权限是指根据公司法、公司章程、公司的内部细则或董事会决议明确授予的法定权限。

（2）默示权限。又称可推定权限或固有权限，是指由公司同意给予职员行使其职务所必需的权限。这种职员的权限虽然不是明文授予的，但只有通过公司章程，内部细则或董事会决议的规定才能予以剥夺。如果一个公司职员，特别是公司的总经理，在董事会或其上级领导没有明确授权的情况下，独自、公开、长时间地行使了某一项职权，而且董事会或其上级领导对此完全清楚，或者董事会或其上级领导确实对必须授权才能进行的业务活动予以了极大的关注以后，并没有对该职员所行使的上述职权予以阻止或限制，则其结果就是默认了该职员行使上述行为的权限，这种权限也属于默示权限。

（3）不可否认的权限。从事一项业务活动的不可否认的权限，是指公司董事会通过书面或口头方式，或者通过任何其他行为向第三者明确作出一种表示，这种表示理所当然地被认为是公司已经同意授予某职员从事某项业务活动的一种权限。该权限主要包括公司正式授权其职员从事某项业务；明确向第三者表明上述授权；公司不得否认已作出的授权。

5. 公司经理

（1）经理的含义。经理是指负责并控制公司业务活动的职员或者是指负责并控制公司分支机构、各生产部门或其他业务单位的主管人员。总经理则是负责公司全盘营业活动的经理，他有权对公司事务进行总的指导和控制，并能全权代表公司从事公司的一切交易活动。

（2）成功经理人员的精神特征：①事业心：成功的经理具有很强的事业心，责任感很强，有一股对事业的献身精神。②成就感：成功的经理有很强的成就欲望，好胜心强，有一种不达目的誓不罢休的精神。③首创精神：成功的经理人员头脑清醒，思路开阔，敢冒风险，不安于现状，具有一股开拓精神。④十足干劲：成功的经理人员干劲十足，办事雷厉风行，不空谈，不拖泥带水，有魄力。⑤民主作风：成功的经理人员注意倾听下级的意见，从不独断专行。⑥坚强意志：成功的经理人员知难而进，不怕失败，性格坚强，不畏缩不前。

（3）经理人员的知识结构。一个合格的经理人员必须具备以下几方面的知识：①经营管理知识，包括企业管理知识、市场营销知识、企业组织行为知识、领导科学知识、对外关系知识等。②本公司的专业知识，包括本公司本行业的产品知识、生产技术知识、信息系统知识以及国内外有关本行业产品和技术发展的动向与竞争对手情况。③法律知识，主要是公司法、商法、商标法、合同法、合营法和与经营管理有关的法律，以及具有法律意义的各种规定。

（4）总经理的职权。总经理的主要职权是：①执行董事会制定的经营方针和计划；②任免职员并报请董事会批准；③代表公司签订业务合同

（在一定的限额内）；④向董事会提交年度报告的分配方案；⑤定期向董事会报告业务情况；⑥负责管理公司的日常事务等。

在董事长缺席或失去行为能力的情况下，总经理可以代行董事长所拥有的一切权力并履行董事长的一切职责。总经理的具体权限范围，一般都由公司章程或公司内部细则规定。

（5）副总经理的职权。每个副总经理的职责都由董事会或总经理授予，在董事长或总经理缺席或失去行为能力的情况下，副总经理被授予上述人员的部分权力并履行他们的一切职责。副总经理的日常业务范围通常由公司内部细则规定

（6）公司经理的任免。在股份有限公司，董事会以决议的形式，可以根据实际需要随时免除经理（包括总经理和副总经理）的职务。在有限责任公司，经理的任免由股东会议决定。在特殊情况下，法院也有权免除各类经理人员的职务。如果上述免除存在不公正现象，经理可以向法院提起诉讼，要求公司赔偿由此而引起的各种损失。但经理因违反纪律、公司章程或公司内部细则的规定、董事会的决议或因本人的失职而造成的经济损失，要自行承担相关责任并进行赔偿。

6. 公司秘书

（1）公司秘书的设置。各国法律规定，每个公司，不管是股份有限公司还是有限责任公司，都必须设立秘书岗位。秘书是公司运行必不可少的行政职员。秘书只从事行政性工作，而不承担管理职能。其工作职责就是负责保证公司的业务活动符合公司法令和公司章程的规定。

（2）公司秘书职责。秘书作为公司高级职员，主要拥有以下职权：①管理、保存和监督公司账簿和账户的记录，特别是管理和保存董事会的会议记录以及股份转让记录；②保管和根据公司的具体指令使用公司印章；③出席所有的股东大会、董事会议并编制好上述会议过程的专门记录；根据董事会的指示，向全体在册股东颁发一切必要的会议通知；在催交股款、股份转让、罚款事项上与股东保持联系；④出席其他高级职员签订重要合同的仪式，并充当签字的证人；⑤在与公司行政有关的问题上，具有代表公司参加签订合同的权力，但秘书无权代表公司订立有关管理事务方面的合同；⑥代表公司监督其它职员的行为是否超越职权范围。

秘书如伪造公司簿记，篡改公司资产负债表等有关报告书或其他文件，泄露公司的经营秘密，利用职权谋取不正当的利益，需要依法承担刑事责任。

7. 公司司库

(1) 公司司库的含义。司库是负责公司资金管理的主要职员。

(2) 公司司库的职责。司库应保管公司资金和有价证券,确保公司收支账目、以公司名义在银行的所有现款和贵重财物的存折以及由董事会指定的公司存款单据的全面和精确。司库还应负责公司的支付款并保存支付款的相关单据,在董事会例会上或总经理和董事会所要求的任何时间向总经理和董事会成员呈递司库业务活动的记录以及反映公司财务状况的账目。此外,司库还可拥有董事会或总经理随时规定的其他权力并履行相应的职责。

8. 审计员

(1) 审计和审计员。审计主要是指定期或不定期地分析、检查和证实公司或其他经济企业组织的资产和债务状况的一项专门工作。审计员是专门从事检查并进一步证实公司会计账目和报告的正确性、合理性和可接受性的专业人员,也是公司高级职员。

(2) 强制审计。公司法一般都明确规定,凡公司的财务会计账目和年度报告,必须经过审计员的审核,否则没有任何法律效力。

(5) 审计员的资格。审计员必须受过专业训练,经过考核之后获得审计员资格。我国相关法律规定,下列人员不得担任审计员:①已是该公司的职员或服务人员;②是该公司的合伙人;③是一个经济团体;④与公司有经济往来和联系的人员。

(6) 审计员的职能。审计员的职能,由公司法作出规定,主要是证实、审核和纠正公司财务报表,保证公司的资产负债表、损益表以及一系列会计报表的真实性和正确性。下面是一种比较典型的规定:①审计员必须审核和证明公司的财会账目是按法律和公司章程的规定制作的;②必须审核年度报告中是否包含法律所规定的信息以及对公司的事务是否给予虚假的介绍;③必须查阅公司的账本和会计报表并就全部必要的资料和信息向董事提出询问;④对严重影响公司存在和发展的任何事项提出报告;⑤必须核实年度财务报表和年度报告的内容。

(二) 公司执行机构的职权

公司执行机构的职权主要包括:

(1) 对董事会负责:①贯彻执行董事会的决议、决定以及指示;②定期和不定期地向董事会汇报公司的业务情况；③拟定重大行动方案提交董事会审议决定；④总经理向董事会提名副总经理。

（2）制订公司工作计划：①制定公司的远景规划和近期计划；②寻求并确定有利的业务机会；③制定公司的发展方向和发展战略。

（3）设计企业内部组织：①设置职能参谋机构；②规定各单位、各部门的职责范围；③提出企业组织结构的变动意见；④建立有效的信息沟通网络。

（4）进行人事管理：①配备、任命各部门的负责人；②培养、选拔领导干部；③制订与实施职工培训和发展计划；④调动职工的积极性，培养、激发他们的成就感。

（5）技术创新管理：①确定公司的技术发展战略；②确定技术引进、技术改造、技术转让、技术研究和开发项目。

（6）进行公司内部的协调：①处理下属单位的矛盾和纠纷；②监督并纠正下属单位在执行过程中的错误和偏差；③在领导工作中塑造并维持公司文化。

（7）对外关系管理：①负责或授权负责对外业务关系；②代表公司处理同其他单位的业务纠纷和非业务纠纷。

（三）公司执行机构与决策机构的关系

由于公司的高级经理人员是由董事会任命的，只对董事会负责，而不对股东大会负责，所以，执行机构与决策机构的关系主要表现为经理人员与董事会的关系，即管理层与决策层的关系。从表面上看，这种关系是很清楚的，但在实际工作中却是个十分复杂的问题。其主要原因在于，一方面，管理层的主要负责人同时又是决策层成员，甚至在决策层中起主导作用；另一方面，董事会只负责对重大事件进行决策，这使得经理人员的行为具有较大的独立性。基于上述两点，便会产生一种管理层逐渐控制和操纵决策层的趋势，那就是削弱董事会的作用。而对于企业的对策而言，可以采取以下措施来加强董事会的决策地位：

1. 明确规定董事会的任务及其工作机构和个人的职责权限。同时，制定标准来评价和衡量董事会及其内部工作机构的工作成效；

2. 注意改善董事会的人员结构和职能结构。减少经理董事，增加非经理董事（包括外部董事），使非经理董事在董事会中占主导地位。对于不胜任或不再胜任工作的董事重新作出安排，吸收富有经验的专家参加董事会。

3. 除总经理外，经理董事应尽可能解除原有的具体业务工作，把工作重点放在经营决策上。

4. 总经理应同董事们经常沟通、协调，建立融洽的工作关系。

四 公司的监督机构

通常，凡是公司制企业，都应该建立相应监督机构。这里的监督机构，指公司内部的监督机构，不包括国家、行业的监督管理机构。就我国目前股份制企业而言，公司内部监督机构，主要有以下三种形式：

（一）监事会

按照《公司法》设立的国有独资公司、有限责任公司、股份有限公司都应该设有监事会。监事会成员有两种：一种叫体内监事；另一种叫体外监事。有的监事会以体外监事为主。体外监事以公司董事会决定。体内监事由公司党委、工会负责人等兼任。也有些企业的监事会成员以体内监事为主。

（二）内设监督机构

总的看，国有企业内设纪检监察机构都比较健全，国有独资公司及国有控股公司都设有纪检监察机构。在具体设置上，一般实行纪委和监察机构合署办公的形式，有的还与监事会的日常办事机构合署办公，还有审计部门也一起合署办公。

（三）母公司向子公司委派产权代表

随着市场经济的发展，许多国有企业投资创办下属企业，形成母子公司。除个别企业外，多数企业对其子公司的监督都比较到位，但主要不是通过监事会实施监督，而是通过向子公司委派产权代表实行直接控制。产权代表一般包括总经理、党委书记和财务总监。有些企业还设立了产权代表报告制度，详细列出产权代表应当及时报告的事项目录和报告方式，包括国有资产处置方案报告、企业利润分配方案报告、董事会议事情况报告、违规经营、决策失误以及产权代表的个人重大事项等十多项内容，保证了公司领导对下属企业日常经营活动进行不间断考察，对主要负责人的个人情况也能够及时掌握。制度规定，董事会召开之前，产权代表必须把董事会议题报呈公司，并按公司的意志在董事会中行使权力，否则以违纪论。他们规定，各分公司的财务总监不是对分公司的总经理负责，而是对总公司负责，因而可以直接向总公司报告情况。重大经营事项则必须由总经理和财务总监联合签字才能生效。

第三节 企业人力的组织设计

一 企业人力的组织结构

企业人力组织结构是企业人力组织设计的结果。现代权变企业组织设计理论认为，企业组织本身就是一个系统，它与外部环境发生密切关系，同时企业组织内部的各子系统之间又相互作用与影响。企业组织实质上是在各种因素的相互联系中运转的。影响企业组织结构设计的因素一般有环境、战略与技术三个。

（一）企业组织结构设计的因素

1. 环境

环境包括总的一般环境和具体工作环境两部分。环境的复杂性和变动性决定了环境的不确定性。当环境由稳定和简单趋向变动和复杂时，关于环境的信息不足或不可靠，以及对特定企业组织活动的效果缺乏了解，便会使制定管理决策过程中的不确定因素大为增加。企业组织结构设计与所处环境的不确定程度密切相关。环境较为确定的行为或部门，其企业组织结构设计便可以采用较为稳定的机械结构；而环境复杂多变的行业和部门，则应采用弹性的有机结构。

2. 技术

这里所说的技术主要是指将原材料转化为最终产品或服务的智力及机械力等的过程，一般可将其分为单件小批生产、大批大量生产和长期连续生产三类。在进行企业组织结构设计时，应建立与技术特点相适应的企业组织结构。

3. 战略

战略是指决定企业组织活动性质和根本方向的总体目标。企业组织结构因战略而异，一般来说，在企业战略发展的不同阶段，应有与之适应的企业组织结构。

（1）针对数量发展阶段。许多企业组织开始建立时，往往只有一个单独的工厂，只是比较单一地执行制造或销售等职能。这个阶段的企业组织结构很简单，有的只设一个办公室。

（2）针对地区开拓阶段。随着生产或业务向多地区的拓展，为了把分布在不同地区的同类企业组织有机地组合起来，解决在这一过程中所产生了的协调、标准化和专业化问题，就要求建立新的企业组织机构，即职能部门。

（3）针对纵向联合发展阶段。即在同一行业基础上进一步扩大功能，如从销售服装用品专业化起家的零售商店扩大到销售各种用具与家具等，这种发展战略要求建立与此相适应的职能机构。

（4）针对产品多样化阶段。即在原产品的主要市场开始衰落的时候，为了更好地利用现有的资源、设备和技术，而转向新行业的新产品的生产和新服务的提供。这种战略的企业组织结构要考虑到对新产品的评价和考核，资源的分配以及部门的划分和协调等问题，一般要求建立与此相应的横向发展的产品型企业组织结构。

（二）企业组织结构设计后的实施原则

为了使企业组织机构形成一个系统整体，有效、顺利、合理地发挥作用，需要明确企业组织工作的实施原则。

1. 明确责任和权限

（1）责任和权限的定义。所谓责任就是指必须完成与职务相称的工作义务。所谓权限就是完成职责时可以在一定限度内（有时未经上级允许）自由行使的权力。责任就是完成工作的质量和数量的程度，权限就是完成工作职责时应采用什么方法、利用什么手段、通过什么途径去实现目标。

责任与权限是相互联系、相互制约的，不应赋予不带权限的责任，也不应当行使没有责任的权限。为了履行义务，必须明确每个人应负的责任，同时也明确其应有的权限。

（2）明确责任和权限。作为上级管理人员应尽可能把责任委托给下级，并授予完成相应任务所需的权限，其可以使企业组织更有灵活性，有利于下属主观能动性的发挥。当然上级也应该注意，即使已把责任和权限委任给了下级，也应当负起监督、指导、检查等方面的责任，不能一推了之。

2. 命令系统实行一元化管理

一个管理人员所能指挥、监督的人数是有限的，管辖的人数的多少应根据下级的分散程度、完成工作所需要的时间、工作内容、下级的能力、上级的能力、标准化程度等条件来确定。一般来说，从事日常正常工作可管辖15—30人，从事内容不变，经常需要作出决定的工作，可管辖3—7人。

3. 职责分配原则

分配工作，划分职责范围时，要避免重复、遗漏、含糊不清。应该主要遵守以下原则：①相同性质的工作应首先进行归纳分析，再进行分配；②分配工作要具体、明确；③每一项工作不宜分得过细，应由许多下级一起承担；④应考虑下级的实际工作能力，量材使用；⑤经常检查，拾遗补缺，防止出现缺口。

4. 管理人员的优先配置原则

企业组织机构应优先物色和培养管理人员。建立企业组织机构时，为了达到目标，要确定工作岗位要求，并结合该方面要求选择最合适的经济管理人选。如果没有合适人选可供挑选时，要选择若干次优人选，并注重对其的培养和训练，而不是简单递补、一选了之。

（三）企业组织机构中的日常考核

1. 日常考核的主要内容

机构必须重视日常考核。因为机构的建立多从理论化、理想化角度出发，而设计成果是否能满足实际需要却需要认真检验、考核。

所谓考核，是指对功能执行程度的分析，即检查建立的机构在多大程度上执行了规定给它的功能，具体考核项目包括：①机构是否完全执行了功能的要求；②有无事故等发生；③有无拖延情况并找出产生拖延的原因；④有无浪费、损失（无形的、有形的）；⑤有无新的方法与经验。

对于项目而言，首先应当有可以对比的标准，以便明确回答和作出分析。例如，每一项中应列出标准功能表，而后逐项进行分析。其次还需确定该机构"事故"的概念含义，包括什么内容、考核的时间间隔，而后分析是否属于事故，它的性质及其产生背景。每个机构都应建立正常的工作记录，建立统计制度以作为分析执行程度的依据。

2. 工作效率的考核

工作效率的考核不仅应针对下层人员，也应考虑中层和上层人员，应该包括：

（1）决策机构的反应速度。即从接到一项要求或一项信息后，到开始正式研究的时间。

（2）决策效率和效果。这是接到相关信息后作出决策的时间，及由于采取了该项决策给企业带来的收益。

（3）执行效率。在某个问题决定后，从开始执行到取得执行的结果的时间。为了形成对比的条件，可按决策执行的复杂程度进行分类，并根据实际数据，制定出标准。

（4）文件审批效率。指一项报告或其他文件在转到负责人手中后到批复的时间，这也是根据问题的复杂程度、重要性和需要调查研究的时间，综合考量后制定标准。此外，对于重大问题，还应计算延误损失。

（5）文件传递效率。是指文件发出单位到达承阅单位的时间，主要是企业内部文件的传递效率。对于一个健康的机体，一项功能信息的延误将导致疾病，对一个正常运行的企业，例行工作也必须保持最好的效率。

3. 企业机构间的协调关系

（1）除了应考核各层次的工作效率之外，还应检查企业机构间的相互协调关系。企业机构的建立必须保证企业整体活动的协调，这就要求确保企业组织机构间有良好的协调关系。对于此方面的检查，应该包括如下关系：①制造协调关系，即条件制造。只有当一切条件都具备时，企业的各项活动才能开始，一个条件不具备的活动不应列入投入计划。计划规定的必须是现实可行的，这是最基本的要求。反过来说，单位必须按期提供所承担的制造条件，用以约束自己的行动。②总装协调关系，是指产品总装配的协调。只有产品总装配所需要的一切条件，如零件、部件、协作件、工具等都按照过程进度的协调要求完全齐备后,才能列入正式装配计划。③总体协调关系。某些生产技术准备工作何时开始、结束,某个零件、部件何时投入、何时完工,一台产品何时开始总装、何时结束等,这些都要由总体协调来加以解决。

(2) 在处理机构关系中,必须避免以下两种情况:①整体中,分系统超越其他系统而占有独特地位。例如,企业经常出现生产超越生产准备、生产发展、环境系统、设备维修系统的情况。②月末突击生产、加班加点、全厂工人干部一齐上阵,破坏了系统正常运行的要求。

(3) 企业机构协调的另一个重要问题是管理体制的分级问题。企业管理体制一般是采取分级管理形式,其必要性在于大多数系统采取多级形式,即系统→分系统→若干分支系统。由于不同层次的分系统、母分系统、子分系统的存在,就存在着同级分系统的协调动作和同级分系统的功能交叉问题,以及生产过程的分段与结合问题,因此需要进一步设置更高一级的管理机构来处理这些问题,这也是完成系统功能所必需的。建立分级管理体制也是为了明确各级领导关系和职责范围,以提高管理效率,及时处理横向管理的问题。体制的分级实质上是系统目标的分散和功能的分级,适当分配功能,有助于提高产品的性能和效率。

第四节　企业人员编制

一　企业定员

(一) 概念

定员是企业在用人方面的一种标准,更确切地说,它是企业在一定的生产技术组织条件下,为了保证企业生产经营活动正常进行,而规定的各类人员配备的质量要求和数量界限。它在内涵和外延上,与劳动定额有所不同。劳动定额是指企业在一定生产技术企业组织条件下,对劳动者生产某种产品或完成某项工作任务劳动消耗量所规定的限额。

企业中可以实行劳动定额的工作岗位、工种必须具备以下条件：

1. 企业的基本生产过程可分解为若干工序（或工步、操作），并且在不同的工作地上按工序组织生产；

2. 劳动成果的大小、多少直接决定于劳动者的劳动消耗量，并且直接可以用实物产品或单位产品的工时消耗来表示；

3. 劳动者使用的设备一般是中、小型设备，设备的转速、工艺用量等的调整，应采用一人一机或一人多机的管理形式，由人来使用、操纵。

从上述三种基本条件来看，在企业中可以实行劳动定额（工时定额、产量定额和看管定额）的岗位、工种是有一定范围的，在其中，定员的范围要广得多，无论企业的规模大小，在生产类型、产品方向、工作岗位、技术复杂程度等方面有何不同，凡是有劳动者从事经营管理、生产活动的工作岗位，都要实行定员管理，在企业实行劳动定额的工种、生产岗位，也要确定定员。

定员与劳动定额是两个不同的概念。劳动定额所确定的是劳动者的具体化的劳动消耗量，采用工时、实物产品等计量单位。而定员所确定的是一定时期内承担特定生产（或工作）任务的某一级企业组织的人数，采用"人""人/月""人/季""人/年"等来计量。一般来说，劳动定额通常与产品或某种劳务联系，其对象主要是企业中的员工，而定员与一定的劳动企业组织相联系，而定员的核心是要解决全体员工的工作效率。简言之，定员是要解决企业中各工作岗位配备什么样的人员，以及配备多少人员的问题，通过对企业用人方面的质量和数量规定，促进企业少用人，多办事，不断提高工作效率。

（二）定员管理的标准

进行定员管理，如何确定员工工作量问题值得人们去考虑。例如在维修车间中的一个维修工应该负责几台设备的维修，纺织车间中的一个挡车工应该看管几台织布机等，这就需要建立定员标准。定员标准的建立，需要参照技术条件和企业组织条件，在不同技术条件或企业组织条件下，制定不同的定员标准。例如随着自动监管系统的设置，挡车工所看管的织机数量就会增加。在实践中，不同的员工和不同的企业，工作效益是不一样的，但定员标准必须相对统一，才能达到标准化管理的要求。每个企业、行业或者国家制定的定员标准，对本企业、行业，或者国家有效，这些也被称为企业、行业或者国家的定员标准。

（三）员工分类

为了确定定员，加强企业的定员管理，应将企业全部员工划分成为不同类别。根据企业生产、经营管理的需要，按照不同岗位、工作性质和任用期限等标志，可将企业全部职工划分成为不同的类别。

1. 按工作性质的不同，可将企业员工分为三大类：

（1）工人。指在企业内直接从事物质生产的全部工人，包括基本车间、辅助车间和附属生产单位中直接从事生产的工人，以及从事厂外运输与厂房建筑物修理的工人。按照他们在生产过程中所起作用的不同，又可分为基本生产工作和辅助生产工人两类。基本生产工人，是指企业基本生产车间直接从事产品生产的工人，不包括基本生产车间的辅助工人和辅助车间的全部工人。辅助生产工人，是指从事各种辅助性工作的工人，包括基本生产车间中从事辅助工作的工人，以及在辅助车间从事生产的全部工人。在工人中，经过专门培养和训练，凡有一定技术专长，从事比较复杂劳动的工人，称为技术工人。凡是从事一般的生产技术操作，不经过学徒期，仅在熟练老工人的指导下，经过一定的熟练期的学习，掌握操作技能，从事比较简单劳动的工人，称为熟练工。

（2）学徒。在技术工人或熟练工人指导下，在生产劳动中学习生产技术，并享受学徒工待遇的人员。

（3）工程技术人员。具有工程技术能力并担负工程技术工作的人员。工程技术人员包括：①已取得技术职称并实际担负工程技术工作的人员。②无技术职称，但具有大学、中专的理工科专业毕业的学历，已担负工程技术工作的人员。③既无职称又无学历，但实际从事技术工作，并具有中专以上工程技术水平，能够胜任工程技术工作的人员。这类人员中，直接从事产品设计、工艺制定等工作的人员，通常称为专职工程技术人员。对已取得工程技术职称或大学、中专理工科毕业的学历，在企业中担负技术管理工作（如主管生产、技术的厂长和车间主任，从事计划、生产、生产准备、检验、安全技术、设计、工艺、劳动定额、工具设备、动力等科室技术管理工作）的人员，一般称为业务技术管理人员。④管理人员。在企业各职能机构和各车间（或附属生产单位）从事行政、生产、经营管理工作的人员。⑤服务人员。服务于职工生活或间接服务于生产的人员。包括，从事生活福利工作的（如食堂、幼儿园、托儿所、哺乳室）人员；文化教育工作（如职工文化技术教育设施、图书馆、俱乐部）的人员；门卫人员；住宅管理和维修人员、勤杂人员，不包括与生产有关车间的勤杂工）；以及从事其他生活福利工作（如澡堂、浴室、茶炉）的人员。⑥其他人员，指由企业支付工资，但与企业生产基本无关的人员。这部分包括：农副业生产人员，出国援外人员，6个月以上长期病、伤假人员，外出学习人员，外借人员，关停企业留守人员和待分配人员等。

2. 按劳动者与生产的关系，可将企业职工分为直接生产人员和非直接生产人员两大类。

（1）直接生产人员。凡是参加生产过程的员工（包括在基本生产、辅助生产），参与制造加工产品的工人、学徒，从事产品设计、制造的专员工程技术人员，以及直接从事生产活动的管理人员，都属于直接生产人员。

（2）非直接生产人员。凡是从事企业经营管理等项行政工作，以及负担生产服务的人员，即不直接从事生产活动的管理人员，工程技术人员中的业务技术管理人员，服务人员，以及其他人员，均属于非直接生产人员。

3. 员工个性差异

（1）定义。个性差异是指人与人之间在心理特征上的差别。这些差别是极其复杂而广泛的，但是概括起来可以归纳为气质差异、能力差异与性格差异。这三个范畴的复杂组合，构成了个体带有稳定性和倾向性的各不相同的个性特征。管理者如果能够了解与运用个性差异的规律，就可以有效开发人力资源。

（2）运用。①气质常指人的性情。它是个体高级神经活动类型在情感和动作方面的表现，反映了一个人心理活动过程进行的速度、强度、稳定性与指向性。②气质类型。古往今来，人们习惯于把气质划分为四种类型：多血质、黏液质、胆汁质和抑郁质。

俄国著名生理学家巴甫洛夫归纳出人的神经系统的兴奋过程与抑制过程的三种基本特性：一是强度，指神经系统经受强烈刺激或持久工作的力量；二是平衡性，指兴奋过程与抑制过程这两种力量对比的均衡程度；三是灵活性，指神经系统对刺激的反应速度，即兴奋过程与抑制过程的转化速度。神经系统的灵活性是以神经过程具有平衡性为前提的，而平衡性又是以神经系统的力量属于强型为前提的。神经过程的这三种基本特性之间的不同结合方式，构成了神经系统的四种基本类型，即：强而不平衡型（兴奋过程强度占优势）；强而平衡的灵活型；强而平衡的不灵活型；弱型。巴甫洛夫归纳的这四种气质类型在行为上表现出来的特点与传统的四种气质类型的分析是相互一致的。这给传统的气质类型学说提供了某些科学依据，成为气质类型的生理基础。神经系统除了这四种基本型类以外，巴甫洛夫认为还应该具有其他的类型，只是还没有被发现。而且，就个体具有的气质类型看，也不都是那么纯粹地属于某个类型，常常是介于这些基本类型之间的中间型。

（四）企业定员方法

由于企业各类人员的工作性质不同，总的工作量和个人劳动的工作效率表现形式不同，以及其他不同的影响因素，所以确定定员的具体方法也不同。一般来说，主要有以下方法：

1. 按劳动效率定员

这种定员方法，实际上就是根据工作量和劳动强度计算人员数量的方法。凡是有劳动定额的人员，特别是以手工操作为主的工种，需要更多的劳动定员。在不受机器设备等其它条件的影响下，更适合用这种方法来计算定员。

计划期内总的工作量定员人数 = 一个职工的劳动（工作）效率

计划期生产任务总量定员人数 = 工人劳动效率×出勤率

2. 按岗位定员

就是根据岗位的多少，以及岗位工作量大小来计算定员人数。这种方法适用于使用连续性生产装置（或设备）企业组织生产的企业，例如化工、炼油、造纸、玻璃制瓶，以及机械制造，电子仪表企业中使用大型连动设备的人员。除此之外，还适用于一些不操纵设备又不实行劳动定额的人员。

Σ（每种产品年总产量×单位产品工时定额）

定员人数 = Σ（每种产品年总产量×单位产品工时定额）÷（1 − 计划期废品率）÷（1 − 0.08）

按岗位定员具体又表现为以下两种方法：

（1）设备岗位定员。适用于在设备和装置开动的时间内，必须由单人看管（操纵）或多岗位多人共同看管（操纵）的场合。此外，具体定员时，应考虑以下内容：①看管的岗位量（操作的岗位量）。②岗位的负荷量：一般的岗位如果总负荷不足四小时的要考虑兼岗、兼职、兼做。高温、高压、高空等作业环境差、负荷量大、强度高的岗位，工人连续工作时间不得超过两小时，这时总负荷量应视情况给予宽放。③对每一岗位的情况还要掌握危险和安全的程度，照管所走动的距离，是否可以交叉作业，设备仪器仪表复杂程度，需要听力、视力、触觉以及精神集中程度。④生产班次、倒班及替班的方法。对于多班制的企业单位，需要开动班次计算多班生产定员人数。对于采用轮班连续生产的单位，还要根据轮班形式，计算倒休人员，如实行三班倒班组，每六名职工，需要多配备一名职工。而对于生产流水线每班内需要安排替补的岗位，应考虑替补次数和间隙休息时间，每一小时轮替一次，每岗就定两人，采用两人轮换：一人工作，一人做一些较轻的准备性或辅助工作。在公式中，"生产工作时间"是指作业时间、布置工作地时间和准备与结束时间之和。

（2）工作岗位定员。适用于有一定岗位，但没有设备，而又不能实行定额的人员，如检修工、检验工、值班电工，以及茶炉工、警卫员、清洁工、文件收发员、信访人员等。这种定员方法和单人操纵的设备岗位定员方法基本相似，主要根据工作任务、岗位区域、工作量，并考虑实行兼职作业的可能性等因素来确定定员人数。

3. 按比例定员

指按照与企业职工总数或某一类人员总数的比例，来计算某种人的定员人数。

在企业中，由于劳动分工与协作的要求，某一类与另一类人员之间总是存在着一定的数量依存关系，并且随着后者人员的增减而变化。如炊事员与就餐人数、保育员与入托儿童人数，医务人员与就诊人数之间等。这种方法主要适用于企业食堂工作人员、托幼工作人员、卫生保健人员、员工教育人员等服务人员的定员。对于企业中非直接生产人员、辅助生产工人，政治思想工作人员，工会、妇联、共青团脱产人员，以及某些从事特殊工作的人员，也可参照此种方法确定定员人数。

按企业组织机构、职责范围和业务分工定员。这种方法主要适用于企业管理人员和工程技术人员的定员。一般是先定企业组织机构，再定各职能科室。在明确了各项业务分工及职责范围后，根据各项业务工作量的大小、复杂程度，结合管理人员或工程技术人员的工作能力、技术水平确定定员。

4. 按设备定员

就是根据设备需要开动的台数和开动的班次，工人看管定额以及出勤率来计算定员人数。这种定员方法，属于按效率定员的一种特殊的形式，主要适用于机械操作为主，使用同类型设备，采用多机床看管的工种。因为这些工种的定员人数，主要取决于机器设备的数量和工人在同一时间内能够看管的设备的台数。

（五）特殊工作岗位的定员方法

近些年来，一些实际工作者运用数理统计，以及数量分析经济评价相结合的新方法，确定企业某些特殊工作岗位的定员，取得一定成果。其主要内容为：

1. 运用概率推断确定经济合理的医务人员

（1）根据统计调查掌握企业医务所（院）全所职工诊病的人数资料，通常选择诊病人数最多的月份，求出平均每天诊病的人次数和标准差。

（2）测定每位医务人员每天准备工作，接待每一患者，以及必要的休息和生理需要时间。

（3）测定必要的医务人员数。

（4）经济评价。在此方面，为了进一步确定出经济合理的医务人员定员人数，还应掌握以下资料：①员工因患病造成的工时损失（也可以用价值或实物量来表示，以下同）。②员工因外出就诊造成的工时损失。③员工因在医务室诊病等待而造成的工时损失。④加强厂医务所的医务、保健保员需要增加多少开支（包括工费、设备费用等），可折成工时。⑤由于加强了医疗保健工作使职工可能减少的工时损失。经济的合理的医务所人员定员人数应当实现以下两个目标，即：$A + B + C - E = $ 最小值，$E - D = $ 最大值。

2. 运用数理统计方法确定管理人员的定员人数

这种方法首先将管理人员按职能分类，例如将企业所有从事劳动工资的人员、所有从事会计核算和财务工作的人员、所有从事生产调度的人员，归纳为劳资、财会、生产三大类管理人员，然后再分别根据其工作量影响因素来计算定员。管理人员与其工作量各影响因素的关系可用回归分析方法求出。在一般情况下，与下面的幂函数相关：

$$P = k \times x1^{L1} \times x2^{L2} \times x3^{L3} \times \cdots \times xp^{Lp}$$

在公式中：P 为某类管理人员；（X1—XP）为该类管理人员工作量各影响因素值；（L1—LP）为各因素值的程度指标；K 为系数。

企业要获得较准确的定员数，需要了解几十个以上的同类型企业的有关资料和数据，然后进行回归分析。

3. 运用排队论确定经济合理的工具保管员人数

企业在生产新型产品过程中，由于模具、工具等都是一次性单件生产，这种情况下，在工装车间内往往容易引起模具、钳工、机工与车间工具室之间的矛盾。若车间工具保管员少，工人会因等待借还工具时间长，而影响生产任务的完成；若车间增加工具保管员，虽然满足了工人借还工具的需要，避免了排队等待，但又增加了车间的人员数，可能突破工资总额。在这种情况下，该车间应该设置几个窗口增加几个工具保管员才比较合理呢？

根据实地观测，该工具车间平均每 35 秒钟就有一个机工或模具夹具钳工去工具室借还工具，而每次借还时间平均要 50 秒，若规定 50 秒为一个时间单位，则：

（单位时间内的到达人次数）$\lambda = 50/35 = 1.43$

（单位时间内借还完毕的次数）$\mu = 50/50 = 1$

在 n 状态下平均借还时间内的到达次数（n 为窗口数或工具保管员人数）。

第五节　企业工作岗位编制

一　概述

（一）岗位分析的定义

岗位分析，是指根据工作内容分析工作的性质、繁简难易、责任轻重，执行工作应具备的学识技能与经验，进而确定担任工作所需的资格条件。

首先，在瞬息万变的工作环境中，新的工作不断产生，旧的工作需要重新设计，这就需要系统地进行岗位分析。岗位分析可以帮助组织察觉环境正发生变化的事实，作出正确决策，而参考一份几年前所做的岗位分析则可能得到不够确切的数据资料。因此，一个适当的岗位分析体系是至关重要的。来自岗位分析的数据对人力资源管理的各个方面都有不同程度的影响，但其主要作用是在人力资源计划方面。例如，一个公司在进行有效的人力资源规划时，仅仅认识到将需要1000名新员工生产产品或提供服务以满足销售需要是不够的，它还应知道每项工作所需要的不同的知识、技能和能力。

如果招聘者不知道胜任某些工作所必需的资格条件，那么对于员工的招聘和选择就将是漫无目的的。换句话说，如果缺少适时的工作说明和工作规范，招聘者就会在没有一个清楚的指导性文件的情况下去招聘、选择员工，这种做法将会带来糟糕的后果。实际上，就连企业在获取原材料、供货或设备这些资源时，都会对资源的需求做出详细说明（例如，即使在订购一台复印机时，采购部门通常也会提出精确的说明）。因此，在寻求企业的最有价值的资产—人力资源时，企业更应采用同样的逻辑。

其次，工作规范中的信息在确定人力资源开发需求方面常常发挥作用。如果工作规范指出某项工作需要特殊的知识、技能或能力，而在该职位上的人又不具备所要求的条件，那么培训和开发就十分必要了。展开的培训和开发旨在帮助工人履行现有工作说明中所规定的职责，并且帮助他们为升迁到更高的工作职位做好准备，并应根据员工完成工作说明中规定职责的好坏进行绩效评价。

在报酬方面，岗位分析的作用体现在，它能够在用货币体现某项工作的价值之前分析其对于公司的相对价值。相对来说，工作的职责越重要，工作就越有价值，因此，对知识、技能和能力要求高的工作对公司来说应该更具价值。例如，要求具有硕士学位的工作的相对价值要高于只需高中文凭的工作。

在考虑安全与健康问题时，来自岗位分析的有关信息也很有价值。例如，雇主应该在工作说明和工作规范中说明一项工作是否有危险。并且，在某些危险的工作中，工人为了安全地完成工作，也需要了解一些有关危险的信息。

在员工和劳动关系方面，岗位分析信息同样也很重要。当考虑对员工进行提升、调动或降职问题时，工作说明提供了比较个人才干的标准。无论公司是否成立了工会，通过岗位分析获得的信息经常能做出更为客观的人力资源管理决策。

此外，当进行人力资源研究时，岗位分析信息为研究者提供了一个研究起点。例如，当人力资源管理者要区分出色员工和平庸员工的因素时，只需研究那些有着同样工作说明的员工即可。

最后，完整的岗位分析对支持雇用实践中的合法性尤其重要。例如，我们需要岗位分析的资料为有关升职、调动和降职的决策提供依据。

（二）岗位分析的目的

岗位分析的目的是解决以下6个重要的问题：（1）工人完成什么样的体力和脑力活动？（2）工作将在什么时候完成？（3）工作将在哪里完成？（4）工人如何完成此项工作？（5）为什么要完成此项工作？（6）完成工作需要哪些条件？

岗位分析给出了一项工作的职责与其他工作的关系、所需的知识和技能以及完成这项工作所需的工作条件等诸多信息。

（三）岗位分析的作用

岗位分析是企业进行招聘、晋升和业绩考核、培训工作的基础，对企业有效进行人力资源的开发与利用有着非常重要的作用：

1. 为企业编制定员提供了科学的依据

有了岗位分析作为基础，企业管理人员就可以明确了什么地方需要什么样的人员，需要多少人员。这就为企业合理配备人力，协调班组及部门之间的关系，最终达到人员的优化组合打下基础。

2. 为企业聘用和考核职工提供了客观标准

企业在招聘员工时，可根据岗位分析中列示的完成工作所需要的技巧、知识和能力，对备选人员进行考核，在录用时可以减少主观成分，为职位申请人创造公平竞争的环境。而员工也可以根据不同岗位的要求找到适合自己的位置，使每个人都能充分施展其才华。同时，岗位分析明确规定了各项工作的责、权、利等方面的工作规范和要求，使考核工作更具体、合理、准确和客观，可减少员工的不满情绪，促使其提高工作效率。

3. 为确定员工的工资待遇和进行培训提供了客观基础

由于岗位分析明确了每项工作的内容、技术要求、所需知识、能力、责任等，从而明确完成该项工作需要的技术等级，责任大小，甚至所花的时间等，这就为企业合理、准确地确定员工的工资待遇提供了客观的依据。同时，岗位分析中要求员工掌握的知识技能，也就是企业对员工进行培训的主要内容和任务。

4. 有利于员工明确努力方向，改善企业内部的人际关系

由于工作是高层管理者设定的，而岗位分析则清楚表明了高层管理者认定的重要事项或方向，会给员工明确的提示。同时岗位分析使职工的工作具体明确、职责分明，为考核、奖惩、晋升提供了科学的标准和依据，从而大大减少企业员工之间、员工与各部门之间的矛盾和纠纷，改善了企业内部的人际关系，增强了企业的凝聚力。

（四）岗位分析与工作评价

工作评价，是根据工作说明表叙述，把各种工作评定程度的等级，作为认定人员所需资格和支付薪水高低的依据。用以评价工作的方法甚多，较为常用的有下列几种：

1. 排列定等法

是把各种工作就其工作说明表的叙述，作等级高低的排列，程度高的排列在上，程度低的排列在下，程度相等的并列。经排列后，可整理出高低前后顺序，每一序次为一个职等。这种方法的优点是简便易行，缺点是不够可靠，而且在排列时，对工作只作程度等级的区别，而未作性质的区别，因而效果不佳。

2. 因素分类法

运用这种方法的要点有三个：（1）选用若干因素（称分类因素）作为衡量职责程度的依据；（2）建立认定性质区分和程度区分的标准（称分类标准）；（3）把分类的工作说明表与既定标准相比较，以决定其所属性质和程度。

3. 因素评分法

因素评分法有四个要点：（1）选用若干因素（称为评分因素），作为衡量程度高低的依据；（2）评分标准表，作为评定程度高低的标准；（3）

把工作说明表的内容和既定因素评分标准表相比较,按因素依次评定分数并算出总分;(4)制定分数与职等换算表,根据工作所得评分换算为职等。

为了工作评价的落实,公司常常组织评价小组或委员会办理,并在手续上分为拟评、审议和核定等程序。如果工作内容有变动,须修正原工作说明表后,再办理评分。

(五)岗位分析内容

岗位分析的内容包括岗位分析要素、工作说明、工作规范等三个部分,下面分别阐述。

1. 岗位分析要素

要进行岗位分析,首先必须弄清该项工作有哪些要素构成?具体含义是什么?一般来说,岗位分析包含七个要素:

(1)什么职位。岗位分析首先要确定工作名称、职位,即在调查基础上,根据工作性质、工作繁简难易、责任大小及资格等四个方面,确定各项工作名称并进行归类。

(2)做什么。即应具体描述工作者所做的工作内容,在描述时应使用动词,如包装、装载、刨、磨、检测、修理等。

(3)如何做。即根据工作内容和性质,确定完成该项工作的方法与步骤,这是决定工作完成效果的关键。

(4)为何做。即要说明工作的性质和重要性。

(5)何时完成。即完成工作的具体时间。

(6)为谁做。即该项工作的隶属关系,明确前后工作之间的联系及职责要求。

(7)需要何种技能。即完成该项工作所需要的工作技能,如口头交流技能、迅速计算技能、组织分析技能、联络技能等。

2. 工作说明

工作说明是有关工作范围、任务、责任、方法、技能、工作环境、工作联系及所需要人员种类的详细描述。它的主要功能有:让职工了解工作的大致情况;建立了工作程序和工作标准;阐明了工作任务、责任与职权;有助于员工的聘用与考核、培训等。编写工作说明时要注意:(1)描述要具体化而非抽象化。(2)描述的句子要简明,内容不要过于繁杂,最好不超过三页。（3）使用技术性术语时加以解释。

3. 工作规范

为了使员工更详细地了解其工作内容和要求，以便能顺利进行工作，在实际工作中还需要比工作说明书更加详细的文字说明，规定执行工作的各项任务、程序以及所需的具体技能、知识及其他条件。为此，企业在岗位分析基础上，可设立"工作规范书"或将此项内容包括在工作手册、工作指南等之中。所谓工作规范就是指完成一项工作所需的技能、知识以及职责、程序的具体说明，它是岗位分析结果的组成部分。

第六节　企业职位编制

一　职务设计应考虑的因素

职务设计主要需要考虑三个方面的因素。

（一）环境因素

主要包括人力资源和社会期望。职务设计必须充分考虑人力的供应问题以及人力的欲望。

人力资源是指在职务设计时要考虑能找到足够数量的合格人员。如亨利·福特设计汽车装配线时，考虑当时大多数潜在劳动力缺乏汽车生产经验，因而把职务设计得比较简单。不发达国家引进生产设备时，往往缺乏对人力资源的充分考虑，在花钱购买技术时没有考虑某些关键职务上国内合格人才的缺乏，所以事后又不得不从外国高薪聘请相应专家担任所需职务。

社会期望是指人们希望通过工作来满足什么。工业化初期，由于在城市中找工作不容易，许多人可以接受工作时间长、体力消耗大的工作，但随着文化教育水平的提高，人们对工作及生活的质量有了更高的期望，单纯从工作效率、工作流程等来考虑组织效率往往欲速不达。所以在职务设计时，也必须同时考虑"人性"方面的诸多要求和特点。

（二）组织因素

包括专业化、工作流程及工作习惯。

专业化就是按照所需工作时间最短、所需努力最少的原则分解工作，结果是形成很小的工作循环。

工作流程是指在相互协作的工作团体中，需要考虑每个岗位负荷的均衡性问题，以便保证不出现所谓"瓶颈"，不出现任何等待停留问题，从而确保工作的连续性。

工作习惯是在长期工作实践中形成的传统工作方式，反映工作集体的愿望，这是职务设计过程中不可忽视的制约因素。

（三）行为因素

行为科学研究提醒人们，职务设计不能只考虑效率因素，还应当考虑满足工作人员的个人需要。

1. 任务一体化

某些职务的突出问题就是缺乏任务的一体化，员工不能参与完整的工作，因此，对整个任务几乎毫无责任感，并且缺少对成果的骄傲，在完成本职工作后也无任何成就感。如果能够使职工感到自己做出了可以看得到的贡献，工作满意感将大大增加。

2. 多样性

工作时需使用不同的技巧和能力，若缺乏多样性，则会导致疲劳厌烦，可能产生更多的失误。通过职务设计考虑工作的多样性特征，能减少疲劳引起的失误，从而减少效率降低的诱因。研究表明，工作轮换对于有效的工作会产生积极的作用，自主权以及多样性的运用是职工满意的主要原因。

3. 自主权

给予员工一定的决策权力，并提出附加责任会给员工自尊受重视的感觉。

4. 任务意义

任务意义就是使工作人员知道该项工作对于组织中或外部的其他人是重要的，使职务对工作人员来说甚有意义，因而加强自身重要性的感觉，自豪、允诺、激励、满意及较好的绩效就可以自然产生。

5. 反馈

以上因素之间往往是有矛盾的。行为因素要求职务设计增加自主权、多样性、任务的完整性、意义及反馈,从而提高员工的满意度,但往往导致组织效率降低,劳务成本上升;效率因素要求提高专业化程度,指挥的统一性,分工的细化,但又可能引起员工不满而导致怠工、缺勤、离职,因此必须在两者之间权衡好,才能确保职务设计的有效性。

二 职务设计的要求

(一) 职务设计的基本要求

(1) 全部职务的集合通过职务设计应能顺利完成组织的总任务,即组织运行所需的每一件工作都落实到职务规范中去。

(2) 职务分工应有助于发挥人的能力,提高组织效率。这就要求职务设计全面权衡经济原则和社会原则,找到一个最佳的结合点,并保证每个人有效地工作和积极性的发挥。

(3) 全部职务所构成的责任体系应能保证组织总目标的实现,即组织运行所要达到的每一工作结果,组织内每一项资产的安全及有效运行都必须明确由哪个职位负责,不能出现责任空挡。

(4) 每个职务规定的任务、责任可以由当时的资源条件决定,不能脱离资源约束来单独考虑组织的需要。

(二) 职务设计的方法

1. 工作专业化

(1) 定义。工作专业化是一种传统的职务设计方法。它通过动作和时间研究,把工作分解为许多很小的单一化、标准化和专业化的操作内容及操作程序,并对工人进行培训和激励,使工作保持高效率,此种职务设计的方法在流水线生产上应用最广泛。

(2) 特点。包括:①机械动作的节拍决定工人的工作速度;②工作的简单重复性；③对每个工人所要求掌握的技术比较低；④每个工人只完成每件工作任务中很小的工序；⑤工人被固定在流水线上的单一岗位，限制工人之间的社会交往；⑥工人采用什么设备和工作方法，均由管理职能部门作出规定，工人只能服从。

（3）优缺点。专业化职务设计的优点：①把专业化和单一化最紧密地结合在一起，从而可以最大限度地提高工人的操作效率。②由于把工作分解为很多简单的高度专业化的操作单元，因此对工人的技术要求低，可以节省大量培训费用，并且有利于劳动力在不同岗位之间的轮换，而不致影响生产的正常进行。③专业化对工人技术要求低可大大降低生产成本，因为只需廉价的劳动力来完成职务设计所规定的岗位要求。④由于机械化程度高，有标准化的工序和操作方法，加强了管理者对工人生产的产品数量和质量的控制，以保证生产的均衡。

专业化职务设计的不足：只强调工作任务的完成，而不考虑工人对这种方法的反应，因此专业化所带来的高效率往往会被因工人对重复单一的工作不满与厌恶而造成的缺勤、离职所抵销。

三 职位分类

（一）职位

所谓职位，是指一定的人员所经常担任的工作职务及责任。

1. 职位要素

（1）职务：指规定担任的工作或为实现某一目的而从事的明确的工作行为。

（2）职权：依法赋予职位的某种权利，以保证履行职责，完成工作任务。

（3）责任：指担任一定职务的人对某一工作的同意或承诺。

2. 职位特点

（1）职位是任务与责任的集合，是人与事有机结合的基本单元。

（2）职位的数量是有限的，职位数量又被称作编制。

（3）职位不是终身的，可以是专任，也可以是兼任；可以是常设，也可以是临时的。

(4) 职位一般不随人走。

(5) 职位可以按不同标准加以分类。

(二) 职位分类

1. 职位分类方法

(1) 职位调查方法。调查方法一般有五种：

①访问法。指工作人员对有关人员进行访谈，了解职位分类所需材料。访谈前应作好充分准备——确定访谈主题，了解背景材料。在访谈过程中应讲究方式方法，用平等、亲切轻松的态度，不致使对方感到拘谨和造成心理压力，交谈时应语言清晰，作好记录。

②观察法。指工作人员到工作地点观察实际情况，将标准时间内分类职位上发生的所有事情如实记录下来。标准时间指的是一个职位的职务完成一个流程所需要的时间。观察法需要较多的调查人员和较充裕的时间。时间过短，则观察易失真，甚至得出相反的结论。

③填表法。这种方法的应用最为广泛，从理论上讲，此法省事省人省钱省时间。但要求调查人员具备社会学知识，熟悉有关机构运转的情况，即要求调查表设计质量较高。调查表应包括职位名称、职员姓名、单位名称、所在地、主管姓名、职务内容、责任等。此法缺点是不易填写详细、准确，同一职位的不同人员往往填写内容不一样。

④会议法。实际上是扩大的访谈，同时与多人座谈。

⑤综合法。将上述方法结合起来使用称为综合法。一般是先填表，根据分析结果再派人访问或观察，效果较好。

(2) 职位品评方法。

①积点评分法（也叫"评分法"或"积点评价法"）。是先确定基本分类因素及其各个水平，对每个因素的各个水平进行评分；再看某个职位所包含的因素及其所处水平，折合多少分；然后将该职位总分与既定的等级分类表进行比较，确定其职位等级。

②因素比较法。是先选择一些有代表性的"标准职位"，并给打分定级（一般标准职位选15—25个）；再确定每个基本分类因素包括的基本水平，将标准职位的分数分配给这些因素水平，求得每个水平的分数；然后考察其它职位，根据每个职位所包含的因素及其水平，确定该职位的总分；最后将每个职位的总分与标准职位进行比较，确定出各职位的

等级。

③定等法（也叫"分类法"）。是最简单易行的方法。这种方法是将职位品评工作交给部门主管去办理，由他根据本部门各个职位的难易程度、责任大小、职务内容、资格高低等对其分析定等，从最低排列到最高，然后实行职位归级。

第三章

企业员工招聘与培训

第一节 企业员工招聘概述

一 企业招聘工作概述

（一）招聘与选拔

市场竞争归根结底是人才的竞争，人才是企业的根本，是企业最宝贵的资源。随着经济的发展，各行各业对人才的需求也越来越强烈，企业要发展就必须不断地吸纳人才。招聘，就是通过各种途径和方式，采用各种技巧和方法，吸引应聘者，并从中选拔、录用与企业空缺岗位相匹配、具有相应知识背景、技术能力、个性特点以及其他胜任特征的候选人的动态过程；求才的目的在于选择一位与空缺岗位相适宜的最优秀的人才。

人员招聘与选拔是组织寻找、吸引那些有能力又有兴趣到本组织任职，并从中选出适宜人员予以录用的过程。在这里，人员选拔是人员招聘的一个环节，也是最重要的环节。人员招聘任务的提出，主要因为以下几种情况：（1）新组建一个企业；（2）业务扩大，人手不够；（3）因原有人员调任、离职、退休、死伤而出现职位空缺；（4）人员队伍结构不合理，在裁减多余人员的同时需要补充短缺人才。

对于现代企业而言，要高度重视人才招聘与选拔工作，招聘质量事关企业今后的发展前途。在当今人才争夺日益激烈的大背景下，人力资源从业者不仅要为企业招到人,而且要招到最适合企业和最适合岗位的人,只有这样才能保证企业的竞争力,但这意味着不仅要在数量上保证企业的人力资源需求,更要在质量上保证企业的需求。新补充的人员的素质,犹如制造产品的原材料,将严重影响到今后的培训及使用效果。素质好的新员工,接受培训效果好,很可能成为优秀人才;素质差的新员工,在培训及思想教育方面要投入很多,还不一定能培训成优秀人才。新补充人员的素质不仅决定其本人今后的绩效,而且还会影响组织气氛,例如极少数调皮捣蛋的员工有可能使整个部门的绩效严重下降。不合格的人员进入企业会带来一系列麻烦,"请神容易送神难",辞退一名员工会受到各方干预,而且还会给对方造成心理创伤。

(二)招聘原则

1. 公开原则

指把招聘的单位、职位种类、数量,要求的资格、条件,考试的方法、科目和时间,均面向社会公告周知,公开进行。一方面可以大范围广招贤才,有助于形成公平竞争的氛围,是招聘单位确实招到德才兼备的优秀人才;另一方面使招聘工作置于社会的公开监督之下,防止、杜绝不正之风。

2. 竞争原则

指通过各种测试方式来考核和鉴别人才,根据测试结果的优劣来选拔人才。为了达到竞争的目的,一要动员、吸引较多的人报考;二要严格考核程序和手段,科学地录取人选,防止"拉关系""走后门""裙带风"、贪污受贿和徇私舞弊等现象的发生,通过激烈而公平的竞争,选择优秀人才。

3. 平等原则

指对所有报考者一视同仁,不得人为制造各种不平等的限制或条件(如性别歧视)和不平等的优先优惠政策,努力为社会上的有志之士提供平等竞争的机会,不拘一格地选拔、录用各方面的优秀人才。

4. 级能原则

人的能量有大小,本领有高低,工作有难易,要求有区别。招聘工作,不一定要最优秀的,而应量才录用,量职录用,做到人尽其才、用其所长、职得其人,这样才能持久、高效地发挥人力资源的作用。

5. 全面原则

指对报考人员从品德、知识、能力、智力、心理、过去工作的经验和业绩进行全面考试、考核和考察。因为一个人能否胜任某项工作或者发展前途如何，不仅取决于他的智力水平、专业技能，还与他的人格，思想等多方面因素决定的，特别是非智力因素对其将来的作为起着决定性作用。

6. 择优原则

择优是招聘的根本目的和要求。只有坚持这个原则，才能广揽人才，选贤任能，为单位引进或为各个岗位选择最合适的人员。为此，应采取科学的考试考核方法，精心比较，谨慎筛选。特别是要依法办事，杜绝不正之风。

（三）招聘方式

一般企业组织所采用的招聘方式可归结为三大类型，即笔试、面试和实地测验。

1. 笔试

笔试是一种与面试对应的测试，是用以考核应聘者特定的知识、专业技术水平和文字运用能力的一种书面考试形式。这种方法可以有效测量应聘人的基本知识、专业知识、管理知识、综合分析能力和文字表达能力等素质及能力的差异。

笔试主要包括论文式的笔试和测验式的笔试。

（1）论文式的笔试。它以长篇的文章来表达对某一问题的看法，以展示自己所具有的知识、才能和观念等。该方式有下列优点：易于编制试题，能测验书面表达能力，易于观察应聘者的推理能力、创造力及材料概括力；同时它也存在下列缺点：评分缺乏客观的标准，命题范围欠广博、不能测出应聘者的记忆能力。

（2）测验式的笔试。它是以是非法、选择法、填充法或对比法来考察应聘者记忆能力和思考能力。该方法的优点为：评分公正，抽样较广，能免除模棱两可及取巧的答案，可以测出应聘者的记忆力，试卷易于评阅；但该方法也有下列缺点：不能测出应聘者的推理能力、创造能力及文字组织能力，试题不易编制，答案可以猜测，有时甚至可以以掷骰子的方式来碰运气。

在进行招聘时，究竟采取哪种方式来测验应聘者，必须经过详细研究，视情况决定。

2. 面试

也称口试，是一种经过组织者精心设计，在特定场景下，以考官对考生的面对面交谈与观察为主要手段，由表及里测评考生的知识、能力、经验等有关素质的一种考试活动。面试对于一个人各方面能力的测验都具有特殊功效。例如，欲考察应聘者的学识，则问之以各种知识；欲考察应聘者的应变能力，则问之以各种极富机敏性的问题；欲考察其社会成熟度或性格的稳定性，则可以实施压力式的面试。

面试的方式有多种，有模式化的面试、非指导性的面试、状况面试、压力式面试，兹分别介绍如下：

（1）模式化的面试。模式化的面试指招聘者先调查应聘者的背景、资料，再精确审核应聘书中的资料，然后根据审核结果，配以工作说明书，逐一地以所列问题来询问应聘者。

（2）非指导性的面试。非指导性的面试指招聘者与应聘者海阔天空、漫无目的地交谈，气氛轻松活跃，无拘无束，在不知不觉中引导应聘者至面试的正题。

（3）状况面试。状况面试也称问题式面试，是由招聘者按照事先拟定的提纲对求职者进行发问，请予回答。其目的在于观察求职者在特殊环境中的表现，考核其知识与业务，判断其解决问题的能力，从而获得有关求职者的第一手资料。

（4）压力式面试。压力式面试是经由招聘者有意识地对应聘者施加压力，就某一问题或某一事件作一连串的发问，详细具体且追根问底，直至无以对答。此方式主要观察求职者在特殊压力下的反应、思维敏捷程度及应变能力。这种面试方式特别适用于对高级管理人员的测试。

一般而言，面试是一种极为方便且有效的测试方法，但也有下列缺点：（1）测试的有效性和可靠性不甚确定。（2）招聘者与应聘者可能串通作弊。由于存在这种缺点，所以，目前一般较具规模的企业组织招聘重要的职位时，都采取笔试和面试两种方式来测试应聘者。

3. 实地测验

所谓实地测验，是对于应聘者的能力或技巧作实际的考察。这种测验纯粹为一种辅助性的测验，其测验的对象都为技术人员、半技术人员或管理人员。这种测验要求招聘者有相当的专业知识，能对所测人员作出正确的评价。

（四）招聘的标准

招聘的目的在于了解应聘者的实际能力，如果应聘者受试的结果高于公司所要求的标准，应聘者就是一位公司所要求的人才，因此招聘应该符合以下标准：

1. 有效性

测试应围绕岗位要求拟定测验项目，内容必须正确、合理，必须与工作性质相符合。例如，如果要挑选市场调查研究员，则所要测试的内容必须与行销、调查、统计和经济分析知识有关，否则测试便无意义了。

2. 可靠性

是指评判结果能反映应聘者的实际情况，测试成绩能表示应聘者在受试科目方面的才能、学识高低，例如应聘者行销学方面的测试成绩为90分，就应该表示他在这方面的造诣也确有90分的水准。

3. 客观性

是指招聘者不受主观因素的影响，如成见、偏好、价值观、个性、思想、感情等；另一方面，应聘者的身份、种族、宗教、党派、性别、籍贯和容貌等因素不会因不同而有高低之差别。招聘要达到客观性，就必须在评分时摒除以上两种主观的障碍，这样才能达到公平。

4. 广博性

是指测试的内容必须广泛到能测出所要担任的工作的每一种能力，并且每一测试科目的试题应该是广泛的，而不是褊狭的。如要招聘一位医药业务代表，其测试的内容不能只限于医药专科知识，还需要包括社交能力、英文、推销技巧等方面的内容。

当招聘工作符合上述的有效性、可靠性、客观性和广博性四个标准时，招聘到的人选才有可能质量上有保障，才有可能成为企业所需要、岗位所需要的人才。

二 企业员工招聘基本程序

（一）招聘决策

1. 招聘决策及其意义

所谓招聘决策，是指企业中的最高管理层关于重要工作岗位招聘和大额工作岗位招聘的决定过程。个别不重要的工作岗位招聘，不需要经过最高管理层的决定，也不需要经过招聘基本程序的四大步骤。招聘决策意义重大，特别是大中型企业，其员工招聘前都需要进行招聘决策。招聘决策的意义集中表现在以下四个方面：(1) 适应企业的需要。企业要发展一定要使人才流动起来，一定要吸引更多的人才来担任新增的工作。(2) 使招聘更趋合理化、科学化。由于招聘决策会影响其他步骤，一旦失误，以后的工作就很难开展。(3) 统一认识。招聘是一件涉及企业未来发展的大事，只有最高管理层观点一致，才能顺利完成招聘全过程。(4) 激励员工。有些大型企业，在人力资源开发管理部下分设员工招聘科，从事日常的招聘工作。但是大量的或重要的员工招聘一般均由最高管理层决定。招聘工作会给现职员工带来一种压力，一来新进员工会带来新的竞争，二来招聘的岗位为员工带来了新的挑战。

2. 招聘决策的内容

主要体现在以下几个方面：(1) 什么岗位需要招聘，招聘多少人员，每个岗位的具体要求是什么；(2) 何时发布招聘信息，运用什么渠道发布招聘信息；(3) 委托哪个部门进行招聘测试；(4) 招聘预算是多少；(5) 何时结束招聘；(6) 新进员工何时到位。

3. 招聘决策的运作

招聘决策的运作可分为以下几步：(1) 用人部门提出申请。需要增加人员的部门负责人向人力资源开发管理部提出需要人员的人数、岗位、要求，并解释理由。(2) 人力资源开发管理部复核。人力资源部门应该到用人部门复核申请，是否一定要这么多人员，减少一点人行吗？并写出复核意见。(3) 最高管理层决定。根据企业的不同情况，可以由总经理工作会议决定，也可以在部门经理工作会议上决定。决定应该在充分考虑申请和复核意见的基础上产生。

（二）吸引适当人才前来应聘

在关于企业和职位的一切必要信息搜集齐全后，下一项任务是与被认为有可能担任某项职位的人数进行匹配。这就需要有适当的人来申请那个职位。这可以通过在企业内外刊登广告，或利用擅长于刊登空缺职位广告的广告事务所，也许还可使用搜罗高级管理人员的专门咨询事务所。所有这些方法可能都必须考虑周到。鼓励适当的人向企业申请职位是一个长期的公共关系。

一个良好公共关系形象在很大程度上有助于招收高质量管理人才，一个不好的形象则能严重地妨碍它。写好职位空缺广告是一项高度熟练的工作。在人员挑选过程中，一名专家会提供很大的帮助。关于职位空缺广告内容、布局、地位和适当选择广告媒介有很多准则可循。那些准则主要是依靠经验而不是由凭空臆造产生的。这些准则至少可以帮助刊登广告者不至于犯明显的错误。这就是职位空缺广告专家在很少或不用支出额外费用的条件下能帮助企业吸引合适的职位申请者。

（三）发布招聘信息

发布招聘信息就是向可能应聘的人群传递企业将要招聘的信息。发布招聘信息是一项十分重要的工作，直接关系到招聘的质量。应引起有关方面充分重视。

1. 发布招聘信息的原则

（1）面广原则。发布招聘信息的面越广，接受到该信息的人越多，应聘的人也越多，这样可能招聘到合适人选的概率越大。

（2）及时原则。在条件许可的情况下，招聘信息应该尽量早地向人们发布，这样有利于缩短招聘进程，而且有利于使更多的人获取信息，使应聘人数增加。

（3）层次原则。招聘的人员都是处在社会某一层次的，要根据招聘岗位特点，向特定层次人员发布招聘信息。例如，招聘科技人员的企业可以在科技报刊上刊登招聘广告。

2. 发布招聘信息的类型

发布招聘信息的类型又可称为发布招聘信息的渠道。信息发布的渠道有报纸、杂志、电视、电台、布告和新闻发布会等。

除以上主要渠道外，还有随意传播的发布形式。这是有关部门或有关人员用口头的、非正式的方式进行发布招聘信息的类型。

三 企业招聘中的测试

（一）概述

招聘测试是指在招聘过程中运用各种科学方法和经验方法对应聘者加以客观鉴定的各种方法的总称。

1. 测试种类

（1）心理测试。是指通过一系列心理学方法来测量被试者的智力水平和个性差异的一种科学方法。心理测试是心理学研究的一种方法,现在许多领域都应用这种方法,在企业招聘中应用的范围尤其广泛。心理测试是一种科学的测试手段,它有一些基本原则必须遵循:①要对个人的隐私加以保护。因为心理测试涉及个人的智力、能力等方面的个人隐私。这些内容严格来说应该只让被试者以及他愿意让知道的人知道,所以,有关测试内容应该严加保密。②心理测试以前,要先做好预备工作。心理测试选择的内容、测试的实施和计分,以及测试结果的解释都是有严格的顺序的。一般来说,主试及测试者要受过严格的心理测量方面的训练。③主试要事先做好充分的准备。包括要统一讲出测试指导语;要准备好测试材料;要能够熟练地掌握测试的具体实施手续;要尽可能使每一次测试的条件相同,这样测试结果才可能比较正确。

(2)知识考试。是指主要通过纸笔测验的形式了解被试者的知识广度、知识浓度和知识结构的一种方法。企业许多岗位都需要有必要的知识,缺乏某种必要的知识,上岗的员工在工作中会发生困难。企业如果招聘了缺乏某种知识的员工,就可能增加许多培训费用。通过知识考试,可以甄别本企业需要的人选。

一般来说,知识面广的人掌握知识比较快。在科学技术不断发展的今天,企业中各种岗位的员工都需要掌握新的知识、新的技能,来适应新形势的需要,来适应市场的需要,这就迫使每一个员工都需要学习较多的科学知识。这是知识考试的另一作用。

知识考试还可以比较迅速地筛选掉一些不合格的应聘者。有些应聘者对必要的知识一无所知,这些应聘者对企业来说是不合格的,勉强聘用可能费用很高,而且效果不好。

(3)情景模拟和系统仿真。情景模拟是指根据被试者能担任的职务,编制一套与该职务实际情况相似的测试项目,将被试者安排在模拟的、逼真的工作中,要求被试者处理可能遇见的各种问题,用多种方法来测评其心理素质、潜在能力。在员工招聘中,情景模拟可以发挥很大的作用。

企业在员工招聘中运用情景模拟,有许多现实意义:①可以为企业选择到最佳人选。因为情景模拟不是只由一种方法组成,而是由多种测评方法组成,因此可以全面地、多角度地观察、分析、判断、评价一个应聘者,这样企业就可能选择到最佳人选。②为企业节省培训费用。因为情景模拟是模拟了即将上任的工作岗位的实际环境,而且考察了应聘者的实际工作能力和潜在能力,这样选拔的人员,一般可以直接上岗,不需要再经过培训,这样就节省了大量培训费用。③使被试者得到一次实际的锻炼。

有时应聘者是本企业的员工，在这种情况下，企业为被试者组织一次情景模拟，客观上起到了一次有效的培训作用，使被试者在情景模拟的测试中得到一次锻炼，使他们的实际能力有所提高。④使企业获得更大的经济效益。由于以上三点原因，因此企业如果通过情景模拟来招聘员工，从一段时间来说，可能投入的费用比较高，但是，从实际效果来说，因为他选择的人员符合本企业需要，另外，招聘的人员素质比较高，这样从长期来看，企业会获得更高的经济效益。

（4）面试。企业在员工招聘中都会运用面试这一种测试方法，尤其是在招聘高级管理人员中，面试是一种必不可少的测试手段。

所谓面试，又叫面试测评，或者叫专家面试。这是一类要求被试者用口头语言来回答主试提问，以便了解被试者心理素质和潜在能力的测评方法。面试是企业员工招聘中常用的一种方法，也是争议最多的一种方法。有的时候面试效果佳，有的时候利用面试毫无效果。面试的基础是面对面进行口头信息沟通，主要效度取决于面试的经验。如果主试经验比较缺乏，信度和效度就会很低。

面试在员工招聘中有重要的意义，主要表现在：①为主试提供机会来观察应聘者。②给双方提供了解工作信息的机会。③可以了解应聘者的知识、技巧、能力等。④可以观察到被试者的生理特点。⑤可以了解被试者非语言的行为。⑥可以了解被试者其他的信息。

2. 测试的特点

（1）标准化。标准化指的是进行一项测验的条件和程序的连贯性或一致性。每一项测验必须有自身的标准程序，而每次进行测验时必须准确遵循这些程序。

（2）常模。为了阐明心理测验的结果，必须有一种理论上可与之比较的尺度，以便把一个人的绩效与另一个相仿的人比较，这是运用测验常模来完成的。常模是在性质上与受测验的工作申请人相同的一大批人所得的分数的分布。假如某人在某项常模为 80 ± 10 的测验中得分为82，则可判断该人成绩为一般水平。

某些广泛采用的心理测验有各种常模分别用于不同年龄、性别和教育水平、恰当的常模在选拔中起重要作用。

（3）客观性。客观性指记录测验得分不受记分者主观判断或偏见左右，即任何人来记录测验分数都能得到同样的结果。为了对工作申请人作出公正的评价和在他们之间进行公正的比较，显然客观性测验是较为理想的。

(4) 可靠性。可靠性指对一项测验所产生的反应的一致性。在一项测验可以公开推广之前，必须确切地指出该测验的可靠程度。在选用一种作为选拔用人的测验时，理想的可靠性系数应该大于0.8。

(5) 有效性。有效性就是指实际测量所要测量的东西，判断有效性的一个方法是把测量得分与今后的工作绩效联系起来。

（二）测试的操作

1. 知识考试的操作

（1）试卷的设计。试卷的设计直接影响知识考试的质量，因此，每一个主试一定要充分重视考试试卷设计。在设计试卷时，要注意以下原则：①自始至终符合目标。在设计试卷时要从头到尾贯彻执行。也就是说每一张试卷从头到尾都要符合目标，不要远离目标，这样才能得到应有的效果。②各种知识考试类型可以结合起来运用。比如，在一张试卷上既可以有百科知识的内容，也可以有专业知识的内容，还可以有相关知识的内容。这样可以节省时间，在较短时间内全面了解一个应试者各方面的水平。③充分重视知识的实际运用能力。企业员工招聘中的知识考试和学校中的知识考试有所不同。知识考试不要过分强调背诵记忆，而主要考虑知识的运用能力。因此设计试卷时，要尽量多用案例以及讨论等方式。

（2）考试安排。要注重以下几点：①事先要确定好考试的教室。②在每一张桌子上贴上准考证号码。③每位应聘者一张桌子，或者间隔一个人以上空位。

（3）监考教师。要注意以下三点：①根据教室的大小，应聘人员的多少，每个考场至少应配备两名以上的教师进行监考。②监考教师应当有相当的监考经验，遇到特殊情况，能够进行适当地处理。③教师应该严格地执行考场纪律。如果有违反纪律者，应该严肃处理，这样才能够使知识考试顺利进行，并体现公平原则。

（4）阅卷的要求。主要表现在以下四个方面：①要有标准答案。②要防止先松后紧或者先紧后松的现象。③先试阅几张卷子，对应试者的水平有个初步的了解。④如果有数位教师阅卷，可以由每位教师只阅其中的一题或几题，这样掌握标准比较准确。

2. 情景模拟的操作

（1）准备工作。各种情景模拟的准备工作是不一样的。

①公文处理的准备工作。a. 事先要编制好评分标准。b. 公文要与测

评目的紧密结合。c. 要规定一个适当的时间，不要太紧，也不要太松。d. 安排一个尽可能和真实环境相似的环境。e. 指导语要清楚、详细。f. 准备好足够的办公用具。

②角色扮演的准备工作。a. 事先要作好周密的计划，每个细节都要设计好，不要忙中出错，或乱中出错。b. 助手事先训练好，讲什么话，作什么反应，都要规范化，在每个被试者面前要做到基本统一。c. 编制好评分标准。主要看其心理素质和实际能力，而不要看其扮演的角色像不像，是不是有演戏的能力。

(2) 实施评估。情景模拟的评估，其实就是一个收集信息、汇总信息、分析信息，最后确定被试者基本心理素质和潜在能力的过程。它的实施程序各不一样，但一般常用程序如下：

①观察行为。每一位主试要仔细观察并及时记录一位或两位被试者的行为。记录语气要客观，记录的内容要详细，不要进行不成熟的评论，主要要进行客观的观察。被试者在各项练习中应该由不同的主试进行观察。例如，被试者甲在第一组练习中由主试 A 进行观察，那么在后一组练习中，就应该由主试 B 对他进行观察，这样观察就可能比较全面。

②归纳行为。观察以后，主试要马上整理观察后的行为结果，并把它归纳为情景模拟设计的目标要素之中。如果有些行为和要素没有关系，就应该剔除。

③为行为打分。对要素有关的所有行为进行观察、归纳以后，主试就要根据规定的标准答案对要素打分。

④制定报告。给行为打分以后，每一位主试对所有的信息都应该汇总，形成报告，然后才考虑下一位参加者。每位主试要宣读事先写好的报告，对被试者在测评中的行为作一简单介绍，对要素评分并报告有关行为。在报告时其他的主试可以提出问题，进行讨论。

⑤重新评分。当每一位主试都报告完毕，大家进行了初步讨论以后，每一位主试可以根据讨论的内容，评分的客观标准，以及自己观察到的行为，重新给被试者打分。

⑥初步要素评分。等每一位主试独立重新评分以后，然后再把所有的主试的评分进行简单的平均，确定被试者的得分。

⑦制定要素评分表。把初步评分写在一张表上，左边列出各种要素，上边一栏列出主试的名字，中间列出主试给各要素打的成绩。通过这张图表，可以清楚地看出主试对要素的评分是否一致。

⑧主试讨论。根据上述的这张表，主试再进行一次讨论，对每一种要

素的评分，大家发表意见。

⑨总体评分。通过讨论后，每一位主试在独立地给该被试者评出一个总体得分，然后公布结果，由小组讨论，直到达成一致意见。这个得分就是该被试者在情景模拟的总得分。

⑩其他评论。可以根据情景模拟的要求目的和招聘企业的需要，对被试者在情景模拟中表现出来的其他内容，作一些文字上的描述，以补充某些信息的不足。这样情景模拟通过这十个步骤就全部完成了它的操作过程。

第二节　企业管理人员的选聘

一　选任管理人员的价值

由于管理人员在组织中居于十分重要的地位，所以选任合适的管理人员对完成组织的任务，实现组织目标有着十分重大的意义。

首先，恰当地选任管理人员是实施管理的前提条件。管理是靠人来完成的，更确切地说是靠管理人员完成的。没有管理人员的行动，管理活动就只是一个抽象、空洞的概念。可以说，管理和管理人员是一个问题的两个方面，相辅相成。

其次，选任合适的管理人员是提高组织管理效率的关键。管理效率的高低受制于两个关键因素，一是管理体制，二是管理人员素质。当管理体制一定时，管理者素质的高低就是决定性因素。正确选任管理人员，就是要把高素质人才选任到管理岗位上，合理地使用他们。当然，还包括在使用中对他们进行培养、训练，不断提高他们的素质和能力。

最后，正确选任管理人员，是保证组织长期稳定发展的关键。对一个组织来说，要想获得长期稳定的发展，没有一支稳定的、素质高、能力强，并且不断吐故纳新、吸收新鲜血液的管理者队伍是不可想象的。一般来说，组织的寿命是无限的，而人的生命是有限的。一个组织要想长期兴旺发达，必须保证拥有合格优秀的管理人员。对于一个组织来说，正确地选任管理人员，不断地获得优秀人才，又是不可回避的课题。

二 管理人员的选聘流程

人是组织活动的关键资源。组织中的其他物力或财力资源需要通过人的积极组合和利用才能发挥效用。人在组织中的地位决定了人员配备在管理工作中的重要性。由于每一个具体的组织成员都是在一定管理人员的领导和指挥下展开工作的，因此管理人员的选拔、培养和考评当为企业人力资源管理的核心。

（一）管理人员需要量的确定

制定管理人员选配和培训计划，首先需要确定企业目前和未来管理人员的需要量。一般来说，计算管理人员的需要量，要考虑下述几个因素：

1. 组织现有规模、机构和岗位

管理人员的配备首先是为了指导和协调组织活动的展开，因此首先需要参照组织结构系统图，根据管理职位的数量和种类，来确定企业每年平均需要的管理人员数量。

2. 管理人员的流动率

不管组织作了何种努力，在一个存在劳动力市场、且市场机制发挥作用的国度，总会出现企业内部管理人员外流的现象。此外，由于自然力的作用，组织中现有的管理队伍会因病老残退而减少。确定未来的管理人员需要量，要有计划地对这些自然或非自然的管理人员减员进行补充。

3. 企业发展的需要

随着企业规模的不断发展，活动内容的日益复杂，管理工作量将会不断扩大，从而对管理人员的需要也会不断增加。因此，计划企业未来的管理人员队伍，还需预测和评估企业发展与业务扩充的要求。

综合考虑上述因素，便可大致确定未来若干年内企业需要的管理人员数量，为管理人员的选聘和培养提供依据。

（二）管理人员应具备的知识

1. 政治理论知识

指管理者应具备的关于哲学、政治学、经济学等方面的知识。掌握这些知识，是正确理解与掌握政府方针政策的前提。

2. 文化科学基础知识

指作为管理者应具备的必要的语言、文学、历史、地理、数学、物理、化学、天文、生物、美学、社会科学、逻辑学等基础科学的知识。它们是形成一般的能力的基础。

3. 专业科技知识

指与管理或组织的目标任务相关的科学和技术知识。特别是专业知识管理者，可以不是专家，但必须是内行，外行领导内行是注定要失败的。

4. 管理科学知识

指管理者通过学习管理学所掌握的专门的管理科学知识。管理科学的范围十分广泛，除了管理学原理之外，还包括许多专门的管理理论，如管理心理学、组织行为学、人事管理学、领导科学、人才学等，都是当代广义的管理学内容。管理者应结合自己的工作性质，侧重掌握几门相关的管理学知识。

一个管理者要掌握必备的知识，必须靠日积月累。活到老、学到老应是一个管理者学习的座右铭。对于一个管理者来说，通过脱产学习来丰富知识和提高水平是必要的。但这种机会总是有限的，最重要的是要靠管理者自觉地努力学习，扩大知识面，提高管理水平。

此外，管理者在学习过程中，应注意形成合理的知识结构。管理者是为从事管理工作，提高管理能力学习必要的知识，不是为了在某一领域从事理论研究，这就要注意各种知识的比例性。形成什么样的知识结构最为合理呢？主要视管理者的工作性质而定。高层管理者知识面要广，所学的知识应尽可能多样丰富，所掌握的软科学方面的知识要广、要多；基层管理者则要求专业知识要达到一定的深度。

（三）管理人员应具备的能力

管理学理论认为，一个合格的管理者应具备以下能力：

1. 抽象思维能力

抽象思维能力又称观念能力，指管理者对管理活动及其相关关系进行分析、判断和概括的能力。管理者只有认清事物发展规律，才能提高管理效率；管理者只有在复杂的事物中透过现象看本质，能在众多的矛盾中抓住决定事物性质和发展进程的主要矛盾和次要方面，能够运用逻辑思维方法进行有效归纳、概括、判断和表达，能够运用演绎和推理，举一反三，触类旁通，找出解决问题的办法，才能完成管理的目标任务。所以说，抽象思维能力是管理者的基本能力。

2. 决策能力

决策能力指管理者在众多方案中作出正确选择，并使所择方案得以顺利贯彻实施的能力。管理者的基本职能就是决策。一个合格的管理者，必须具有较强的决策能力。正确的决策不能靠碰运气，需提高自己的决策能力。管理者除了要掌握必要的决策理论知识外，还要注意：（1）重视信息，善于思考分析；（2）深谋远虑，要站得高，看得远；（3）广集人智，善于运用参谋、智囊集团；（4）方法科学，要按照科学决策的程序和方法决策，提高决策的正确性。

3. 组织能力

指组织人力、物力、财力资源实施决策的能力，包括人事安排、分权授权、资源配置、指挥协调、计划控制等。

4. 人际关系能力

指管理者必须具备的与上、下级和同级沟通、协调组织内外部各种关系的能力。管理者应能倾听各方面的意见，善于与组织内外的人员交往，沟通各方面的关系。对上级，能够争取帮助和支持；对下级，能够做到尊重、鼓励和信任，调动下级的积极性；对外，能够做到热情、公平、客观地对待一切人和事物；对内，要谦虚谨慎，有自知之明，能检点、约束自己。

5. 用人能力

管理最重要的对象是人，实现管理目标的根本途径就是要充分调动人的积极性。作为一个合格的管理者，必须具备高超的用人能力。管理者要能够识别人才和发现人才，敢于提拔和使用人才，使下级人尽其才，使各种人才相互合理搭配，充分发挥每个人的长处和能力。

（四）管理人员的来源

组织可从外部选聘或从内部提拔所需的管理人员。

1. 外部招聘

外部招聘是根据一定的标准和程序，从组织外部的众多候选人中选拔符合空缺职位工作要求的管理人员。

外部招聘管理人员具有以下优点：

（1）被聘管理人员具有"外来优势"。所谓"外来优势"，主要是指被聘者没有"历史包袱"，组织内部成员（部下）只知其目前的工作能力和实绩，而对其历史、特别是职业生涯中的失败记录知之甚少。因此，如果他确有工作能力，那么便可迅速打开局面。相反，如果从内部提升，部下可能对新上司在成长过程中的失败教训有着非常深刻的印象，从而可能影响后者大胆地放手工作。

（2）有利于平息和缓和内部竞争者之间的紧张关系。组织中空缺的管理职位可能有好几个内部竞争者希望得到。每个人都希望有晋升的机会。如果员工发现自己的同事，特别是原来与自己处于同一层次具有同等能力的同事提升而自己未果时，就可能产生不满情绪，懈怠工作，不听管理，甚至拆台。从外部选聘可能使这些竞争者得到某种心理上的平衡，从而有利于缓和他们之间的紧张关系。

（3）能够为组织带来新鲜空气。来自外部的候选人可以为组织带来新的管理方法与经验。他们没有太多的框框束缚，工作起来可以放开手脚，从而给组织带来较多的创新机会。此外，由于他们新近加入组织，没有与上级或下属历史上的个人恩怨关系，从而在工作中可能很少顾忌复杂的人情网络。

2. 内部提升

内部提升是指组织成员的能力增强并得到充分证实后，被委以需要承担更大责任的更高职务作为填补组织中由于发展或伤老病退而空缺的管理职务的主要方式。内部提升制度具有以下优点：

（1）利于鼓舞士气、提高工作热情，调动组织成员的积极性。内部提升制度给每个人带来希望。每个组织成员都知道：只要在工作中不断提高能力、丰富知识，就有可能担任更重要的工作。这种职业生涯中的个人发展对每个人都是非常重要的。职务提升的前提是要有空缺的管理岗位，而空缺的管理岗位的产生主要取决于组织的发展。只有组织发展了，个人才可能有更多的提升机会。因此，内部提升制度能更好地维持成员对组织的忠诚，使那些有发展潜力的员工能自觉地更积极地工作，以促进组织的发展，从而为自己创造更多的职务提升的机会。

（2）有利于吸引外部人才。内部提升制度表面上是排斥外部人才、不利于吸收外部优秀的管理人员的。其实不然。真正有发展潜力的管理者知道，加入这种组织，担任管理职务的起点虽然比较低，有时甚至需要一切从头做起，但是凭借自己的知识和能力，可以花较少的时间便熟悉基层的业务，从而能迅速地提升到较高的管理层次。由于内部提升制度也为新来者提供了美好的发展前景，因此外部人才会乐意应聘到这样的组织中工作。

(3) 有利于保证选聘工作的正确性。已经在组织中工作若干时间的候选人,组织对其了解程度必然要高于外聘者。候选人在组织中工作的经历越长,组织越有可能对其作全面深入的考察和评估,从而使得选聘工作的正确程度可能越高。

(4) 有利于使被聘者迅速展开工作。管理人员能力的发挥要受他们对组织文化、组织结构及其运行特点的了解。内部成长提升上来的管理人员,由于熟悉组织中错综复杂的机构和人事关系,了解组织运行的特点,所以可以迅速地适应新的管理工作,工作起来要比外聘者显得得心应手,从而能迅速打开局面。

三　管理人员选聘程序和方法

（一）发布招聘信息

当组织中出现需要填补的管理职位时,应根据职位所在的管理层次,建立相应的选聘工作委员会或小组。工作小组既可是组织中现有的人力资源管理部门,也可是由各方面代表组成的专门或临时性机构。

选聘工作机构要以相应的方式,通过适当的媒介公布待聘职务的数量、性质以及对候选人的要求等信息,向企业内外公开"招标",鼓励自认为符合条件的候选人应聘。

公开招聘是向组织内外公布招聘信息。半公开招聘是只对组织内部公布补充空缺位置的信息。内部选拔一般由人力资源管理部门主持,公开招聘可由人力资源管理部门负责全部工作,也可为此成立临时性的机构。选聘工作机构应通过适当的媒介,公布待聘职务的数量、待聘职务要求的条件、给予聘用者的待遇、报名时间等信息,达到广开"才源"的目的。

（二）初选

可以通过两种形式完成初选工作:

1. 对报名应聘者进行初步资格审查

对内部选拔人员,可根据日常对重点培养对象和管理人员工作的业绩考核档案,由人力资源管理部门和领导初步决定候选人。外部招聘的,要根据回收的应聘者填写的表格资料进行资格审查,初步认定合乎招聘条件的候选人。

2. 面谈

是一种直观的初步鉴定评价人员的形式。根据人力资源管理部门设定的谈话范围，目测候选人的仪表、举止、言谈，初步了解其语言表达能力、逻辑思维和思维敏捷程度，以及知识的广度和对问题认识的深度。面谈可以比较直观地接触了解对方，形成初步印象，但需注意不要由第一印象产生偏见。

（三）对初选合格者的测定和考核

对初选合格者可以通过测验、竞聘演讲和答辩，以及实际能力考核等不同形式来测定和考核其综合素质。

1. 测验

这是通过考试和测试的方法评价候选人的智力、专业技术、适应性等基本水平和能力。

（1）智力测验。智力测验目的是衡量候选人的思维能力、记忆力、思想的灵敏度和观察复杂事物的能力等，以便日后委以更适当的工作。

（2）对受聘者必备条件的测试。必备条件包括承担某项工作的人员应具备的知识、必备经验和必备技能。必备知识指应具备的文化知识和专业技术知识，这是工作人员必备条件的基础；必备经验是应具备的实际经验和操作能力，是必备条件的中心；必备技能是在上述两方面的基础上，特定工作环节工作人员应具备的应变能力、创造革新能力和综合处理能力。

2. 竞聘演讲与答辩

这是知识与智力测验的补充。测验可能不足以完全反映一个人的基本素质，更不能表明一个人运用知识和智力的能力。发表竞聘演讲，介绍自己任职后的计划和打算，并就选聘工作人员或与会人员的提问进行答辩，可以为候选人提供充分展示才华、自我表现的机会。

3. 案例分析与候选人实际能力考核

竞聘演说使每个应聘者介绍了自己"准备怎么干"，使每个人表明了自己"知道如何干"。但是"知道干什么或怎么干"与"实际干什么或会怎么干"不是一回事。因此，在竞聘演说与答辩以后，还需对每个候选人的实际操作能力进行分析。测试和评估候选人分析问题和解决问题的能力，可借助"情景模拟"或称"案例分析"的方法。这种方法是将候选人置于一个模拟工作情景中，运用多种评价技术来观测考察他的工作能力和应变能力，以判断他是否符合某项工作的要求。

第三节 企业员工招聘的面试流程

一 企业员工招聘面试概述

（一）人员招聘中的面试

在企业招聘过程中，尽管推荐、广告、测试等方法都能采用，但是唯一广泛使用而又直接关系到聘用效果的方法是面谈或面试。所谓面试，就是指为了更深入了解应聘者情况，判断应聘者是否符合工作要求而进行的招聘人员与应聘者之间的面对面的接触。

在人员筛选过程中，与应聘者的面谈或面试有两次：第一次是初次筛选会谈；第二次是录用测试合格后的综合面试。面试的目的主要有：（1）让应聘者了解本企业及其工作情况；（2）了解应聘者能够做什么工作；（3）了解应聘者能否胜任某项工作；（4）将某一应聘者与其他应聘者在各方面的资格、能力进行比较。

为达到面试目的，提高面试效果，人力资源管理部门应选派经验丰富、训练有素的面试员，并提前准备好面试提纲。一份理想的面试提纲应包括以下内容：（1）开头语；（2）关于企业目前状况及其前景介绍；（3）对空缺职位和其需要条件的描述；（4）与应聘者讨论工作资格；（5）同应聘者个别讨论工作细节和工作各方面的关系；（6）面试提问录，即通过提问了解应聘者的品格、态度、技能、经验、兴趣、爱好等情况，以便筛选出满意的人选。

（二）方式

面谈的方式可以多种多样，但一般在事前都要作好以下准备：审视空缺职位的工作说明书和工作规模表；审视职位申请表、履历表，推荐书等；安排好适当的面谈场所，分配充分的面谈时间。面谈主要有以下四种形式：

1. 计划式面谈

在面谈前，人力资源管理部门的主要负责人就要明确面谈要达到什么目的，要获取或给予哪些信息，如何指导面谈，以及准备运用多少时间面谈。这种面谈方式的优点是思路清晰，能问到点子上，不足之处是容易导致拘谨。另外一种计划式面谈是图表式会见。它建立在一种假定最有效的基础上，每一有关细节都必须事先拟定。这种面谈要利用一套特定的提问内容，这些提问可以从以下三方面来准备：以职务规格说明书和人事规范为提问的指南；从申请表格和有关证明资料中获取的信息为提问内容；从过去面谈的经验中能够找出有用的提问类型。

2. 深入面谈

这一方式用来对某一特定问题，由主考人与申请者进行深入的探讨，这对于应聘于某些特殊专业职位的候选人来说，是对其作出正确评价和决策的有益方式。举例来说，假设一位申请者的爱好是航海。在一般面谈中，主考人很可能会依照他头脑中的有关业余航海者的老一套想法得出结论。而在深入面谈中，主考人将向申请者提出一系列问题：什么时间去航海，为什么；到哪里去航海，为什么；和谁一起去，多长时间，为什么；要花多少钱，喜欢哪种型号航海设备，为什么；什么样的气候条件是理想的，为什么；选择哪一类朋友一起去，为什么。如果可能的话，主考人要紧问不舍。当然，追问不能粗暴无礼和具有挑战意味，而要讲究技巧。只有通过这样透彻的问答和分析，才能看见申请者更真实的形象。

3. 启发式面谈

在这样的面谈中，申请者不必受所提问题的拘束，因此比回答规定的问题更能表现出真实的自我。利用规定的问题，申请者往往会回答对方所希望回答的问题，或只回答有利的一面而不管它们是否真实。而采用启发式方法，申请者显然不知道如何把握答案或评论的倾向性。未经组织的谈话，将能通过所暴露的和所排斥的回答（回避的）来揭示与目的、兴趣和能力有关的许多情况。

启发式面谈的一个重要步骤是人力资源管理部门负责人要认真研究待补职务的要求，并尽可能地通过申请表、推荐信和测验等来源去了解候选人的情况，以便确定面谈时应注意听取些什么。

启发式面谈开始时总是一般的介绍和闲谈，然后，通过恰当的说明或公开的提问，要求候选人谈谈个人经历。在候选人开始谈话以后，人力资源管理部门负责人绝不要引导，而是重复候选人的语句来发问。例如，一位候选人可能会说:"我喜欢从事富有挑战意义的工作",而主考人如果问"为什么?"那就会有提出引导性问题的倾向,如果重复候选人的话来发问:"那么你喜欢挑战性工作?"于是候选人必然会继续说下去而不受引导性的暗示。

要评鉴候选人,人力资源管理部门的负责人必须熟练地依据一般的人类行为、态度和学识的标准来衡量候选人,对他们的举止言谈、经验和论点作出评析,进而对其填补空缺的资格作出鉴定。

4. 分组会见

这一方式是由一名或多名主考人向一组申请人提问,或由一组主考人观察一些申请者在讨论某一指定课题或问题时的言行。这种面谈有两个优点:一是节省时间;二是当候选人在不得不有所反应和互相争论时,就可以对他们有更清楚的认识。

(三) 面试的优点

面试,能够在员工招聘中占很重要的地位,就在于它有许多其他测试方法没有的优点,主要是:

1. 适应性强

面试可以在许多方面收集有用的信息,主试可以根据不同的要求,对被试者提各种各样的问题,有时在某一个方面可以连续提多种问题,全面深入地了解被试者。

2. 可以进行双向沟通

在面试时,主试可以向被试者提问,被试者也可以向主试提问。主试在了解被试者的同时,有时被试者也在了解主试,对于招聘工作有比较积极的作用。

3. 有人情味

因为面试往往是面对面地进行心理沟通,所以比较容易产生一种良好的心理气氛,使被试者感觉到主试对他的各种关心、理解等。

4. 可以多渠道获得被试者的有关信息

面试不但可以通过提问来了解有效的信息,还可以通过观察,包括看、听、问等各方面的渠道来获取有关被试者的信息,以便正确地了解被试者的心理素质。

二 面试的工作流程及方法

（一）面试前的准备

1. 资格审查

如果应征者不只一个，进行资格审查能够很快地将那些不适当的人剔除掉。

一旦应征的程序开始进行后，让它持续一段时间，宁可让那些优秀的应征者同时也和别家公司联系，也不要因此匆匆下决定。无论如何要在24小时之内看一下所有应征者的资料，虽然你可能因此需要花费较长的时间，才能决定甄选工作是否要采取更进一步的行动。

可以考虑寄一份附有工作说明书、公司简介及应征申请表在内的资料给应征者。为了降低应征者写不实资料的机会，他们必须在申请表上签名，以保证所填资料是否皆属实，并且一旦被发现有任何的不实，将立刻被解职。

甄选面谈如能经过适当的安排及很有技巧的设计，能帮助你对那些已经通过第一关初步审查的应征者作更进一步的了解和调查。

仔细阅读应征申请表的内容，看看是否有需要进一步查证的地方，并找出应征人员离开前任工作的原因。

2. 制定面试问话提纲

（1）随意提问

可以用"什么""哪儿""为什么""何时"或"谁"的形式问一些可随意回答的问题，这就给申请人以讲话的机会，而你也可以借机了解他是什么样的人。如果申请人是主要的讲话人而你是主要的听话人，你就会有更多的时间形成自己的判断。那才是会谈的主要目的。

可以问一些随意性的问题，如：①你的受教育程度如何？你认为教育对完成我们所给的工作有何帮助。②你在何处获得了自己最宝贵的经验？请从你的第一份工作开始，告诉我一些你的工作经验。③在以前工作中你向谁汇报工作？你能描述一下那位主管吗？④你何时决定你喜欢做此类工作？你认为这项工作中最困难的是什么？最令人愉快的又是什么？⑤你认为自己的健康状况如何？在上一年你有哪些就诊记录？⑥你为什么放弃XYZ公司的工作？

（2）应回避的问题

以下问题应该注意回避或者可能回避：①民族或肤色：不要询问，不要评论。②信仰：不要问，不要说："这是一个（天主、基督、犹太或其他）组织。"③国籍：不要问，不要评论。④性别：不要问，不要评论。不要显示出自己对性别有偏见。⑤年龄：不要问："你多大了？"不要问出生日期。⑥婚姻状况：不要问这个问题，或孩子的年龄，或配偶在何处工作。⑦残疾：如果申请人现在的残疾将妨碍其完成该项工作，你可以询问有关情况，但不要问以往的残疾或病痛。⑧地址：你可以询问这个问题以及其在那里住了多久。你可以询问申请人是否是该国公民，如果不是，他是否具有在该国长期居住的合法权利。但超过这些，逼迫申请人回答其他问题通常是不合法的。⑨犯罪记录：你可以询问申请人是否犯过罪以及犯罪时间和地点。不必询问申请人是否曾经被捕过，也不能借此不雇用申请人，除非这种事情被证明有损雇主的商业利益。⑩体能：不要问申请人有多高或多重。这可能表明你有性别歧视的倾向。你可以解释工作对体能的要求，如抬、拉等，并且表明这是工作所必须的。而且你可以要求进行一项体能测试，如果工作看起来过难或超过申请人能力，申请人会放弃。但是，在法律上你不能在面试中作出那种结论。

3. 核实证明材料

证明信可以提供很多非常有价值的看法。但是，它替代不了通过电话与证明人更深入的协商和探讨。其实，大多数有声望的猎头公司都拒绝介绍应聘者，除非这些人由至少三个证明人通过电话方式予以证明。因此要核实材料，不要为打电话而犹豫不决。

尽管许多公司仍然把核实证明材料之事放到最后进行。然而，在邀请应聘者参加面试之前与证明人谈话非常重要。因为证明人让你明白你是否在浪费时间，他们会提醒你注意潜在的成功、个性以及麻烦点。而最为重要的是，他们提到的问题正是你应该在面试中提及的问题。初试之后，再想揭示可能的冲突或问题就太晚了。当然，除非你想再花时间和金钱进行第二次面试。

不是所有的证明人都一样。无论怎样，你都应该尽量避开应聘者推荐的证明人。切记你要与之交谈的证明人要符合以下标准：他们起码应该对应聘者专业能力方面有一定的了解（朋友和家庭证明都不算数），而且，证明人应该现在仍然在与他们共事。

（二）正式面试

1. 初始阶段

初始阶段面谈主要是谈一些最基本、最一般的问题，如工作经历、家庭背景、住址变迁、以往的奖励及处罚、待业多久、因何待业、最近身体状况等。

有下列情形之一者，即可考虑予以淘汰：

（1）在一年中，失业超过三个月，对失业的现状没有耐心；

（2）信用可疑，可能会向顾客借钱或挪用公款；

（3）过去有坏习惯记录，又未确定是否已经改好；

（4）身体有缺欠，顾客会作出反应；

（5）债务过重，收入耗去太多，压力太大；

（6）没有推销经验；

（7）离不开妻子或丈夫，会经常找借口不出差；

（8）因合并、销售业绩下降而失业；

（9）以前换过五个以上的工作单位，惯于跳槽者，不会安心工作；

（10）在过去几年中，经常变更住址，生活不稳定；

（11）最近几年有入院治疗的记录，可能身体不好，不能很好地胜任工作；

（12）最近离婚、分居或丧偶，还处于创伤未恢复期间，会影响工作情绪。

2. 深入阶段

深入阶段面谈主要是指就工作的动机及行为等方面作实际探讨。

了解应征者的动机及行为，根据应征者的情况，可以挑选询问一些这样的问题：

（1）为什么要加入我们的公司？

（2）为什么要变换工作？

（3）为什么在一年中换两次工作？

（4）在失业期间，你做些什么？

（5）你喜欢什么样的工作？

（6）希望什么样的薪金水平？

（7）以前的收入或佣金是多少？

（8）了解应征者的一般能力，可以问如下问题：①在中学里你的地位如何？②在大学里做过何种重要工作？③为何没有毕业？④上大学时，谁替你付的学费？⑤你觉得自己有哪些长处？

了解应征者的工作经验，可以问如下问题：

（1）经销过何种产品？哪些地区？

（2）开始时有多少客户？后来增加了或减少了多少？

（3）销售量或销售额达到多少？

（4）在所在销售小组中地位如何？

（5）与什么样的领导一起工作？如何与他相处？同事关系如何？

（6）对即将胜任的工作有何想法？

3. 解读应聘者的简历

处于就业市场最中心的东西就是个人简历。它是一个变化莫测、令人迷惑，且常常带有误导性的文件。尽管蒸蒸日上成功企业的总裁不是那么容易被愚弄的，但是，就连最精明的人在阅读个人简历时，也不免遇到麻烦。对于一个处于关键管理位置的人来说，没有什么地方的赌注要比雇用的高。一位总裁说："个人简历与推销员推销产品天花乱坠那一类话大同小异。""当你只注重个人简历的表面文字时，是很危险的。"所以，一定要认真解读应聘者的简历。

4. 交流信息

面试是交流信息的交谈过程。为了帮助形成融洽的气氛，同时获知被试信息，面试可以从询问对方有没有什么问题开始，这样就建立了双向沟通，面试人可通过被试人所提问题对对方进行判断。请考虑针对面试人开场白"让我们从您有什么问题要提开始"的几种反应，哪一种给您最满意的印象？

被试1：我没有什么问题要提。

被试2：我有几个问题，该职务年薪金是多少？到第一年年末我能享受两周有薪休假吗？

被试3：我担任什么职务？我希望找一个现在给我以挑战，将来有发展的职务。

每一种答复给面试人以不同的印象，但只是第三个关心工作，另外两个人要么不关心，要么只关心他们能得到什么利益。

一般地说，面试者将提一些能得到尽可能多信息的问题，以如何，什么，为什么，比较说明，扩展或"您能告诉我更多的有关"等问题开始的人更能获得明白的回答。那些只能以"是"或"不是"简短作答的问题，则难以给面试人更多的了解。例如当以"你是……"一类问题开始时，面试人只能得到狭窄有限的回答。具体的问题及面试者有兴趣的领域可参见前者。除了解被试人对这些问题的回答，面试还希望得到有关被试背景、技能及兴趣等方面的特定的信息。

5. 结束面谈

若谈论的问题逐步减少或合适的时间已到，面试应引向结尾。此时非语言的沟通又很有用，改变姿势，转向门口，看一下表或钟均可暗示结束时间即到。有些面试人以这样的问题结束："您最后还有什么问题要提？"这时，面试者应通知申请人面试过程的下一步，也许是等电话或信件。不管面试者有什么看法，均不能告知面试人是否获得职位。不仅因为以后的被试人可能更理想，也因为下一步选择过程也许会作出完全不同于面试结果所显示的那种决策。

6. 面试评价

面试结束后，面试人应立即记录求职者回答问题的情况以及总体印象，应注意以下几种情况：①离开以往的工作岗位而无法提供良好的离开理由者；②以往薪水显著超过现有薪金者；③有家庭问题者；④在过去五年内曾经历五次以上工作者；⑤曾经接受劳改者；⑥以往工作从来没有超过两年服务时间者；⑦资格显然超过职位要求者。以上 7 类人员并非一定不能录用，但在录用前必须调查清楚事实的细节。

7. 筛选

（1）人才的选择就某种程度而言本来就有一点运气，但是仍旧必须研究一下"秘诀"，以把机会的成分降到最低。

（2）应注意的问题。

①除非这个职缺的工作即将有很大的发展前景，否则要小心，不要录用无经验或经验不足的人。

②有些应征者只想暂时找一份工作安身，然后再慢慢找一个更稳定的永久工作，对这些人你要特别留心，你很可能在他们身上投资了三个月的人员训练，而他们却在工作快要进入状况之前离去。在甄选人员时，你一定要就这一点对应征者诚恳地表达你的质疑。

③对那些频频更换老板的求职者，你要特别小心，他们现在也许会在你面前责怪他们以前老板的不是，但同样的，他们也有可能在 15 个月后在别人的面前数落你。一个不诚恳的应征者并不是你所想要用的人。

④在决定录取某一个人员时，要考虑这个人是否能跟小组里的其他成员相处，邀请他到你的部门去待个半天，便可知分晓。

⑤记住这一点：一个人的一生如果一直都很顺利，充满成就和许多成

功的记录的话，那这种人往往也可能会继续成功，对那些自称是运气不好的应征者，你要特别小心，不论他们解释得如何言之有理，你也不要轻易相信。

⑥永远不要企图能在"百坏中选一好"。如果你明知某人不很适合，但仍加以录用，那等于是告诉你自己，不久之后你又得把这整个求才程序重新来过一遍。

⑦假如面试后合适的应征者有好几个，你要利用考试的方法，找出最佳人选。

千万不要匆忙做出决定，尤其不要因为有某一个应征者急着想要知道结果，你便受到影响，当你已经选定人才后，要再想一想。假如上级经理不满意招考人员的方式，认为你的甄选成本过高或是费时过长时，你可以提醒他，不要忘了用错人时所必须付出的代价有多高。

第四节　企业员工的录用

一　企业员工录用概述

（一）录用管理

1. 录用的定义

当应聘者经过各种筛选关后，最后一个步骤就是录用与就职。这项工作看上去似乎无关紧要，实际上它是能否唤起新员工工作热情的关键。有不少企业由于不重视录用与就职工作，新员工在录用后对企业和本职工作缺少基本认识，就直接走上工作岗位，这不仅会给员工今后的工作造成一定的困难，而且会使员工产生一种人生地不熟的感觉，难以唤起新员工的工作热情，这对企业是不利的。为此，企业应认真做好这项工作。

2. 录用计划

录用管理是根据录用计划，而且是基于长期的经营计划和长期的要员计划进行的。长期的经营计划内容是通过预测长期的经济增长率和需要等，制定资金筹措、开发、销售等计划。此外，长期的要员计划是依据长期的经营计划，对将来企业的活动所必需之恰当人员的质和量进行预测和核定。长期的要员计划中包括三年计划和五年计划等。这就是，将现在的人员按部门、性别、年龄分开，在掌握这个数据的同时，预测三年间、五年间的退休预计数，并核定三年、五年后的定员。这种核定有各种各样的方法，即有依据人事费和每 1 个人的生产量、销售额等方法。

一些企业录用必要人员之外的从业人员，但是这并不能说，企业在录用从业员的时候缺少计划性。企业为了圆满地进行经营活动，在企业的各工作现场、各部门、各工种方面，要求有恰当人员的质和量。为了满足这个要求，必须在长期预测的基础上，基于企业的经营方针有计划地准备、储备一些暂时不用、今后却有用的人员。

（二）录用考试

1. 书面材料审核

应聘者是否具备被录用的必要条件，通过书面材料审核确定。依据履历书，掌握应聘者的学历、经历、资格和性别、年龄等个人事项以及住所等。

2. 基础学历考试

多数企业选拔从业人员时都要进行基础学历考试。考试科目是一般教养、一般常识、专门学历、语言学等。此外，多数企业还进行论述式考试。论述式考试是适合于应试者的思维方法的考试。

3. 性格检查

对人的性格的诊断测定称为性格检查。方法有：（1）书面问题考试法；（2）工作岗位作业检查法；（3）投影法（让受检查者观看各种照片或图片，观测其会产生怎样的联想和感触，以了解其性格的方法）等。

4. 适用能力检查

为了录用适应特定职务的从业人员，或者说为了判定某位应聘者适应哪种业务而进行的检查称为适应能力检查。为了提高这种检查的有效性，必须明确特定业务所应具备的素质和能力。

（三）吸引最优秀的人员

整个招聘、筛选和录用过程中，有两个阶段需要对应聘者进行吸引工作。一个阶段是在招聘的时候，要吸引尽量多的、好的应聘者参加筛选工作。另一阶段就是在录用阶段，应该吸引筛选合格的候选人决定加盟企业。而这个阶段的吸引工作常常被忽视。人们常常认为，只要发出录用通知，应聘者就会来企业就任。但是，实际情形已经不是这样了。由于当今对于熟练的、具有高能力人才的竞争已经变得越来越激烈，企业应该清楚，一个优秀的应聘者在没有真正加入企业旗下之前，都不能算是企业的人，哪怕已经参加了企业的面谈。因此人才的竞争直到面谈之后还在进行中，在对高级人才竞争激化的劳动力市场上，企业应该制定有效的策略来让优秀的候选人选择你的企业，而不是选择你的竞争对手。这些策略包括以下几点：

1. 让最优秀的应聘者尽量多地了解企业信息

这样能够使他们对企业有更深入的了解。既要让他们了解企业的优势，也应该让他们了解企业的问题。这样可以使有挑战精神的人感到他们在企业能够有用武之地。

2. 在优秀的候选人与企业中间寻找共同点

优秀的应聘者都有他们自己的愿望、目标和抱负。通过发现他们的价值观和他们看重的是什么，寻找其中与企业所追求的共同之处。这种共同之处越多，就越能够吸引优秀的应聘者。

3. 提前拟定企业与应聘者在报酬方面的谈判立场

尤其是对于重要的职位，如果想吸引最优秀的人，必须对于该职位的报酬（工资、奖金、福利）有所考虑，也要准备好与候选人讨论他们进入企业可能会承担的工作。对于好的职位的长处，应该给优秀的候选人进行充分的介绍。如该职位的报酬、报酬与业绩的关系、办公室很大、假期比较灵活、有比较大的决策权利等。必须将一个职位能够满足应聘者的地方进行足够的宣传，但是也不要承诺不能提供的好处。如果应聘者要求企业提供不能实现的东西，应该照实告诉他们。不要因为害怕失去优秀的人而承诺实现不了的东西，这样最后也不可能留住这个人。

4. 试用前的调查

如果在录用阶段认为某个应聘者十分优秀，但是对他又存有一些疑惑（如对其过去的历史），一定要在录用其之前将事情调查清楚，不要把问题带到录用之后。

5. 要吸引优秀的应聘者必须行动迅速

不要让他们过久等待，要让优秀的应聘者了解筛选和录用过程的所有信息，这样才能吸引他们。优秀的应聘者也在挑选企业，如果录用决策花费太多的时间，就会使他们转移视线。迅速及时的决策等于再次告诉候选人，企业对他们的兴趣很大。这样也会加强他们对职位的兴趣。

6. 录用之后要让候选人感觉企业看重他们的价值

问一问他们诸如："您感觉您最适合做什么？"这样的问题，一方面可以让应聘者感觉到他们很受重视，另一方面可以通过他们的回答了解他们的预期如何，这样可以帮助建立起一种员工对公司的忠诚。

（四）筛选

根据应聘者考试成绩进行筛选的方法有两种：一是将应试人员的笔试和面试成绩各按一定比例折算出综合得分，以此作为淘汰依据。这种方法可综合考虑应试人员各方面的能力，但工作量比较大，因而只适用于应试人员较少的情况。第二种方法是将多种考核与测验项目依次实施，每次淘汰若干低分者。对考核项目全部通过者，再按最后面试或测验的实得分数，排出名次。

对考试成绩符合录用标准的人员，企业还应对其进行体格检查和重点考察。体格检查分两个层次：一是一般的体格检查，无病者即为合格；二是更深层次的，对应试人员的机体能力、体质优劣、适应能力、反应能力等作检查。对一部分人，还要根据应试人员报考的专业或工种的特殊要求作相应的专门考查。例如，选拔跨国企业人员，特别是跨国企业的管理人员，要特别考查其跨国活动能力，是否能适应不同文化和自然环境，是否有很强的独立自主的精神、自信心和独立处理各种复杂问题的能力，是否具有与外国人打交道的经验，是否具有与他人合作及和睦相处的本领，是否具有相信别人及取得别人信任的能力等。对招收重要的管理人员、科技人员、机要人员和某些关键岗位上的人员，对其历史与经历要进一步调查、核实，最后择优确定录用名单。

（五）录用决策

筛选工作结束后就进入录用决策阶段。这是招聘和录用开花结果的阶段。前面所进行的所有工作，都是为了最后这个决策过程作铺垫的。应该说，这一决策也常常是最难作出的。尤其是当我们决定的是一个对企业发展很关键的职位的人选时，比如招聘总经理和财务主管时。在这一阶段，招聘者常常会在几个脱颖而出的候选人中难以决策。

在大多数情况下，最好的选择是回到最初的阶段，即回到职务分析阶段，重温职务分析，看看该职位究竟需要什么样的人，并从候选人中挑选出两个或三个人。但要注意的是，职务说明书不应该成为"圣旨"，灵活性往往是进行成功录用的关键所在。在录用过程中，我们常常会发现，"按图索骥"常常是不可取的。职务说明书虽然提供给我们一个筛选标准，但在劳动力市场上，我们常常不能寻找到完全符合说明书所描述的人。就算能够找到如职务"说明图"所描述的人，也不一定就是最好的人。因为许多研究显示，如果一个人已经能够100%地完成他应聘的工作了，那么他在该职位上也不可能待得太长，因为对他来说该工作缺乏刺激。一般说来，最好是选择一个能够完成工作任务的80%的应聘者，这样的员工常常会在岗位上待更长时间，也有更大的工作动机和动力。

由于企业的需要不同以及录用的职位不同，录用决策的程序会有很大的差别。在进行决策时有两个选择：一是在候选人之间进行选择，二是在候选人和招聘标准之间进行比较。有的研究者认为，在候选人之间进行比较不好，这会降低录用标准。有些研究者则认为，候选人之间的比较是最好的方法，因为将候选人与某种标准比较可能是不切实际的。

如果比较的结果没有一个人符合要求，也有两种选择：一是进行重新的招聘，二是在原来的招聘水准中重新挑选。这种时候，可以说没有一个公认的更好的方法。如果必须进行选择，作为招聘者，应该有自己的原则。

录用决策应该坚持一致的原则。在所有进行决策所需要的资料信息都集中在一起之后，应该只让有关的录用决策人员在场，与录用决策无关的人都应该回避。在录用决策中也应该避免受到"外部游说"活动的影响。

同时在录用时也应该根据具体情况对录用标准灵活掌握，也需要凭一点直觉，就像平时人们在讨论婚嫁时常说的"一见钟情"，在录用上有时也有很成功的例子。例如，有时，应聘者可能在能力和技能方面稍逊一筹，但是他们特别能够适应环境，能够很快与团队中的其他成员打成一片，这样的应聘者就应该被另眼相看。

进行录用决策的人应该很清楚地解释自己所作出的录用决策。因为你的上司或同事以及你所录用的人的上司或同事，都可能随时对这个问题进行询问。给他们一个清楚的回答往往能够使他们释怀，能够消除他们对录用决策的疑虑。这样也有利于新员工尽快与其上司和同事建立良好的关系。

对于文职办事人员和一线工人来说，只要一个人进行录用决策就足够了。这个人就是待聘者的主管上司。而对于管理职位,至少需要三个人一起进行录用决策,这三个人一般应该包括这个待聘职位的直接上司以及另外两位待聘者将要一起工作的人。

(六) 通知应聘者

1. 通知方式

通知应聘者是录用工作的一个重要部分。通知无非有两种,一种是录用通知,一种是辞谢通知。两种通知是完全不一样的。一个是给人带来好消息,另一个是给人带来坏消息。

在通知被录用者方面,最重要的原则是及时。有许多机会都是由于在决定录用后没有及时通知应聘者而失去了。因此录用决策一旦作出,就应该马上通知被录用者。由于企业的官僚作风、录用通知哪怕晚发一天都有可能损失企业重要的人力资源。

在录用通知书中,应该讲清楚什么时候开始报到,在什么地点报到,应该附录如何抵达报到地点的详细说明和其他应该说明的信息。当然还不要忘记欢迎新员工加入企业。

在通知中,让被录用的人知道他们的到来对于企业提高生产率有很重要的意义。这对于被录用者是一个很好的吸引手段。对于被录用的人用相同的方法通知他们被录用了。不要有的人用电话通知,有的人用信函通知。公开和一致地对待所有的应聘者,能够给人留下好的印象。

(七) 签订合同

劳动合同依法制定即具有法律约束力,当事人必须履行劳动合同规定的义务。合同签订后报劳动人力资源管理部门备案,或请劳动人力资源管理部门对合同进行鉴证。通过备案或鉴证,促使合同力求完善,符合国家政策,便于维护用人单位和被录用的员工双方的合法权益。合同是企业与被聘者的契约,也是建立劳动关系的依据,并成为当事人的行为准则。

劳动合同按期限不同,可分为长期合同、有期合同和以完成某项工程为期限的劳动合同。

1. 长期合同

即没有一定期限的合同。长期合同规定,如果合同双方没有违背合同的行为或没有发生合同中规定解除合同的事项时,其劳动关系应长期不变,直到劳动者退休。

2. 有期合同

劳动法合同的起止年限没作明确规定,惯例一般以一年、三年、五年为期。合同期满,如双方自愿,可续签合同。劳动法规定,劳动者在同一单位连续工作,未足十年以上,当事人双方同意续延劳动合同的,如果劳动者提出制定无固定期限合同,则应当制定无固定期限的劳动合同。

3. 以完成某项工程为期限的劳动合同

此类劳动合同的期限是以"任务"为前提,任务完成,合同则期满。签订合同,关系企业与员工双方的责任、权利和义务,双方都必须认真谨慎。一旦签订,就应按合同规定严格执行。

(八) 试用与安置

1. 试用期

一般试用期是 3—6 个月。安置工作的原则是用人所长,人适其职,使人与事的多种差异因素得到最佳配合。一些先进企业试用一些比较科学的办法安置入厂新人的工作。比如,根据心理测验判定其个性特质的分类(敏捷型、灵活型、注意型、创造型等),然后按各个工作、各个岗位所需的能力特征"对号入座"。

处理任何工作,必须具备处理工作所需的条件。影响员工工作成败的因素,是员工是否具备工作所需要的条件。员工处理工作的条件,从狭义上说,不外学识技能和经验;从广义上说,则包括人格、智力、性向、体力、学识、技能与经验。因此就人员的分类而言,也可分为广义的人员分类与狭义的人员分类,前者就人格、智力、性向、体力、学识、技能和经验等因素,将人员予以分类;后者仅就学识、技能和经验因素,将人员予以分类。

2. 能力差异与职务编配

(1) 工作能力。工作能力阈限是指从事某一性质的工作,只需要恰如其分的能力水平。这样既能维持工作效率,又避免了劳动者人格异常。由此看来,明智的管理者不必谋求把第一流的人才聚集在自己周围,而在于根据工作性质正确地确定它所需的能力阈限,并据此选拔与其相适应的人才。

(2) 特定能力。十项全能的超常人才难寻,但是擅长某一方面的人才,适合某项工作的人却处处都是。管理者的责任就在于致力探索完成某项工作所需的特定能力和寻找具有这种能力的人。

从工作的角度看,在人员的录用与安排上,首当其冲地要考虑的不是此候选人"能做什么"或"不能做什么",而是要弄明白他所具有的能力是否符合这项工作的需要。一个人不管有多少长处,只要不具备该项工作所要求的能力,就应当毫不怜惜地淘汰出局。

从人性角度看,任何一项工作成就的取得,都是建立在员工能力的基础之上,而不是建立在其弱点之上。管理者用人应避其短用其长。尤其是在一个组织内部,各个人的弱点和短处可以通过人员的合理搭配得到弥补,如果管理者知人善任,因材使器,使人员结构产生各种交叉互补效应,则一定会谋取最大的效率"合力"。

第五节 企业员工的培训

一 企业员工培训的价值

(一)企业全员培训势在必行

20世纪后半叶以来,世界经济和技术发展经历了深刻的变革,知识革命的浪潮汹涌澎湃。随着知识成为现代社会的主要推动力量,知识的载体——人被推到了前所未有的高度,在人事管理发展史上,世界迎来了一个人力资源管理的崭新时代。特别是20世纪80年代中期以来,人事管理领域发生了一系列新变化,也相应出现了许多新思想和新概念,诸如"人是最宝贵的资源""以人为中心的管理""人本主义管理"等提法到处可见;许多国家的企业掀起了"翻牌"运动,纷纷将"人事部"改成"人力资源部";各国尤其是发达国家的教育经费和企业培训费用激增;人力资源管理理论蓬勃发展;人力资源管理被大学列为"工商管理硕士"(MBA)教育的必修课、"人力资源管理""人力资源开发"的热潮空前高涨。

当今世界随着跨入21世纪也跨入了知识经济时代,知识经济的内涵:一是强调知识和信息作为知识经济的基础;二是强调人力资本和学习的重要性。当今时代,是要求人们必须终生学习的时代。不实现知识的不断更新，就必定要落后。

新技术革命所开创的信息时代向传统人事管理提出了一系列人力资源开发的新课题。随着世界范围内的经济竞争日益激烈，各国越来越关注本国的人力资源开发，各国的人力资源开发战略要求传统人事管理进行一番改造，从而成为实现这一战略的重要环节。战后，科技进步日新月异，信息革命来势迅猛，产品换代和产业结构调整不断加快，国际市场竞争激烈。在这场激烈的国际较量中，人才已成为各国综合实力提高的决定因素。为此，世界各国展开了激烈的人力争夺战。同时，各国纷纷把本国人力资源开发放在首要的战略地位，把科技进步和提高劳动者素质作为经济腾飞的支撑。因此，改造传统人事管理，使之肩负起人力资源开发的使命，就成为各国实现人力资源开发战略的必然要求。

（二）企业员工培训的投资分析

1. 员工培训是人力资本投资

相对于物质资本或非人力资本，现代经济学中的人力资本是指体现在人身上的各种知识和能力，可以被用来提供未来的收入。知识范围包括天生具有的才能和后天获得的能力。运用和继续传授这些知识的能力、运用知识的时间以及身体健康，这些构成人力资本。因为人力资本天然属于本人，其开发和利用完全取决于人力资本所有者的意愿。20世纪60年代初，舒尔茨提出"人力资本投资"的概念，并给予人类经济增长一个非常乐观的回顾与展望，他认为一个国家及国民对人力资本有足够的投资，经济的长期增长可以超越所有的物质的限制，包括要素的限制。另一位以分析人类经济行为著称、并获1993年诺贝尔奖的经济学家加里·贝克尔（Garys Becker）指出：人力资本的投资包括正规教育、在职培训、医疗保健、迁移以及收集价格与收入等信息的各方面，是一种影响未来货币和消费的投资，当预期效用大于当前支出所带来的效用时，人们便会进行这项投资。

在一个经济社会中，人力资本投资包括宏观层面的政府投资，如义务教育、职业教育、高等教育；微观层面的企业投资，如各种形式的职业培训，以及国民对人力资本的私人投资，如家庭中父母对子女的投资及自我投资。一般来说，国家投资于人力资本的基础教育、职业教育及学科性教育，期望国民整体素质提高，利于经济增长；企业投资于人力资本的资产专用性培训，期望获得更高的公司利润；而国民私人投资于教育、培训、保健、信息和迁移等方面，迁移（流动性）与经济人的收入改善联系在一起，成为人力资本投资的激励。

2. 企业人力投资的收益率

是否进行人力资本投资由成本—收益分析决定，决定人力资本投资量的最重要的因素是这种投资的有利性或收益率。任何一项投资的目的，都是为了获得收益。人力资本的投资与人的经济价值升值密切相关。人的经济价值，广义上讲，是指人力资本可被社会经济增长利用的，对经济社会有贡献的价值；狭义上讲，是指经济人的能力。

政府、企业、家庭和个人在人力资本投资中分别扮演不同的角色，但无论由谁投资，都至少需要人力资本的承载者本人付出体力、时间，或者放弃某些收入和机会。人力资本的载体作为人力资本的天然所有者，与其他人力资本投资者之间，呈现产权关系的复杂性，这与人力资本的主观能动性一起，直接决定和影响人力资本投资效能的实现程度。政府及企业对人力资本的投资是对人力资本载体而言，属于公共投资，有搭便车的关系，虽然投资结果对社会、企业、个人都有利，但投资主体不同，追求的目的不同，得到的效率也不相同。由于人力资本以人自身的再生产为生产方式，具有时效性，人力资本不被适时适当使用，就会随时间的流逝而丧失或降低其价值。同时，人力资本通过投资形式形成的价值最终在劳动者自己身上凝固，具有不可分性和主观能动性。人力资本的"可激励不可压榨性"，使得人力资本的自我投资在付出自己的成本后，最有动力追求人力资本的投入产出最大化，以求得经济价值最大化。有关研究表明，在不同经济发展水平国家，教育的个人收益率都要高于社会的收益率。

二 新进员工培训

新员工报到后，必须进行入厂、入校或入公司教育，称这种教育为"引导"，即对新员工的工作和组织情况作正式的介绍，让他们了解熟悉单位的历史、现状、未来发展计划，他们的工作、工作单位以及整个组织的环境、单位的规章制度、工作的岗位职责、工作操作程序、单位的组织文化、绩效评估制度和奖惩制度，并让他们认识将一起工作的同事等。此外。培训还要建立传帮带的师徒制度，使新职工更快地熟悉环境，了解工作操作过程和技术，让他们知道，如果碰到困难和问题，应该通过什么渠道来解决。集中表现在以下几方面：

（一）踏上工作岗位前的集中训练

新来的员工，一般要经过领导人讲话、学习有关本公司知识、实习、集训等集中教育，然后再正式分配到各个部门。这种集中式的训练一般由人事部门组织，短则一个月，长则半年，也有将近一年的。这种训练的目的是要解决一些共同问题，让新员工尽快熟悉和了解公司基本情况。可采用通信教育或内部刊物发行的方式来实现。

训练内容应包括三大板块：①帮助新员工了解公司，培养员工的认同感。其做法可考虑讲述公司发展史。此部分可以由主要负责人介绍、有关产品的生产销售状况、经营方针与发展目标等。②在上述活动的基础上，要求新员工确定自己的工作态度和人生目标，同时为之提供有关交际、员工常识之类的小册子，帮助其尽快完成角色转换。③请新员工讲述对公司的感想，了解新员工在想些什么，想知道些什么，还可让其谈谈对新岗位有何看法，对自己有什么触动，希望公司能提供什么样的工作环境等。新进员工教育训练是员工公司生活的第一步。

（二）踏上工作岗位后的分散训练

新员工的培养从分配到工作岗位上第一天起，就正式拉开了大幕，培养他们的职责已全部转移到各工作部门，集中训练仅仅是"序幕"。对新员工而言，第一步便是要到各部门报到，然后才是本部门的基础知识教育和实际操作训练。方法包括野外步行法、现场演练法等。

就基础知识教育的重点而言，就是要帮助员工树立社会人、企业人的意识，也就是说，在对待工作的态度上，应消除员工的畏惧心理，让他们对工作产生兴趣；在待人接物方面，应解释清楚作为企业的一员，应遵守哪些行为准则，包括汇报工作、联络事物、谈话方式、待人态度等各个方面，使他们在遇到问题时能自觉地照行动准则办事。由此，对于新进员工的基础知识教育，要注重以下两点：

（1）注重表达能力的训练。一些公司采用的方法是询问员工对当天学习内容的看法，或指定题目，要求新员工就这一问题发表感想。当然，还可采用三分钟即兴演讲等方法，不管采取何种方式，教育负责人在最后都要对表达能力训练中的注意要点逐一说明。

（2）增强对公司传统及员工要求的了解。这个部分包括两个方面：①

要求员工在了解公司发展史的基础上,再作深入思考,并将他们认为的公司理念记录下来,教育负责人将其收集、整理,加以系统化,并作出解释。②要求员工以"你希望做个什么样的员工"为题,进行分组讨论,教育负责人根据各组上交的讨论结果进行评论,说明公司所期望的员工形象。在这个过程中,负责人的作用不可忽视,在事前先对材料加以整理,讨论中更要引导员工系统化、理论化地加以阐释。③对合格企业人应具备的心理素质的了解。

对于由大学毕业、刚刚踏上社会的新员工来说,心理一时还难以适应,常常会以学生眼光看待工作以及对人对事。作为基础知识教育负责人,应让员工抒发感受,自由讨论,再统一加以说明,拓展其深度和广度。

三 在职员工的岗位培训

(一)岗位培训的内容

岗位专业知识培训是在职培训的主要内容,是指在定员定额的基础上,以岗位职务需要为依据,有针对性地对有一定政治文化素质的在岗在职人员进行岗位专业知识和实际技能的培训。其主要特点在于使培训内容与岗位需要直接挂钩,帮助员工及时获得适应企业发展所必需的知识和技能,完备上岗任职资格。

岗位专业知识培训可分为适应性岗位培训和规范化岗位培训两种形式。适应性岗位培训包括:①上岗前培训,就是"先培训、后上岗";②转换岗位培训,就是对部分转换岗位的员工及时进行新的岗位培训,以适应新的需要;③应急培训,是为了适应工作、生产需要的培训;④提高培训,就是按新的要求和新的规范,不断地对在岗在职人员进行新知识、新技能的继续教育,以提高其适应能力;⑤达标培训,就是对上岗的任职人员进行岗位职务的补课教育,使其取得岗位职务合格证书;⑥一事一训,是为了某一特殊任务而进行的专门培训。多层次、多学科、多渠道的适应性岗位培训能够最大限度地实行"按需施教"和贯彻"干什么学什么,学以致用"的原则。

（二）岗位专业知识培训的作用

首先，岗位专业知识培训能直接提高企业的经济效益。岗位职务标准，从教学内容到教学形式、方法，都特别强调针对性和实用性，强调和企业的实际需要相吻合。这就从根本上解决了员工教育与经济建设、企业生产实际相脱节的矛盾，有利于促进企业生产的发展。

其次，岗位专业知识培训工作有助于劳动人事部门的工作科学化、规范化。岗位专业知识培训工作是建立在完善的岗位规范标准之上的培训。只有建立科学合理的人力资源制度等，才能建立完善的岗位规范标准，健全岗位培训制度。

最后，岗位专业知识培训工作有利于改善职工教育制度，为职工教育增添活力。

第四章

企业员工待遇与福利

第一节 企业员工的薪金管理

一 企业员工薪金管理的定义

薪金,也就是薪酬。企业员工薪金管理,通常被称之为企业员工薪酬管理。指的是在企业发展战略目标指导下,对员工薪金支付原则、薪金策略、薪金水平、薪金结构、薪金构成进行确定、分配和调整的动态管理过程。企业薪金管理内容主要包括薪金管理目标的确定、薪金政策的选择、薪金计划的制定和薪金结构的调整四个方面。

所谓薪酬管理,是指一个组织针对所有员工所提供的服务来确定他们应当得到的报酬总额以及报酬结构和报酬形式的一个过程。在这个过程中,企业就薪酬水平、薪酬体系、薪酬结构、薪酬构成以及特殊员工群体的薪酬做出决策。同时,作为一种持续的组织过程,企业还要持续不断地制定薪酬计划,拟定薪酬预算,就薪酬管理问题与员工进行沟通,同时对薪酬系统的有效性做出评价而后不断予以完善。

薪酬管理对几乎任何一个组织来说都是一个比较棘手的问题,主要是因为企业的薪酬管理系统一般要同时达到公平性、有效性和合法性三大目标,企业经营对薪酬管理的要求越来越高,但就薪酬管理来讲,受到的限制因素却也越来越多,除了基本的企业经济承受能力、政府法律法规外,还涉及到企业不同时期的战略、内部人才定位、外部人才市场、以及行业竞争者的薪酬策略等因素。

二 企业薪金管理理论概述

（一）薪金管理的目标

薪金管理是企业管理的有机组成部分，因此薪金管理目标必须与企业经营目标相一致。现代企业薪金管理的目标主要有三个：①吸引和留住实现企业组织目标的人才、企业需要的员工；②使员工安心本职工作，鼓励员工积极提高工作所需要的技能和能力，并保持较高的工作业绩和工作动力；③协调组织目标与员工个人发展目标，鼓励员工高效率工作。

（二）薪金管理的特殊性

薪金管理比起人力资源管理中的其他工作有一定的特殊性，具体表现在以下方面：

1. 敏感性

薪金管理是人力资源管理中最敏感的部分，因为它牵扯公司每一位员工的切身利益。特别是在人们的生存质量还不是很高的情况下，薪金直接影响他们的生活水平；另外，薪金是员工在公司工作能力和水平的直接体现，员工往往通过薪金水平来衡量自己在公司中的地位。所以薪金问题对每一位员工都会很敏感。

2. 特权性

薪金管理是员工参与最少的人力资源管理项目，几乎是公司老板的一个特权。老板，包括企业管理者认为员工参与薪金管理会使公司管理增加矛盾，并影响投资者的利益。所以，员工对于公司薪金管理过程几乎一无所知。

3. 特殊性

由于敏感性和特权性，所以每个公司的薪金管理差别会很大。另外，由于薪金管理本身就有很多不同的管理类型，如岗位工资型、技能工资型，资历工资型，绩效工资型等，所以，不同公司之间的薪金管理几乎没有参考性。

（三）薪金管理的原则

（1）补偿性原则要求补偿员工恢复工作精力所必要的衣、食、住、行费用，补偿员工为获得工作能力以及身体发育所先行付出的费用。

（2）公平性原则要求薪金分配全面考虑员工的绩效、能力及劳动强度、责任等因素，考虑外部竞争性、内部一致性要求，达到薪金的内部公平、外部公平和个人公平。

（3）透明性原则要求薪金方案公开。

（4）激励性原则要求薪金与员工的贡献挂钩。

（5）竞争性原则要求薪金有利于吸引和留住人才。

（6）经济性原则要求比较投入与产出效益。

（7）合法性原则要求薪金制度不违反国家法律法规。

（8）方便性原则要求内容结构简明、计算方法简单和管理手续简便。

（四）薪金管理的内容

（1）薪金的目标管理，即薪金应该怎样支持企业的战略，又该如何满足员工的需要。

（2）薪金的水平管理，即薪金要满足内部一致性和外部竞争性要求，并根据员工绩效、能力特征和行为态度进行动态调整，包括确定管理团队、技术团队和营销团队薪金水平，确定跨国公司各子公司和外派员工的薪金水平，确定稀缺人才的薪金水平以及确定与竞争对手相比的薪金水平。

（3）薪金的体系管理，不仅包括基础工资、绩效工资、期权期股的管理，还包括如何给员工提供个人成长、工作成就感、良好的职业预期和就业能力的管理。

（4）薪金的结构管理，即正确划分合理的薪级和薪等，正确确定合理的级差和等差，还包括如何适应组织结构扁平化和员工岗位大规模轮换的需要，合理地确定工资宽带。

（5）薪金的制度管理，即薪金决策应在多大程度上向所有员工公开和透明化，谁负责设计和管理薪金制度，薪金管理的预算、审计和控制体系又该如何建立和设计。

(五) 薪金的形式

1. 基本薪资

指雇主为已完成工作而支付的基本现金薪金，它反映的是工作或技能价值，而往往忽视了员工之间的个体差异。某些薪金制度把基本工资看作是雇员所受教育、所拥有技能的一个函数。对基本工资的调整可能是基于以下事实：整个生活水平发生变化或通货膨胀；其他雇员对同类工作的薪金有所改变；雇员的经验进一步丰富；员工个人业绩、技能有所提高。

2. 绩效工资

指对过去工作行为和已取得成就的认可。作为基本工资之外的增加，绩效工资往往随雇员业绩的变化而调整。调查资料表明，美国90%的公司采用了绩效工资。我国企业在2000年前后开始的新一轮工资改革中也都纷纷建立了以绩效工资为主要组成部分的岗位工资体系，事业单位在2006年工资改革中也都设置了绩效工资单元。

3. 激励工资

激励工资也和业绩直接挂钩。有时人们把激励工资看成是可变工资，包括短期激励工资和长期激励工资。短期激励工资，通常采取非常特殊的绩效标准。例如：在普拉克思航空公司的化学与塑料分部，每个季度如果达到或者超过8%的资本回报率目标，就可以得到一天的工资；回报率达到9.6%，在这个季度工作了的每个员工可得到等于两天工资的奖金；如果达到20%的资本回报率，任何员工都可以得到等于8.5天的工资奖金。而长期激励工资，则把重点放在雇员多年努力的成果上。高层管理人员或高级专业技术人员经常获得股份或红利，这样，他们会把精力主要放在投资回报、市场占有率、资产净收益等组织的长期目标上。

虽然激励工资和绩效工资对雇员的业绩都有影响，但两者有三点不同：一是激励工资以支付工资的方式影响员工将来的行为，而绩效工资侧重于对过去工作的认可，即时间不同；二是激励工资制度在实际业绩达到之前已确定，与此相反，绩效工资往往不会提前被雇员所知晓；三是激励工资是一次性支出，对劳动力成本没有永久的影响，业绩下降时，激励工资也会自动下降，绩效工资通常会加到基本工资上去，是永久的增加。

4. 福利和服务

包括休假（假期）、服务（医药咨询、财务计划、员工餐厅）和保障（医疗保险、人寿保险和养老金），福利越来越成为薪金的一种重要形式。

（六）薪金构成

构成总薪金的除了以上四种形式之外，非货币收益也影响人们的行为。包括：赞扬与地位、雇用安全、挑战性的工作和学习的机会。其他相关形式可能包括：成功地接受新挑战，和有才华的同事一起工作的自我满足感。它们是"总薪金体系"的一部分。并经常和薪金相提并论。全国经济专业技术资格考试人力资源管理专业知识用书将薪金分为经济性薪金和非经济性薪金两大类，据此，可以将薪金结构做一细分，如表4-1所示。

表4-1 薪金组成

薪金	经济性薪金	直接经济薪金	基本薪金
			可变薪金
		间接经济薪金	带薪非工作时间
			员工个人及其家庭服务
			健康以及医疗保健
			人寿保险
			养老金
	非经济性薪金		满足感
			赞扬与地位
			雇用安全
			挑战性的工作机会
			学习的机会

（七）薪金政策的选择

所谓企业薪金政策，就是企业管理者对企业薪金管理运行的目标、任务、途径和手段的选择，是企业在员工薪金上所采取的方针策略。企业的薪金政策不是孤立产生的，它要受到多种宏观因素和微观因素的影响，具体为：

（1）宏观要素是指企业薪金运行的外部环境因素，例如国家经济运行状况、经济增长率、通货膨胀率、劳动力市场供求状况、企业所在地的劳动力收入水平、同行业员工的收入水平以及国家税收、财政和产业政策变化等。

（2）微观要素是指企业经营发展和薪金管理状况，例如当前的经营收益状况、企业未来的发展和经营政策以及企业劳动力的成本收益、薪金管理运行状况等。

企业薪金政策的主要内容包括：

（1）企业薪金成本投入政策。例如，是采取扩张劳动力成本，还是紧缩劳动力成本的政策？前者需要增加员工人数，提高工资水平；后者需要减少员工人数，降低工资水平。

（2）企业工资制度的选择。例如，是采取稳定员工收入的策略，还是激励员工绩效的政策？前者多与等级和岗位工资制度相结合，后者与绩效工资制度相结合。

（3）企业工资结构和工资水平的确定。例如，是采取向高额工资倾斜的工资结构，还是采取均等化，或者向低额结构倾斜的工资政策？前者要加大高级员工比例，提高其薪金水平；后者要缩减高薪人员比例，降低其薪金水平。

因此，薪金政策是企业管理者审时度势的结果。决策正确，企业薪金机制就会充分发挥作用，薪金运行就会通畅、高效；相反，决策失误，薪金管理就会受到影响，导致企业效益的损失。

（八）薪金计划的制订

薪金计划是企业薪金政策落实的根本。所谓薪金计划，就是企业对预计要实施的员工薪金支付水平、支付结构及薪金管理重点等内容进行的计划和安排。企业在制定薪金计划时，要掌握以下原则：

1. 与企业目标相协调的原则

在企业人事管理非规范化阶段，员工的薪金管理也缺乏科学性。例如，一些企业不是根据企业自身发展的需要选择工资制度和薪金标准，在很大程度是随市场工资率而变动，或者仿效他人。对此，一些企业明确提出，企业薪金计划应该与企业的经营计划相结合，在工资支付水平上，很多企业不再单纯考虑与同行业工资率攀比，而主要取决于对三个要素的综合考虑：其一，该水平是否能够留住企业所需要的人；其二，该水平企业可否支付得起；其三，该水平是否符合企业的发展目标。

2. 以增强企业竞争力为原则

工资是企业的成本支出，压低工资有利于提高企业的竞争能力，但是太低的工资又会降低对员工的激励。作为一个管理者，既要根据企业外部环境的变化，也要从内部管理的角度，选择和调整适合企业经营发展的薪金计划。同时任何薪金计划都不是一成不变的，而是要根据企业经营的需要和员工情况的变化及时调整。

（九）薪金结构的调整

薪金结构是指企业员工间的各种薪金比例及其构成。主要包括：企业工资成本在不同员工之间的配置；职务和岗位工资率的确定；员工基本、辅助和浮动工资的比例以及基本工资与奖励工资的调整等。

对薪金结构确定和调整主要掌握一个基本原则，即给予员工最大激励的原则。不养"懒汉"、留住人才、公平付薪是企业薪金管理的宗旨。要避免对员工的报酬走向两个极端：过多和过少。过多会造成不称职的员工不努力工作，使企业效益降低；过少会造成员工积极性下降，使工作积极的员工流向报酬高的企业。

三 企业薪金管理的作用

薪金管理是人力资源管理作业活动的重要组成部分，其作用不仅体现在人力资源管理内部，对于整体组织管理也具有重要意义，尤其体现在薪金水平上。

（一）薪金管理对整体组织管理的作用

1. 薪金管理是管理者人本管理思想的重要体现

薪金是劳动者提供劳动的回报，是对劳动者各种劳动消耗的补偿，因此薪金水平既是对劳动者劳动力价值的肯定，也直接影响劳动者的生活水平。所谓以人为本的管理思想就是要尊重人力资本所有者的需要，解除其后顾之忧，很难想象一个组织提倡以人为本，其薪金制度却不能保证员工基本生活水平。在我国物质生活水平日益提高的今天，管理者不仅要保证其员工基本生活，更要适应社会和个人的全方位发展，提供更全面的生活保障，建立起适应国民经济发展水平的薪制度。

2. 薪金战略是组织的基本战略之一

一个组织有许多子战略，例如市场战略、技术战略、人才战略等，薪金战略是人才战略的最重要组成部分,因而也是一个组织的基本战略之一。一个优秀的薪金战略应对组织起到四个作用:(1)吸引优秀的人才加盟;(2)保留核心骨干员工;(3)突出组织的重点业务与重点岗位;(4)保证组织总体战略的实现。

3. 薪金管理影响着组织的赢利能力

薪金对于劳动者来说是报酬,对于组织来讲,也意味着成本。虽然现代的人力资源管理理念不能简单地以成本角度来看待薪金,但保持先进的劳动生产率,有效地控制人工成本,发挥既定薪金的最大作用,对于增加组织利润,增强组织赢利能力进而提高竞争力无疑作用是直接的。

(二)薪金管理与其他人力资源管理环节的关系

由于现代人力资源管理的整体性特征,薪金管理与其他人力资源管理环节同样具有密切的联系,可以从以下几个方面进行分析:

1. 薪金管理与工作分析的关系

工作分析是薪金设计的基础,对于岗位工资制来说,更是建立内部公平薪金体系的必备前提。工作分析所形成的岗位说明书是进行工作评价确定薪金等级的依据,工作评价信息大都来自岗位说明书的内容。即使在新的技能工资体系中,工作分析仍然具有重要的意义,因为评价员工所具备的技能,仍然要以他们从事的工作为基础来进行。

2. 薪金管理与人力资源规划的关系

薪金管理与人力资源规划的关系主要体现在人力资源供需平衡方面,薪金政策的变动是改变内部人力资源供给的重要手段,例如提高加班工资的额度,可以促使员工增加加班时间,从而增加人力资源供给量,当然这需要对正常工作时间的工作严格加以控制。

3. 薪金管理与招聘录用的关系

薪金管理对招聘录用工作有着重要影响,薪金是员工选择工作时考虑的重要因素之一,较高的薪金水平有利于吸引大量应聘者,从而提高招聘的效果。此外,招聘录用也会对薪金管理产生影响,录用人员的数量和结构是决定组织薪金总额增加的主要因素。

4. 薪金管理与绩效管理的关系

薪金管理和绩效管理之间是一种互动的关系。一方面,绩效管理是薪金管理的基础之一,激励薪金的实施需要对员工的绩效做出准确的评价;另一方面,针对员工的绩效表现及时地给予不同的激励薪金,也有助于增强激励的效果,确保绩效管理的约束性。

5. 薪金管理与员工关系管理的关系

在组织的劳动关系中,薪金是最主要的问题之一,劳动争议也往往是由薪金问题引起的,因此,有效的薪金管理能够减少劳动纠纷,建立和谐的劳动关系。此外,薪金管理也有助于塑造良好的组织文化,维护稳定的劳动关系。

四 企业薪金管理的改善

所谓企业薪金管理的改善,就是指提高企业员工对于企业薪金管理的满意度。员工对薪金管理的满意程度是衡理薪金管理水平高低的最主要标准。让员工对薪金满意,使其能更好地为公司工作,是进行薪金管理的根本目的。员工对薪金管理的满意程度越高,薪金的激励效果越明显,员工就会更好的工作,于是就会得到更高的薪金,这是一种正向循环;如果员工对薪金的满意度较低,则会陷入负向循环,长此以往,会造成员工的流失。员工对薪金管理的满意度,取决于薪金的社会平均比较和公正度。尤其要注重以下几点:

(一)注重社会平均比较

社会平均比较是指员工会将自己的薪金水平与同等行业同等岗位的薪金进行比较,如果发现自己的薪金高于平均水平,则满意度会提高;如果发现自己的薪金低于平均水平,则满意度会降低。薪金管理的主要工作之一就是对岗位的价值进行市场评估,确定能吸引员工的薪金标准。

(二)注重公平度

公平度是指员工把自己薪金与其他员工薪金进行比较之后感觉到的平等程度。提高公平程度是薪金管理中的难点。实际上,人力资源部门不可能在这点上做到让全体员工满意。许多公司之所以实行的薪金保密制度,就是为了防止员工得知其它员工的薪金水平后,降低对薪金管理公平度的认同。另外,如果没有对公平度的认同,员工也会很难认同薪金与绩效间的联系,从而降低绩效考评的效果。

公平度是员工的主观感受,人力资源部门不要试图通过修订薪金制度来解决这个问题。当然，薪金制度在不适应公司发展需要时，可以进行修订，但它不是提高公平度的最有效办法。在解决这个问题上，人力资源部门应该将注意力集中在薪金管理过程中，而不是薪金管理的结果上。

（三）注重员工的参与

在制定薪金制度时，我们可以让员工参与进来。实践证明，员工参与决策能使决策更易于推行。一些老板和管理者担心，员工参与薪金制度的制定会极大的促使政策倾向于员工自身的利益，而不顾及公司的利益。这个问题在现实中是存在的，但解决办法是让老板、管理者和员工一起来讨论分歧点，求得各自利益的平衡。实际上，员工不会因为自身的利益而导致不负责任的决策。

员工参与或不参与的区别仅在于：如果员工参与，在政策制定之彰就会发现并解决问题；如果员工不参与，当政策执行时，同样会暴露出问题，但这时往往已丧失了解决问题的时机。

（四）加强沟通

人力资源部门还要促使老板、管理者和员工建立起经常性的关于薪金管理的沟通，促进他们之间的相互信任。总之，沟通、参与与信任会显著影响员工对薪金管理的看法，从而提高对薪金管理的满意度。

第二节　企业劳资谈判

一　劳资谈判的概念

由于社会背景不同，国外的劳资纠纷有其特殊性的方面，下面就以发达国家为例，对劳资谈判进行介绍。

劳资谈判是针对工作报酬、工作时间及其他雇用条件，雇主和员工代表在适当时间以坦诚态度进行的谈判。劳资谈判所生成的文件被称作"劳动协议"或"合同"。它规定了一定时期内员工和雇主的关系。通过劳资谈判，基本上可以确定劳资双方的关系。所有劳动协议都包含以下问题：认可、资方权利、工会保障、报酬和福利、申诉程序，员工保障以及与工作相关的因素。

劳资谈判的问题有三种类型：约束性的、非约束性的和禁止性的。约束性谈判问题规定了工资、工作时间以及其他就业条件。对于非约束性谈判问题，一方可以提出来，但另一方有权在谈判中不讨论此问题。禁止性谈判问题是不合法的。

有时即使劳资双方都很想达成一个公平协议，谈判也会出现破裂，为了使谈判继续进行下去，可以采用几种方法清除障碍，诸如：第三方的介入、工会策略与资方策略。

第三方介入的两种基本类型是调停与仲裁；工会为了防止谈判破裂，经常采用罢工与抵制这两种基本方式；资方也可以利用各种方法来迫使工会继续谈判。关厂是方法之一，指的是资方不让员工继续工作，而是通过使用管理层人员或临时替代工人的方法使生产继续进行。在员工罢工期间，资方可利用管理人员和雇用非工会会员的工人来代替罢工者，保证生产正常进行。

二 劳资谈判的基本理论与方法

（一）资方的权利

所有的劳工合同事实上都包括资方权利。资方权利一般指资方所保留的用以管理、指导和调控其经营的权利。一般而言，在劳资谈判中，资方的权利包括以下几个方面：①决定何时、何地、做何工作及如何去做。②当员工的工作操作或工作行为达不到合格标准时，帮助他们改正，包括执行管理纪律。③决定做此项工作的工人数目。④监督和指导工人工作。⑤对员工的雇用、辞退、提升或降职提供建议。⑥推荐员工成为管理人员。

（二）员工的主张

一般而言，劳资谈判中员工一方提出的主张可分为三类问题，即约束性的、非约束性的和禁止性的。

约束性谈判问题主要用于规定工资、工作时间和其他就业条件。这类问题通常对工人工作有直接迅速的影响，拒绝就这一类问题举行谈判会导致劳动报酬不公平。

非约束性谈判问题有可能被提出，但任何一方都可拒绝对此类问题进行讨论。例如，工会也许想对退休工人的健康福利或工会参与价格政策的制定这类问题进行谈判，但资方可以拒绝这一要求。

禁止性谈判问题，如"只能雇用工会会员的制度"是没有法律保障的。

（三）劳资谈判流程

归纳起来，劳资谈判流程大致如下：外部环境—准备谈判—谈判问题—谈判未能克服困难、谈判破裂；或者，谈判克服困难、达成协议、批准协议、执行协议。

（四）劳资谈判技巧

要注意以下几点：
（1）不要低估第一次准备性的、无敌意的劳资双方代表的会面，利用这次机会为将来的会谈制定好基本规则；
（2）如果员工对总裁评价高，可以考虑让他参加会谈；
（3）在法律和礼节允许的范围内，仔细了解参加劳资谈判的每位成员的情况；
（4）将谈判者视为势均力敌的对手，不要轻视他们；
（5）仔细作好每次会议记录。因为详细的笔记对最初及以后的谈判会非常有用；
（6）与那些对受合同影响最大的群体和对所讨论的问题了解最深的人保持密切联系；
（7）如果谈判破裂，可以考虑由联邦机构出面调停。

四 劳资谈判中的工会作用

在企业劳动关系当中，双方主体即劳动者和管理者之间始终是一对矛盾，且劳动者在这一矛盾中始终处于相对弱者的地位。在企业工会未产生以前，劳动者的权益很难得到有效的保证；企业工会出现以后，情况发生了根本的变化,劳动者有了自己的代言人,工会代表劳动者集体就工资和劳动条件等问题与企业管理者开展集体谈判,签订集体合同。

企业工会基本职能在于代表劳动者开展企业集体谈判,签订企业集体合同,维护劳动者的劳动权益,这从工会出现初期直到现在都是如此。

代表和维护企业劳动者的合法权益是企业工会的基本职能。劳动者的合法权益具体包括劳动者的经济权益、政治权益(主要是民主权益)和劳动权益等,其中劳动权益是企业劳动者与管理者之间劳动关系的核心内容。因此,维护劳动者劳动权益是企业工会维护职能的基础或核心内容。一般来讲,劳动者劳动权益主要包括:劳动就业权、劳动报酬权、休假休息权、劳动保护权、职业培训权、社会保障权、请求劳动争议或冲突处理权以及其它与劳动相关的权益等。企业只有在对劳动者这些劳动权益维护的基础上,才能进一步对劳动者的其它经济权益、政治权益(劳动权益当中也包括一部分经济权益和政治权益)等进行维护。

五 劳资谈判的局限性[①]

劳资谈判决定工资是19世纪中期新古典经济学派提出的理论。19世纪末,在新西兰和澳大利亚进行了试验,并取得了成功。1933年,美国总统罗斯福实施"新政",对劳资谈判决定工资的制度作了肯定,并在企业中强制实施。20世纪50—70年代,这一制度在西欧、中欧、北欧、南欧盛行,各国政府积极参与,并在每年年初确定工资最低增长线——根据预期GDP增长速度(或企业利润率)、通货膨胀率确定工资的最低增长比例,以确保工人工资年年有增长,生活年年有改善。

这一制度实施的几十年中,工人普遍获得了高工资、高福利待遇。但同时也出现了一个严重的问题:由于工资、福利刚性增长,企业成本大幅度上升,使一些生产低价值产品的劳动密集型企业因成本过高而无法与一些发展中国家竞争,纷纷向外转移,使西欧一些发达国家出现了产业空心化,其中以英国、法国最为严重。为了改变这一劣势,英国首相撒切尔夫人于20世纪80年代掀起了私有化、市场化浪潮,让工人工资、福利由劳资谈判决定转为由市场决定,此举虽然起到了减轻企业和国家负担的作用,但也激化了劳资之间的矛盾。

---

① 齐桂珍:《劳资谈判制度不适合中国》,《中国经济导报》2013年5月14日第B01版。

为了缓解矛盾，避免劳资谈判带来的诸多负面影响，美国、英国、德国等国家在后凯恩斯主义和人力资本理论的影响下，于20世纪90年代中期又改进了薪酬制度：让劳动力参股、持股参与企业决策，根据企业的经营情况来决定员工工资的升降。在德国，员工除了劳动力可以参股以外，企业可对业绩好的员工奖励股票或期权，参与企业红利分享。在英国，则在法律规定员工的收入中，股票红利收入不得低于1/3。美国在20世纪70年代就立法推广员工持股计划，90年代建立了企业薪酬制度——企业普遍建立薪酬委员会（成员由员工代表、股东代表和专家组成），员工工资是提还是降，由薪酬委员会全体成员决定，提多大幅度则由薪酬顾问公司（咨询公司）专家根据企业经营情况和竞争力制订方案，再由企业薪酬委员会作出决定。英、德、美的这些做法，使工人有了以"劳动力"作为"资本"的财产性收入，增强了主人翁意识和责任感，员工工资的升降不再由劳资谈判决定，而是由工人代表、股东代表和专家在企业董事会集体决策，大大改善了劳资关系，劳资由雇用关系、对立关系转为合作关系、伙伴关系，有利于社会的稳定。2004年，中国借鉴欧美20世纪七八十年代的劳资谈判形式进行了试点，2006年起在全国推广，这虽然有利于工人保护权益以及工人收入的增加，但也带来了"罢工"事端的频发，影响了社会的和谐、稳定。

第三节 企业员工的保险制度

一 保险和公司保险

（一）保险

1. 保险的含义

一般而言，保险是以合约或法令的形式，根据合理计算，集合多数经济单位或个人共同建立专用基金，对特定危险事故所致的损失或约定的期限届满时，给予经济补偿或给付的一种社会互助性质的经济制度。

保险的基本特点：

（1）以合约或法令形式确定保险各方之间的关系及各自的权利、义务、责任。

（2）以合理计算为前提，以公平分担为原则制订保险费率。

（3）以大多数法则为科学依据，集合多数经济单位或个人共同建立专门用于履行赔偿或给付义务的基金。

（4）保险不是"包险"，保险公司只对特定的危险事故所致的损失和其它约定的保险责任负责。

（5）体现社会经济互助。这种互助实际上反映了人类社会中人与人之间的相互关系。"众为一人，一人为众"，"千家万户保一家"，这些话比较生动地体现了保险依靠大多数人的力量来对其中少数人进行补偿和给付的特点。

2. 保险的职能

保险的职能，就是通过科学的计算方法，化偶然为必然，把本来难以预测的损失化为小额的、固定的保险费，并集中起来，对投保后遭受灾害事故损失的企业、家庭或个人给予补偿或给付保险金，使保户及时恢复正常的经营或生活上重新得到安定。保险的职能主要是组织经济补偿。这一职能主要通过分摊损失和补偿损失两方面活动实现的。对一个人、一个家庭或一个企业来说，灾害事故的发生是偶然的，发生灾害事故后依靠自身力量一般是难以克服的。因此，要求得到经济保障成为客观需要，这是分散危险、分摊损失的前提。从整个社会来看，发生灾害事故是必然的，并且有一定规律性，可以通过有关资料和概率论的科学计算方法，精确地掌握灾害事故损失的规律，这就使合理分摊损失成为可能。

可以说，经济补偿是保险的出发点，也是保险的归宿，是保险职能最本质的体现。而分摊损失和补偿损失，是保险组织经济补偿活动中相互依存的两个方面：前者是手段，后者是目的。没有分摊，就无法集中保险基金，也就无法进行补偿；没有补偿，分摊也就毫无意义了。保险可以促进社会的安定。所以人们把保险称誉为"精巧的社会稳定器"。

（二）公司保险

1. 公司保险的含义

在公司人力资源管理中，公司保险主要是员工保险。员工保险是保险制度的一部分，一般称为劳动保险。其目的是为了保障劳工应付各种意外事故损害，保险的客体，都是劳工。

社会保险和劳动保险既存在联系，也存在区别。社会保险在形式上，具有更加系统的法典，包括的范围也更大，有老年、死亡、残废、健康、失业、职业伤害等多种。社会保险的实质是以社会全体公民为对象；而劳动保险无论在形式上、实质上都具有社会保险的雏形，而且应用社会保险的理论，保险的种类也包括大多数社会保险在内。不过，劳动保险的对象，仅限于受雇劳工。可以说劳动保险是社会保险的重要组成部分，是专为保障劳工生活、社会安定、产业发展、经济繁荣而建立的一种政策性保险。

2. 劳动保险溯源

劳动保险的发展最早可以追溯到古代的互济制度。2000多年前的古希腊时代，一个叫萨隆那的法学家，曾在各城邦倡导设立了一种"公共柜"，以平时投入的钱，作为救济战时伤亡之用，此乃互济制度中最早的一种。中世纪之后，在欧洲各城市和村落中盛行行会制度，主要目的在于维护同业利益，同时会员在遭遇疾病、死亡、火灾、盗窃等意外事故时，可以有一种救济的办法。行会是有互济性质的组织。英国劳工界组织的"支爱社"于1793年获得政府监督法的保护，其业务范围由疾病治疗与死亡埋葬，扩大到养老、残废等事项的互相救助。这是近代劳动保险的雏形。

3. 公司保险的内容

公司保险及与公司相关的主要险种可以列举如下几种：待业失业保险、老年退休保险、医疗保险、疾病保险、身体伤害与残疾保险等。

失业保险是指在保险者失业的情况下，支付其待业保险金，以安定其生活，并致力于改善员工的就业和开发能力，使失业者不致造成将来就业后不正当的工资下降，并促使其尽快就业。

养老保险是指公司员工在达到一定年龄退休后，为保证老年人不因社会生活水准提高而发生生活困难所设置的保险。

医疗保险的保险内容包括：当被保险者由于工作及非工作上的原因发生患病、负伤、妊娠、生育、死亡等情况时，提供其医疗费并分别支付伤病、育儿、埋葬费用；有时当被保险者的被抚养者发生上述情况时，也支付一定的家属医疗费、家属埋葬费、配偶分娩费等。

二 社会保险与社会保障

（一）社会保险

1. 社会保险含义

社会保险，是一种将风险集中而转移给政府服务机构的制度措施。它是根据国家有关法律，由政府、企业和个人多方共同筹资，在劳动者及其家属遭遇生、老、病、死、伤、残、失业等风险时，为防止其收入中断、减少或损失而提供帮助，以保障其基本生活需求的制度。其主要内容包括：养老保险、医疗保险、失业保险、生育和疾病保险、伤残保险和丧葬和遗嘱保险。

2. 社会保险溯源

社会保险起源于19世纪80年代欧洲。俾斯麦在经济危机和阶级矛盾中，为了摆脱困境和缓和社会矛盾，决定把当时德国各地自发组织起来的工人互助补助会"国家化"，将工人自动征集的疾病、养老、失业等基金组成国家保险费，并于1883—1889年逐步实施了伤害、疾病、残废、失业、养老保险。此后，俄国、英国相继建立了社会保险。第一次世界大战前只有在欧洲少数国家中实行。第二次世界大战后范围迅速扩大，社会保险的概念逐渐发展成社会保障。目前，139个国家和地区有社会保险方面的立法。由于社会经济发展水平和国情（包括社会背景、文化传统和风俗习惯等）不同，各国社会保险又有它的差异性。这种差异性主要表现在实施范围、项目的多少、水平的高低和管理体制不同等方面。

3. 社会保险特征

（1）强制性。社会保险是宪法确定的公民的一项基本权利，为保证这一权利的实现，国家必须通过建立社会保险法规强制实施。法律规定范围内的用人单位及职工，都必须参加社会保险，必须按照规定缴纳社会保险费，对无故拒缴或迟缴社会保险费的要征收滞纳金，直到追究法律责任。

（2）互济性。社会保险实行"一人为众，众为一人"的互济原则，社会保险是政府为公民提供一系列基本生活保障，使他们在年老、疾病、失业、伤残、死亡及其他灾难情况下有从社会获得物质帮助的权利。由于年老、疾病、伤残、死亡、失业等人员在社会上分布不均匀，各地区和各单位之间的承受上述情况的压力是不相等的。因此，必须依靠社会力量来举办社会保险。从被保险的个人来看，每人一生中遇到的风险次数、损失大小是不相同的，这也需要依靠集体力量来办社会保险。

（3）福利性。社会保险的目的在于保障社会成员的基本生活。从性质上看，它属于社会公益事业，目的是造福于社会，而非出于盈利的商业化目的。社会保险基金属于全体被保险人，只能专款专用，经济组织和个人都不能挪作他用，也不能拿这笔钱参与财政平衡。相反，当社会保险基金在特殊情况下不敷使用时，要由国家财政提供担保。对社会保险基金参与投资活动国家不征税，其目的仍然是为了增强被保险人的基本生活保障程度。

（4）社会性。社会保险之所以称为社会保险，很重要的一点就在于它的社会性。既然如此，社会保险就应当由代表社会的政府通过立法来举办，并达到实现社会政策的目标。

（5）防范性。政府所征集、企业和个人所缴纳的各种社会保险基金，是防范风险所用，目的是在劳动者遇到劳动风险时，有足够的物质基础来提供资助。防范性是社会保险的一个基本特征。社会保险的防范性是与投保人的权利、义务相联系的，投保人的给付水平与投保金额直接相关，只是在一定条件下根据保障对象的情况进行统筹。而社会保障分配一般不强调权利与义务的对应关系，多数情况下是国家、社会对受保障者的单方援助，以保障其基本生活需要为目的。

（6）差别性。社会保险具有一定的福利性，但在享受保险待遇上也体现一定的差别性。当劳动者同样出现年老、患病、死亡、失业、生育等风险时，由于个人的工龄、工资和缴纳的保险费用不同，其享受的保险待遇也会有差别。例如一些国家企业员工的养老保险待遇，与企业和个人保险金缴纳数额有直接的关系，甚至为了保证员工年老时的生活水平和生活质量，大力发展多层次的社会养老保险制度，即鼓励企业兴办补偿养老保险和个人储蓄养老保险，作为社会养老保险制度的补充。

（7）保障性。社会保险的主要目的是为失去生活来源的劳动者提供基本的生活保证，符合国家法律规定的劳动者均可享受到国家所提供的各种社会保险待遇。社会保险的保障范围与社会保障不同，受经济发展水平所限，在一定时期内，只在法律规定的范围内实施。而社会保障则是在全社会范围内实施的，经济发展水平只决定其保障水平，不影响其保障范围。

4. 社会保险的给付

在保险中，并非公司员工遇到的一切可以引起经济损失的不幸事件都能成为保险对象，都可用社会保险方式处理。只有属于下列不幸事件才能获得社会保险：

（1）不幸事件的发生必须是与个人意识无关的因素或纯属疏忽过失造成的，必须排除任何主观上的故意行为。

（2）不幸及由此引起的经济损失对劳动者整体而言具有必然性，在劳动者整体中是普遍存在的。

（3）不幸事件何时发生于何人必须是偶然的，即对劳动者个体而言具有随机性。

（4）不幸事件的发生应有比较明确的规律性可供利用，如危险的范围、频率、损失等都可能进行一定的预测。

（5）保险所承认的不幸事件仅限于由丧失劳动和失去劳动机会范围内，如失业；保险所确认补偿的经济损失仅限于与劳动者第一职业相关的主要收入损失。

（6）不幸事件所引起的损失必须是可以确切计算的。

（7）保险的保障水平只供维持遭受经济损失的劳动者的基本生活需要。

5. 社会保险的制度类型

（1）"国家型"的社会保险制度，主要以原苏联和东欧国家为代表。贯彻一切丧失劳动能力和失业都应实行保险，费用全部由国家负担。

（2）"福利型"的社会保险制度，主要以瑞典、英国为代表。它贯彻的是"普遍性"的原则，口号是"收入均等化、就业充分化、福利普遍化、福利设施体系化"，实行对"从摇篮到坟墓"的各种生活需要的保障。福利型的社会保险制度项目多、待遇高，但福利费开支大，人民税赋沉重，因收入差距小，也影响劳动积极性的发挥。

（3）"储金型"的社会保险制度，主要以新加坡为代表。这种制度实质上是强制储蓄，强制劳方或劳资双方缴费，以员工名义存入储金局，员工退休或其它需用时，连本带息发还职工。这种制度，在受保人之间不存在收入再分配，因此不能互助互济，不能共担风险，只是一种原始的社会保障制度。

（4）"传统型"的社会保险制度，主要以美国、日本为代表。它贯彻的是"选择性"（即选择部分人实行）原则，强调个人责任，给付与收入、缴费相联系，分配有利于低收入者，支付有一定期限，费用由个人、单位、政府三方负担或两方负担，工作统一由国家专门机构管理。传统型的社会保险制度比较适合商品市场经济的需要，目前许多国家都在注意研究这方面的问题。

7. 社会保险与员工福利

在个人消费品分配体系中，员工福利和社会保险一样，都是基于劳动关系的个人消费品分配形式，都以劳动者向社会提供的劳动作为享受前提，都来自劳动者的必要劳动所创造的价值，都属于劳动力再生产费用。

它们的区别主要在于：

（1）社会保险是在劳动者丧失劳动能力或劳动机会期间进行个人消费品分配的主要形式，亦即工资的替代形式；员工福利则一般是劳动过程中进行个人消费品分配的辅助形式，亦即工资的补充形式。

（2）社会保险是对劳动者以往所提供劳动的补偿，主要按劳动者的基本生活需要进行分配；员工福利虽然要求劳动者以提供劳动为享受的前提，但不要求与劳动义务对等，而是按照需要和可能、均等和共享的原则进行分配。

（3）社会保险待遇主要由社会保险经办机构和有关社会服务机构以货币、服务等形式给付，仅货币给付部分由享受者自由支配；员工福利主要由用人单位以兴办公用设施、提供集体服务的形式给付，仅有发给个人的补贴、实物，才由享受者自由支配。

（二）社会保障

1. 社会保障定义

社会保障这个概念虽然经过百余年的使用，但尚处于发展状态。人们对其含义进行界定的标准还未统一，从经济学范畴考察，大体有如下几方面的意义：

第一，作为一种公共福利计划，它力图减少个人经济保障所受到的威胁。它通过提供现金津贴和必要的服务，以减少个人或家庭在收入和福利方面所遭受的损失。所有的社会保障计划都是实行财力的转移，以提高总的国家福利水平。

第二，社会保障与家庭保障和自我保障相并行相分工，共同作为社会化大生产的基础性前提条件。一般说来，前者与后两者的比例关系呈反比。

第三，社会保障是一种在社会全体范围内的经济互助行为方式。它或者由专门机构组织或通过政府向社会募集资金并负责对基金的管理及向受助者提供必要的生活费用或服务。

第四，社会保障是以社会的力量保证全体社会成员的生活水平不低于最低限度而形成的一种国民收入再分配关系。作为一种分配关系、一种再分配关系，它可以表现为政府通过参与国民收入分配而对其社会成员的基本生存和生活权利提供物质保证。

第五，社会保障与劳动就业和工资收入分配相联结相配套，构成经济运行中的机制、体制、制度的系列组合。

第六，社会保障作为国家通过立法程序和政策制定而产生的为保护居民应付各种社会经济风险的一系列措施手段，构成政府公共事务中最重要的方面。

国际劳工局1989年对社会保障的定义为：社会通过一系列公共措施向其成员提供的用以抵御因疾病、生育、工伤、失业、伤残、年老、死亡而丧失收入或收入锐减引起的经济和社会灾难的保护、医疗保险以及有子女家庭的补贴。各国对社会保障的定义与国际劳工组织的定义大体相同，一般都认为社会保障是一种公共福利事业和社会救助体系，其目的是保障社会成员在遇到风险和灾难时，可以通过国家和社会的力量为其提供基本物质保证。

2. 社会保障的溯源

社会保障概念起源于20世纪30年代，1935年美国最先建立了社会保障制度，颁布了第一部《社会保障法》。早期的社会保障与社会保险在概念和内涵上划分不很严谨，通常用社会保险代替社会保障，这是源于最初的社会保障具有社会救济的性质，救济对象主要是一些贫困者和失业者。随着社会保险制度的发展，社会保障与社会保险近乎同义。而后，西方一些福利国家实行多方位社会福利政策，社会保障体系日益庞大，福利色彩浓厚。特定国家社会保险的范围和水平与国家经济实力和政府福利政策密切相关，从发展趋势看，尽管发达国家的社会保障水平明显高于发展中国家，但是淡化高福利色彩，减轻政府开支，强化企业和个人保险意识是各国社会保障系统共同的改革目标和发展方向。

3. 社会保障的划分

（1）责任主体划分。社会保障的责任主体，分别包括政府、社团、以及企事业等用人单位。因此，人们在讨论中也常常以责任主体的区别来划分社会保障，如政府保障、企业保障，并以此与家庭保障、自我保障进行比较。

（2）区域划分。从城乡差别这一古老命题和现实出发，社会保障的区域划分仍属客观必然。无论从内容还是从形式上，城市社会保障与农村社会保障两者有较大的差异。

（3）模式划分。社会保险、社会福利、社会救济、国家抚恤和群众优待、社区服务（及社会工作）作为五大模式机制构成社会保障的又一种划分方式。

其一，社会保险是国家和社会组织采用保险方式确保劳动者基本生活条件，对劳动者的收入维持与补贴及医疗药品等实物给付的一种社会保障。

其二，社会福利是国家依照有关政策、法律，为保障公民的合法权益，保证居民维持标准生活水平、稳定生活质量提供资金和服务的一种社会保障。

其三，社会救济是国家和社会为调整社会关系，维护社会秩序，对城乡社会贫困居民的基本生活给予扶持、救助的一种社会保障模式机制。

其四，国家抚恤和群众优待是国家和社会依照法律、法规对优抚对象给予物质帮助和精神鼓励的一项社会保障模式机制。

其五，社区服务（及社会工作）是在政府倡导下发动社区成员通过互助性的社会服务就地解决本地区社会问题的一种社会保障模式机制。

第四节　企业员工福利

一　企业员工福利的特点

（一）员工福利的基本属性

（1）补偿性。员工福利是对劳动者所提供劳动的一种物质补偿，享受员工福利须以履行劳动义务为前提。

（2）均等性。员工福利在员工之间的分配和享受，具有一定程度的机会均等和利益均沾的特点。每个员工都有享受本单位员工福利的均等权利，都能共同享受本单位分配的福利补贴和举办的各种福利事业。

（3）补充性。员工福利是对按劳分配的补充。因为实行按劳分配，难以避免各个劳动者由于劳动能力、供养人口等因素的差别所导致的个人消费品满足程度不平等和部分员工生活困难，员工福利可以在一定程度缓解按劳分配带来的生活富裕程度差别。所以，员工福利不是个人消费品分配的主要形式，而仅仅是工资的必要补充。

（4）集体性。员工福利的主要形式是举办集体福利事业，员工主要是通过集体消费或共同使用公共设施的方式分享职工福利。虽然某些员工福利项目要分配给个人，但这不是员工福利的主要。

（二）员工福利机构

员工福利机构是指企业内部依法设置的，由企业方代表、员工代表和福利事业单位工作人员共同组成的管理员工福利事业机构。员工福利机构具有劳资合作性质，在机构成员中，员工代表比例一般在半数或2/3左右，由员工代表大会选举，常设办事机构在工会。

员工福利机构是一个由综合性机构和专门性机构所构成的，在实施员工福利的过程中统一领导、分工协作的组织系统。综合性员工福利机构，即员工福利委员会，是对本单位各层次各部门的员工福利工作实行全面和统一管理的机构；专门性员工福利机构，是指在员工福利委员会统一领导下分管特定福利项目的机构。一般有：

（1）员工福利基金管理机构，分管员工福利基金的提取、使用和储存，以及福利补贴发放、产品（服务）优待、员工互助基金等事务。

（2）员工住宅管理机构，分管员工住宅资金的筹集、建设规划、分配、物业管理等事务。

（3）员工生活管理机构，分管员工食堂、员工医务机构、员工幼儿园和子弟学校、公共澡堂等员工基本生活服务机构。

（4）员工文体管理机构，分管员工业余文化娱乐、体育方面的事务。

（5）女工福利管理机构，分管女员工所特有的各项福利事务。

（三）员工福利基金

员工福利基金是企业依法筹集，专门用于员工福利支出的资金。它是员工福利事业的财力基础。在不同国家和地区，员工福利基金来源不一，基本有三个渠道：

（1）按法律规定从企业财产和收入中提取。

（2）企业自筹。

(3) 向员工个人征收。

员工福利基金不同于一般企业财产，与全体员工的基本利益密切相关，受到法律的特别保护，我国立法中的特别保护措施有：

(1) 任何部门不得没收员工福利基金。

(2) 员工福利基金有优先补偿权，企业宣告破产时，尚未依法提取的员工福利基金，应尽先依法足额提取。

(3) 不提取或少提取员工福利基金的企业将受到行政和经济处罚，侵占和贪污员工福利基金的，从重追究其刑事责任。

（四）员工福利与社会福利的关系

员工福利与社会福利二者都是以满足社会成员的物质和精神生活需要、维持和提高社会成员的生活质量为基本任务，以实现社会公平为主要价值目标的物质帮助形式；在员工福利社会化的过程中，员工福利设施可以兼有一定的社会福利职能，公共福利设施可以承担一定的员工福利任务。

员工福利与社会福利的主要区别在于：

(1) 费用承担者不同：员工福利由用人单位举办或者负担费用；社会福利由国家和社会举办或负担费用。

(2) 享受主体不同：员工福利的享受主体只限于特定用人单位的员工（包括退休人员）及其亲属；社会福利的享受主体则是全社会成员。

(3) 举办的性质不同：员工福利具有一定的集体性质；社会福利具有一定的社会性质。

二 报酬性福利

（一）世界各国福利补贴

并不是所有国家的企业都实行报酬性福利补贴，只有美国、意大利等国家实行这一制度。

1. 美国的福利补贴

美国的福利补贴，称之为福利津贴。实质是补充性的工资报酬。福利津贴的确定不取决于员工的成绩，其对象是员工集体。企业福利津贴的标准也是通过劳资谈判规定在集体合同中。规定在集体合同中的福利津贴主要有下列三种内容：

（1）代员工缴纳的部分社会保险费（员工本人与企业各交一半），不包括在社会保险制度内的医疗费、保健费、抚恤金、补充失业津贴、解雇费、补充退休金，以及其它文化娱乐福利费用等。

（2）工作时间外的报酬，如工资照付的年休假（按工作服务时间长短，假期为二至四周）、病假、事假（如婚、丧假），执行陪审义务的补贴，圣诞节红利，教育和训练补贴，纠纷和谈判时间的补贴等。

（3）工作时间内的额外报酬，如加班费（为正常工资的1.5倍），星期日、星期六、假日工作的奖励（一般为正常工资的2倍），分红分利，红利入股等。

2. 意大利的福利补贴

意大利的额外津贴项目很多，除在社会保险和社会保障制度中规定全国统一的项目外，还有很多地区性、产业性、企业性项目，因地而异，因厂而异。但是，各产业、各公司、各工厂的一个共同特点和趋势是：高级经理、副经理以及其他高级管理人员的额外津贴越来越多，其数额已经超过美国，增长速度比一般员工快得多。

全国统一规定的主要额外津贴有：

（1）第十三个月和第十四个月工资：第十三个月工资是指十二月份发双薪，过去称为圣诞节补贴；第十四个月工资是指六月份发双薪，供夏天度假之用。在意大利，第十三个月工资已在各产业中的技术员和职员中普遍实行，有些产业的工人也享有这一福利，不享受的为数不多。第十四个月工资还不普遍，实行这一福利的有石油业、化学业、罐头制造业等。第十三个月和第十四个月工资的数额分别等于一个月的实际收入，包括生活费用补贴、奖金、津贴以及其它福利所折成的款项在内。

（2）热餐补贴：各产业、各行业都规定对午餐有补贴。有两种形式：提供一顿热午餐，或者折成现款发给员工，由员工自己支配。午餐和午餐补贴全部由企业支付。

（3）实物津贴：在意大利，员工可以购买本厂次残品或正规产品，有的折价50%，有的折价70%，等等。制鞋业、制袜业、制帽业，可以廉价购买本厂出产的鞋袜帽。罐头制造业规定，工人可以定期按家庭人口购买猪油、黄油各半公斤，肉一公斤，按半价计算。

（4）市内上下班交通费补助：一般规定住宅距离工厂超过五公里的员工可以领取这种补助；有些厂规定步行到工厂超过30分钟的员工可以领取交通补贴。

（5）因迁厂而引起的搬家补贴：在工厂企业迁移新地址而引起员工搬家的情况下，厂方承担有关员工的全部搬家费，包括员工及靠其赡养的家属的火车票、汽车票与行李家具等运输费。在搬家期间的工资及所有有关福利照发。

（6）婚期补贴：员工结婚可以享有15天的付薪假期（有少数厂只发原工资的80%或90%）。婚假是单独福利，企业方面不能以一年一度的付薪假期顶替，也不能以法定假日顶替。婚期不影响计算工龄。

（7）工作服补贴：生产工人享有工厂发给的工作服（包括手套、胶靴等）待遇。如果工人节约使用工作服，不需要新发工作服，工人可以折成现款领取。

（8）职业训练补贴：徒工接受职业训练，可以领取一笔补助以购买文具书籍，可以在劳动时间内上职业训练课而不扣除工资；厂矿企业科研人员也有书报补贴，但这类补贴为数甚少。

（二）退休金

1. 退休金

退休金制度，是现代国家通常执行的制度。现代企业也会充分利用退休金制度，来保障企业和员工的利益。例如，出于对工人退休后收入和纳税的考虑，美国绝大多数雇主都有退休金储蓄计划，向员工提供退休金福利。据统计，这项开支在20世纪90年代初占员工福利开支总额的15.3%。截至20世纪90年代初，美国私人退休金计划的金额累积净额已高达4000亿美元，是美国社会储蓄的一个重要形式。私人退休金计划拥有巨大的购买力，其动向资本市场非常关心。

2. 退休金储蓄计划

退休金储蓄计划具体形式繁多，按支付和收益方法可以分为固定收益计划和固定投入计划两大类。

（1）固定收益计划。固定收益退休金计划的基本特点：工人退休后，或者是按期得到的一个固定的额，或者是以工人收入的一个固定的百分比来领取退休金。无论是固定的数额或固定的百分比,退休金的收入都是可以预料到的。从一个调查的样本来看,90%以上的美国企业,都采用以下三种方法的一种来计算其固定收益退休金。54%的企业,以工人退休前3—5年的收入为基础来计算退休金,其中高的退休金可达退休前3—5年平均收入的80%,低的为30%;14%的企业以工人全部就业期间的平均收入为基础来计算退休金;28%的企业,不以工人的收入,而仅以工人在企业服务的时间来计算退休金。

(2) 固定投入计划。固定投入退休金计划的基本特点:雇主为员工的退休金计划定期作固定投入,比如雇主每个月在付给员工工资之外,再按工资的一定百分比将一定数额钱存入工人的退休金。员工自己可以决定退休金计划里的钱如何投资。员工退休后的收入,取决于投资的收益。很容易看到,固定投入退休金计划与固定收益退休金计划的最大不同,就是企业对员工退休以后的收入不作任何保证,收入的多少取决于投资收益,风险由员工个人承担。

三 非报酬性福利

(一) 福利设施

1. 生活福利设施

(1) 主要项目。员工集体生活福利设施主要项目有:①员工食堂,包括员工内部食堂、员工营养食堂、民族食堂、上班中食堂和街道员工食堂等。②托幼设施,包括托儿所、幼儿园等。③卫生设施,员工医疗和疗养设施、浴室、理发室、女工卫生间、休息室等。④文娱体育设施,包括文化宫、俱乐部、图书馆(室)、体育场馆等。上述福利设施,在其各自营业范围内为员工集体免费或者低费提供服务。

(2) 资金来源。首先是员工福利机构。员工福利机构可分为综合性机构和专门性机构两种。综合性机构指员工福利委员会,是对企业各层次、各部门福利工作实行全面和统一管理的机构;专门性福利机构,是在员工福利委员会领导下,从事具体福利工作的部门。以一个大型和正规的企业为例,可分为:①员工福利基金管理机构,分管员工福利基金的提取、使用和储存,以及福利补贴的发放等。②员工住宅管理机构,分管企业住宅基金的筹集、建设、分配和物业管理等。③员工生活管理机构，分管食堂、医务室、托儿所和子弟学校等。④员工文娱体育管理机构，分管各种文娱、体育活动的组织、节假日联欢和旅游等。⑤女工福利管理机构，分管女工劳动保护、女工权益和育龄女工的生殖健康等。

其次是员工福利基金。员工福利基金，即用人单位依法筹集的专门用于员工福利的资金，是员工福利事业的财力基础。员工福利基金管理制度，主要有下述几个方面的内容：第一，员工福利基金的来源。在不同的国家和地区，员工福利基金的法定来源不尽相同，主要有：①按国家规定从企业财产和收入中提取。②企业自筹。③向员工个人征收。④福利服务收入。其中，按国家规定提取是员工福利基金的主要和常规来源；企业自筹员工福利基金，由企业根据需要和可能自主确定，主要是为解决一些较大的员工福利设备的资金不足问题；向员工征收员工福利基金，只限于直接服务于员工本人或其亲属的某些项目。第二，员工福利基金的提取。①按工资总额的14%计提员工福利费，列入成本，用于员工集体福利设施以外的员工福利支出。②税后利润在支付被没收财物损失、违反税法的滞纳金和罚款，弥补以前年度亏损后，按一定比例（《公司法》规定为5%）提公益金，用于员工集体福利设施支出，并且在使用后转为盈余公积金。第三，员工福利基金的使用。员工福利基金的使用应当遵循国家法定的和员工福利委员会规定的使用范围和程序，实行专款专用。其中公益金主要用于员工集体福利设施支出，如兴建员工宿舍、员工俱乐部等。

2. 舒适的工作条件

为员工提供良好的工作条件是现代企业的基本运行要求。工作条件也是一种报酬形式。主要工作条件包括特殊的福利设施——住宅。员工住房计划基本做法：公司和员工共同承担住房公积金，员工将一定比例的基本工资和综合补贴进入住房基金，存入个人基金账户，企业也支付一定住房基金数额，参加住房计划或为公司服务满一定年限的员工可使用住房基金购买住房。

（二）假期

1. 带薪休假

雇主在员工非工作的时间里，按工作时间发放工资的福利，称作带薪休闲。其主要内容包括：

(1) 带薪度假，或在员工放弃度假时付给额外的工资。美国私人企业中，员工就业第一年平均可有带薪假日9天。工作20年以上的员工平均每年可有20天带薪假日。

(2) 节假日按工作日发放工资。美国私人企业一般每年允许有9天这样的节假日。

(3) 病假。员工工作一年后每年大约可以享受15天病假。病假期间工资照发。

(4) 产假。即员工在生小孩以后可以有一定的休息时间。这项福利不但适用于女员工，越来越多的男员工也能享受到。

(5) 工间休息，这一范畴内的一般福利包括休息时间、喝咖啡时间、午餐时间及清扫时间等。

(6) 其他。如员工在参加诸如军队预备役、部队、陪审团之类活动时，按工作日付给工资。

支付假期工资的时间随员工资历递增。比如，工作6个月可获1周假；工作1年为2周；10年为3周；15年为4周等。不过假期的长短是根据员工在组织中的地位而有所不同。例如，在美国，高级行政人员不论在本公司工作多久，都可以享受1个月的假期。按年薪12万美元计算，这样一位经理每年不工作时可获大约1万美元的福利；年薪3.6万美元的中级财务人员每年可休假两周，获得1500美元的福利。

企业安排员工带薪休闲度假，可以帮助员工恢复和保持良好的精神和体力状态，在正常工作时间里更加精力充沛地搞好工作，进一步提高企业的效益。这种提供休息时间给员工精神和体力上带来的好处，不是工资所能取代的。

2. 员工的休假权

(1) 正当的休假权。劳动者有劳动的权利，同时也享有休息、休假的权利。休息休假权是指劳动者在法定的工作时间劳动之后，享有不劳动而自行支配的时间，用于休息或从事其他活动的权利。休息休假权也是劳动者合法权益的有机组成部分，有劳动权就必须有休息休假权，它是劳动者实现劳动权的必要保证。

(2) 休假权的立法及其规定。第一，关于公休时间的规定。我国有关法规规定："国家机关、事业单位实行统一的工作时间，星期六和星期日为周休息日。企业和不能实行前款规定的统一工作时间的事业单位，可以根据实际情况灵活安排周休息日。"同时也有规定："用人单位应当保证劳动者每周至少休息一日。"

第二，关于法定节日休假的规定。《中华人民共和国劳动法》第四十条规定："用人单位在元旦，春节，国际劳动节，国庆节，法律、法规规定的其它休假节日，应当依法安排劳动者休假"。根据国务院发布的《全国年节及纪念日放假办法》（国务院令第270号）规定，我国法定节假日包括以下两类：

第一类：根据《全国年节及纪念日放假办法》第二条规定，元旦放假1天；春节放假3天；清明节放假1天；劳动节放假1天；端午节放假1天；中秋节放假1天；国庆节放假3天。

第二类：除了全体公民放假的节日外，还有第二类是部分公民放假的节日及纪念日，包括：妇女节（3月8日妇女放假半天）、青年节（5月4日14周岁以上28周岁以下的青年放假半天）、儿童节（6月1日14周岁以下的少年儿童放假1天）、中国人民解放军建军纪念日（8月1日现役军人放假半天）。

第三，关于探亲假的规定。根据《国务院关于职工探亲待遇的规定》规定，"在国家机关、人民团体和全民所有制企业、事业单位工作的职工享受探亲假待遇。职工探亲假期：①职工探望配偶的，每年给予一方探亲假一次，假期为30天。②未婚职工探望父母，原则上每年给假一次，假期为20天。如果因为工作需要，本单位当年不能给予假期，或者职工自愿两年探亲一次的，可以两年给假一次，假期为45天。③已婚职工探望父母的，每四年给假一次，假期为20天。探亲假期是指职工与配偶、父、母团聚的时间。另外，根据实际需要给予路程假。上述假期均包括公休假日和法定节日在内。目前国家还没有对外商投资企业及其他非公有制企业职工的探亲假作出具体规定。

第四，关于年休假的规定。年休假也称每年的带薪休假，是员工每年在一定时间内享有的保留工资的连续休假。我国有关年休假规定如下："机关、团体、企业、事业单位、民办非企业单位、有雇工的个体工商户等单位的职工连续工作1年以上的，享受带薪年休假（以下简称年休假）。单位应当保证职工享受年休假。职工在年休假期间享受与正常工作期间相同的工资收入。职工累计工作已满1年不满10年的，年休假5天；已满10年不满20年的，年休假10天；已满20年的，年休假15天。国家法定休假日、休息日不计入年休假的假期。"

第五，关于婚丧假的规定。劳动者享受婚丧假有关事项的规定：①员工本人结婚或员工的直系家属（父母、配偶和子女）死亡时，可以根据具体情况，由本单位行政领导批准，酌情给予1—3天的婚丧假。②员工结婚时双方不在一地工作的，员工在外地的直系家属死亡时需要员工本人去外地料理丧事的，都可根据路程远近，另给予路程假。③双方晚婚的，婚假延长到15日。④在批准的婚丧假和路程假期间，员工工资照发。

第五章

企业劳动关系

第一节 企业劳动关系概述

一 劳动关系与企业劳动关系概念

（一）什么是劳动关系？

"劳动关系"的概念，在《中华人民共和国劳动法》中有明确的定义：指劳动者与所在单位之间在劳动过程中发生的关系，其实质就是指生产关系中直接与劳动相关的那部分社会关系。

具体的劳动关系，是指劳动者与劳动力使用者在实现劳动过程中所结成的一种社会经济利益关系。因此，具体的劳动关系又被称为劳资关系、劳使关系、雇用关系或产业关系等。

一般来说，劳资关系或雇用关系是指私有经济中的劳动关系，它反映的是雇主与员工之间的关系。劳资关系或雇用关系的含义或性质经历了一个发展变化的过程。在劳资关系或雇用关系提出的初期，主要反映的是一种雇主与员工之间的阶级对抗关系；而当前所言的劳资关系或雇用关系，主要是指劳动者与资产所有者之间的关系，并不具有阶级对抗性质。劳使关系，则是日本人为了更准确地说明劳动关系是劳动者与劳动力使用者之间的关系而使用的称谓。

在西方教科书中，还经常使用产业关系的概念。产业关系通常是指产业经济中的雇用关系，包含内容十分广泛：既包括从社会角度而言的人力资源策略，也包括从企业和社会角度而言的劳动关系和集体谈判，同时还包括从企业角度而言的员工管理。因此，严格来说，劳动关系是产业关系的一部分，或是其核心内容，但产业关系所涵盖的内容要比劳动关系宽广。

（二）什么是企业劳动关系？

企业劳动关系，就是指企业劳动力使用者或雇主与企业劳动者或员工之间的一种社会经济利益关系。具体来说，是指企业劳动力使用者或雇主与企业劳动者或员工在实现劳动过程中所结成的与劳动相关的社会经济利益关系。

在现代企业中，企业劳动力使用者主要是指企业中的中高层管理人员，即管理者、经营者，因此，现代企业劳动关系实质上是指企业管理者、经营者与企业劳动者之间的一种经济利益关系。

在成熟的市场经济条件下，企业劳动关系的主体只有两方：企业管理者和劳动者。企业管理者在实现资产保值增值的过程中，作为劳动力的需求主体、用工主体，构成企业劳动关系的一方，在劳动过程中处于支配者的地位；劳动者在让渡自己劳动力的过程中，作为劳动力的供给主体、劳动主体，构成企业劳动关系的另一方，在劳动过程中处于被支配者的地位。

要把握企业劳动关系，必须从以下几个方面对其加以充分了解：

其一，企业劳动关系是在企业实现劳动过程中所发生的企业劳动力使用者与劳动者之间的关系，包括与企业劳动直接联系的企业劳动关系的运作、企业劳动立法、企业劳动合同、企业集体谈判、企业集体合同、企业劳动争议和企业工会等诸多方面的内容。

其二，企业劳动关系的一方主体——劳动者，只有与企业劳动关系的另一方主体——企业管理者签订劳动合同，并保证合同的履行时，企业劳动关系的运作才算开始。

其三，企业劳动关系的主体包括企业管理者和劳动者两个，只有这两个主体同时存在时，企业劳动关系才有可能成立。

二 企业劳动关系的性质

认识劳动关系的属性是协调和优化劳动关系的前提。劳动关系不仅是一种社会关系，也是一种是经济关系、契约关系，还是一种文化关系。因此要建立协调稳定的劳动关系，不仅要采取经济和法律手段，更重要的是要达到文化上的认同；劳动关系的运行既是一种市场行为，也是一种企业行为。因此建立劳动力市场运行机制和加快现代企业制度建设，是使劳动关系有序运行的必要条件。

（一）劳动关系的基本属性：社会经济关系

作为劳动关系基本属性的社会经济关系，从本质上说是一种经济利益关系或财产关系，这是劳动关系的基本性质。在劳动关系中，劳动者向管理者或雇主让渡自己的劳动力，管理者或雇主向劳动者或员工支付劳动报酬和其他福利。这其中，工资和福利是联结劳动者与管理者的最基本因素或基本纽带。劳动者只有获得相应的工资待遇，才会受雇于管理者；管理者只有通过支付工资，才能雇用到有关劳动者。因此，劳动关系首先反映的是管理者与劳动者之间的经济利益关系或财产关系，甚至是一种纯粹的经济利益关系或财产关系。

在市场经济条件下，劳动关系主体的行为动机受到利益驱使，并通过职业性、有偿性的劳动过程满足自身的需求，特别是物质方面的需求。因此，劳动关系的经济属性反映在它的物质层面。从物质层面来看劳动关系，它的协调是一个利益的磨合过程。一方面，劳动关系主体各方都要维护自身的利益，在市场竞争中，这种自我保护意识越来越强烈；另一方面，劳动关系主体各方也存在着许多共同利益，如企业的兴衰对各方都有影响。因此，劳动关系任何一方的利益，许多都要通过各方之间的协调和互助互利才能真正获得。如何协调国家、企业及劳动者个体的利益呢？只有在摩擦与协调的对立统一过程中，通过利益的磨合，缓解矛盾，解决纠纷与冲突，才能实现利益的整合。这种利益的磨合过程，也是一种观念与行为的求同过程。"同舟共济、互助互利"的观念共识，以及"求利有道"、"见利思义"的行为自律将给各方利益的整合提供一条恰当的通路。

（二）劳动关系的重要特性：社会契约关系

市场经济是一种法制经济，因此法律成为规范和调整经济生活的一种常规手段。

在劳动力资源的配置过程中，为了保证劳动力市场的有序进行，保障劳动关系主体双方的自主与平等，劳动关系主体的行为由相应的法律和依法签订的合同来规范，因此劳动关系具有契约性，即由劳动者与用人单位签订劳动合同，由劳动者群众的组织——工会与用人单位签订集体合同，明确劳动过程中各方的权利和义务。

企业劳动合同的签订基本是在企业管理者和劳动者签约双方相对平等、没有外在干扰的前提下完成的，企业管理者和劳动者出于自身利益的考虑，会要求在劳动合同中对自己的权利和义务进行较为全面的、平等的规定。因此，这也在一定程度保证了企业劳动关系是一种平等关系。当然，在企业劳动关系运作的过程中，企业管理者也有可能违背劳动合同的规定，或者不履行自己应尽的义务，或者不兑现劳动者应该享受的权利，但劳动者还可以通过集体谈判、工会组织出面甚至诉诸法律的形式等来保证企业劳动关系的相对平等性。

（三）劳动关系的辩证性

劳动关系系统与环境之间是一种动态的相互交换、相互影响、相互制约的辩证关系。

1. 外部环境对劳动关系系统有很大影响

首先，环境对劳动关系模式及变迁提供了一个大致范围。只有当环境提出了某种需求的时候，为满足这一需求为目标的劳动关系才能建立起来。

其次，环境状况制约着劳动关系的模式与运行，劳动关系各要素的行为方式要以适应环境为目标。

2. 环境与劳动关系之间不是单项影响

在适应环境的过程中，劳动关系系统不是完全被动消极的，它具有主动性。首先，劳动关系会根据内部要素的需求而选定追求目标。其次，劳动关系一旦建立，就产生一种降低环境因素的不确定性的趋势，通过输出改造环境，发挥系统功能而制造环境需求，从而扩大自身的生存条件。环境需求不是固定不变的,而是不断发展变化的。劳动关系的契约化,通过系统内部劳动合同、集体合同的不断完备对社会法制建设提出需求,促进规范劳动关系的有关法律的制定和颁布,因此劳动关系的契约化创造了对法制环境的需求,促进了法律体系的建设和法律制度的完善。

三 企业劳动关系主体

系统理论认为,为了寻求系统总体的优化目标,需要对于系统要素和各个方面进行定性与定量的分析,这是从系统整体出发去分析系统细节的科学方法。系统分析包括功能分析、要素分析、结构分析、可行性分析和评价分析等方面。这里重点对劳动关系系统的基本要素及其结构特征进行分析。

(一) 就业主体——劳动者群体

首先,劳动者本人是直接主体。劳动者群体是劳动关系系统的第一要素,在劳动关系系统中居于主体地位。这里的劳动者主要指工薪劳动者,是在社会生产、流通以及服务行业中以工资收入为主要生活来源的体力和脑力劳动者。由于劳动方式、劳动环境以及分配和消费等方面的行为方式和生活方式的特点,工薪劳动者具有区别于经营者,同时也区别于其他劳动者(如农民)的群体特殊性。

工薪劳动者因其在社会生产及经济发展中的主体作用和它的群体特征而成为劳动关系系统的基本要素,成为劳动关系系统的子系统。而对劳动者子系统内部的要素及结构分析,将有利于我们对劳动者群体的特征及作用进行更深刻的了解和把握。

由于绝大多数工薪劳动者在同一种经济类型的企业中工作,接受同一模式的管理,强调劳动关系三要素的利益一致性,劳动者的具体利益包容在总体利益之中,个体意识并不明确。

其次,工会组织是劳动者利益的代表,是间接地就业主体。在现代各种社会组织中,工会是由劳动者组成的特殊的社会组织。工会运动涉及劳动者的经济生活及社会生活的各个方面,在劳动关系的形成和变化之中有着重要的影响。

工会是以劳动者的代表身份,就劳动关系中的矛盾和劳动问题与雇主一方进行交涉，诸如劳动工资、劳动工时、劳动待遇等方面维护劳动者的权益而进行活动的。作为劳动者群体的代表，工会成为市场经济中劳动关系的重要组成部分，成为劳动力所有者的代表。工会的组织程度以及地位和作用的发挥，反映出劳动者群体的成熟程度，决定着劳动者在劳动关系中的权益是否能够得到保护。

工会的共同目标是：

（1）保证不改变，并在可能条件下提高其成员的生活水平和经济地位。

（2）对社会上的权威关系施加影响，以利于实现工会的利益和目的。

（3）提高所有为生存而工作的人的福利，不管他是不是工会成员。

（4）建立一种对雇主使用反复无常的专横政策的防范机制，并向工作场所推广。

（5）针对市场波动、技术变化或资方决策导致的威胁或意外事件，提高并尽可能保证个人的安全保障水平。

（二）用工主体——经营者群体

1. 什么是经营者群体？

经营者群体是劳动关系系统中与劳动者群体相对应的基本要素，它在劳动关系系统中处于主导地位。这里讲的经营者是指在工业企业或其他流通或服务行业等劳动组织中，担任厂长（经理）职务，行使经营管理权的企业领导者。经营者是企业的法人代表，对企业生产活动和经营管理工作进行统一领导和全面负责。

企业经营者作为企业首脑，在地位与角色上、行为方式与思维方式上有着某些共性的东西，但由于社会环境和企业领导制度的不同，以及经济形式的不同，企业经营者的权限、职能、角色表现等也显现出差异性。

2. 所有权与管理权的分离

西方工业化发展的过程中，其企业领导制度经历了从"企业主经营管理制"到"经理经营管理制"的过程。工业社会发展初期，由于企业规模小，生产力水平低、技术简单，企业所有者凭经验直接管理企业，集财产所有权、决策权、监督权、管理权于一身，企业领导既是所有者又是经营者。随着工业社会的发展，企业的权力结构发生了重大变化，企业所有权与管理权开始分离，产生了受雇于资本家的经理阶层。

在美国两权分离中流传一个故事：1941年10月5日，在美国马萨诸塞至纽约的铁路上，两列客车迎头相撞，造成几十人伤亡。对此，社会纷纷谴责老板无能。公众舆论普遍认为，必须要有懂行的专家管理铁路，才能避免恶性交通事故再度发生。马萨诸塞议会也积极推动这家铁路公司改革领导制度。在强大社会压力下，企业主放弃了企业管理权，并把它授予了有一定管理才能的技术专家。从此，那些专门执行管理职能、掌握企业管理大权的管理者就被人们称为经理。由于经理制成效显著，在社会上很快得到普及。经理制从开始的由技术专家担任经理发展到由管理专业人才任职，再发展到管理专家集团的领导制度，逐渐成为现代企业管理的发展方向。但是至今，所有权与经营权合一的企业在美国仍然存在。

3. 经营管理方的组织——资方协会

经营者作为一个特殊的社会群体，为了维护自身利益，扩大社会影响，特别是为了协调劳动关系，在其内部往往形成非正式的或正式的组织，从而增加这个群体的组织力量。这些组织一般是以群众团体的形式出现的协会，如资方协会、雇主交涉协会，企业家协会、私营企业主协会以及个体劳动者协会等。

按照会员的要求和职能分类，资方协会在西方工业国家可以分为不同时期的不同类型，其中有以取消或削弱工会组织为目标的战斗性协会；有以联合资方经过努力，确保同工会达成有利的劳动合同的交涉性协会；有以正规组织出现，保持着全日制的由专家和职业交涉人员组成的班子，并向会员提供法律服务、接受会员委托、参与合同的签订与实施的实施性协会；还有仅提供集合地点或陈事厅，以便会员对未来交涉内容进行讨论和预测的磋商性协会。从目前来看交涉性协会已成为资方协会中最普遍的一种职能类型。

资方协会的建立与发展晚于工会组织，不论是组织结构上还是管理方法上都很大程度上借鉴了工会组织，因此在行政和财政上同劳工组织相当近似。从中可以看出工会组织对资方协会产生了很大的影响。

资方协会与工会组织相比，其特殊点在于资方对协会的信任度和参加的热情。和劳动者相比，经营者所处的环境差别是比较大的，从维护企业生存到繁荣、发展企业的利益出发，会员选择的劳动关系协调方式可能是大相径庭。企业的竞争、商业的猜疑心理、某些资方的自我感觉或者经济压力，使资方对协会结合的热衷程度大大低于劳动者。因此，在西方工业化国家中，对于资方协会，最严重的问题在于很难引导一切合法的企业加入协会。

四 企业岗位评估方法

企业岗位评估，又称企业职位评估或岗位测评，是在岗位分析的基础上，对岗位的责任大小、工作强度、所需资格条件等特性进行评价，以确定岗位相对价值的过程。企业选择何种岗位评估方法是至关重要的，其选择取决于待评估的工种数量和种类、工资成本、可用的资源和所要达到的准确程度。

企业岗位评估方法多种多样，如岗位参照法、分类法、岗位排序法、评分法、因素比较法等，但是这些方法中的有些评估要素是普遍适用的。包括：教育和职业资格、经历、复杂性、管理责任、交流能力、工作强度、工作环境等。可以从经历、复杂性和交流能力三个要素着手，来具体分析如何掌握工作评估的方法。

（一）经历要素

该要素衡量获取工作经验所需期限和所需教育与职业资格，以确定是否能够胜任指定的工作。一般把该要素划分为7个等级：①3个月；②3—6个月；③6个月至1年；④1—2年；⑤2—3年；⑥3—5年；⑦5年以上。

在评估该要素时，要把握以下几点：

（1）掌握工作所需要的时间与教育因素有关，如果一个人受过基础教育或取得了技术资格证书，那么他获得经验所需的时间就会短些。

（2）不仅有必要考核获得经验的期限，而且也有必要考核经验的类型。经验与工作年限不成正比。一个反复做了20年不变工作的人员，不会比只做了5年不同工作的人员具有更多的经验。

（3）获得经验的期限与工作类型有着经常的和内在的联系。例如，对于完成日常任务的大多数工作者来说，要获得足够经验只需不到1年的时间；而对于从事计划、协调工作或完成多变任务的工作者来说，要获得足够经验可能需要5年以上。

（4）从事日常工作或完成固定任务的人员，因无须掌握很多的工作经验，所以通常被列为①级。

（5）从事比较复杂的工作，或处于比较复杂的环境中，需要工作者独立工作而无须他人监督，所以通常被列为④级或⑤级。

（6）从事执行、计划、协调不同任务和权限的工作，需要广博的经验才能完成的复杂工作，所以通常被列为⑦级。

（二）复杂性要素

该要素衡量工作的难度和复杂程度，以及在工作过程中解决问题所负的责任。问题必须是经常发生的，并构成日常工作的一部分。

该要素划分六个等级：

（1）简单、不变的任务。

（2）特别命令的日常工作。

（3）一般命令的日常工作。

（4）带有一般复杂性问题的任务。在解决这些问题时，通常要根据企业制度、程序、先例或上级指示作出裁决。

（5）带有复杂性问题的任务。在解决这些问题时，并不总能仰仗企业制度、程序、先例或上级的指示，工作者必须周密思考，作出判断。

（6）带有非常复杂问题的任务。在解决这些问题时，工作者通常以自己的经验和知识去判断，而且在寻求最佳解决方法时，应有创新精神。

在评估该要素时，要把握以下几点：

（1）考虑所从事工作的难度和复杂性；独立工作的程度；在工作中解决问题所具有的主动精神和智谋；遇到问题的类型和复杂程度。

（2）从事①级工作的人员具有体力的、非技术的特征，如办公室清洁工或一般劳动者。

（3）从事②级工作的人员是司机、办公室勤杂人员和键盘操作员，他们的大部分工作要执行特别指令。

（4）绝大多数一般工作人员的职位有可能被列为③级或④级。

（5）只有下列工作会被列为⑤级或⑥级，即：工作者在寻求解决各种问题的办法时，必须发挥主动性和创造性，而没有先例可以效仿，也没有程序可以遵循。从事这类工作的人员可以包括大型制造厂的生产管理者或大型零售联合企业的销售管理者。

（三）交流能力要素

该要素衡量与组织内部或外部进行接触和交流所要求的语言表达能力和写作能力。

该要素划分五个等级：

（1）组织内部的交流。一般是自然的语言交流，并仅限定报告管理者任务的完成情况和得到有关今后任务的指示，很少或没有对外接触。

（2）组织内部有关日常工作事务信息交换的自然交流。一般限定对同事或直接管理者，可能有零星的对外接触，但通常仅与简单的日常事务有关，并属于信息交换的范畴。

（3）要求定期与同事和管理者进行交流，以讨论工作进度或问题。定期就简单的日常事务与外部接触，但仍只具有信息交换的性质。

（4）要求定期与同事和管理者交流，以讨论工作进度或可能影响决策的问题。处理日常信件，与可能涉及难以理解或解释的事务相关的定期外贸或客户接触。

（5）要求具有充分的交流能力，以理解和解释企业的政策、方针或技术指导，并解答同事的疑问，在高层次上与涉及难于理解或解释的事务相关的定期外贸或客户接触。这些接触通常对决策具有影响。

评估要素时，要把握以下几点：

第一，考虑接触的次数、持续时间和复杂性，以及有效地完成工作所要求的交流能力，并且同时保持协调的工作关系。

第二，（1）级适用于某些要求简单的基本礼貌和执行所收到的有关指示的工作。此类工作包括生产工人、清洁工或酒吧招待等。

第三，（2）级和（3）级适用于大多数非管理性的工作。在这一级中，交流一般限于与同事和管理者的交流，而且更多是涉及日常工作事务的交流。

第四，（4）级适用于那些交流能力成为一个重要因素的工作。在这一级中，与消费者、供给者或工会代表的谈判需表现出机智和外交才能。

第五，（5）级适用于大多数管理性工作。这一级不仅要求具备很好的交流沟通能力，而且还需具备全局性、战略性思维和决策能力。

第二节 企业劳动争议

一 劳动争议概述

（一）什么是劳动争议？

企业劳动争议，又称企业劳动纠纷，或称企业劳资争议和企业劳资纠纷，是指企业劳动关系的双方主体及其代表之间在实现劳动权利和履行劳动义务等方面产生的争议或纠纷。

企业劳动争议，是企业劳动关系双方主体及其代表之间在实现劳动权利和履行劳动义务等方面产生的争议，而企业劳动关系就其本质而言是企业劳动关系双方主体之间的一种经济利益关系。因此，企业劳动争议就其本质上来说主要是双方主体围绕经济利益产生的权利和义务的矛盾和争议。

企业劳动关系的冲突，是指企业劳动关系的双方主体及其代表在涉及与劳动相关的经济利益时所产生的矛盾及其激化的外在表现形式，或所采取的各种不同的经济斗争手段。

这就是说，企业劳动争议与企业劳动关系的冲突是两个既密切相关又有一定区别的不同概念。它们之间的重要联系和相关之处在于，两者都是指企业劳动关系的双方主体及其代表在涉及与劳动相关的经济利益时或在实现劳动权利和履行劳动义务等方面产生的相互矛盾及其表现形式；这种矛盾在其初始阶段或并不激烈的情况下一般表现为企业劳动争议，这种矛盾发展到一定程度或变得激烈时就外化为企业劳动关系的冲突。因此可以说，企业劳动争议与企业劳动关系的冲突是一个问题的两个阶段，或一个问题的两个方面。当然，企业劳动争议并不必然发展为企业劳动关系的冲突，企业劳动争议可以通过适当的方法加以化解，而不必走向激化的形式；企业劳动关系的冲突也并不必然通过企业劳动争议这一阶段才会发展起来，企业劳动关系的双方主体及其代表之间的矛盾有时就直接趋向于激烈的形式，直接成为企业劳动关系的冲突。

（二）劳动争议内容

劳动争议的基本内容基本上有以下几个方面：

（1）涉及集体合同的执行、撤销和重新谈判等问题而发生的争议。这是与劳动相关的企业管理问题。

（2）涉及劳动合同的执行、解除、变更和终止等问题而发生的争议。这也是与劳动相关的企业管理问题。

（3）涉及工人的录用、辞退、辞职和工作变动等问题而发生的争议。这还是与劳动相关的企业管理问题。

（4）涉及工资、津贴和奖金等问题而发生的争议。

（5）有关就业培训和职业训练等方面问题而发生的争议。

（6）有关劳动保险、劳动福利以及女员工、未成年劳工特殊保护等方面问题而发生的争议。

（7）有关社会宏观因素和企业外部环境如通货膨胀、失业、社会保障、外国投资、政治因素和税率等问题而发生的争议。

（8）有关工会的成立、运作、管理和代表权等问题而发生的争议。

（9）有关工作安全和劳动卫生等问题而发生的争议。

（10）有关工作时间和休息、休假等问题而发生的争议。

（三）劳动争议特点

企业劳动争议是发生在企业内部的企业劳动者与企业管理者之间的利益矛盾、利益争端或纠纷，它与一般的民事纠纷或民事争议相比，具有以下特点：

1. 有特定的争议内容

只有围绕经济利益而发生的企业劳动权利和劳动义务的争议，才是企业劳动争议；凡是在企业劳动权利和劳动义务范围之外的争议，都不属于企业劳动争议。如企业因财务问题、营销问题以及员工的股份分红问题而发生的争议就不属于企业劳动争议。

2. 有特定的争议当事人

企业劳动争议的当事人只能是企业劳动关系的双方主体，即一方是企业管理者及其代表，另一方是企业劳动者及其代表。只要也只有劳动者及其代表与企业管理者及其代表之间通过集体合同或劳动合同建立了劳动关系，他们才有可能成为企业劳动争议的双方当事人。只有发生在企业劳动关系双方主体之间的争议，才是企业劳动争议。

3. 有特定的争议手段

争议手段是指争议双方当事人坚持自己主张和要求的外在表达方式。企业劳动争议手段不仅包括劳动者的怠工、联合抵制排工等方式，也包括企业劳动关系双方主体经常使用的抱怨、旷工、工作周转、限制产量、工业意外事故以及工业破坏活动等方法。

二 劳动争议的处理制度

（一）处理体制的选择

各国处理劳动争议所遵循的立法原则不外两种：一是自愿原则，二是强制原则。遵循不同原则，就会形成不同的组织体制和办案体制。

根据自愿原则，调解或仲裁机构独立于政府之外的特征较明显：由双方当事人协议是否调解或仲裁；和解协议必须是双方自愿达成；仲裁人员应由当事人选择。这就形成了"裁审自择""裁审分轨"的双轨体制。

根据强制原则，调解或仲裁机构与政府的联系较多，政府常常从中起主要作用；劳动争议任何一方当事人或者政府无须协商均可依据法律规定交付仲裁解决争议；仲裁人员由仲裁机构指定。在强制原则下，有的国家规定仲裁裁决具有终局效力，有的国家则规定如对裁决不服，当事人可向法院起诉，形成"裁审衔接"的单轨体制。

（二）劳动争议处理的一般方法

1. 劳资双方自行解决

劳资双方自行解决劳动争议的方法主要有两种：一种是劳资协商制度，另一种是集体谈判制度。

（1）劳资协商制度。劳资协商制度是市场经济国家处理企业劳动争议的一种重要制度，协商解决的办法在处理企业劳动争议中使用频率相当大。

协商解决的办法，主要是指劳资双方在平等地位上就彼此争议的问题和焦点进行协商，以求得问题的解决。由于各国的国情、历史、传统不同，劳资协商制度在不同的国家形成了各自不同的协商风格和协商内容，具有与众不同的特点。概括起来，主要有劳资对话制、劳资共决制、工人代表制三种。

（2）集体谈判制度。在市场经济国家，企业集体谈判也是解决企业劳动争议的主要手段之一。实际上，企业集体合同在某种程度上也可以看作是企业劳动争议处理的一种结果或结论。因此，可以说，与劳资协商制度一样，集体谈判制度也是市场经济国家一种重要的企业劳动争议的处理制度。

在很多市场经济国家里，企业劳动争议发生后，劳资双方协商常常是前奏，在双方协商不成的情况下，才使用集体谈判。在日本，劳资双方更是巧妙地综合使用这两种方法为自己的利益服务。

企业管理者主要通过劳资协商制来阻碍或缓和工会参与管理的要求；工会则在协商阶段将有关问题和信息集中起来，强化自己的斗争手段，为确立自己在集体谈判中的有利地位奠定基础。

2. 第三方参与解决

劳资协商制度、集体谈判制度是以劳资双方之间有能够达成协议的可能即劳资双方自己能够解决彼此的劳动争议为前提的。但当劳资双方根本达不成协议时，即劳资双方自己无法解决彼此之间的劳动争议时，就需要借助第三方参与来解决这种争议。一般来说，企业劳动争议处理中的第三方参与主要有三种基本办法：调解、仲裁和诉讼。

我们所说的处理劳动争议，一般而言，均是指有第三方参与的劳动争议处理，在第三方参与的企业劳动争议处理的三种主要办法中，除诉讼以外，其他两种办法都需要建立相应的企业劳动争议处理的组织机构。企业劳动争议处理的组织机构的组建要实行"三方原则"，即在组织机构中，必须有企业劳动争议的双方当事人代表和第三方或中立方的代表。中立方的代表一般由政府或公益机构委派。

关于企业劳动争议处理的组织机构的三方组建原则，早在1919年的《国际劳工组织章程》中就已得到了体现，而且在1992年国际劳工大会上劳工局长的《民主化和国际劳工组织》报告中对"三方原则"又进行了重新的强调。到目前为止，发达的市场经济国家的劳动立法中，大多数对企业劳动争议处理组织机构的三方组建原则都进行了必要的规定或说明。

（三）劳动争议的处理原则

1. 合法原则

合法原则是指企业劳动争议的处理机构在处理争议案件时，要以法律为准绳，并遵循有关法定程序。以法律为准绳，就是要求对企业劳动争议的处理要符合国家有关劳动法规的规定，严格依法裁决。遵循有关法定程序，就是要求对企业劳动争议的处理要严格按照程序法有关规定办理，企业劳动争议处理的开始、进行和终结都要符合程序法的规定；同时，对双方当事人应该享受的请求解决争议、举证、辩解、陈述和要求回避等有关程序法的权利要给予平等保护。

2. 公正和平等原则

公正和平等原则是指在企业劳动争议案件的处理过程中，应当公正、平等地对待双方当事人，处理程序和处理结果不得偏向任何一方。尽管企业管理者和劳动者双方当事人在企业劳动关系的实际运作过程中所处的地位是不一样的（前者处于领导者、支配者的地位，后者处于被领导者、被支配者的地位），但只要企业劳动争议形成，并进入处理程序阶段，两者便是平等的争议主体，都受到法律的平等保护。公正和平等原则要求企业劳动争议的任何一方当事人都不得有超越法律和有关规定的特权。

3. 调解原则

调解原则是指调解这种手段贯穿于企业劳动争议第三方参与处理的全过程。企业调解委员会在处理企业劳动争议中的主要工作便是调解工作，并且仲裁委员会和法院在处理企业劳动争议中也要先行调解，调解不成时，才会行使裁决或判决。同时，即使是仲裁委员会的裁决和法院的判决也要以调解的态度强制执行，否则其法律效力的发挥也会大打折扣。

4. 及时处理原则

及时处理原则是指企业劳动争议的处理机构在处理争议案件时，要在法律和有关规定要求的时间范围内对案件进行受理、审理和结案，无论是调解、仲裁还是诉讼，都不得违背时限方面的要求。如果企业劳动争议调解委员会对案件调解不力，要在规定的时限内结案，不得影响当事人申请仲裁的权利；企业劳动争议仲裁委员会在调解未果的情况下，要及时裁决，不得超过法定的处理时限；法院的处理也是这样，在调解未果的情况下，要及时判决。总之，及时处理原则就是要使双方当事人合法权益得到及时的保护。

（四）劳动争议处理程序

1. 调解

调解是西方国家最常用的解决劳动关系冲突和减少工人罢工次数的办法，也是市场经济国家处理劳动争议的基本办法或途径之一。

调解分为劳动争议调解委员会的调解和劳动争议仲裁委员会的调解两类。前者是自愿性的，即由当事人决定是否提请劳动争议调解委员会调解；后者是强制性的，即只要提请劳动争议仲裁委员会，就必须进行调解。一般经调解不成的，才进行裁决。

调解作为处理企业劳动争议的基本办法或途径之一，不是指企业劳动争议进入仲裁或诉讼以后由仲裁委员会或法院所作的调解工作，而是指企业调解委员会对企业劳动争议所作的调解活动。企业调解委员会所作的调解活动主要是，调解委员会在接受争议双方当事人调解申请后，首先要查清事实、明确责任，在此基础上，根据有关法规和集体合同或劳动合同的规定，通过自己的说服、诱导，最终促使双方当事人在相互让步的前提下自愿达成解决企业劳动争议的协议。

劳动争议调解委员会设在企业，由企业的员工代表、行政代表和工会委员会代表组成，主任由各成员共同推举，委员会的工作受员工代表大会领导。劳动争议调解委员会的调解，必须有当事人一方提出申请，同时另一方表示愿意接受，才能进行。当事人任何一方不愿接受调解，或调解达不成协议，只能交付仲裁。应当注意的是，按规定因开除、除名、辞退违纪员工发生的争议必须直接提交劳动争议仲裁委员会，而不能向劳动争议调解委员会申请调解。另外，若发生劳动争议的员工一方人数为10名以上，并具有共同申请理由，可由当事人推举1—3名代表，参加调解或仲裁活动。

实施调解的结果有两种：一是调解达成协议，这时要依法制作调解协议书。二是调解不成或调解达不成协议，这时要做好记录，并制作调解处理意见书，提出对争议的有关处理意见，建议争议双方当事人依照有关法规规定，向劳动仲裁委员会提出仲裁申请。

调解协议由调解协议书具体体现。只要达成协议，争议双方当事人要自觉执行调解协议；当然，双方当事人也有对调解协议反悔的权利。调解委员会对当事人的反悔只能说服、劝解，无权强制执行，但有建议仲裁的权利。只要一方当事人对协议反悔，或拒不执行协议，经调解委员会说服、劝解无效，就视为调解不成。

劳动争议调解委员会处理劳动争议应当自当事人提出申诉之日起30日结案，到期未结案则视为调解不成。

以调解方式解决劳动争议，具有程序简易、费用低廉、有利于促进当事人之间的团结和维护正常生产秩序等优点。而且，由于调解协议完全出自双方自愿，一般都能严格执行。但是，由于调解完全依靠当事人的自愿，难以保证所有劳动争议都得到解决。因此，除了这种方式以外，还必须有更加具有权威的解决办法。

2. 仲裁

仲裁是西方国家另一种解决劳动关系冲突的办法，也是市场经济国家处理劳动争议的另一种基本办法或途径。仲裁是指劳动争议仲裁机构依法对争议双方当事人的争议案件进行居中公断的执法行为，包括对案件的依法审理和对争议的调解、裁决等一系列活动或行为。

劳动争议仲裁委员会由劳动行政机关代表、工会代表和企业主管部门代表组成，三方代表应当人数相等，并且总数必须是单数，委员会主任由同级劳动行政机关负责人担任，其办事机构为劳动行政机关的劳动争议处理机构。劳动争议仲裁委员会对于劳动争议双方来说是第三者，它的决定无须经双方同意，并具有法律强制力，因而仲裁是比调解更为有效的解决方法。按规定，劳动争议的任何一方不愿调解、劳动争议经调解未达成协议时，均可向劳动争议仲裁委员会提出仲裁申请，并提交书面申请书。申请书应写明争议双方当事人情况、申请仲裁理由、要求解决的问题及有关证明材料等。申请人应根据争议双方的人数提交申请书若干份。

当事人申请仲裁，因履行劳动合同而发生的争议，应自争议发生之日起60日内或从劳动争议调解委员会调解不成之日起30日内，向劳动争议仲裁委员会提出。因开除、除名、辞退违纪员工而发生的争议，当事人应于企业公布处理决定之日起15日内申请仲裁。因特殊原因，当事人可在其知道或应当知道权利被侵害之日起1年之内提起追诉。超过规定期限，仲裁机构不再受理。

仲裁委员会在收到仲裁申请后一段时间内（一般为7天）要作出受理或不受理的决定。决定受理的，仲裁委员会要及时通知申请人和被诉人，并组成仲裁庭；决定不受理的，要说明理由。

在受理申诉人的仲裁申请后，仲裁委员会就需要进行有针对性的调查取证工作，包括拟定调查提纲，根据调查提纲进行有针对性的调查取证，核实调查结果和有关证据等。调查取证的主要目的是收集有关证据和材料，查明争议事实，为下一步的调解或裁决做好准备工作。

劳动争议仲裁委员会在处理劳动争议时，应先行调解。调解成功，劳动争议仲裁委员会制作调解书，由双方当事人签字，劳动争议仲裁委员会成员署名，并加盖委员会印章，调解书一经送达当事人，即发生法律效力，当事人必须执行。一方不执行，另一方当事人可申请法院强制执行。如调解不成，则应及时仲裁，由劳动争议仲裁委员会召开会议，并根据少数服从多数原则作出仲裁决定。仲裁决定作出后，应制作仲裁决定书。由劳动争议仲裁委员会成员署名，并加盖委员会印章，送达双方当事人。当事人一方或双方不服仲裁的，可以在收到仲裁决定书之日起15日内向人民法院起诉；一方当事人期满既不起诉也不执行的，另一方当事人可以申请人民法院强制执行。

与企业劳动争议的调解相比，企业劳动争议的仲裁具有这样一些明显的特点：仲裁申请可由任何一方当事人提出，而不必由双方当事人共同提出，或不必在双方当事人首肯的情况下由一方当事人提出；仲裁机构的仲裁调解或仲裁裁决依法生效后具有强制执行的法律效力，当事人必须执行；仲裁机构在调解不成的情况下，必须作出最终裁决。

劳动仲裁是世界各国解决劳动争议较普遍的方法，其基本精神是由一个中立的第三者对当事人之间的争议作出评判。仲裁和调解相比，最大的特点是其更具权威性和法律效力。从我国劳动争议仲裁来看，仲裁活动具有一定的行政性质，也有一定的群众性质，不是纯粹的司法活动。根据司法最终解决的法制原则，劳动争议的最终解决只能依靠国家司法机关，这也是许多国家普遍遵循的原则。因此，我国劳动争议处理程序还包括人民法院的审判。

3. 审判

劳动争议当事人不服仲裁，可以在收到仲裁决定书之日起15日内向法院起诉，由法院依民事诉讼程序进行审理及判决。法院审判劳动争议的最大特点在于它的严肃性与权威性及其法律效力。但审判毕竟是解决劳动争议的最后阶段，由于有调解和仲裁程序在前，所以，真正通过审判解决的劳动争议并不多。

企业劳动争议案件的审理，可以在普通法院，也可以设立专门的劳动（劳工）法院。如德国劳动法院、芬兰劳工法庭等就是专门设立的劳动法院。

与企业劳动争议的仲裁相比，企业劳动争议的法律诉讼具有这样一些鲜明的特点：法律诉讼是在法院进行的，法院在处理企业劳动争议的过程中有权采取强制措施；法律诉讼程序相对较为复杂，各种证据和材料的准备相对较为严密；法院的调解或判决具有最终解决争议的效力，可以由自己对争议当事人实施强制执行。

（五）企业劳动争议的法律诉讼

一般由下述阶段组成：

1. 起诉、受理阶段

起诉是指争议当事人向法院提出诉讼请求，要求法院行使审判权，依法保护自己的合法权益。诉讼请求要尽可能详细，要明确被告，要说明要求被告承担何种义务等；在诉讼请求明确的同时，还要尽可能多地提供争议发生的时间、地点、争议经过和有关事实根据以及相应的法律文书等。

受理是指法院接收争议案件并同意审理。法院的受理与否是在对原告的起诉进行审查以后作出决定的。对决定受理的案件，法院要在规定的时间内通知原告和被告；对决定不受理的案件，法院也应在规定的时间内通知被告，并尽量说明理由。当然，对法院裁定为不受理的案件，原告可以上诉。

2. 调查取证阶段

法院的调查取证除了对原告提供的有关材料、证据或仲裁机构掌握的情况、证据等进行核实外，自己还要对争议的有关情况、事实进行重点调查，包括查明争议的时间、地点、原因、后果、焦点问题以及双方的责任和态度等。法院的调查取证要尽可能对各种证据进行仔细、认真的收集和核实。

3. 调解阶段

法院在审理企业劳动争议案件时，也要先行调解。法院的调解也要在双方当事人自愿的基础上，法院不得强迫调解。法院调解成功的，要制作法院调解书。法院调解书要由审判人员、书记员签名，并加盖法院的印章；法院调解书在由双方当事人签收后，即具备了法律效力，当事人必须执行。法院调解不成或法院调解书送达前当事人反悔的，法院应当进行及时判决。

4. 开庭审理阶段

开庭审理是在法院调解失败的情况下进行的，这一阶段主要进行这样一些活动：法庭调查、法庭辩论和法庭判决等。法庭调查主要是由争议当事人向法庭陈述争议事实，并向法庭提供有关证据；法庭辩论一般按照先原告后被告的顺序由双方当事人及其代理人对争议的焦点问题进行辩论；法庭判决是在辩论结束以后，由法庭依法作出判决。法庭判决要制作法庭判决书，法庭判决书在规定的时间内要送达当事人。

5. 判决执行阶段

法庭判决书送达当事人以后，当事人在规定时间内不向上一级法院上诉的，判决书即行生效，双方当事人必须执行。当事人不服一审判决的，有权向上一级法院上诉。

第三节 企业劳动合同分析

一 劳动合同制度概述

（一）什么是劳动合同？

劳动合同又称劳动契约或劳动协议，是指劳动者与用人单位之间确立劳动关系明确双方权利和义务的协议。劳动合同是生产资料和劳动力相结合的一种法律形式。通过劳动合同的签订、履行、终止以及变更、解除，调节劳动力的供求关系，既能使劳动者有一定的择业和流动自由，又能制约劳动者在合同期履行劳动义务和完成应尽职责，从而使劳动力有相对的稳定性和合理的流动性。

（二）劳动合同的特征

劳动合同作为合同的一种，具有合同的一般特征，即它是当事人之间确立、变更终止一定权利义务关系的协议。但是，与其他合同相比，劳动合同还具有自己的特征：

（1）劳动合同的当事人，一方是劳动者，另一方是用人单位。劳动过程是人的因素（劳动力）和物的因素（生产资料）结合作用的过程。合同当事人必须一方是劳动者即具有劳动能力的公民；另一方是劳动力使用者，即拥有生产资料经营管理权限的用人单位，也就是企业、事业、团体等单位及个体经营者。

（2）保障求职者与招工单位通过自由选择确定合同当事人。不同求职者具有不同的体力素质、劳动技能和经验、知识水平及志趣爱好等，招工单位也因生产资料的性质、类型不同而分为不同的行业、单位、工种等。因此众多的招工单位和求职者只有经过相互选择的过程，才能确定每一个劳动合同的具体当事人，使劳动力和生产资料得到恰当的组合。劳动力市场是实现这种相互选择的有效途径。

（3）劳动合同签订以后，求职者和招工单位的身份也随之发生了转化：求职者转化为了劳动者，招聘单位转化为了用人单位，同时双方之间的管理关系也正式形成。求职者只有和生产资料结合起来，才能实现劳动过程。因此，劳动合同制定后，劳动者一方必须加入到用人单位一方中去，成为该单位的一名员工。

（4）劳动合同的目的在于劳动过程的完成，即价值和使用价值的创造，而不是劳动成果的实现，即价值的实现。劳动过程是一个复杂的过程，有的劳动成果可以立即衡量，如编织的劳动，而有的劳动成果无法立即衡量，如耕耘的劳动；有的劳动有独立的成果，如小件行李的搬运，有的劳动物化在集体劳动成果中，如机床零件的某一道工序的加工。因此无论劳动成果如何，劳动者一方只要按照规定的时间、规定的要求，完成用人单位交给他的属于一定工种、一定专长或一定职务的工作量，用人单位就应按照合同支付劳动报酬。

（5）劳动合同在一定条件下往往涉及第三人的物质利益。从整个社会看，劳动过程是连续不断的过程，是再生产的过程，并且劳动力本身也需要再生产，它决定了劳动合同的内容不仅限于当事人权利义务的规定，有时还涉及劳动者的直系亲属在一定条件下享有的物质帮助权。各国在确定劳动者最低工资时，一般都要考虑劳动者赡养人口的生活费用，我国也不例外：我国劳动合同所确定的工资必须高于法定最低工资，若员工因生育、年老、患病、工伤、死亡等原因，部分或全部、暂时或永久地丧失劳动力的时候，不仅对员工本人要给予一定的物质帮助，有时也要对劳动者所供养的直系亲属给予一定的物质帮助。

二　劳动合同的制定

（一）劳动合同制定的概念和原则

1. 概念

劳动合同的制定是指求职者和招工单位经过相互选择，确定劳动合同当事人，并就劳动合同的条款经过协商达成一致，从而明确双方权利、义务和责任的法律行为。劳动合同的制定过程一般就是劳动法律关系的确立过程，是求职者转化为劳动者，招工单位转化为用人单位的过程。在推行全员劳动合同制的背景下，劳动合同的制定是在已有劳动关系的员工中进行的，是劳动法律关系的重新确定过程，由此也产生了一些新的特征。

2. 原则

制定劳动合同应遵循下述原则：

（1）合法原则。无论合同的当事人、内容和形式，还是制定合同的程序，都必须符合有关劳动法规和劳动政策的要求。尤其应当强调的是，凡是与劳动合同有关的强行性法律规范和强制性劳动标准，都必须严格遵守。因而，在制定合同过程中只能有限制地体现契约自由的精神。

（2）平等自愿原则。所谓平等，是指制定合同时，双方当事人的法律地位平等，都有权选择对方并就合同内容表达具有同等效力的意志。所谓自愿，是指合同的制定，应完全出于双方当事人的意愿，任何一方都不得强迫对方接受其意志，除合同管理机关的依法监督外，任何第三者都不得干涉合同制定。对于双方当事人来说，平等是自愿的前提，自愿是平等的体现，二者不可分割。

（3）协商一致原则。在制定合同过程中，合同制定与否以及合同内容如何，都只能在双方当事人以协商方式达成一致意见基础上确定。因而，只有协商一致，合同才能成立。

（二）劳动合同的形式与内容

1. 劳动合同的形式

劳动合同的形式，是劳动合同内容赖以确定和存在的方式，即劳动合同当事人双方意思表示一致的外部表现。各国关于劳动合同可以或应当以什么形式存在，都由法律明确规定。劳动合同形式有口头形式和书面形式之分。各国劳动法律法规对此作出的选择，可归纳为三种模式：

（1）允许一般劳动合同采用口头形式，只要求特定劳动合同采用书面形式；

（2）一般要求劳动合同采用书面形式，但允许在特殊情况下采用口头形式；

（3）要求所有劳动合同都采用书面形式。

凡是法定应当以书面形式制定的劳动合同，均为要式合同。在要式合同的适用范围内，如果合同形式不符合要式合同要求，就会给合同当事人带来一定的法律后果。由于立法规定要式劳动合同的目的，在于更有效地保护劳动者合法权益，因而，许多国家从有利劳动者的角度出发，规定劳动合同不符合要式合同要承担的法律后果。其中常见的有：

（1）定期劳动合同因未采用书面形式而转化为不定期劳动合同。例如，《比利时雇用合同法》规定，如缺乏书面文件表示合同已按一定期限或明确的任务签订，则应当作为以相同条件签订的没有一定期限的合同。又如，《法国劳动法典》规定，有固定期限的雇用合同采用书面形式，而非书面合同就意味着签订了一个没有特别说明时间的合同。

（2）劳动者因劳动合同未采用书面形式而有权单独证实其权利。例如，《利比亚劳工法》规定，雇用合同应该用阿拉伯文字书写，在没有书面合同的情况下，应允许工人单独以任何有效的证明方式确立其权利。又如，《伊拉克共和国劳工法》规定，若书面合同遗失，唯独工人有权用某种可行的证明方式对合同加以证实。

劳动合同形式还有主件和附件之分。主件一般是指在确立劳动关系时所制定的书面劳动合同；附件一般是指法定或约定作为劳动合同主件之补充而明确当事人双方相互权利义务的书面文件。法定的劳动合同附件，主要有：

（1）用人单位内部劳动规则，即用人单位劳动规章制度。我国《劳动法》规定，用人单位应当建立和完善劳动规章制度。

（2）专项劳动协议，即已确立劳动关系的劳动者与其用人单位就某种事项所签订的专项协议。《劳动法》规定，生产经营发生严重困难的企业应当与劳动者签订劳动合同，但劳动合同中有关工作岗位、劳动报酬等内容，可以在协商一致的基础上通过签订专项协议来规定；用人单位应当与本单位的待岗或放长假人员就劳动合同的有关内容协商签订专项协议。

2. 劳动合同的内容

劳动合同内容，即劳动合同条款，它作为劳动者与用人单位合意的对象和结果，将劳动关系当事人双方的权利和义务具体化。在各国关于劳动合同内容的立法中，主要就劳动合同的内容构成和若干重要条款作出规定。

根据各国劳动法规定，劳动合同内容由法定必备条款和约定必备条款所构成。

法定必备条款，即法律规定的劳动合同必须具备的条款。只有完全具备这种条款，劳动合同才能依法成立。法定必备条款可分为一般法定必备条款和特殊法定必备条款。

一般法定必备条款，是法律要求各种劳动合同都必须具备的条款。劳动合同应当具备以下条款：

（1）合同期限。除依法允许制定不定期合同的情况以外，都应当规定合同的有效期限，其中应包括合同的生效日期和终止日期，或者决定合同有效期限的工作（工程）项目。

（2）工作内容。即关于劳动者的劳动岗位、劳动任务条款。

（3）劳动保护和劳动条件。即关于用人单位应当为劳动者提供劳动安全卫生条件和生产资料条件的条款。

（4）劳动报酬。即关于劳动报酬的形式、构成、标准等条款。

（5）劳动纪律。即关于劳动者应当遵守劳动纪律的条款，一般不尽列劳动纪律的内容，只是表明劳动者同意接受用人单位依法制定的劳动纪律。

（6）合同终止条件。即关于劳动合同在法定终止条件之外的哪些情况下可以或应当终止的条款。

（7）违约责任。即关于违反劳动合同的劳动者和用人单位各应如何承担责任的条款，不仅包括关于依法承担违约责任的抽象规定，而且含有关于在合法范围内承担或免除违约责任的具体约定。

特殊法定必备条款，是法律要求某种或某几种劳动合同必须具备的条款。有的劳动合同由于自身的特殊性，立法特别要求其除一般法定必备条款外，还必须规定一定的特有条款。例如，《比利时雇用合同法》规定，商业推销员雇用合同中应制订计算佣金的条款；学生雇用合同中应包括履行合同地点、日工时和周工时、学生食宿地点等条款。我国有关劳动法规中也有此类规定，例如，外商投资企业劳动合同和私营企业劳动合同中应包括工时和休假条款；学徒培训合同中应当有培训目标、学习期限、生活待遇等条款。

　　约定必备条款，即劳动关系当事人或其代表约定的劳动合同成立所必须具备的条款。它是法定必备条款的必要补充，其具备与否，对劳动合同可否依法成立，在一定程度上有决定性意义。按照作出约定的主体不同，它可分为集体合同约定必备条款和劳动合同当事人约定必备条款。前者即集体合同要求在劳动合同中必须载明的条款，既包括集体合同已规定标准而应由劳动合同将其具体化的条款，也包括集体合同仅列出项目而应由劳动合同明确其内容的条款。有的国家（如日本）的法律法规对劳动合同必备条款少作或不作规定，而主要由集体合同约定。后者即签订劳动合同时当事人一方或双方特别约定劳动合同中必须有的条款。在约定必备条款中，有的属于法定可备条款，即法律规定劳动合同可以具备的条款。劳动合同的某些内容由于非常重要而不应忽视，但又不宜作为法定必备条款，因此，便在立法中予以特别提示，指明在劳动合同中可以作出专项约定。此类条款通常包括试用期条款、保密条款和禁止同业竞争条款等。

　　（1）试用期限是指用人单位与新招员工约定的相互考察的时期。一般说，对初次就业或再次就业的员工可以约定试用期。在原固定工进行劳动合同制度的转制过程中用人单位与原固定工签订劳动合同时，可以不再约定试用期。双方约定试用期时，技术性不强的工种试用期可短一些，技术性强的工种试用期可长一些，但最长不得超过 6 个月。按劳动法规定，试用期包括在合同期内，在试用期只能用解除合同来消灭劳动关系。在试用期，劳动合同中的其他条款，例如劳动报酬、劳动安全卫生、劳动纪律等内容，对劳动关系的双方当事人均有约束力。

　　（2）保密事项是劳动者对用人单位商业秘密承担保密义务的约定。通常包括保密期限、保密方式以及泄密的赔偿办法等。保密期限与试用期限不同。试用期包括在合同期内，并短于合同期；而保密期则可等于或长于合同期，也就是说，在劳动关系消灭的一定时期内，用人单位仍可要求原员工承担保密义务。在劳动合同中约定保密事项，有利于防止企业间的不正当竞争，但保密条款的约定也应合理。哪些人承担保密义务？承担多长时间？应当以该秘密涉及的范围为限，而不应要求员工对已经公开的技术或信息承担保密义务。

　　关于保密条款，在劳动合同中可以约定劳动者保守用人单位商业秘密的有关事项；并可约定在劳动合同终止前或该劳动者提出解除劳动合同后一定时间内（不超过 6 个月），调整其工作岗位，变更劳动合同的相关内容。

(3) 禁止同业竞争条款即约定禁止劳动者参与或者从事与用人单位同业竞争以保守用人单位商业秘密的合同条款,它包括对禁止同业竞争的期限、范围和补偿等的约定。关于禁止同业竞争条款,我国立法规定在劳动合同中约定或者由用人单位规定掌握用人单位商业秘密的劳动者在终止或解除劳动合同后的一定期限内(不超过3年),不得到与原用人单位生产同类产品或经营同类业务且有竞争关系的其他用人单位任职,也不得自己生产或经营与原用人单位有竞争关系的同类产品或业务,但用人单位应当给予该劳动者一定经济补偿。《劳动契约法》规定,劳动契约应约定劳动者于劳动关系终止后不得与雇方竞争营业,但以劳动者因劳动关系得知雇方技术上秘密而对于雇方有损害时为限;雇方对劳动者如无正当理由而解约时,其禁止竞争营业之约定失其效力。有的国家规定,工资达到一定数额的劳动者才可以或应当在雇用合同中约定保密条款和相应的禁止同业竞争条款;如果雇主无正当理由或劳动者有正当理由终止合同,则这种条款无效。

(三) 劳动合同的制定程序

劳动合同的制定程序是指制定劳动合同、建立劳动法律关系的程序。劳动合同的制定可以分为两个阶段:

第一阶段通常称为"招收录用",是确定劳动合同双方当事人的程序。当一个企业获准招工时,劳动合同的一方当事人——用人单位便首先确定了。由于企业是提出订约提议的一方,也称"要约方"。劳动合同的另一方当事人,即接受提议的一方,也称"受约方"。招工结束之前,"受约方"是不确定的,需要通过"招收录用"程序来确定。因此,"招收录用"程序也可以说是通过确定受约人,从而明确劳动合同双方当事人的程序,此阶段的程序包括下述主要环节:

(1) 公布招工(招聘)简章。用人单位依法获准招工(招聘)以后,就应当以法定方式或有关国家机关指定的方式,向不特定劳动者公布招工(招聘)简章。简章应载明法定必要内容,包括员工录用(聘用)条件、录用(聘用)后员工权利义务、应招(应聘)人员报名办法、录用(聘用)考核方式等事项。

(2) 自愿报名。劳动者按照招工(招聘)简章的要求,自愿进行应招(应聘)报名,并提交表明本人身份、职业技能、非在职等基本情况的证明文件。

(3) 全面考核。用人单位或其代理人依法对应招（应聘）人员的德智体状况进行考核，并公布考核结果。

(4) 择优录用（聘用）。用人单位对于经考核合格的应招（应聘）者，择优确定被录用（聘用）人员，并向其本人发出书面通知；为便于监督，还应公布被录用（聘用）者名单。

第二阶段即具体签订劳动合同的阶段，是对劳动合同的具体内容通过平等协商达成一致意见的过程。经过第一阶段确定了劳动合同的双方当事人，招工单位作为法定要约方，应向求职者发出要约，提供劳动合同的文本（草案）。用人单位应当在正式制定劳动合同前，将合同文本交付劳动者。求职者作为受约方对用人单位提供的劳动合同条款如果没有任何异议，全部接受，也就是作出了承诺；如果受约方对合同草案提出了修改意见或要求增加新内容，应视为对原要约的拒绝，并向招工单位提出新的要约，双方再通过要约—新要约—再要约……直到达成一致的意见。在一般情况下，劳动合同经双方当事人协商一致，即告成立，劳动法律关系也得以确立。对于某些特殊的招工单位如私营企业，按地方规定必须进行鉴证的，须经劳动部门鉴证后方能生效。

这一阶段的程序一般包括下述主要环节：

(1) 提出劳动合同草案。用人单位向劳动者提出拟订的劳动合同草案，并说明各条款的具体内容和依据。

(2) 介绍内部劳动规则。在提出合同草案的同时，用人单位还必须向劳动者详细介绍本单位内部劳动规则。

(3) 商定劳动合同内容。用人单位与劳动者在劳动合同草案和内部劳动规则基础上，对合同条款逐条协商一致后以书面形式确定其具体内容。对劳动合同草案，劳动者可提出修改和补充意见，并就此与用人单位协商。对内部劳动规则，劳动者一般只需表示接受与否即可，而不能与用人单位协商修改或补充其内容。

(4) 签名盖章。劳动者和用人单位应当在经协商一致所形成的劳动合同文本中签名盖章，以此标志双方意思表示一致的完成。凡属不需要鉴证的劳动合同，在双方当事人签名盖章后即告成立。

(5) 鉴证。按照国家规定或当事人要求而需要鉴证的劳动合同，应当将其文本送交合同签订地或履行地的合同鉴证机构进行鉴证。凡需要鉴证的劳动合同，经鉴证后才可生效。

上述两个阶段是紧密相连、不可分割的连续过程，招工单位招用合同制员工，必须依次确定合同当事人、确定合同内容，才能在当事人之间，确立劳动法律关系。

（四）劳动合同的法律效力

1. 劳动合同的有效

劳动合同从合同成立之日或者合同约定生效之日起就具有法律效力，在双方当事人之间形成了劳动法律关系，对双方当事人产生法律约束力。具体表现在：

（1）当事人双方必须亲自全面履行合同所规定的义务；

（2）合同的变更和解除都必须遵循法定的条件和程序，任何一方当事人都不得擅自变更和解除合同；

（3）当事人违反合同必须依法承担违约责任；

（4）当事人双方在合同履行过程中发生争议，必须以法定方式处理。

劳动合同具有法律效力，必须以完全具备法定有效要件为前提。在各国立法中，劳动合同有效要件通常散见于具体的合同法规范，而无集中性规定。从理论上归纳，劳动合同的有效要件，一般包括：

（1）合同主体必须合格。双方当事人都必须具备法定的主体资格，即一方必须是具有劳动权利能力和劳动行为能力的公民，另一方必须是具有用人权利能力和用人行为能力的单位。

（2）合同内容必须合法。即劳动合同必须完全具备法定必备条款，并且所载各项条款的内容，都必须符合劳动法规、劳动政策和集体合同的要求。

（3）意思表示必须真实。即双方当事人的意思表示都出于本人自愿，并且与本人内在意志相符。

（4）合同形式必须合法。要式劳动合同，必须采用法定的书面合同或标准合同形式；非要式劳动合同应当采用当事人所要求的书面或口头合同形式。

（5）制定程序必须合法。劳动合同的制定，必须遵守各项法定必要程序，并且，在制定程序中必须严格遵循法定规则，尤其应当遵循平等自愿和协商一致的原则。

2. 劳动合同的无效

劳动合同无效，是指劳动合同因缺少有效要件而全部或部分不具有法律效力。其中，全部无效的劳动合同所确立的劳动关系应予消灭；部分无效的劳动合同，它所确立的劳动关系可依法存续，只是部分合同条款无效。如果部分无效合同条款不影响其余部分的效力，其余部分仍然有效。

劳动合同无效的原因，为立法所规定，只不过在不同国家有从严规定与从宽规定之区分。"违反法律、行政法规的劳动合同""采取欺诈、威胁等手段制定的劳动合同"一般确定为无效合同。无效的劳动合同，从制定的时候起就没有法律约束力。

按劳动部的解释："员工被迫签订的劳动合同或未经协商一致签订的劳动合同为无效劳动合同"。所谓"员工被迫签订的劳动合同"，是指有证据表明员工在受到胁迫或对方趁己之危情况下，违背自己真实意思而签订的劳动合同；所谓"未经协商一致签订的劳动合同"，是指有证据表明用人单位和劳动者不是在双方充分表达自己意思的基础上，经平等协商、取得一致的情况下签订的劳动合同。劳动合同的无效由劳动争议仲裁委员会或者法院确认。

根据此规定和合同原理，可将劳动合同无效的原因归纳为下述几种：

（1）合同主体不合法，即劳动者不具有劳动权利能力和劳动行为能力，或者用人单位不具有用人权利能力和用人行为能力。

（2）合同内容不合法，即合同缺少法定必要条款，或者合同条款违法。

（3）合同形式不合法，即要式合同未采用法定的书面形式或标准形式。

（4）制定程序不完备，即制定合同未履行法定必要程序。

（5）意思表示不真实，即制定合同过程中，由于欺诈、威胁、乘人之危、重大误解等而导致当事人的意思表示不真实。

劳动合同全部无效还是部分无效，因实际情况差异而不尽相同。其中，对于主体不合法的合同，一般应确认为全部无效；对于具有其他原因的合同，一般应确认为部分无效。凡确认合同全部无效的，应持谨慎态度。特别应指出，在劳动合同无效的范畴中，还包括内部劳动规则无效的问题：对于制定主体不合法或制定程序不合法的内部劳动规则，一般应确认为全部无效；对于内容不合法的内部劳动规则，一般只应就其不合法部分确认为无效，其余部分则仍然有效。由于内部劳动规则是劳动合同的附件，因而，内部劳动规则无效一般不影响劳动合同的效力。但是，对于以内部劳动规则的某部分内容为依据的劳动合同条款来说，则可能随着内部劳动规则的部分内容的无效而无效。

劳动合同经法定机关依法确认为无效，其法律后果一般是，自制定时起就没有法律约束力。对此应理解为，自制定时起就无效的劳动合同不能作为确定当事人权利和义务的依据,而不应理解为像无效民事合同那样,自制定时起就不对当事人产生权利和义务。这是因为,劳动力支出后就不可回收,由此决定了对无效劳动合同已履行的部分,即劳动者实施的劳动行为和所得的物质待遇,不能适用返还财产、恢复原状的处理方式,并且对处于事实劳动关系中的劳动者应当依法予以保护。实践运作过程中,劳动合同的制定和被确认无效一般都有一个过程,所以,对无效劳动合同的法律后果有必要按照下述两个阶段认定和处理:

(1) 自合同制定时起至合同被确认无效时止,合同全部无效的当事人之间仅存在事实劳动关系;合同部分无效的当事人之间并存着部分劳动法律关系和部分事实劳动关系。事实劳动关系中当事人的权利和义务应当以劳动法规、劳动政策、集体合同和内部劳动规则的有关规定为依据重新确定,其中,劳动者如果未得到或者未全部得到劳动法规、劳动政策、集体合同、内部劳动规则所规定标准的物质待遇,用人单位应当按照该标准予以补偿。

(2) 自合同被确认无效时起,全部无效的合同所引起的事实劳动关系应予终止;部分无效合同中,无效条款应当由劳动法规、劳动政策、集体合同和内部劳动规则中的有关规定所取代,或者由当事人依法重新商定的合同条款所取代。

劳动合同被依法确认无效,还会导致特殊的法律后果。主要包括:

(1) 用人单位对劳动者收取保证金或扣押证件等物品的,应当返还给劳动者。

(2) 劳动合同全部无效而用人单位对此有过错的,如果当事人双方都具备主体资格而劳动者要求制定劳动合同的,在终止事实劳动关系的同时,用人单位应当与劳动者依法制定新的劳动合同。因为,在这种情况下确认劳动合同无效,并未否定劳动合同制定程序的第一阶段(即确定合同当事人阶段)双方所作出的同意与对方制定劳动合同的意思表示,所以,可重新开始劳动合同制定程序的第二阶段(即确定合同内容阶段),并且,这样做可避免劳动者因劳动合同无效而失业。

(3) 若因用人单位过错而导致劳动合同无效,如果给劳动者造成损害,用人单位应当承担赔偿责任。

(五) 制定合同时应注意的问题

用人单位和被招用的员工在制定劳动合同时,必须注意以下几方面的问题：

1. 双方首先应衡量自身的条件

即用人单位要衡量是否具备对新招人员提供生产或工作以及生活等方面的物质条件；而被招用人员则要对照企业的招工简章，衡量自己是否符合招工单位招工的条件。其次，双方在确认自己具备招工和应招条件的基础上，再了解对方是否确有招工或应招的条件。即招工单位要了解应招人员的基本状况，包括验看应招人员提供的户籍、学历、技术级别等证明。应招人员也要了解招工单位的基本状况，可以通过招工简章、劳动服务公司或主管机关等途径去了解。

2. 制定合同时，既要根据法律，又要结合实际

如果双方当事人在制定合同时，抛开国家的法律政策，完全由当事人双方商订，那么有可能产生无效合同。但是如果不结合实际作出具体规定，也会给履行合同带来困难，所以合同的制定既要合乎法律，又要切合实际。

3. 劳动合同内容要繁简得当

对国家法律政策规定较细致、具体的内容，可写明按照某项规定执行即可（当然，必须把这些规定作为劳动合同的附件与劳动合同文本一并提交给合同制工人），对于国家法律政策未作具体规定的内容，特别是容易产生劳动争议的内容，更应该尽量作出详细的规定。比如，劳动合同的具体条款，就需要订得比较详细。因为合同的条款是当事人享有权利、承担义务的依据，条款不齐全，不仅影响当事人合法权益，而且还会影响合同的履行。尤其是一些必要条款，如果不全，合同的法律效力就会受到影响，像工种、岗位或者报酬等，如果没有，合同就无法履行。此外，对具有行业特点的涉及双方切身利益的事项应作出明确规定，有些易误解的事项更要作详细说明或解释，否则容易产生劳动纠纷。

4. 劳动合同中的语言表达要力求准确、明白

要避免使用易产生误解或歧义的词句。也就是说，劳动合同书面记载的内容一定要与当事人的愿望相一致，否则很容易产生劳动纠纷。

5. 劳动合同责任规定要明确

责任是合同的核心，也是劳动合同法律效力的集中体现。如果责任规定不明确，一旦发生争议追究责任时，可能互相推委，使争议迟迟不能得到妥善解决。

6. 合同签定日期和生效日期要明确

合同的日期是劳动合同的法定内容之一，如果在合同中不注明起止日

期,也容易产生争议。应当注意的是,合同中可以约定履行合同的具体起止日期即签订日期与履行日期不是必须一致的。

劳动合同双方当事人签订合同时,应当注意以上问题,以免出现劳动争议时无法得到妥善处理,同事这也有利于我国的劳动合同制度的完善。

三 劳动合同的履行

(一) 概念

劳动合同的履行,是指合同当事人双方履行劳动合同所规定义务的法律行为,亦即劳动者和用人单位按照劳动合同要求,共同实现劳动和各自合法权益的过程。劳动合同依法制定就必须履行,这既是劳动法赋予合同当事人双方的义务,也是劳动合同对合同当事人双方具有法律约束力的主要表现。

(二) 原则

劳动合同的履行,应遵循以下几项原则:

1. 劳动合同亲自履行原则

劳动合同亲自履行原则是根据合同主体特征提出的。劳动合同是特定主体间的合同,劳动合同的履行也只能在签订合同的特定主体之间进行。劳动者一方的主体变更一般视为合同解除,用人单位一方对劳动者提供劳动义务的请求权也不应转让给第三人。劳动法律关系确立后,劳动者不允许请他人代替劳动,用人单位未经劳动者同意不能擅自将劳动者调动到其他单位。

2. 劳动合同全面履行原则

劳动合同的全面履行原则是根据合同内容特征提出的。劳动合同是一个整体,合同规定的条款相互之间有其内在联系,不能割裂。合同当事人双方都必须履行合同的全部条款和各自承担的全部义务,既要按照合同约定的标准及其种类、数量和质量履行,又要按照合同约定的时间、地点和方式履行。

3. 劳动合同协作履行原则

劳动合同的协作履行原则是根据合同客体特征提出的。劳动法律关系的客体是劳动力。劳动者提供劳动力，用人单位使用劳动力的过程是个极为复杂的过程，只有当事人双方团结协作才能完成劳动合同规定的义务。一般地说，民事合同往往与某种劳动结果相联系，合同对劳动结果，尤其是标的物的约定有助于明确双方当事人的权利和义务。而劳动合同主要是和劳动力的使用和保护相联系，约定的权利、义务难免空泛，在符合法律和合同规定的前提下，还需要劳动者一方服从用人单位的指挥，才能使劳动过程得以进行。这一方面要求劳动者自觉遵守劳动纪律，另一方面也要求用人单位体谅劳动者的实际困难。

劳动合同协作履行原则要求：

（1）当事人双方首先应按照劳动合同和劳动纪律的规定，履行自己应尽的义务，并为对方履行义务创造条件；

（2）当事人双方应互相关心，通过生产经营管理和民主管理，互相督促，发现问题及时协商解决；

（3）无论是企业还是员工遇到困难时，双方应在法律允许的范围内尽力给予帮助；

（4）员工违纪，企业应依法进行教育，帮助员工改正，企业违约，员工要及时反映问题，尽快协助纠正，并设法防止和减少损失；

（5）在履行过程中发生劳动争议，当事人双方都应从大局出发，根据劳动法和劳动合同有关规定，结合实际情况，及时协商解决，从而建立起和谐的劳动关系。

4. 劳动合同特殊规则

具体包括以下三个方面：

（1）履行不明确条款的规则。对于劳动合同中内容不明确的条款，应当先依法确定其具体内容，然后予以履行。一般认为，用人单位内部劳动规则有明确规定的，就按照该规定履行；用人单位内部劳动规则未作明确规定的，就按照集体合同的规定履行；集体合同未作明确规定的，就按照有关劳动法规和政策的规定履行；劳动法规和政策未作明确规定的，就按照通行的习惯履行；没有可供遵循的，就由当事人双方协商确定如何履行。其中，劳动给付义务也可按照用人单位的指示履行。

（2）向第三人履行的规则。劳动合同任何一方当事人，一般都只向对方当事人履行义务，并且，要求对方当事人履行义务的请求权一般不得转让给第三人。换言之，只有在法律允许的特殊情况下，劳动者或用人单位才应当向第三人履行义务。关于劳动者向第三人履行劳动给付义务的条件，有的国家（如德国）立法规定，在劳动合同已有向第三人提供劳动约定，或者雇主要求向第三人提供劳动并取得劳动者同意的情况下，劳动者才应当向第三人履行劳动给付义务；但是，在雇主死亡其营业应由其继承人承受，或者雇主的营业转让第三人的情况下，若劳动合同无特别约定，劳动者应当向第三人履行劳动给付义务，而不必取得劳动者同意。关于用人单位向第三人履行劳动待遇给付义务的条件，各国都严格实行法定原则，即只有在法律特别规定的场合，用人单位才可以将工资等劳动待遇向法定第三人按法定标准支付一定数额，而不允许合同当事人就此作出约定。

（3）履行约定之外劳动给付的规则。劳动者履行劳动给付义务，原则上以劳动合同约定的范围为限，在劳动合同未变更时，用人单位一般不得指示劳动者从事劳动合同约定之外的劳动。但有些国家和地区的立法中特别规定了例外情况，即遇有紧急情况时，为了避免发生危险事故或者进行事故后抢救和善后工作，用人单位可指示劳动者临时从事劳动合同约定之外的劳动，劳动者应当服从这种指示。劳动者于其约定的劳动给付外，无给付其他附带劳动的义务，但有紧急情形或其职业上有特别习惯时，不得拒绝其所能给付的劳动。

第六章

企业员工素质、职业生涯与绩效

第一节 企业员工素质测评

一 企业员工素质测评概述

（一）什么是素质？

把素质限定在个体范围内，指个体完成一定活动与任务所具备的基本条件和基本特点，是行为的基础与根本要素，包括生理素质与心理素质两个方面。它对一个人的身心发展、工作潜力发展和工作成就的提高起决定作用。素质是个体完成任务、形成绩效及继续发展的前提。素质对个体的行为与发展具有基础性的作用。但是，良好的素质只是日后发展与事业成功的一种可能性。素质与绩效、素质与发展都是互为表里的。素质是绩效与发展的内在条件，而绩效与发展是素质的外在表现。

素质特性：（1）基础作用性；（2）稳定性；（3）可塑性，个体的素质是在遗传、外界影响与个体能动性三个因素共同作用下形成与发展的，并非天生不变的；（4）内在性；（5）表出性，行为方式、工作绩效与行为结果是素质表现的主要媒介与途径，个人的表出性也体现为素质表现的实在性与具体性；（6）差异性；（7）综合性，同一个体的各种素质、同一素质的各种成分，都是作为高度统一的有机体存在于个体之中的；（8）可分解性；（9）层次性与相对性。每个人的素质具有不同的结构层次，有核心素质、基本素质与生成素质等不同层次。核心素质是基本素质的基础，基本素质是生成素质的基础。

素质的构成：素质的构成在这里是指素质结构的基本划分，包括基本成分、因素与层次。其中心理素质是个体发展与事业成功的关键因素，因此心理素质测评往往是素质测评的重点。

（二）什么是素质测评？

人员素质测评是人力资源管理的一种基本方法，在人力资源管理与开发实践中的作用日趋突出。素质测评是指测评主体采用科学的方法，收集被测评者在主要活动领域中的表征信息，针对某一素质测评指标做出量值或价值的判断过程，或者直接从所收集的表征信息中引发与推断某些素质特征的过程。

广义的素质测评，则是通过量表、面试、评价中心技术、观察评定、业绩考核等多种手段综合测评人才素质的一种活动。素质是测评的基本对象，测评即测量和评定，测量是测评主体运用多种测量技术和统计方法对测评者的功能或行为进行量化描述的过程。素质测评虽然离不开测量与评定，但并不是测量与评定的机械相加，而是一种建立在对个体特征信息"测"与"量"基础上的分析判断。

（三）企业员工素质测评程序

1. 确定测量的目的和内容

根据不同的测量目的确定具体的测量内容是人事测量的第一步。测量内容应根据所选拔岗位的任职素质要求，通常可以工作分析、职务说明为依据，针对不同职务、不同岗位、不同企业特征的特殊要求来确定所需要的测量内容。

2. 确定测量的基本形式和测量工具

测量的形式和工具根据测量内容的不同而不同。测量形式和工具的确定也是非常重要的一步。不恰当的测量方法会使测量结果不能满足测量目的，甚至会导致收集到虚假信息，误导决策的制定。一般自陈量表（即基于自我评价的问卷）的动机测验题目表面效度（即从题目表面是否容易看出出题人的意向和答案倾向）过高。应聘者容易表现出较高的社会赞许性，即题目本身的答案反映了一般社会价值倾向，应聘者容易表现出反应偏差，投其所好，故可能不适合于在招聘考核中采用时，就可以采用隐蔽性比较高的投射测验（如主题统觉测验）来对应试者的动机进行评定。

3. 测量的实施与数据采集

在测量实施过程中，要注意做到客观化、标准化，保证收集到的测量结果能够公平、真实地反映应试者状况。在收集测量资料的同时，要注意将实施测量的过程中相关信息及可能对决策产生影响的细节记录下来，作为决策的辅助材料。另外，对测量结果造成影响的特殊因素也应进行记录。

通常要求测量的现场环境要空气通畅、新鲜，照明充足，温度、湿度适宜，整洁安静，没有外界干扰，每个被测者的桌椅应尽可能舒适，并有足够的空间，避免多个被试者同时应试时相互影响、干扰。

4. 分析测量结果

对测量结果的分析通常包括对测量结果的计分、统计和解释。使用者只需按照测验手册的说明进行操作即可。

5. 根据分析作出决策或对决策的建议

决策与测量的目的联系紧密，以选拔为目的的测量，其决策内容为候选人名单；以安置为目的的测量，其决策内容为岗位与应聘者的匹配；以评价为目的的测量，其决策内容为对应试者素质的评价；以诊断为目的的测量，其决策内容为应试者的问题和特长或应试团体的状况和管理问题；以预测为目的的测量，其决策内容为应试者将来的绩效和工作表现。

6. 跟踪检验和反馈

在多数情况下，需要对测量结果及聘用结果进行跟踪，主要是根据工作绩效对测量结果和聘用进行检验，这就为此前的工作提供了重要的反馈，为测量取得经验性资料，为进一步矫正测量以达到更大的精确度提供依据。可以说，到这一阶段，才真正完成了一个人事测量作业系统。

二 企业员工素质测评分类

（一）按测评对象分类

可以分为人员素质测评与人才素质测评。

人员素质测评是指对 16 岁以上具有正常劳动能力个体素质的测评。

人才素质测评是指对具有一定才能个体素质的测评，包括某些儿童测评、学生测评与人员素质测评。人才素质测评又有狭义与广义之分。（1）狭义人才素质测评，是指通过量表对人才品德、智力、技能、知识、经验的一种评价活动。（2）广义的人才素质测评，是通过量表、面试、评价中心技术、观察评定、业绩考评等多种手段，综合测评人才素质的一种活动。

要注意人员测评与人员选拔的关系：（1）所谓人员选拔，就是挑选合适的人到某个特定岗位上发挥作用的过程。（2）人员选拔如果是目的的话，那么人员测评就是达到目的的一种手段。（3）人力资源管理工作的核心是个人与岗位的匹配，这种匹配要求把个人特征同工作岗位有机结合起来，从而获得理想的人力资源效果。

（二）按照测评目的与用途分类

可以分为选拔性测评、诊断性测评、配置性测评、鉴定性测评、开发性测评。

1. 选拔性素质测评

（1）概念：选拔性素质测评是一种以选拔优秀人员为目的的素质测评——"优中择优"。

（2）选拔性素质测评的特点：①整个测评特别强调测评的区分功能（高中选高）；②测评标准的刚性最强；③测评过程特别强调客观性；④测评指标具有选择性；⑤选拔性测评的结果或是分数或是等级。

（3）选拔性测评操作与运用的原则：①公平性原则。即要求整个素质测评过程对于每个测评者来说，有利性相对平等，这是保证选拔性测评结果被公共接受的前提。②公正性原则。要求整个素质测评的过程对于每个被测评者来说，要求都是一致的。这是保证人们认为选拔结果有效的前提。③差异性原则。要求素质测评既要以差异为依据，又要能够反映求职者素质的真实差异。这是保证选拔结果正确性的前提。④准确性原则。要求素质测评对求职者素质差异的反映要尽可能精确。这是保证人们对素质测评选拔结果信任的前提。⑤可比性原则。要求素质测评对求职者素质测评结果具有纵向的可比性。一般要求采取量化形式，不但可比，而且还可以与其他测评结果相加。这是保证选拔结果最后在选拔人员过程中发挥实际作用的前提。

2. 配置性素质测评

（1）概念：它以人事合理配置为目的人力资源发挥最佳作用的前提是

人事相配，人适其事，事得其人，人尽其才，才尽其用，用显其效。实践表明，每种工作职位对其任职者都有一定的基本要求，当任职者现有的素质符合职位要求时，个体的人力资源就能主动发挥，创造出高水平的绩效。

（2）配置性素质测评的特点：①针对性体现在整个测评的组织实施与目的上；②客观性体现在测评的标准上；③严格性既体现在测评的标准上，又体现在测评活动的组织与实施中；④准备性主要体现在劳动人事管理过程的开端性上。

3．开发性测评

（1）概念：开发性测评是一种以开发素质潜能与组织人力资源为目的的测评。人的素质具有可塑性与潜在性。开发性素质测评也可以成为勘探性素质测评，主要是为人力资源开发提供科学性与可行性依据。

（2）开发性测评特点：①勘探性。是指开发性测评对人力资源具有调查性，主要了解总体素质结构中哪些是优质素质，哪些是短缺素质，哪些是显性素质，哪些是潜在素质，哪些素质有升发价值等。②配合性。是指开发性素质测评，一般是与素质潜能开发或组织人力资源开发相配合进行的，是为开发服务的。③促进性。是指开发性素质测评的主要目的不在于评定哪种素质好，而是在于通过测评激励与促进各种素质和谐发展与进一步提高。

4．诊断性素质测评

（1）概念：诊断性素质测评是那种以服务于了解素质现状或组织诊断问题为目的的素质测评。

（2）诊断性素质测评特点：①测评内容或者十分精细，或者全面广泛；②诊断性测评的过程是寻根究底；③测评结果不公开；④测评具有较强的系统性。

5．考核性素质测评

（1）概念：考核性素质测评，又称鉴定性测评，是以鉴定与验证某种（些）素质是否具备或者具备程度大小为目的的素质测评。

（2）考核性素质测评的特点：①它的测评结果主要是给想了解求职者素质结构与水平的人或雇主提供依据或证明，是对求职者素质结构与水平的鉴定，而其他类型的测评结果并非如此。②考核性测评侧重于求职者现有素质的价值与功用，比较注重素质的现有差异，而不是素质发展的原有基础或者发展过程的差异；③具有概括性的特点；④要求测评结果具有较高的信度与效度。

（3）考核性测评的原则：①全面性原则；②充足性原则；③可信性原则；④权威性或公众性原则。

6. 开发性测评

（1）概念：一种以开发素质潜能与组织人力资源为目的的测评。开发性测评是以开发人员潜能为目的，所以这种测评的报告并不强调好坏之分，而是强调通过测评来勘探个人的优势与劣势，尤其是潜在的发展可能。开发性测评也经常结合明确的开发目的进行，例如希望通过测评提升团队的沟通效率和质量。人的素质具有可塑性与潜在性。从当前现状来看，有些人也许并不具备某方面的素质，但他可能具有发展这方面素质的潜力，如何发现这些人的潜力呢，显然有必要实施开发性测评。此外，人力资源的开发应该具有针对性。在每个企事业组织，存在着不同类型的人力资源。有的人专注于技术运用，有的人热心于技术革新，有的人擅长于技术传播，这些人实际具备了不同的人力资源形态，应该对它们分别采取不同的开发策略，以最大限度地发挥他们的作用。对于"运用型"的人应把他们培养为"生产冠军"；"革新型"的人应让他们有机会接触更多的技术资料，并对他们的失败抱以宽容的态度，鼓励他们的创新精神；"传播型"的人，应让他们横向发展，允许职位轮换流动。要明确不同形态的人力资源，就必须实施开发性的人才素质测评开发性人才素质测评，也可以称为勘探性人才素质测评，主要是为人力资源开发提供科学性与可行性依据。

（2）开发性测评的特点：与其他测评类型相比，开发性测评具有勘探性、配合性、促进性等特点。所谓勘探性是指开发性测评对人力资源带有调查性，主要了解总体素质结构中，哪些是优势素质，哪些是短缺素质，哪些是显性素质，哪些是潜在素质，哪些素质有开发价值等。所谓配合性，是指开发性人才素质测评，一般是与素质潜能开发或组织人力资源开发相配合而进行的，是为开发服务的。所谓促进性，是指开发性人才素质测评的主要目的不在于评定哪种素质好，哪种素质好，哪种素质有，哪种素质无，而在于通过测评激励与促进各种素质的和谐发展与进一步提高。

（三）按测评数据量化分类

人员素质测评量化的主要形式有：一次量化和二次量化，类别量化和模糊量化，顺序量化、等距量化和比例量化，当量量化。

1. 一次量化和二次量化

一次量化，是指对素质测评的对象进行直接的定量刻画。也可称为实质量化，对象一般有明显的数量关系。

二次量化，即指对素质测评的对象进行间接的定量刻画，即先定性描述后再定量的量化形式。对象一般是那些没有明显的数量关系但具有质量或程度差异的素质特征。

2. 类别量化和模糊量化

类别量化，就是把素质测评对象划分到事先确定的几个类别中去，然后给每个类别均赋予不同的数字。

类别量化特点有：每个对象属于且仅属于一个类别，不能同时属于两个以上的类别。类别量化的测评对象则是那些界限明确且测评者能完全把握的素质特征。

模糊量化，要求把素质测评对象同时划分到事先确定的每个类别中去，根据对象的隶属程度分别赋值。

模糊量化的特点：每个测评对象同时且必须归属到每个类别中，量化值一般是不大于1的正数，是一种实质性量化。模糊量化的测评对象是那些分类界限无法明确，或测评者认识模糊和无法把握的素质特征。

3. 顺序量化、等距量化和比例量化

在同一类别中常常需要对其中的诸素质测评对象进行深层次量化，它们可以看作是二次量化。

顺序量化，一般是先依据某一素质特征或标准，将所有的素质测评对象两两比较排成序列，然后给每个测评对象一一赋予相应的顺序数值。

等距量化，比顺序量化更进一步，不但要求素质测评对象的排列有强弱、大小、先后等顺序的关系，而且要求任何两个素质测评对象间的差异相等，然后在此基础上才给每个测评对象一一赋值。等距量化可以使素质测评对象进行差距大小的比较。

比例量化，它又比等距化更进一步，不但要求素质测评对象的排列有顺序等距关系，而且还存在位数关系。比例量化可以使素质测评对象进行差异比例程序的比较。

4. 当量量化

所谓当量量化，就是先选择某一中介变量，把诸种不同类别或并不同质的素质测评对象进行统一性的转化，对它们进行近似同类同质的量化，如加权。

三 素质测评标准体系

（一）素质测评标准体系的要素

测评与选拔标准体系的测评对象的数量与质量的测评起着"标尺"作用。素质只有通过标准体系，或者把它投影到测评标准体系中，才能表现它的相对水平与内在价值。它一般由标准、标度和标记三个要素组成。

1. 标准

所谓标准，就是指测评标准体系的内在规定性，常常表现为某种素质规范化行为特征或表征的描述与规定。

2. 标度

所谓标度，即对标准的外在形式划分，常常表现为对素质行为特征或表现的范围、强度和频率的规定。

3. 标记

所谓标记，即对应于不同标度（范围、强度和频率）的符号表示，通常用字母、汉字或数字来表示，可以出现在标准体系中，也可以直接说明标准。

（二）测评标准体系的构成

测评标准体系设计分为横向结构和纵向结构两个方面。横向结构是指将需要测评的员工素质要素进行分解，并列出相应的项目；纵向结构是指将每一项素质用规范化的行为或表征进行描述与规定，并按层次细分。

1. 测评标准体系的横向结构

员工的素质，也称之为能力，是由多种要素组合而成的。在测评标准体系的设计中，可以概括为结构性要素、行为性要素和工作绩效要素三个方面。

（1）结构性要素，是从静态角度来反映员工素质及其功能行为构成。包括身体素质、心理素质。

（2）行为环境要素，是从动态角度来反映员工素质及其功能行为特性，主要是考察员工的实际工作表现及所处的环境条件。

（3）工作绩效要素，是一个人的素质与能力水平的综合表现，通过对工作绩效要素的考察,可以对员工素质及其功能行为做出恰如其分的评价。

2. 测评标准体系的纵向结构

在测评标准体系中,一般根据测评的目的来规定测评内容,在测评内容下设置测评目标,测评目标下设测评指标。

(1)测评内容:是指测评所指向的具体对象与范围,它具有相对性。

(2)测评目标:是对测评内容筛选综合后的产物。有的测评目标是测评内容点的直接筛选结果,而有的则是测评内容的综合。测评目标是素质测评中直接指向的内容点。

(3)测评指标:是素质测评目标操作化的表现形式。

三者之间的关系:测评内容、测评目标与测评指标是测评标准体系的不同层次。测评内容是测评所指向的具体对象与范围,测评目标是对测评内容的明确规定,测评指标则是对测评目标的具体分解。

(三)测评标准体系的类型

1. 效标参照性标准体系

指依据测评内容与测评目的而形成的测评标准体系,一般是对测评对象内涵的直接描述或诠释。

2. 常模参照性指标体系

指对测评客体外延的比较而形成的测评标准体系。效标参照性体系与测评客体本身无关,而常模参照性指标体系则与测评客体直接相关。

第二节 企业员工职业生涯管理

一 职业与职业生涯概述

(一)什么是职业?

职业是指参与社会分工,用专业的技能和知识创造物质或精神财富,获取合理报酬，丰富社会物质或精神生活的一项工作。职业是人们在社会中从事的作为谋生手段的工作；从社会角度看职业是劳动者获得的社会角色，劳动者为社会承担一定的义务和责任，并获得相应报酬；从国民经济活动所需要的人力资源角度来看，职业是指不同性质、不同内容、不同形式、不同操作的专门劳动岗位。

职业是行业与职能的交集点。一种职业应该包括行业和职能两个维度构成，即：职业＝行业＋职能。职业即职场上的专门行业，是对劳动的分类。职业是社会分工的产物，西方通常指具有一定专长的社会性工作。

职业划分的方式很多，也没有定势，通常以所从事的产业或行业为主，并结合工作特点混合使用。《中华人民共和国职业分类大典》将我国职业归为8个大类，66个中类，413个小类，1838个细类（职业）。公务员、医生、教师、工程师、CEO等都属于职业。

（二）什么是职业生涯？

所谓职业生涯，是指人的一生中的职业历程。人的职业生活是人生全部生活的主体，在其生涯中占据核心与关键的位置。人们一生的职业历程有着种种不同的可能：有的人从事这种职业，有的人从事那种职业；有的人一生变换多种职业，有的人终身位于一个岗位；有的人不断追求、事业成功；有的人穷困潦倒、无所作为。造成人们职业生涯的差异，有个人能力、心理、机遇方面的问题，也有社会环境的影响。

生涯，英语是"career"。"生"，即"活着"；"涯"，即"边界"。广义上理解，"生"，自然是与一个人的生命相联系；"涯"，则有边际的含义，即指人生经历、生活道路和职业、专业、事业。人的一生，包含少年、成年、老年三个阶段，成年阶段是最重要的时期。这一时期之所以重要，是因为这是人们从事职业生活的时期。

职业生涯（Career）的含义曾随着时间的推移发生过很多变化。在20世纪70年代，职业生涯专指个人生活中和工作相关的各个方面。随后，又有很多新的意义被纳入"职业生涯"概念中，其中甚至包含生活中关于个人、集体以及经济生活的方方面面。

从经济观点来看，职业生涯就是个人在人生中所经历的一系列职位和角色，它们和个人的职业发展过程相联系，是个人接受培训教育以及职业发展所形成的结果。

职业生涯是以心理开发、生理开发、智力开发、技能开发、伦理开发等人的潜能开发为基础，以工作内容为确定和变化，工作业绩的评价，工资待遇、职称、职务的变动为标准，以满足需求为目标的工作经历和内心体验的经历。

职业生涯是人一生中最重要的历程，对人生价值起着决定性作用。职业生涯就是一个动态的过程，是指一个人一生在职业岗位上所渡过的、与工作活动相关的连续经历，并不包含在职业上成功与失败或进步快与慢的含义。也就是说，不论职位高低，不论成功与否，每个工作着的人都有自己的职业生涯。职业生涯，是一个人一生的工作经历，特别是职业、职位的变动及工作理想的整个过程。

二 职业生涯管理

（一）什么是职业生涯管理？

职业生涯管理，就是具体设计及个人合理的职业生涯计划。职业生涯管理是现代企业人力资源管理的重要内容之一，是企业帮助员工制定职业生涯规划和帮助其职业生涯发展的一系列活动。职业生涯管理应看作是竭力满足管理者、员工、企业三者需要的动态过程。

（二）职业生涯管理分类

职业生涯管理主要包括两种：一是组织管理（organizational career management），是指由组织实施的、旨在开发员工的潜力、留住员工、使员工能自我实现的一系列管理方法。二是自我管理（individual career management），是指社会行动者在职业生命周期（从进入劳动力市场到退出劳动力市场）的全程中，由职业发展计划、职业策略、职业进入、职业变动和职业位置的一系列变量构成。

（三）职业生涯管理主要特征

1. 职业性

职业管理是组织为其员工设计的职业发展、援助计划，有别于员工个人制定的职业计划。职业计划是以个体的价值实现和增值为目的，个人价值的实现和增值并不局限特定组织内部。职业管理则是从组织角度出发，将员工视为可开发增值而非固定不变的资本。通过员工职业目标的努力，谋求组织的持续发展。职业管理带有一定引导性和功利性。它帮助员工完成自我定位，克服达到工作目标中遇到的困难挫折，鼓励员工将职业目标同组织发展目标紧密相联，尽可能多地给予机会。由于职业管理是由组织发起的。通常由人力资源部门负责，所以具有较强的专业性、系统性。与之相比，职业计划没有那么正规和系统。或者可以说，只有在科学的职业管理之下，才可能形成规范的、系统的职业计划。

2. 需要的双重性

职业管理必须满足个人和组织的双重需要与组织内部一般的奖惩制度，职业管理着眼于帮助员工实现职业计划，即力求满足职工的职业发展需要。要实行有效的职业管理，必须了解员工在实现职业目标过程中会在哪些方面碰到问题？如何解决这些问题？员工的漫长职业生涯是否可以分为有明显特征的若干阶段？每个阶段的典型矛盾和困难是什么？如何加以解决和克服？只有掌握这些知识之后，才可能制订相应的政策和措施帮助员工找到内部增值的需要。一方面全体员工的职业技能的提高带动整体人力资源水平的提升；另一方面职业管理中心的引导可使同组织目标方向一致的员工个人脱颖而出，为培养组织高层经营、管理或技术人员提供人才储备。提高人员整体竞争力和储备人才是组织的需要。对职业管理的精力、财力投入和政策注入可以看成是组织为达到上述目的而进行的长期投资。组织需要是职业管理的动力源泉，无法满足组织需要将导致职业管理失去动力，最终职业管理活动的失败。

3. 多样性

职业管理形式多样、涉及面广。凡是组织对员工职业活动的帮助，均可列入职业管理。职业管理自招聘新员工进入组织开始，直至员工流向其他组织或退休而离开组织的全过程。职业管理同时涉及职业活动的各个方面。因此，建立一套系统的、有效的职业管理是有相当难度的。

（四）职业生涯管理有效性标准

古特里奇（Gutteridge, 1986）对职业生涯管理有效性标准进行了探讨，提出了四个标准：

（1）达到个人或组织目标。个人目标包括：①高度的自我决定；②高度的自我意识；③获得必要的组织职业信息；④加强个人成长和发展；⑤改善目标设置能力。组织目标包括：①改善管理者与员工的交流；②改善个人与组织的职业匹配，加强组织形象；③确定管理人才库。

（2）考察项目所完成的活动

包括：①员工使用职业工具（参与职业讨论会，参加培训课程）；②进行职业讨论；③员工实施职业计划；④采取职业行动（提升，跨职能部门流动）；⑤组织确定继承人。

（3）绩效指数变化

包括：①离职率降低；②旷工率降低；③员工士气改善；④员工绩效评价改善；⑤添补空缺的时间缩短；⑥增加内部提升。

（4）心理变化

包括：①职业工具和实践评价（参加者对职业讨论会的反映，管理者对工作布告系统的评价）；②职业系统可觉察到的益处；③员工表达的职业感受（对职业调查的态度）；④员工职业规划技能的评价；⑤组织职业信息的充足性。

在评价职业生涯管理有效性时，并没有考察所有涉及有效性的方面，而且组织也不必将所有的职业生涯管理方面均在组织中实施。但是这种系统的思考给未来实施评价提供了基础。

（五）企业员工职业生涯规划步骤

员工职业生涯规划可以按以下步骤进行：

1. 自我评价

（1）目的：帮助员工确定兴趣、价值观、资质以及行为取向，指导员工思考当前所处职业生涯的位置，制定未来的发展计划，评估个人的职业发展规划与当前所处环境以及可获得的资源是否匹配。

（2）公司推行自我评价主要采取如下两种方式：一是职业兴趣确认。

帮助员工确定自己的职业和工作兴趣。二是自我指导研究。帮助员工确认自己喜欢在哪一种类型环境下从事工作。

（3）员工与公司的责任分别是：员工的责任——根据自己当前的技能或兴趣与期望的工作之间存在的差距确定改善机会和改善需求；公司的责任——提供评价信息，判断员工的优势、劣势、兴趣与价值观。

2. 目标设定

（1）目的：帮助员工确定短期与长期职业目标。这些目标与员工的期望职位、应用技能水平、工作设定、技能获得等其他方面紧密联系。

（2）目标设定的方式：员工与上级主管针对目标进行讨论，并在员工开发计划中记录。

（3）员工与公司的责任分别是：员工责任——确定目标和判断目标进展状况；公司责任——确保目标是具体的、富有挑战性的、可以实现的；承诺并帮助员工达成目标。

3. 现实审查

（1）目的：帮助员工了解自身与公司潜在的晋升机会、横向流动等规划是否相符，以及公司对其技能、知识所作出的评价等信息。

（2）现实审查中信息传递的方式：由员工上级主管将信息提供作为绩效评价过程的一个组成部分，与员工进行沟通；上级主管与员工举行专门的绩效评价与职业开发讨论，对员工的职业兴趣、优势以及可能参与的开发活动等方面的信息进行交流。

（3）员工与公司的责任分别是：员工责任——确定哪些需求具有开发的现实性；公司责任——就绩效评价结果以及员工与公司的长期发展规划相匹配之处与员工进行沟通。

4. 行动规划

（1）目的：帮助员工决定如何才能达成自己的短期与长期的职业生涯目标。

（2）行动计划的方式：主要取决于员工开发的需求以及开发的目标，可采用安排员工参加培训课程和研讨会、获得新的工作经验、获得更多的评价等方式。

（3）员工与公司的责任分别是：员工责任——制定达成目标的步骤及时间表；公司责任——确定员工在达成目标时所需要的资源，其中包括课程、工作经验以及关系等。

（六）企业职业生涯规划的价值

职业生涯规划可以实现企业与员工的双赢，员工因职业生涯规划与管理，对自我优势、兴趣、能力以及职业前景有了较为全面和充分的认识，通过生涯规划技术与企业提供的发展通道实现对自我生涯的管理，提升职业竞争力。企业则通过职业生涯管理了解员工发展愿望、动机与职业兴趣，在组织设计中结合员工特点，充分实现人岗的匹配，最大程度提高员工工作效能与忠诚度，降低因人员流失造成的企业成本。

1. 对于企业而言

（1）职业生涯管理是企业资源合理配置的首要问题。人力资源是一种可以不断开发并不断增值的增量资源，因为通过人力资源的开发能不断更新人的知识、技能，提高人的创造力，从而使无生命的"物"的资源充分尽其所用，特别是随着知识经济时代的到来，知识已成为社会的主体，而掌握和创造这些知识的就是"人"，因此企业更应注重人的智慧、技艺、能力的提高与全面发展。因此，加强职业生涯管理，使人尽其才、才尽其用，是企业资源合理配置的首要问题。如果离开人的合理配置，企业资源的合理配置就是一句空话。

（2）职业生涯管理能充分调动人的内在的积极性，更好地实现企业组织目标。职业生涯管理的目的就是帮助员工提高在各个需要层次的满足度，使人的需要满足度从金字塔形向梯形过渡最终接近矩形，既使员工的低层次物质需要逐步提高，又使他们的自我实现等精神方面的高级需要的满足度逐步提高。因此，职业生涯管理不仅符合人生发展的需要，而且也立足人的高级需要，即立足于友爱、尊重、自我实现的需要，真正了解员工在个人发展上想要什么，协调其制定规划，帮助其实现职业生涯目标。这样就必然会激起员工强烈的企业服务的精神力量，进而形成企业发展的巨大推动力，更好地实现企业组织目标。

（3）职业生涯管理是企业长盛不衰的组织保证。任何成功的企业，其成功的根本原因是拥有高质量的企业家和高质量的员工。人的才能和潜力能得到充分发挥，人力资源不会虚耗、浪费，企业的生存成长就有了取之不尽，用之不竭的源泉。发达国家的主要资本不是有形的工厂、设备，而是他们所积累的经验、知识和训练有素的人力资源。通过职业生涯等管理提供员工施展才能的舞台，充分体现员工的自我价值，是留住人才、凝聚人才的根本保证，也是企业长盛不衰的组织保证。

2. 对于员工而言

对员工个人而言，参与职业管理的重要性体现在三个方面：

（1）对于增强对工作环境的把握能力和对工作困难的控制能力十分重要。职业计划和职业管理既能使员工了解自身长处和短处，养成对环境和工作目标进行分析的习惯，又可以使员工合理计划、分配时间和精力完成任务、提高技能。这都有利于强化环境把握和困难控制能力。

（2）利于个人过好职业生活，处理好职业生活和生活其他部分的关系。良好的职业计划和职业管理可以帮助个人从更高角度看待工作中的各种问题和选择，使职业生活更加充实和富有成效。它更能考虑职业生活同个人追求、家庭目标等其他生活目标的平衡，避免顾此失彼，两面为难。

（3）可以实现自我价值的不断提升和超越。工作的最初目的可能仅仅是找一份养家糊口的差事，进而追求的是财富、地位和名望。职业计划和职业管理对职业目标的多次提炼可以使工作目的超越财富和地位，追求自我价值的实现。

（七）员工职业生涯管理流程

员工职业生涯管理一般包括职业通道管理、员工职业生涯设计、能力开发、检查评估和反馈修正等步骤。

（1）职业通道管理：是指根据公司业务、人员实际情况，建立若干员工职业发展通道（即职系），包括管理、技术或营销等等。使具有不同能力素质、不同职业兴趣的员工都可以找到适合自己的上升路径，避免所有人都拥挤在管理跑道上。公司应明确不同职系的晋升评估、管理办法以及职系中不同级别与收入的对应关系，给予员工不断上升的机会。

（2）员工职业生涯设计：是针对每个员工而言。公司可以设立职业发展辅导人制度，上层的直接主管或资深员工可以成为员工的职业辅导人。职业辅导人在新员工进入公司试用期结束后，应与其谈话，有条件的可以使用测评工具对员工进行个人特长、技能评估和职业倾向调查。帮助新员工根据自己的情况，如职业兴趣、资质、技能、个人背景等明确职业发展意向、设立未来职业目标、制订发展计划表。

（3）能力开发：公司应结合员工职业发展目标为员工提供能力开发条件。能力开发的措施可以包括培训、工作实践和业务指导制度等。公司可以根据实际情况，提供包括在职、脱产的各种形式有针对性的培训并鼓励员工自我培训。

（4）检查评估：公司应定期组织对职业生涯管理制度的执行情况进行检查，同时对员工进行能力、绩效的评估，确定能力开发成果，分析员工是否达到或超出当前所在岗位资格要求，距离下一步职业目标的差距，为下一步的发展提供依据。

（5）反馈修正：是指阶段性的检查评估结束后，向员工反馈评估结果，根据评估结果，帮助员工分析前进途中的问题和差距，并提出改进措施或者建议调整未来发展目标。

第三节 企业员工绩效管理

一 绩效考评概述

（一）什么是绩效？

绩效，从管理学角度看，是组织期望的结果，是组织为实现其目标而展现在不同层面上的有效输出，包括个人绩效和组织绩效两个方面。组织绩效实现应在个人绩效实现的基础上，但是个人绩效的实现并不一定保证组织是有绩效的。如果组织绩效按一定的逻辑关系被层层分解到每一个工作岗位以及每一个人的时候，只要每一个人达成了组织要求，组织绩效就实现了。

"绩"就是业绩，体现企业的利润目标，又包括两部分：目标管理（MBO）和职责要求。企业要有企业的目标，个人要有个人的目标要求，目标管理能保证企业向着希望的方向前进，实现目标或者超额完成目标可以给予奖励，比如奖金、提成、效益工资等；职责要求就是对员工日常工作的要求，比如业务员除了完成销售目标外，还要做新客户开发、市场分析报告等工作，对这些职责工作也有要求，这个要求的体现形式就是工资。

"效"就是效率、效果。效是一种行为，体现的是企业的管理成熟度目标。效又包括纪律和品行两方面，纪律包括企业的规章制度、规范等，纪律严明的员工可以得到荣誉和肯定，比如表彰、发奖状/奖杯等；品行指个人的行为，"小用看业绩，大用看品行"，只有业绩突出且品行优秀的人员才能够得到晋升和重用。

（二）什么是绩效管理？

是指各级管理者和员工为了达到组织目标共同参与的绩效计划制定、绩效辅导沟通、绩效考核评价、绩效结果应用、绩效目标提升的持续循环过程，绩效管理的目的是持续提升个人、部门和组织的绩效。

绩效管理是所有人力资源管理和企业管理中最难做到的，它在实际操作过程中很复杂。绩效管理的对象是人，人和机器最大的区别是，人有思想、有情绪，会产生业绩的波动。所以，对人的投资有两大特征，第一风险大，第二收益高。

（三）什么是绩效考评？

绩效考评，是企业绩效管理中的一个环节，常见绩效考评方法包括BSC、KPI、360度考核、MBO等。

BSC（Balance Score Card，平衡计分卡）是由哈佛商学院罗伯特·卡普兰和戴维·诺顿于1992年发明的一种绩效管理和绩效考核的工具。20世纪九十年代初，美国诺顿研究所主持并完成"未来组织绩效衡量方法"研究计划。该计划最初的动机是认为现有的以财务会计计量为基础的绩效计量方法变得越来越模糊，目的在于找出超越传统以财务计量为主的绩效衡量模式，以使组织的"战略"能够转变为"行动"。该研究包括制造业、服务业、重工业和技术行业的公司。通过研究到实践，平衡计分卡终于成为一个战略实施的工具，将公司的战略落实到可操作的目标、衡量指标和目标值上。

KPI是Key Process Indication的英文缩写，意思是企业关键业绩指标。所谓企业关键业绩指标是指通过对组织内部流程的输入端、输出端的关键参数进行设置、取样、计算、分析，衡量流程绩效的一种目标式量化管理指标，是把企业的战略目标分解为可操作的工作目标的工具，是企业绩效管理的基础。KPI可以使部门主管明确部门的主要责任，并以此为基础，明确部门人员的业绩衡量指标。一般认为，建立明确的切实可行的KPI体系，是做好绩效管理的关键。

360度评估是绩效考核方法之一，其特点是评价维度多元化（通常是4或4个以上），适用于对中层以上人员的考核。360度评估反馈（360°Feedback），又称"360度考核法"或"全方位考核法"，是指由员工自己、上司、直接部属、同仁同事甚至顾客等从全方位、各个角度来评估人员的方法。评估内容包括沟通技巧、人际关系、领导能力、行政能力等等……通过这种理想的评估，被评估者不仅可以从本人、上司、部属、同事甚至顾客处获得多种角度的反馈，也可从这些不同的反馈清楚知道自己的不足、长处与发展需求。

目标管理法（Management By Objective，MBO）作为一种成熟的绩效考核模式，始于管理大师彼得·德鲁克的目标管理模式，迄今已有几十年的历史了，如今也广泛应用于各个行业。为了保证目标管理的成功，目标管理应做到：确立目标的程序必须准确、严格，以达成目标管理项目的成功推行和完成；目标管理应该与预算计划、绩效考核、工资、人力资源计划和发展系统结合起来；要弄清绩效与报酬的关系，找出这种关系之间的动力因素；要把明确的管理方式和程序与频繁的反馈相联系；绩效考核的效果取决于上层管理者在这方面的努力程度，以及他对下层管理者在人际关系和沟通的技巧；目标管理计划准备工作是在当前的目标管理实施的末期之前完成，年度的绩效考评最后输入预算。

（四）什么是绩效考评制度？

绩效考评制度是指凭着对照工作目标或绩效标准，采用一定的考评方法，评定员工的工作任务完成情况、工作职责履行程度和发展情况，并将上述评定结果反馈给员工的一种制度。

（五）绩效考评目的

考评的最终目的是改善员工的工作，以达到企业的经营目标，并提高员工的满意程度和未来的成就感。考评结果主要用于工作反馈、报酬管理、职务调整和工作改进。

（六）绩效考评原则

（1）一致性：在一段连续时间之内，考评的内容和标准不能有大的变化，至少应保持一年之内考评方法的一致性。

（2）客观性：考评要客观反映员工的实际情况，避免由于光环效应、偏见等带来的误差。

（3）公平性：对于同一岗位的员工使用相同的考评标准。

（4）公开性：员工要知道自己的详细考评结果。

二 如何建立绩效考评体系？

（一）选取考评内容

1. 选取考评内容的原则

考评内容主要是以岗位的工作职责为基础确定的，但要注意遵循下述原则：

（1）与企业文化和管理理念一致。考评内容实际上就是对员工工作行为、态度、业绩等方面的要求和目标，它是员工行为的导向。考评内容是企业组织文化和管理理念的具体化和形象化，在考评内容中必须明确：企业鼓励什么，反对什么，要给员工以正确的指引。

（2）要有侧重。考评内容不可能涵盖该岗位上的所有工作内容，为了提高考评的效率，降低考评成本，并且让员工清楚工作的关键点，考评内容应该选择岗位工作的主要内容进行考评，不要面面俱到。这些主要内容实际上已经占据了员工80%的工作精力和时间。另外，对难于考核的内容也要谨慎处理，认真分析它的可操作性和在岗位整体工作中的作用。

（3）不考评无关内容。绩效考评是对员工的工作考评，对不影响工作的其他任何事情都不要进行考评。比如说员工的生活习惯、行为举止、个人癖好等内容都不宜作为考评内容出现，如果这些内容妨碍工作，其结果自然会影响相关工作的考评成绩。

2. 对考评内容进行分类

为了使绩效考评更具有可靠性和可操作性，应该在对岗位的工作内容分析基础上，根据企业管理特点和实际情况，对考评内容进行分类。比如将考评内容划分为"重要任务"考评、"日常工作"考评和"工作态度"考评三个方面。

"重要任务"是指在考评期内被考评人的关键工作，往往列举 1～3 项最关键的即可，如对于开发人员可以是考评期的开发任务，销售人员可以是考评期的销售业绩。"重要任务"考核具有目标管理考核的性质。对于没有关键工作的员工（如清洁工）则不进行"重要任务"的考评。

"日常工作"的考核条款一般以岗位职责内容为准，如果岗位职责内容过杂，可以仅选取重要项目考评。它具有考评工作过程的性质。

"工作态度"的考核可选取对工作能够产生影响的个人态度，如协作精神、工作热情、礼貌程度等等，对于不同岗位的考评有不同的侧重。比如，"工作热情"是行政人员的一个重要指标，而"工作细致"可能更适合财务人员。另外，要注意与工作无关的内容不要列入"工作态度"的考评内容。不同分类的考评内容，其具体的考评方法也不同。

（二）编写考评题目

1. 编写考评题目

在编写考评题目时，要注意以下问题：首先，题目内容要客观明确，语句要通顺流畅、简单明了，不会产生歧义；其次，每个题目都要有准确的定位，题目与题目之间不要有交叉内容，也不应该有遗漏；最后，题目数量不宜过多。

2. 制定考评尺度

考评的尺度一般使用五类标准：极差、较差、一般、良好、优秀。也可以使用分数，如 0—10 分，10 分是最高分。对于不同的项目根据重要性的不同，需使用不同的分数区间；使用五类标准考评时，在计算总成绩时也要使用不同的权重。

为了提高考评的可靠性，考评的尺度应该尽可能细化。

（三）选择考评方法

根据考评内容的不同，考评方法也可以采用多种形式。采用多种方式进行考评，可以有效减少考评误差，提高考评的准确度。

比如，我们可以安排直接上级考评直接下属的"重要工作"和"日常工作"部分，同事之间对"工作态度"部分进行互评。另外，还可以让员工对"日常工作"和"工作态度"部分进行自评，自评成绩不计入总成绩。主要是让考评人了解被考评人的自我评价，以便找出自我评价和企业评价之间的差距，这个差距可能就是被考评者需要改进的地方。这些资料可以为后面进行的考评沟通提供有益的帮助。

为了不出现考评误差，人力资源部门可以建议考评人对被考评人的"重要工作"和"日常工作"经常进行非正式考评，并记录关键事件，在正式考评时，可以以此为原始材料。另外在考评时，考评人对所有被考评人的同一项目进行集中考评，而不要以人为单位进行考评。

1. 目标考评

对"重要任务"考评采取目标考评方法。在一个考评周期前，考评人和被考评人要讨论制定一个双方都接受的"重要任务说明"，该说明要明确任务名称、任务描述、任务工作量等内容。

2. 自评

即被考评人的自我考评，考评结果一般不计入考评成绩，但它的作用十分重要。自评是被考评人对自己的主观认识，它往往与客观的考评结果有所差别。考评人通过自评结果，可以了解被考评人的真实想法，为考评沟通做准备。另外，在自评结果中，考评人可能还会发现一些自己忽略的事情，这有利于更客观地进行考评。

3. 互评

互评是员工之间相互考评的方式。互评适合于主观性评价，比如"工作态度"部分的考评。互评的优点在于：首先，员工之间能够比较真实地了解相互的工作态度，并且由多人同时评价，往往能更加准确地反映客观情况，防止主观性误差。互评在人数较多的情况下比较适用，比如人数多于5人。另外，在互评时不署名，在公布结果时不公布互评细节，可以减少员工之间的相互猜疑。

4. 上级考评

在上级考评中，考评人是被考评人的管理者，多数情况下是被考评人的直接上级。上级考评适合于考评"重要工作"和"日常工作"部分。

5. 书面评价

由于每位员工都有不同的特点，而标准化的考评方式则忽略了这个因素，将员工整齐划一，不利于员工个人成长。书面评价则弥补了这个缺陷。一般来讲，书面评价应该包括肯定员工成绩、指出员工不足和企业对员工的期望三个方面的内容。书面评价可以由上级撰写，也可由企业人力资源部门统一撰写。

(四) 制定考评制度

人力资源部门在完成考评内容选取、考评题目编写、考评方法选择及其他一些相关工作之后，就可以将这些工作成果汇总在一起，来制定企业的"绩效考评制度"，该制度是企业人力资源管理关于绩效考评的政策文件。有了"绩效考评制度"，就代表着企业的绩效考评体系已经建立。"绩效考评制度"应该包括考评的目的、用途、考评原则、考评的一般程序等内容。

第七章

外国企业人力资源管理及中外比较

第一节 韩国企业人力资源管理

一 韩国人力资源管理基本理论

（一）韩国企业的等级制度和柔性化管理

总体来看，韩国是在某种垂直的组织原则上建立起来的高度同质的社会。由于受多层传统家庭制度的影响，韩国企业的层次似乎比日本企业还多，但各职能机构有确定的制度，每个人都在自己的职权范围内照常运作，分层负责。这样的等级制度反映了韩国企业注重管理的制度化，也就是注重"法治"的思想。

韩国企业的人力资源管理制度是以自上而下的方式实现管理功能的，强调企业管理中柔性的一面，并在"情治"上做得很成功。韩国式的管理似乎又比强调一致和融洽的日本式管理更重视忠诚、温和及合作，组织行为更具系统性、更富人情味，这或许是韩国管理方式的最重要特征之一。

（二）雇用思想

韩国的雇用观念有长期的忠诚性，其雇员主要是忠于企业董事长或业主，而不是忠诚于公司。既然人们主要是忠于个人而不是忠于组织，因此，雇员承担义务的程度，也就取决于该雇员与董事长或业主之间那种和谐人际关系的持续时间。这样，韩国雇员对某个人的承诺导致了某种准长期雇用观念，它既不同于日本的那种基于对组织的承诺的长期雇用观念，也不同于美国的那种基于定期雇用契约的短期雇用观念。

（三）企业新人事制度

能力主义在低工资、高经济发展率的时代有其合理性的一面，但韩国目前处于高工资、低经济增长率且竞争白热化的时代，加之技术进步以及多品种、少数量生产的实现，使企业从业者的个体创新能力日益得到重视。因此过去的一元的年限标准的人事管理，逐渐向能力主义与年限标准相结合的二元制弹性管理过渡。

二 韩国人力资源管理特色

（一）企业家族化程度高

家庭和家族的观念渗入韩国管理制度之中，这是韩国人力资源管理的首要特征。家庭人员首先要忠于直系亲属，其次是忠于近亲，最后忠于家族乃至宗族。所以，韩国人有一种根据家庭和宗族的原则来组建和管理企业的倾向，许多韩国企业都安排业主的亲属和宗族远亲在企业内工作，并且按照经常是与宗族制度内的规范相似的规范运作。

（二）重视非物质激励和企业文化激励

激励是企业人力资源管理的重要方面。以前，韩国企业试图提高全体雇员尽心尽力工作的精神，主要还是求助于韩国要摆脱贫穷，追求经济优越，提高韩国国际形象等国家目标的号召力，但现在随着韩国人均收入的提高，非物质的奖励形式越来越成为比货币奖励更重要的激励因素。为此，韩国企业重视人力资源管理理论与实践的结合，许多企业通过完善现行的半终生雇用制，促进雇主与雇员之间的真正共有关系；增强企业成员的归属意识；强化员工的责任感、忠诚感和共识感。

（三）法治与情治相结合

韩国企业人力资源管理成功的来源就是："法治"加"情治"。所谓"法治"，是指建立科学、严密的管理制度，依"法"行事。其评判标准应为责、权、利的统一。其核心部分是西方企业制度。所谓"情治"，是指通过感情、价值观的认同来沟通、协调、统一员工的意志，以达到为企业做贡献的合力效应。其评判标准为优良的企业文化的形成。其核心部分是积极合理的儒家思想。

三 韩国的企业文化

企业文化，或称组织文化（Corporate Culture 或 Organizational Culture），是一个组织由其价值观、信念、仪式、符号、处事方式等组成的其特有的文化形象。韩国企业文化是韩国企业在长期生产经营中形成的观念、道德水准和共同的价值准则。韩国企业文化的主要特点有：

（一）团队精神

这是韩国企业文化的精髓。韩国企业的员工对企业有强烈的荣誉感和认同感，在企业中充满团结和合作的融洽气氛。

（二）能做意识

韩国企业的最具代表性的文化便是"能做"文化，它强调企业成员富有积极性和挑战性的共有价值。

（三）大家族意识

每个企业都有一个"核心"，这个"核心"就是老板或者老板的家族。它有很强的向心力、凝聚力，企业全体员工作为"家族的一员"发挥作用。因此，韩国企业文化中呈现：企业主的绝对权威；企业内营造"家庭"氛围；重视名分和体面，恭敬上司，尊重他人；重视等级秩序；家长式权威主义与家族成员式温情主义并重的领导方式；基于血缘、地缘、学缘等关系的非正式组织；基于血缘的所有权与继承权，和睦的企业氛围。

（四）重视品德

企业在人事管理上是"以人品为中心"，并且以人的品德为人事考核的最基本因素。

（五）倡导勤奋

视懒惰为罪恶、视勤劳为必备的重要品德。

（六）提倡创新、崇尚竞争和发挥个人才能

韩国的企业文化提倡创新、冒风险。除受日本企业文化的影响，实行年功序列制外，韩国企业还崇尚竞争和发挥个人才能的一面。

（七）灵活的终身雇用制

虽然韩国员工受儒家家族概念提倡的忠诚思想和日本式终身雇用制的影响，但是机会来临时，也会从一个企业跳槽到另一企业，以发挥个人的才能。并且，韩国人对忠诚的概念常常是对特定的上司。

四 韩国公司人力资源管理主要特征

（一）人员招聘

韩国企业的经营者主要来自其他企业或其他领域，即韩国经营者的一个重要生成机制是转职。由金融界、政府部门、军界、学术界转职而来的企业经营者占相当大的比重；另一种机制即是内部提拔，在本企业内部，依靠个人聪明才智、通过提拔成为企业经营者。无论是哪一种类型，韩国企业经营者生成的重要条件是学历要求——表明经营者自身素质的重要指标。这种以学历定雇用的劳动力吸收制度延续到企业，就是以学历定职位，以学历定劳动报酬。

（二）培训与开发

韩国企业非常重视人力资源的培训与开发，侧重于通过建立企业内部的研修院或利用产业教育机构培育优秀人才，韩国企业的职业培训自20世纪70年代开始就已经出现。像三星、现代、LG等大型国际企业各级公司都成立了综合研修院。研修院培训的内容很有特色：如企业战略性思考，投资决定领域，战略性合作教育，企业竞争力开发教育，新技术的实际操作教育等。为了保障企业有充足的人才供给，很多韩国国际企业建立了相应的人才储备系统；同时，从销售额中提取一定比例持续进行教育投资、重视员工的海外研修工作等也是韩国国际企业采用的方式。

（三）薪酬管理

韩国企业的工资制度以"能力主义"为主要的分配原则，即认为职务是能力的反映，高职务应该有高报酬。同时高学历是取得高报酬的主要因素，高学历又和高职位相联系，高学历是取得高报酬的主要原因；同时，高学历也是劳动者在企业的权力等级中取得一席之地的必要条件，因高职位又与高报酬相联系，所以职务与学历一道，成为拉开劳动收入差别的一个重要因素。这样一个有独特特点的劳动报酬确定机制可以充分激励员工重视教育，重视自我提高，从而提高企业人力资源素质，增强企业实力。

（四）劳资关系

与其他国家比较，韩国企业的劳资关系还是比较稳定协调的。主要在于韩国政府一直把限制工会运动作为其"治安对策"的重要组成部分，把低工资作为实现经济起飞的重要措施，因而政府与企业主同属一条战线，造成劳资双方力量对比极为悬殊，企业员工方面不能结成强有力的联盟与资方抗衡。根据目前的有关法律，成立工会必须满足会员人数等一系列苛刻条件，而且只允许有一个工会存在。企业主往往利用自身的有利条件，率先成立自己的"御用工会"。另外，韩国规定，除金融机构外，大学毕业的管理人员不能加入工会。因为管理人员对本企业的情况了解得比较清楚，在劳资交涉中容易掌握主动权。

（五）企划调整室

在韩国财团的管理系统中，有一个类似于财团的参谋部和指挥中心的部门，具有突出的地位，叫企划调整室。其职能主要有：负责财团的全部综合计划业务；制定长远的经营战略和具体的经营措施；招聘、网罗和任用人才，了解国内外市场情况，向财团系列企业提供有关信息情报；调整系列企业间的业务、指导系列企业的生产等。由于企划调整室所处的特殊地位，所以企划调整室的规模都比较大，担任企划调整室长的人都是深受财团首脑信任、级别很高者，多与系列会社社长平级。还有一点值得说明的是，担任企划调整室长的人多是善于理财者。这一与其他国家不同的管理模式，使韩国国际企业的人力资源管理带有更强的家族管理色彩。

第二节　日本企业人力资源管理

一　日本管理方式的优点和特色

"经营在于用人"是日本企业经营管理的主导思想。日本企业的人力资源管理恰恰体现了这样的思想。根据经营目标的要求，人力资源管理采取了双重目标约束，即经营目标和发展目标。经营目标的核心问题是解决好现有人力资源的开发和利用，解决好两种配合关系：第一，使企业的人力资源的数量、质量和结构，适应企业独特的生产资料和生产的物质技术基础；第二，使每个员工与他们所从事的工作相适应。发展目标所要解决的核心问题是发展中的配合关系，即不断培训开发人力资源，使之与不断发展的物质技术基础相适应。

与欧美企业的人力资源管理方式相比，日本的管理方式存在以下优点：

（1）人员稳定，使企业很少有对人力资源开发投资损失的顾虑，确保了人员整体素质的不断提高。

（2）员工对企业的依赖性强，有利于凝聚员工的力量，从而形成有益的企业文化。

(3) 开发与适用紧密相连，使企业生存真正寓于发展之中。

(4) 对新技术、新工艺有较强的消化水平，增强了企业在国际市场竞争中的适应性。

(5) 容易建立和谐的劳工关系，减少了人事纠纷所带来的损失。

(6) 有效防止企业机密和技术情报的外泄等。

日本的企业人力资源管理还有一项独特的管理方式，即模糊的职务设计和人与职务的双向开发。欧美的职务界限是很清楚的，有助于明确职责和便于对工作绩效进行评价。但是，过于明确的职责界限，束缚了劳动者的主动性。在这种明确职责权限下，不干分外的事是理所当然的，因而缺乏工作中的主动协调性。模糊职责的设计，恰好弥补了员工主动性不足的问题，对于良好地处理工作界面的关系起了不容忽视的作用。以模糊职务设计为基础的企业组织，具有较大的弹性，因而人员、技术以及他们的相互关系，在一定程度内可以自行调适，而不会影响组织本身，保证了企业结构的稳定。正是由于职务边界的模糊，使得日本企业可以根据具体情况实现人与职务的双向开发。

所谓双向开发，是指当人的能力不能履行工作职责时，通过培训对人的素质加以提高，使之符合职务对人能力的要求；当人的能力超过工作职责所要求的能力时，扩大职务的外延，使之与人的能力相适应。这样，人与工作间的相互关系既能及时加以调整，又避免了人员频繁变换而造成管理过于麻烦。

二 日本企业人力资源管理的运作

人员从劳动力市场进入企业后，被作为企业的资源分配到不同的工作单位，产生了一定的绩效。然后通过对绩效的评估，得到以下信息：①调整信息，用于改善人与工作的配合关系，提高人力资源使用的效益；②开发信息，输送到人力资源开发战略中，通过适当的培训和开发，提高员工履行工作职责的能力。这样，企业根据经营发展战略的要求和技术的变化，以及企业将来对人力资源数量、质量、结构的要求，对员工进行有组织、有计划的培训，并投入人力资源的运用之中。日本企业的这种人力资源使用、开发与调整的三位一体的循环往复，使企业对外部劳动力市场的**依赖性减弱**，确保了企业效益。

三 日本的人才就业服务系统

日本在国家经济运作和企业经营中,特别重视人才。除通过学校教育培养人才、通过企业管理有效使用人才外,还特别注意抓好人才就业这一中间环节,逐步形成了一套完整的人才就业服务体系。日本的人才就业服务体系是随着经济发展及人才供求状况的变化而逐步形成和完善起来的。日本的人才就业服务可以分为五个方面:

(一) 提供信息

其中,出版刊有招聘信息的专业杂志是最主要的形式。目前,日本有数家专门编辑出版就业信息的杂志社,针对不同类型求职人员和不同专业领域出版各种用人信息的杂志。每年春季学生毕业和企业招工以前,登载着大量招聘广告的各类杂志充塞学校和图书馆。平时每月也有大量的招收临时工的信息杂志定期出版。除专业杂志外,报纸上刊载的招聘广告等也是传递就业信息的一种重要形式。此外,还有用人单位自己张贴和散发的广告。

(二) 人才派遣

这是依据有关法规从1986年开始出现的一种就业服务形式。求职人员在人才派遣公司登记注册,由人才派遣公司同用人单位签订工作合同,求职人员受派遣公司的派遣在用人单位从事一定时期的工作,被派遣人员的一切工资福利由派遣公司支付。这种形式解决了求职人员的就业问题,派遣公司从中获利,而用人单位虽然要支付比正式企业员工更高的工资,但省去了培训、社会保险、住房等各种杂费,实际上大大节省了开支。近年来,这种人才派遣业务发展比较快。

(三) 职业介绍

日本的职业介绍机构以官办为主,也有民间团体和公司参加。政府在全国各地设立了500多个"职业安定所",负责免费为失业和待业人员介绍工作。一些工会组织在企业倒闭或裁员等情况下也协助为其会员介绍工作。商业性的有偿职业介绍在法律上是禁止的,但有关医师、护士、律师等 28 种专业技术型职业除外。一般具有一定实力和办公条件、有 10 年以上此类工作经历的人,经劳动大臣批准并设立个人职业介绍所,开展有偿服务。

(四) 调动斡旋

这是为适应日本的终身雇用制以及企业间相互争夺人才的需要而于近些年兴盛起来的行业。一般以"人才咨询公司"、"经营顾问公司"形式存在。其主要业务有两个方面:(1) 帮助委托单位从其他单位挖人才。在用人单位无法公开出面的情况下,根据委托单位所提出的条件,寻找目标,进行斡旋。(2) 帮助委托单位劝退无多大发展前途的员工。

(五) 职能培训

包括各种短期培训学校和培训班,进行出纳、会计、外语会话、打字、公关礼仪等实用科目的培训。日本的这种培训单位极多,遍及全国各地,基本是私立的。培训单位虽不负责学员的工作安排,但通过培训,学员掌握一技之长,就业条件得到改善,有利于寻找到相应的职业。

四 日本的在职培训措施

随着现代科学技术的发展,科学文化知识和先进的电子技术设备应用得非常广泛。各企事业单位,对于职员的素质要求越来越高。然而在日本,不论大学生、硕士还是博士,迈出校门进入公司大门之日起,都要接受公司为期三个月至半年的"入社教育"。内容大致分为以下方面:

1. 与公司业务相关的知识、技术的传授,开设一系列课程,由公司的教育部门和有关业务部门员工担任教员。

2. 灌输公司的信条、文化,培养荣誉感和效忠公司的信念,实施人格训练。

3. 基本素质和技能训练,包括言谈举止、仪态风度、接电话和打电话方式、公文写作、与上级和前辈的说话方式、在众人面前自我介绍以及发表简短讲演、团体主义精神等。

五 日本企业人力资源管理的主要内容

（一）升职和评估

在日本，年资是增长工资的主要因素。在同年龄层次人中，尤其是刚工作几年的人之间的工资差别不大。职员们知道他们将一辈子工作在一起，公司今后对他们会有承认和奖励。因此，他们为了共同利益而互相协作。再者，评估个人表现是将忠诚、热情、合作排在实际工作表现和知识的前面。奖励对员工心理上的影响要比经济上的影响更大。日本员工由于有长期录用的思想，所以并不期望有立即见效的公认和奖励。日本公司一般每年年底根据公司的经济增长情况，给员工发相当于五个月工资的红利。

（二）非专业生涯途径

终身职业可使员工在公司内轮换工作。这种长期继续培训的实践方法使员工能学到企业各方面的经验，与许多人建立同志式的关系。当个人确定了终身位置后，他们成了具有各方面才能的人，这样他们更能全面考虑自己的行为对整个组织大目标的影响。他们也可以利用已建立的人际关系，与同事们共同合作，为实现公司总目标服务。

（三）终身职业制

在日本，长期职业可转成"终身职业"，尤其在大公司，更是如此。公司每年招工一次，经过试用，除了对那些严重违法违纪人员实行解雇外，一般都可转成终身职员，直到退休为止。公司兴旺时有时也招一些临时工或承包合同工；碰到经济困难时，公司也许会按比例减少所有员工的工资或奖金，解雇一些临时工，相应调整长期雇员的工作或减少工时。但对终身雇员不解雇，而是向他们提供福利、培训等。这种政策使个人更加忠实于公司，每一个雇员都能在信任的基础上与公司建立长期关系，并认识到这种关系对他们的益处。因此，当工作有所变动时，他们乐于接受，不必有任何担心。

（四）质量圈

日本管理另一个突出的方式是质量圈。第二次世界大战失败后，日本认识到，要打开国际市场，而且要在国际市场占领主要位置，就必须提高产品质量。质量不仅仅是成品问题，还有包括按时出产品、及时交货、发票账单准确无误，以及维修服务等一整套措施。降低上述每一项的成本都可以提高生产率。有了这些认识后，日本科学家和工程师协会邀请美国管理专家爱德华兹·丹明（Edwards Deming）到日本作关于质量控制的系列学术报告。丹明提出，一切有过程的活动，都是由计划、实施、检查和行动四个环节组成，计划→实施→检查→行动→计划……循环往复，周而复始，在提高产品质量，改善企业经营管理中起积极作用。这被称为"丹明圈"或"丹明环"。丹明强调将质量控制放在中层管理的重要性。日本将丹明的这种思想与日本的实际相结合，把质量控制的责任交给车间，就这样形成了质量圈。

每个质量圈约由八名一般工人和一名年长资深的工人组成，是比较自治的单位。在日本参加这类质量圈是自愿的，工人中每八人有一人参加质量圈。质量圈的成员都接受怎样解决问题，其中包括一些基础数学方法的训练。质量圈不是为解决某一问题而建立的，他们定期聚集在一起，为减少次品与废品，减少返工和停工的时间，同时也为改善工作条件，提高自我发展等问题提出解决方法。这些成员是组织最好利用的有创造性的资源，即使他们解决问题的办法不如技术人员的办法，但工人们由于自己参与管理，他们的积极性被大大调动起来，他们就能努力将问题解决好。这种质量圈的管理方法，充分发挥了每一个人的积极性与创造力，这正是重视人力资源管理的具体表现。

（五）集体决策

这是日本企业决策的特点。每个人都有一种参与公司管理的意识，因为没有所有人参与决策并表示同意，实际上任何事情都做不好。日本人认为有了意见分歧，不能靠敌对手段或靠一方压倒另一方的方式解决，而应靠从许多渠道取得更多信息，待大家都掌握后再来一起决策。一旦决策后，大家就齐心协力去做。这也许是一个费时费力的过程，但由于最后大家的一致承诺，因此执行起来花的时间就少了。

六 日本人力资源管理中的企业文化改进

在日本经济发展模式中，独具特色的企业文化一直受到世人关注和赞誉，被誉为企业和谐发展的典范。但是，随着泡沫经济的破灭，日本企业生产经营遇到了严重困难，特别表现在企业对迅速变化的信息社会反应迟缓，缺乏技术创新能力，在高新技术领域产品竞争力下降，从而暴露出原有的企业文化不适应经济发展的一面。

日本企业文化实质上包括象征理念、制度典章和器物技艺三种不同的层次：器物与技艺是企业从事生产经营活动的最具体的工具和手段，也是最低、最活跃的企业文化层次；它们服从企业的目的和宗旨。制度典章是安排人际关系的企业文化形式，代表一种秩序；就其功能的角度看，任何企业都有一套特定的制度来分配权力、财富、地位，如企业的制度及由其决定的福利制度、人事制度等。象征理念则是埋藏在器物技艺和制度典章下面更为深层的因素，是指导企业行为的根本动力，以一定的企业精神、企业道德、企业价值观为其建构的基础。这是企业文化最核心的部分。

日本传统企业文化受制于日本社会的传统文化，并在企业之间激烈的生产竞争中形成。在象征理念层次上，日本企业文化表现为浓厚的家庭观念和强烈的整合意识。员工一旦进入企业，就得按照传统对企业坚守忠诚，团结合作，信奉家规，下级服从上级。企业则十分强调自己的社会责任，强调以社会利益作为企业经营管理的出发点，维护国家的整体利益，自觉承担社会责任。许多企业都有自己的口号，如松下公司的"松下七精神"中就有"工业报国"、"感恩戴德"等信条。在制度典章层次下，日本企业文化表现在企业制度建设等方面，如员工一经录用，就有固定的职业保障和收入保障，薪水随工龄递增；此外，员工也能从企业得到可观的福利回报，从而将员工利益与企业发展紧密联系起来。

20世纪90年代以后，日本企业的经营环境发生了很大的变化，企业文化的内涵也在逐渐转变。随着经济的衰退，企业再也无法承诺提供终生就业，也无力向新毕业大学生提供就业岗位；而且企业也意识到强调终生雇用制不利于强化竞争机制，企业也无法进行人力资源结构的调整以满足产业结构调整的需要，从而使企业的终生雇用制发生动摇，降低了员工对企业的忠诚度和归属感。同时，随着教育水平的提高，不少年轻人，尤其是新一代大学生对传统企业文化彻底丧失了信心，他们再也不视企业为自己的唯一归属，而是渴望通过岗位变换来寻找展示自身价值的舞台。传统的企业文化要求员工绝对忠诚，而现在择业时往往把目标投向更好的企业、更好的机会。在日本企业文化中，更强调发挥集体的作用，个人只是作为集体的一员存在，个性得不到尊重；但现今日本青年受西方价值观影响较大，越来越重视个人价值的存在，他们对工作之外的生活享受寄予很高的希望，力图摆脱"经济动物"的束缚，去善待生活，享受生活。尤其是日本企业更强调等级观念，并在实践中用年功序列制等方式予以巩固，这种方法虽然有加强企业和员工联系的优点，但这种论资排辈制度也压制了年轻人的创造力，使许多优秀人才失去了脱颖而出的机会，从总体上导致企业创造力的匮乏。这一问题在强调大批量生产的工业化时代并不突出，甚至还可能看作是一种优势，因为工业化社会对个性化的创造力要求并不高；进入信息时代以后，人类社会便进入个性化社会，个性化与创新思维对企业发展至关重要。日本企业之所以在生物技术、信息技术等高技术领域的竞争中落后于美国，就是由于这些领域对技术创新要求较高，而日本企业技术创新能力不足所致。因此，为适应经济发展和社会变革的挑战，必须对日本传统企业文化进行改造，以提高企业的创新能力。现代经济的发展必然要求有与之相适应的企业文化，只有对企业文化各个层次进行变革，才能发挥企业文化作为企业助推器的功能。日本的企业文化还存在以下三个方面的问题与不足：

首先，在企业文化的象征理念层次上，各民族的传统文化都有其优点和缺点，不能一概肯定或否定。虽然深厚的家族观念和整合意识具有封闭性、落后性的一面，然而它们也可以形成员工的责任感、事业心和团结性。日本企业十分强调的社会责任、社会利益以及协作精神，这些正是传统企业文化的精髓，也将是日本企业发展的基本动力，今后仍会发扬下去。

其次，在企业文化的制度典章层次上，虽然日本的企业制度让员工有着高度的心理上的安全感，但它缺乏流动的自由。随着劳动力结构由体力劳动者为主转向知识劳动者为主，有专业知识的年轻人已日益厌倦对流动性的限制。这不仅出于他们自身的心理需要，也出于人力资源的优化配置的市场要求。这就要求日本社会建立和健全劳动力市场以及相应的福利制度和失业保障制度，为劳动力资源的合理流动创造条件。同时，企业也应实行弹性用工制度，根据市场发展不断调整员工结构，以适应产业结构升级的需要。

在企业文化的器物和技艺层次上，一方面，原有紧密型的企业组织机构已不能适应瞬息万变的市场需要，专业科技人员不希望在别人监管和指挥下工作，而希望得到更多的尊重，通过自己的努力来保证自己的标准、成绩和目标。因此，要使员工有成就感，企业就应把劳动力，尤其是科技人员看成是一种资源，尽快把人事管理转变为人事开发，承担起发现人才、培养人才的责任。为此，要求企业尽快实现由紧密型的组织机构向松散的、网络型的组织机构的过渡。另一方面，由于信息技术的进步，相互间模仿和借鉴的周期越来越短，企业想以原有的价格、质量、服务等手段巩固竞争优势越来越不可能。因此，21世纪的竞争必然是企业文化的竞争。日本企业必须加快文化创新的步伐，在企业经营中赋予文化的品位与灵魂，实施文化营销。其核心是推出能提高人类生活质量和情感、推动人类物质文明发展的产品或服务，并且能引导一种新的、健康的消费观念和消费方式。

第三节 德国企业人力资源管理

一 德国企业的雇用制度

德国《基本法》第12条第1款规定："所有德国人都有自由选择职业、工作岗位和培训场所的权利。"根据这一基本原则，德国长期坚持"自由择业"政策。企业主或经理有权根据实际工作需要，自行招聘或解雇员工。员工本人也有选择工作的自由。公司与员工的"双向选择"是德国企业自由雇用制度的核心内容。公司与求职人员经过双向选择达成一致意见，求职者填写求职表，体检合格后，就成为公司的正式员工。

为了在企业与员工"双向选择"的过程中最终达到"人尽其才，才尽其用"的目的，避免个人由于客观因素影响主观才能的发挥，德国各级劳动局专门提供就业指导这项服务。德国劳动局作为一个公益机构，其宗旨是为每一个有需要的人服务，方式多样并尽量做到完全满足申请者的需要。就业指导工作的关键在于，一方面应正确理解申请者的主客观愿望，另一方面还应弄清申请者的身体状况、智力、性格特征、兴趣爱好以及人际关系等，与此相关的是弄清在考虑范围内的每一个职业有哪些具体要求，有无发展前途，然后再提供指导。就业指导的日常工作主要包括全面介绍职业选择中的问题、职业培训的多种途径、各类职业及其发展倾向

（所谓职业方向问题）等。就业指导不负责协助选定职业之后的落实问题，即协助介绍培训岗位、协助处理各种手续等。就业指导有一整套科学的工作方法。首先由劳动局下属的职业研究所对全国的、地区的以及国际劳动力市场和职业流向现状和发展趋势进行科学预测，以便向每一个人提供其感兴趣的职业培训情况、选择职业的可能性。同时，劳动局还大力发展就业情报工作，免费提供情报资料。此外采取心理测试的方法，了解求职人员的智力、兴趣爱好、潜在意识倾向等，而且就业指导人员一般都经过专门的职业培训，工作认真负责，这些都保证了就业指导工作的质量，达到了极好的社会效果。

德国企业一向力求人员少、素质好、工作效率高。员工进入企业后，均设立人事档案。从经理、工程师到技术员都要进行定期考核，能者提薪晋级，平庸者则被劝退解职，违纪犯法者开除，实行因事定人，定岗定位。与美国的快速提升相比，德国企业中员工的晋级比较缓慢。德国人通常认为，35岁以上的人才具有担当管理者的资格。在晋级企业管理人员时，德国企业强调技术第一。德国企业曾有过规定，在大企业工作的各级职员必须先在大学或职业学校受到基本扎实的传统技术培训。对企业管理者的要求，必须是技术专业毕业生，参加工作后，企业往往先把他们派遣到研究部门工作几年，然后再到实际工作部门学习管理知识与经验。所以他们的晋级比较缓慢。即使是他们中间的出类拔萃者，也不会享受照顾待遇，通常要到40岁，甚至50岁才能出任总经理。这样就保证了企业高级管理者都是受过高等教育和有学位的人，基本上由专家治理企业。德国的这种做法有以下三个优点：①职员能忠于企业；②领导层之间容易协调；③能不断提高员工技术水平。

德国法律禁止突然解雇工人，法律规定，厂方在每季度结束前六周宣布解雇名单，让工人有足够的思想准备和充裕的另寻职业的时间。一个工人如果工作得好，可以在一个企业连续受雇10年以上，这样既有利于开展公平竞争，又能保持一定的员工稳定性。

二　德国企业的劳资协调体制

德国企业的劳资协调体制是以劳资协议为核心的。根据《基本法》关于劳资协议谈判自主权的规定，劳资双方的代表，即工会和雇主协会有权在不受国家干预的情况下就各行业雇员的劳动工资、福利待遇、劳动条件、解约条件等自主协商，缔结劳资协议。1949年颁行的《劳资协议法》

规定，劳资协议包括三部分内容：缔结劳资协议双方的权利和义务、劳资关系的内容、劳资契约的缔结与终止；框架劳资协议，即具有普遍意义的、在较长时期内有效的规章条款，如休假、工作时间、工作保护、裁员保护等；工资协议是对框架协议的补充和具体化，明确规定工资、薪水、工资级别、计件工资、补贴和津贴。劳资协议是具有法律约束力，是劳资双方维护和发展各自利益的保障。因此，劳资协议具有保护功能、规范功能和安定功能。劳资协议一旦签订生效，在有效期间劳资双方都负有维护合约的义务。如果劳资协议的有效期届满，双方又未能达成新的一致意见，则由劳资双方信赖的中立人出面协调，通过谈判求得双方可以接受的条件，以签订新一轮劳资协议。国家不得以任何形式强迫劳资双方接受政府意见。当有重大事件导致劳资双方发生重大矛盾或冲突，甚至雇员要求罢工时，工会与雇主协会之间往往运用以双方妥协为主要特征的一套协调机制，促使劳资双方形成"社会伙伴关系"。

职工参与决定制是德国劳资关系中的又一大特色，在西欧发达国家中，德国的职工参与决定制起源最早，制度化也是最为完善。早在1850年，德国爱伦堡就有4家印刷厂成立了工厂委员会，由雇主以及工人选举的1名职员和1名工人组成，其职能包括交流信息、咨询、共同管理福利计划、制订厂规、决定利润分享计划、解决监工与工人之间以及工人内部的纠纷等。1919年通过的宪法中，明确规定成立工厂的工人委员会，后来又出现了矿业方面很多特别规定的制度。1950年以后，有关法律又几经修改，将工人参与的权利加大。除非是利害关系特别重大的事宜，在一般经营决策与管理中，工人的参与程度得到了实质性的提高。

目前，德国企业中的职工参与决策制体现在以下三个方面：

（一）董事会中工人的代表性

德国工业法规定，职工人数超过1000人的企业董事会中，须有工人代表参与，行使共同决策权。董事会一般有11名董事，其中5名代表职工，5名代表资方（即股东），还有1名中立的董事。所有董事的权利义务相同，他们都能自由工作，不受外来批示的束缚。代表职工的5名董事也由股东大会选举，候选人须由工厂委员会、工会及工会联合会提出。5名职工代表和5名股东代表以简单多数决定第11人的人选，至少要有3名职工代表和3名股东代表同意。

（二）联合管理

德国《工厂法》规定，雇用 5 人以上的工商企业和雇用 10 人以上的农业及伐木企业，须成立工厂委员会。工厂委员会委员由全体职工以秘密和直接投票选举，委员任期两年。视企业工人人数的多少，委员人数可由 1 人至 35 人不等。工厂委员会的任务如下：

1. 企业经营及人事管理
(1) 为改进管理措施及提高生产率，向雇主提出建议；
(2) 检查有关立法、法规以及劳资协议等实施执行情形；
(3) 受理工人的申诉事项，向雇主交涉，寻求解决办法；
(4) 帮助残疾职工和其他需要特别保护者，以支持他们的工作；
(5) 与事业单位合作，加强安全卫生措施，防止灾害发生，维护工人健康。

2. 雇主在以下方面不得单方面作决定，必须获得工厂委员会的同意
(1) 每日开工及歇工时间，以及中间休息用餐的时间；
(2) 给付工资日期、时间及地点；
(3) 假期日程的安排；
(4) 职业培训的安排；
(5) 福利设施的兴办与管理；
(6) 工作规则的制订与修正；
(7) 生产方式的变动；
(8) 工人受雇、迁调、解雇等项事宜。

如果一个企业有几个工厂，只要各厂的工厂委员会中有 75% 以上的职工代表愿意，可以成立联合工厂委员会。每个工厂委员会派 3 名代表参加联合工厂委员会。联合工厂委员会的权力并不高于单个工厂委员会。它不考虑单个工厂委员会能处理的问题，而是考虑关乎全公司或工厂之间的问题。雇用工人超过 100 人的企业，还应设立经济委员会，半数委员由工厂委员会指派，另半数委员则由雇主指派。经济委员会负责报告与企业经济有关事项，如生产情况、生产方式、生产计划、财务状况、产品与市场情形、以及其他影响工人利益的事项。

（三）职工会议

德国所有国有企业的员工可以组织职工会议，由单位各部门员工代表组成。按企业的大小，代表人数可多达 25 人。职工代表的选举程序、权利及义务均与民营企业中工厂委员会代表相同。在德国企业的劳资协调体制中，工会的作用不容忽视。德国的 16 个行业工会在劳资双方中充当了协调角色，帮助工人参与民主管理，反映工人的疾苦与愿望，疏通资方与工人的对话。工会的润滑剂作用使工人与资方摩擦减少，这种经常性的疏导是德国工潮事件较少的重要因素。由于德国企业劳资关系比较协调，员工的民主权利得到了充分体现，调动了员工的积极性，大大提高了企业的劳动生产率，德国的工业劳动生产率仅低于日本，居世界第二位。

三 德国企业的职业培训制度

第二次世界大战后几十年德国经济的发展说明，文化程度高且专业技术能力强的员工可以为企业在竞争中争取优势。在德国，企业已经把职业培训放在战略高度来认识，认为"职业培训是企业发展的柱石"，"是一个民族能否存在的基础"。在这种观念指导下，德国的职业培训开展得相当普及，投入很大的财力物力。据 1988 年原联邦德国经济研究所对 1505 家企业进行的典型调查表明，1988 年联邦德国各企业用于职工培训的开支为 270 亿西德马克，超过了同年联邦政府对高等院校的投资（约为 259 亿西德马克）。按平均计算，每个职工的再培训开支为 1766 西德马克，居世界前列（6）。这种投入得到了报偿。德国之所以能在世界市场的激烈竞争中保持不败地位，与其有众多训练有素的高水平劳动力直接相关，而劳动力素质的提高又依赖于职业培训。

经过多年的发展，德国的职业培训已形成了一个多阶段、多层次、多功能、形式多样、涉及面广、结构复杂的体系。就职业培训的内容而言，一般包括职业初始培训、职业进修和转业培训三个方面。职业初始培训，即为某一职业提供广泛的基础训练，并传授熟练从事这一职业所必需的专业技能和知识，使受培训的人获得必要的职业经验，属于基本职业教育。职业进修是为了使受培训人员能够保护并扩展知识的技能，适应技术发展或为职业晋升开辟道路。它包括了高等教育前的职业性进修并延伸至职业领域的继续教育。转业培训的目的是传授从事新的职业活动所必要的知识与技能。它存在于职业性的继续教育之中，但不是原来职业知识与技能的继续教育，而是新的职业知识与技能的开始。就职业培训的形式而言，主要有以下四种形式：

（一）企业与学校相结合的"双轨制"培训

"双轨制"培训起始于1969年，并一直沿用至今，主要适用于青少年的职业初始培训。其根本标志是青少年在通常为私营企业接受职业训练的同时，在公立的部分时间制的职业学校里接受职业学校义务教育。在整个训练过程中，职业学校与训练企业密切配合，在同伙式的分工合作中共同实现教育和训练。训练企业和职业学校的每一方都是一个完整的训练体系不可分割的组成部分。

这种"双轨制"使德国2/3的15—18岁年轻人同时接受学校教育和在职培训。他们每周用一至两天时间在教室里上课，其余几天到工厂、商店和办公室去实习。"双轨制"方案由雇主提供资金，并得到了联邦政府的批准。学生经过训练后，可获得440个工种的合格证。

（二）企业办大学

在德国，大公司、大企业通常设有自己的职工培训中心。如赫斯特化学公司、戴姆勒—奔驰汽车中心、巴伐利亚汽车公司等都有规模很大的职业培训中心。它们根据联邦职工教育法的规定，举办职业培训班。技术工人在车间劳动五年左右，然后（或同时利用业余时间）参加为期一年或三年的师傅和技术员培训班学校的学习。学习结束时参加企业联合会的考试，考试合格者发给师傅证书或技术员证书。这种企业和企业联合会举办的职业培训是非常正规的成人教育，它有立法的保证，严格的考试制度以及合格的毕业证书，这种证书是联邦各州都承认的资格证书。

（三）跨企业的再培训中心

德国的再培训措施有半数是由各大企业实施的。一些专家认为，这样会使大企业和中小企业间出现教育水平的差异过大。出于这种原因，一些州政府已经出资建立了许多跨企业的再培训中心，以使中小企业在不承担过重财务负担和组织方面困难的情况下，对其职工进行培训。跨企业的进修班主办单位除雇主外，还有商会、工会、教会及其他机构。举办进修班种类也很多，有技术培训班、商务培训班、领导人员培训班、语言学习班等。其中以科学技术方面的讲座及自动化数据处理的培训班居多。

（四）市场模拟训练公司

德国有1000家这类公司，涉及几十种行业，组成了"德国练习公司集团"。它们同许多中小企业一样，有经理、秘书、职工，内部也同样分为原料供应、生产管理、产品销售以及人事和会计等部门。与众不同的是，它不制造任何产品，一切生产程序都在纸和电脑上进行。市场模拟训练公司为学习商业和企业管理的人提供了最直观、最接近实际的学习环境，对德国战后经济腾飞及东西德统一后东部的复兴都做出了不可磨灭的贡献。

就职业培训过程而言，它伴随劳动者的一生。"不培训、不就业"是德国劳动力市场的格言。任何人，不管从事什么职业，都必须接受相应的职业培训，必须取得培训合格证，方可录用上岗。想改换职业，必须参加转业培训，取得转业培训合格证，职业介绍所才会推荐介绍新的工作。一般工人、小职员等普通员工如此，中高级雇员，除了必须具有相应学历证书外，录用后，也必须接受上岗前培训，才能上岗正式工作。这种全社会法制化的职业教育造就了德国员工的高素质，促进了德国人力资源的开发，从而推动了德国企业的蓬勃发展。

第四节　中国与国外企业人力资源管理对比

一　我国企业人力资源管理存在的不足

随着市场经济体系的逐步建立，我国企业加快了在人力资源管理方面的探索步伐和改革力度，企业人力资源管理从无到有，从借鉴到创新，从全盘西化到中国特色，已经逐步形成了具有自身特点的管理模式，人力资源管理水平较前些年有了很大提高。但同时，由于我国多数企业一直沿用传统的为计划经济服务的人事管理模式，我国企业现代意义上的人力资源管理职能还没有得到充分发挥。

（一）"人力资源管理"理念有待进一步加强

随着我国改革开放的不断深入，人力资源这一概念得到了人们的普遍认同，人们的思想观念、行为表现的自由都得到了极大的尊重。人们的思想观念活跃了，行为开放了。但由于传统的惯性，人们还没能完全摆脱一些旧习的羁绊。传统的农业文明为主导，企业还带有强烈的农业文明的烙印。人们讲求"亲缘、血缘、地缘"关系，习惯于家庭式管理，崇尚权力，乐于稳定，功利主义较强；讲求互相关心，期望群体对自己关注，相应地，对群体和组织忠诚度也高。同时，农民式的狭隘自私也有充分体现，注重眼前利益，难以将个人利益同企业兴衰长期统一起来。

（二）企业制度等级观念较强

社会主义市场经济体制建立初期，在引入现代化管理体制的过程中，由于计划经济的影响，人事行政管理仍然占据主导地位，企业中的等级观念较为严重，上下级沟通不畅，下级对上级一般是服从，管理者给员工的感觉是"高高在上"。领导与成员之间的互动和相互影响较少，员工感受不到自己的存在和对企业的影响力。

（三）招聘配置与企业需求脱节

在员工招聘过程中，重资历、重学历、轻能力的现象仍然存在。同时，对人力资源的使用也缺乏规划，招聘人员由于缺乏企业对岗位的职务分析，导致所招聘的员工往往与企业的实际用人需求不符，产生"用非所学，学非所用"的人力资源浪费现象。

（四）培训效率低

近些年来，随着科学技术的迅猛发展和劳动生产率的极大提高，企业领导者们开始意识到开展人力资源培训的重要性，但同时也存在一些问题：一是只注重思想意识教育。目前我国企业培训的一个显著特点是注重思想意识的改造，要求员工认同企业的价值观和发展战略，强调员工对企业的奉献和承诺，这样的结果使思想意识的培训流于形式和说教，效果不理想。二是只注重短期效益。由于培训是企业人工成本的重要组成部分，大多数企业往往只注重员工工作技能的提升，而忽略对现代企业工作模式、工作方法、创新能力等方面的培训，使得一般员工"知其然不知其所以然"，高级员工按部就班、创造力不佳的现象成为常态。

（五）薪酬及绩效考核激励作用不强

计划经济时代，我国推行的是岗位工资制，员工薪资的增长主要依靠职位的调整。实行市场经济体制以来，员工的薪酬成为企业成本一部分，大多数企业为了最大限度地获得利润，尽可能降低人工成本占总成本的比重，使得员工收入与企业业绩脱节，与国际水平严重脱轨，导致人才积极性差，流动性大。目前我国企业稀缺性人才流失严重与这种灵活性不高的薪酬模式不无关系。

如今我国很多企业已经意识到绩效考核的重要性，并逐渐将其作为人力资源管理的一个核心内容，在绩效考核工作上投入了较大精力。然而，许多企业的绩效考核工作仍存在很大误区，暴露出许多严重问题：过多关注员工现在是否遵守行为规范，是否实现既定目标，而忽略了未来的发展变化；考核结果不足以与员工晋升、提薪、奖励、调动、培训等挂钩，也无法实现人力资源管理的信息反馈及人员行为的激励及约束。

（六）创新能力不强

作为在典型集体主义文化环境下成长起来的现代中国企业，也呈现出高度的集体主义特征：重视人际关系、淡化个人的性格色彩和成就的重要性、个人与企业是附属与被附属的关系，普通人对企业战略、发展方向不必参与意见、不用承担责任，领导者与下属之间的关系、员工之间的人际关系重要。这便导致企业内部看似表面和谐，实则整体效能不高，创新能力不强。

二 中美人力资源管理的差异及对中国的启示

总体上看，我国企业主要在以下五个方面与美国企业的人力资源管理存在差异：

（一）美国企业注重人力资源管理与企业发展战略相结合

美国企业对雇员的招聘雇用和培训、使用，更注重与企业发展战略相结合。其工作重点是从招聘开始就注重质量，要使所招聘的雇员一定符合企业发展战略的需要，在使用上积极鼓励雇员参与企业的经营发展战略的拟定，激励雇员工作的积极性、主动性、创造性、挑战性，满足其成就感，营造雇员和企业共同的企业价值观、经营理念和企业文化。旨在使雇员更有效地进行工作，帮助企业成功地实现战略目标。

我国国有企业现有人事管理大多数还是延用计划经济体制那套人事管理模式。这种管理与企业的发展战略脱节，强调人事管理本身管理功能的发挥，着重规章管理，以解决企业当前的问题和执行交办事项。这种体系从20世纪50年代到80年代基本无变化。改革开放以来虽进行过一系列改革，但企业人力资源管理仍还处于传统的人事管理阶段，职能多为工资分配方案的制定和人员调配、晋升、培训等，还没有完全按照企业发展战略的需要将员工包括管理层作统一的规划，更未制定出符合国家政策的选择、培养、任用、激励等规定，以达到尽可能利用人的创造力，增加企业及社会财富的目的。传统的人事管理使我国企业人员很难做到人事相宜，人事配置手段较弱，形不成合理流动的优化配置的机制，企业人事安排往往因人设岗，情大于法的人事管理仍然很普遍。

值得一提的是，美国的大型企业对招聘雇员的要求并不仅限于职位的要求，还包括测试人际技能、热爱生活和乐于助人以及是否对职业进取方面有强烈的紧迫感等。也就是在招聘员工的过程中，把员工素质同企业的发展战略结合起来了。这一举措在我国大中型企业的招聘中还不多见。

（二）美国企业更重视人力资源的开发与员工素质的培养

人力资源开发是通过有计划、持续性的组织实施培训、教育和开发计划，以改善员工和整个组织的工作绩效的活动。在美国，企业对雇员的培训并不仅仅像我国企业进行的岗位技能培训，而是有计划、针对性强地实施系列培训项目，其目的是提高雇员岗位技能，更重要的是开发人的能力、培育有潜在能力的高级管理人才。摩托罗拉在中国推行管理本土化的战略，通过培训手段，培训高素质高技能的员工，帮助将来有可能成为有才干的高级管理人员。目前，摩托罗拉公司在中国公司的大部分中层管理人员都是中国雇员。1997年在中国对中国雇员培训方面投入500万美元，项目有"中国雇员的管理计划"和"领导效率强化发展"计划，还派出300名雇员到海外受训。美国福特汽车公司的人力资源培训，其高层管理人员认为教育的关键是改变公司员工对公司的态度，要求他们以股东的心态对待工作。比如在职工培训中，一项"发展创造力"课程就是针对全公司在100多个国家的5.5万名雇员为对象，以节省公司开支和增加收入为目的而提出的，结果员工提出的方案使公司的生产效率大幅度提高。其"管理人员培训"课程是针对有潜质的管理层雇员，派他们到高级管理人员和资深高层主管身边的学习至少8个星期，像影子一样陪伴，目的是使他们作为一个工商领导对经常遇到的挑战者有全方位的了解，尤其是在资源调配问题在紧急情况和长远目标相冲突时的决策，在短时间内掌握跨部门处理问题的技巧及全局观。

在我国，国有企业的培训工作通常是与人事部门分离的，一般都由各业务部门分别举办短期培训班，这种培训仅限于岗位培训，常着眼于当前。这常见于企业引进先进设备和ISO9000系列达标验收等的应急培训。企业人事部门还没有从开发人的能力角度，制定培养符合企业未来发展需要的、有潜质的经理人的规划。就目前国有企业人力资源现状看，职工自身素质不适应企业的发展需求，人才得不到发掘，企业的兴衰多系于主要领导人身上。

（三）美国企业更注重努力营造雇员的良好工作环境，构建企业发展所需的企业文化

美国企业的人事管理部门具有沟通雇员与企业关系的职能。其工作人员常通过参与雇员的生日、聚会、向离开企业的雇员调查，倾听雇员对企业和人事管理的意见，引导雇员了解企业的发展目标，参与企业管理，满足雇员的成就感，使雇员感到自己的存在和对企业的影响力。人事部门人员还向各管理层反映雇员所关心的问题，提出解决问题的意见。帮助企业上下建立开诚布公、互相尊重、关心、协作的工作环境。美国摩托罗拉公司创始人保罗两兄弟就经常和人事部门负责人参加雇员的聚会、婚礼，解决雇员关心的问题，不断满足员工实现自我发展的成就感，使公司积聚了许多优秀人才和忠实于企业的员工。美国西部航空公司总裁克莱赫就授权人事部雇用那种服务意识强，能与他人和谐相处，有幽

默感的人，公司经理们也鼓励员工带配偶出席公司活动。这个公司形成很强的凝聚力。事实上人事部门的这些职能和工作，是在营造和推进企业文化的形成和发展。企业文化的核心内容，主要是指企业内部具有明确统一的思想、意识、精神、信仰和价值观。企业文化所蕴含的管理哲学和企业核心价值形成的企业人格，对于企业的经营行为起着至关重要的作用。

我国国有企业的人事管理部门是不负责营造和推进企业文化的形成和发展工作的，或很少过问。而这项工作基本上是由企业的工、青、妇、群、团组织来推动的，与人事部门未形成合力。职工个人的价值取向与企业的经营理念、发展战略不易形成一致。事实上，我国国有企业人事部门未把企业文化纳入人力资源管理，使企业文化在一个企业中所具有的动力功能、导向功能、凝聚力功能、融合力功能、约束力功能没有被很好挖掘出来，没有被作为经济发展本身的一种科学规律加以总结和应用，职工的主人翁责任感成了一句空话，人才难留。

（四）美国企业更注重不断完善符合企业激励雇员、留住人才的激励机制

在美国，企业的人事部门都能通过不断改进和完善工资福利来强化对雇员的激励。企业给雇员的工资不是一成不变的，而是逐年有所变化。同一职位都有上限下限的幅度工资。刚进入同一职位的人，无论能力怎样，都处于下限工资水平，每年有所上升，但升幅不一定相同。工作好的升幅大，反之则小。愈往上，则升幅愈大。达到上限则需要晋升才可能升资。这就不断地激励雇员向价值高的职位挑战。例如，美国国际商用机器公司（IBM）是一个拥有 34 万员工、520 亿美元的巨型企业。该公司把员工的工资问题作为人事管理的根本工作。他们认为，在工资上有不合理的地方，会使员工对公司和上司感到失望，影响员工的积极性和创造性。公司根据各部门的不同情况、工作难度和重要性，将职务价值分为五个系列，各系列都规定了工资的最高额和最低额。每个系列的工作按其困难和复杂程度依次递增，其职务价值也越高。低级系列的最高额并不是第二系列的最低额，相当于第二系列中等偏上，而比第三系列最低额稍高。若做第一系列工作的只对本职工作感兴趣，那么他可以从低级系列最低额慢慢上升，只限于最高额。对于不满足本职工作的职工，当他们的工资水平超过第二系列的最低额时，就会提出"请给我做再难一点的工作"，向第二系

列工作挑战。各部门管理者也会向他建议,从而引导员工渐渐向价值高的工作挑战。员工个人的成绩大小是由考核评价来确定的,通常有直属上级负责对职工工作情况评定,上级领导进行调整。评价往往与做类似工作的其他员工相比较,评价指标大体分十到二十个项目进行。对凭感觉评价的工作,如秘书、宣传、人事、总务等部门的评价,则设法把感觉量化。以宣传为例,他们把考核期内的报纸杂志上刊登的关于 IBM 的报道收集整理,把有利的报道与不利的报道进行比较,以便作为衡量一定时期宣传工作的尺度。

在职工工资类别等级上,我国国有企业与之多有相似之处。但在职工升资上,却缺乏激励性。只要企业有效益,职工干好干坏都能升资;对职工的业绩考评,则更是情高于法,激励作用荡然无存。

(五) 美国企业人事部门工作人员更具有综合工作能力

与传统人事管理比较,人力资源管理更具有战略性。人力资源是国际竞争、企业竞争的最主要资源。这就使人力资源成为企业管理方面最具有决定意义的内容,人力资源部门也就上升为战略部门。在美国,企业公司的人事副总裁已成为决策班子中举足轻重的成员。这就突出说明了美国企业对人才的重视,对人力资源的重视。新时代的人力资源需要以前瞻性的战略眼光来帮助企业提高经营效能,促进其成长与发展。这就要求人力资源部门的工作人员要具有较高的综合素质。有美国企业家指出,当前美国大中型企业专业人事管理人员应具备的关键知识和能力主要包括:①具有善于交际的技巧,能够倾听和理解他人的需求和想法。②具有较高的语言表达能力。③具有协调解决问题的能力(即协调雇员关系)。④能运用统计技巧阐述劳动及相关状况。⑤具有法规方面的知识(如《劳工法》、《雇用标准法》及相关法规)。⑥管理领导的能力(即能引导和培训各层管理者建设性地做好管理工作)。⑦对公司情况要熟悉,对企业的发展战略目标要了如指掌,并参与职能部门的目标制订工作。

美国企业人力资源管理模式有以上特点和优势,对我国企业有可借鉴之处。我们要善于学习和借鉴美国企业人力资源管理的有效做法和先进经验,建立和完善符合我国企业实际的、具有本国特色的人力资源管理模式。尤其要注重以下几点:

1. 树立和强化"以人为本"的管理思想

"以人为本"的关键在于尊重人才,员工是直接生产产品的人,如果不把员工的地位认识清楚,就不可能生产出最好的产品和提供最佳的服务,因此企业应该将员工放在第一位。我们要将企业作为人类群体,首先要为这一群体的人员服务,包括自己的职工、管理人员和公众。现代管理理论找回了"人"原本应有的位置,企业不仅要谋求自身的发展,还应高度重视员工的发展,使二者达到有机的统一。

2. 建立以诚信为基础的契约机制

劳动契约是人力资源管理的基础,心理契约是人力资源管理的最高境界,中国企业应注重中西方文化的结合,建立以诚信为基础的契约机制。诚信是人才交流与管理的基础,是控制契约的最佳机制,建立以诚信为基础的契约机制,应视员工为客户,实施新兴的企业与员工模式,从而赢得员工忠诚度。

3. 加强现代化企业培训

企业培训的直接目标是提升员工的技能,但是提升企业竞争力的最终方式则是提升人力资源的核心竞争力。因此,企业培训应该建立"全员素质提升"理念,加强管理理念、工作方式、团队意识和创新意识培训,鼓励员工共享多元化的价值理念,建立技能培训、思维培训等多系统并行的人才开发培训体系,将课堂价值理念培训融入到企业文化和工作制度政策中来,增强培训的针对性和时效性。

4. 激励方式要与时俱进

激励是建立在员工需要的基础之上,需要不同,激励的方式或手段自然就不同。随着知识经济的到来,知识型员工的比例逐渐增加,员工的需要层次逐步提高并趋向多元化,其精神需求也逐步成为主导需求。在激励方式的选择上,要根据员工不同层次的要求而采取多样化的方式。可以根据企业实际情况引入一些长期物质激励手段,如设计核心员工持股、经营者年薪制及股权激励等来充分调动其积极性。同时,要注重精神激励,企业应建立员工全方位、多渠道参与管理决策的民主制度,鼓励员工为企业发展献计献策;还应注重增加优秀员工的培训机会,设置职业发展多条通道,给人才提供充分的发展机会和实现个人自我价值最大化的舞台。通过综合运用物质激励和精神激励,真正建立起适应企业特色、时代特点和员工需求的激励体系,激发员工的潜力和工作热情,提高企业竞争力。

三 中德企业管理模式比较

（一）制度比较

德国股份公司的"资合性"与中国股份公司的"人合性"的不同。

股份公司诞生于以市场经济作为基本经济制度的资本主义国家，股份公司充分体现了资本主义制度所倡导的"自由、平等、博爱"精神。资本主义国家的股份公司有一个显著特点即"资合性"，德国股份公司也不例外。由于实行一股一票制，股东的决策权完全取决于其投资份额的多少，与其社会地位、头衔或者资历等均无关系。但中国脱胎于等级森严、强调家族血缘关系的农业宗法社会，"权力来自资历、关系和社会地位"是中国文化的一个重要特征。因而中国的股份公司具有一种"人合性"，即决策权往往集中在那些具有相当资历、一定社会关系和较高社会地位的人手中。

德国已经完成了工业化，德国企业在工业化过程中已经塑造出合作精神。中国数千年处于以宗族为导向的农业社会，中国的工业化进程刚刚起步。由于传统的宗族、家庭思想在中国人身上打下了极深的烙印，大多数中国人还不习惯水平协调，对中国人来说责任仅局限于小团体中。由此，宗派、团体利益在中国企业中往往得到突出和保护。德国企业所体现的合作精神与中国企业所保护的宗派利益也形成鲜明对比。德国是典型的法治国家，而中国是典型的人治国家，由于不同的社会制度背景，德国股份公司和中国股份公司法人治理结构的运行方式也不相同。德国股份公司按照标准图式运行，即按德国股份公司法运作。中国股份公司则不完全按照标准图式运行，尽管中国也有股份公司法，但是在更大程度上受到企业领导人的个性、气质、领导风格及非正式群体、非正式规则等因素的影响。

总之，股份制诞生并成功运行于西方文化之中，与典型的东方文化——中国文化的融合需要一个长期的过程。

（二）法人治理结构运行机制的差别

从产权界定看，在德国私人产权界定清晰，责任明确；在中国目前国有资产仍占全部社会资产的50%以上，政府是私有产权最大的集体承担者。

两国企业在同样的内部人体系背景下，法人治理结构运行机制却不相同。法人治理结构有两种基本类型：以美国股份公司为代表的局外人体系和以德国股份公司为代表的内部人体系。中国股份公司的法人治理结构也属于内部人体系。尽管中国股份公司和德国股份公司具有相同的内部人体系这种背景，但在法人治理结构运行机制上存在着差别。德国股份公司的管理控制是由于银行强大的地位及其在监事会中的代表来保证，而中国股份公司的管理控制是通过国有资产管理机构的强大地位及其在董事会中的代表来保证。

并且，在同样的内部人体系背景下管理控制上也存在差别。德国股份公司的管理控制问题主要来自法人治理结构的固有特性，即由于既有的信息不对称问题对监事会成员的绩效评估很困难，使得股东大会的解聘决定常常是建立在信任的基础上。在中国，除了与信息不对称相伴而来的管理控制问题外，现在又出现了一种经济现象即"内部人控制"，处于转型期的中国国有资产流失严重。

在利益冲突方面，所体现的特点也有所不同。在德国银行既作为财产所有者直接参股即作为股东的全权代表，同时又作为贷款人且由此而作为银行股东的代表。在这种双重角色关系中有这么一个问题，控制人服从谁的意志可以使财产所有者的利益得到保证。在中国国有资产管理机构一方面必须代表国家利益，另一方面又与企业有千丝万缕的联系。由于国有资产缺乏终极所有者，也存在着这样一个问题，控制人服从谁的意志可以使国家利益（或集体财产的利益）得到保证。

全体职工在企业决策中的地位也不相同。由于历史和文化原因，中德两国职工在企业决策中的地位不同。在德国职工代表进入监事会，在真正参与决策的情况下协调权被部分地赋予全体职工，德国职工的民主意识和参与能力都较强。在中国职工代表没有进入董事会，在名义上参与决策的情况下协调权并没有赋予职工，中国职工的民主意识和参与能力都较弱。

（三）文化比较

企业制度规定着管理模式的形成和运作，企业文化则对管理模式运行的方式和效率产生影响。由于企业文化根植于民族文化，因而从世界观、文化环境、由文化差异带来的理解差异以及领导风格几个决定文化特质的主要方面来进行文化比较，有助于我们对中德两国民族文化的理解，以及两种不同的民族文化对管理模式所产生的不同影响的理解。

（四）文化环境比较

德国与中国文化要素的差异可以概括为以下五个方面：

（1）德国社会的低权力距离和中国社会的高权力距离。与德国相反，中国的社会力量系统是通过较大的权力距离来体现的，与此同时，类似封建的家庭和权力结构以极大的权威确定着社会生活。

（2）德国人的个人主义与中国人的集体主义。

（3）男性化的德国社会与女性化的中国社会。中国是一个家长制的、长辈导向而又偏离公开对质的男性社会。男性行为也常常表现得柔软和弹性，在西方常常被解释为怯懦。矜持、让步和友好在中国作为可以公开谈论的男性价值观，且导致中国人不习惯公开争论，因而冲突往往通过内部解决，保面子作为最重要的基本原则之一。建立良好、和谐、亲密的人际关系对中国人来说比解决问题更重要。分析性、理性、线性和因果性思想对德国人来说是典型的男性特征，在中国人身上则很少体现。

（4）德国人避免不确定性的强意识和中国人避免不确定性的弱意识。由于采取实用主义态度中国人的行为是很实际的。代替制定有预见性的计划，中国人宁愿尝试和出错，偶尔也会把混乱的战略推向前台。

（5）德国的短期导向与中国的长期导向。中国人偏爱长期发展战略和间接实施战略，与此同时按中国人的理解并非直线是到达目标的最短路径，而看起来像是弯路。往往不采取集中于单个目标的直线型目标导向，而更多的是优先以一个目标范围为导向，靠近这个目标范围需要更多的时间和耐性，在这个活动范围内短期思考和决策都不适合。

（五）由文化差异带来的理解差异

就时间理解而言，德国员工不愿在工作结束前被打扰，而中国员工正好相反，很高兴在工作期间有人拜访并且并不把这理解为干扰性的中断。

对目标理解两国的差异很大，在德国总是促成目标和计划的预先制定，而在中国往往没有清晰的任务界定和责任确认。中国人虽然也会有要完成的目标，然而实现目标的步骤总是任意地被更换。这与文化不无关系，因为为了保全面子某种变换自由在任何情况下都是必要的。对效率理解两国也不同。德国：充分利用资源，以最低的成本实现最大的产出；人际关系、冲突、和谐和群组凝聚只在考虑到要实现的产出时才有意义。中国：产出是最优投入即人际关系、冲突、和谐以及群组凝聚的函数。

在工作节奏上表现为：德国人总是集中精力，一直工作；中国人则常变换，每工作几小时休息一段时间。

（六）领导风格

对企业领导人的价值观作比较，可以概括如下，德国人追求自我实现，推动社会前进，体现社会责任感——源于基督精神。中国人注重光宗耀祖，为子孙后代计，体现家庭责任感——源于儒家伦理。

如果要对两国企业的领导风格作一个高度概括，那么可以认为，德国企业典型的领导风格是民主式，中国企业典型的领导风格则是家长制。

第八章

国际企业人力资源管理实务

第一节 国际企业人力资源管理概述

一 相关概念

(一) 企业国际化的定义

描述国际企业的名称很多,研究国际化大概沿袭了这样一种发展道路,即首先是第二次世界大战后,特别是20世纪60年代以来,国际企业的迅速发展,理论界开始对国际企业进行大量研究。企业国际化是20世纪70年代中期以后,国际商务研究领域的重要研究课题之一,重要研究一个国内企业如何发展为一个国际企业,包括企业的人、财、物以及行业、战略、组织架构匹配等一系列问题。具体研究的重点包括:企业国际化道路的选择,外国市场进入方式比较,国际化经营战略。

对企业的国际化,主要有四种不同的理解:[1]

1. 企业国际化是企业由国内市场向国际市场发展的渐进演变过程

20世纪70年代中期,一批北欧学者以企业行为理论研究方法为基础,提出了企业国际化阶段理论,也有学者称之为"优泼萨拉国际化模型"(Uppsala Internationalization Model,U-M)。该模型认为,企业国际化应该

---

[1] 林新奇:《国际人力资源管理》,复旦大学出版社2004年版,第10页。

第八章 国际企业人力资源管理实务

被视为一个发展过程,这一发展过程表现为企业对外国市场逐渐提高承诺的连续形式。

2. 企业的国际化是企业有意识地追逐国际市场的行为体现

美国麻省理工学院国际商务学著名专家理查德·罗宾逊(Richard D. Robinson)教授在其著作《企业国际化导论》中提出:"国际化的过程是在产品及其生产要素流动性逐渐增大的过程中,企业对市场国际化而不是对某一特定的国家市场所做出的反应。"

3. 企业国际化是指企业的跨国经营活动

英国国际商务学著名教授斯蒂芬·扬(Stephen Young)等在《国际市场进入与发展》一书中,认为企业国际化是指"企业进行跨国经营的所有方式"。这些活动包括产品出口、直接投资、技术许可、管理合同、交钥匙工程、国际分包生产、特许经营等。

4. 企业国际化是指企业走向世界的过程

梁能在《国际商务》一书中认为:"企业走向世界的过程可以从两个方面来讨论:其一是企业经营的国际化,也就是企业产销活动的范围怎样从一国走向世界的问题;其二是企业自身的国际化,也就是一个原先土生土长的地方性企业如何向跨国企业演变发展的问题。"

由上可见,企业国际化是指企业积极参与国际分工,由国内企业发展为国际企业的过程。从广义上说,国际化是一个双向过程,包括外向国际化和内向国际化两个方面。

(二)国际企业的名称与分类

给国际企业下定义是非常难的事情,至今没有统一的标准。美国著名国际企业管理专家约翰·丹尼尔斯和李·贝德鲍在合著的《国际企业:环境与经营》中指出:国际企业(International Business)是从事两个或两个以上国家之间业务往来的组织。从广义上讲,凡从事国际间商务经营活动的企业都称之为国际企业。联合国国际企业委员会进一步指出:国际企业是指由在两个或者更多的国家实体所组成的公有、私有或混合所有制企业。它们具有以下特征:以共同的所有制为纽带互相联接;依赖于共同的资源组合(如货币、信用、信用系统、商标和专利);受控于某个共同的战略。

目前国际企业又被称为跨国公司(Multinational Corporations)、多国公司(Transnational Corporations)、国际公司(International Corporations)或

全球公司（Global Corporations）。

（三）国际企业人力资源管理的原因和目的

关于国际企业人力资源管理的内涵，与国际企业概念一样，迄今没有一个统一的定义。美国学者摩根（Morgan，1986）认为，国际企业人力资源管理是处在人力资源活动、员工类型和企业经营所在国的类型这三个维度之中的互动组合。美国学者约翰·B.库伦认为，当将人力资源管理的功能应用于国际环境时，就变成了国际企业人力资源管理。[1] 赵署明认为，区分国内人力资源管理和国际人力资源管理的关键变量，是后者在若干不同国家经营并招募不同国籍的员工所涉及的复杂性。[2]

人力资源管理国际化的直接原因在于国际直接投资的迅速增长，过去20年间国际直接投资（FDI）的迅速增长是世界经济的主要潮流之一。经济全球化使许多企业的经营规模扩大到国际范围，同时也使国际人力资源管理的研究成为20世纪80年代以来人力资源管理的重要创新领域。随着经济全球化和管理国际化的发展，各国之间以及各个国家企业之间彼此学习与借鉴愿望日益强烈，尤其在人力资源管理领域。由于人力资源管理具有强烈的文化特质，也就是人性化和个性化特点，所以任何一个国家的人力资源管理制度或方法都不能直接在另一国照搬照套，这就需要相互比较和借鉴，取长补短。

国际企业人力资源管理的目的，主要包含以下两个方面：

1. 作为管理科学的一个分支，国际企业人力资源管理必须从理论上给予一般人力资源管理以补充和丰富，打通各个不同国家、不同制度和不同文化背景下的人力资源管理之间的隔阂与分离，实现全球化条件下人力资源管理信息的共享和价值理念与操作技术的相互融合和促进。

2. 作为一个应用性学科，国际企业人力资源管理在实践上需要帮助企业管理者在跨国经营条件下克服异质文化的冲突，在不同文化、不同价值观的背景下实现国际人力资源的有效管理。通过在不同情形中设计出切实可行的组织结构和人力资源管理机制，最合理地配置国际人力资源，最大限度地挖掘和利用国际人力资源潜能，实现全球化条件下企业管理综合

---

[1] 约翰·库伦：《多国管理战略要径》，邱立成等译，机械工业出版社2000年版。

[2] 赵署明：《国际企业人力资源管理》，中国人民大学出版社2001年版。

效益的最大化。

二 国际企业人力资源管理的特点

国际企业人力资源管理的英文 International Human Resource Management，简称 IHRM。对人力资源管理问题的日益重视和人力资源管理在现实生活中的重要作用，使得国际企业在近几十年来的人力资源开发与利用上进行了不断创新和变革。特别是进入 20 世纪 90 年代后，国际企业人力资源管理者有了比以往更为彻底的改观，具体表现在以下方面：

（一）人力资源管理的地位定位于战略性的高度

目前国际企业为了人力资源管理为企业发展、企业变革服务，都很注重将人力资源管理的诸要素首先建立在由企业管理层共同确立的、符合企业内外各方面利益的、得到企业全体员工一致认同的企业发展战略目标以及企业远景规划基础上。同时，基本实现了招聘录用、报酬分配以及人力资源开发这三个人力资源管理主要组成部分之间的一体化。随着知识经济向广度、深度发展，企业对高素质知识工人的需求将更加迫切，企业之间为争夺人才的竞争将更加激烈，无疑会强化人力资源管理向战略化发展。

（二）人力资源管理的目标定位于营造"自我实现人"

资本主义初期的企业，把员工定为受雇人，采取比较残酷的手段管理员工；19 世纪末 20 世纪初，西方企业把员工看作"经济人"，采取经济手段管理员工；20 世纪 30 年代，西方企业把员工视为"社会人"，采用行为科学管理员工；1958 年，西蒙和马奇提出了"决策人"假设，提倡分权，于是企业纷纷给予员工一定的决策权。当今随着人们生活水平的普遍提高，人们不再仅仅满足于其生理、安全、社交、尊重等基本需要得到满足，而是努力追求自我实现的需要。我们可以假定其为"自我实现人"。因此国际将企业员工视为管理工作的核心和动力，是企业在日趋激烈的市场竞争中立于不败之地的保证。

（三）人力资源管理的开发手段呈现立体化发展

随着公司组织结构扁平化的发展以及人们价值观的改变，越来越多的国际企业管理人员的事业发展目标已经不再局限于传统的职位晋升。因此，国际企业进行人力资源管理的手段也呈现多样化发展趋势，比如，通过引入建设性的人力资源管理机制，不断地使员工的工作更富有挑战性：工作丰富化；工作轮换；人力资源规划等。

（四）特别注重企业文化和团队建设

著名的国际企业都非常注重企业文化，把企业文化视为公司的宝贵资产。哈佛商学院经典著作《企业文化与经营业绩》指出，企业文化在当今已经成为决定企业兴衰的关键因素。企业应当通过与员工的真诚合作来实现公司的价值，创造员工在企业发展的机会，努力培训员工对企业的归属意识，把个人的发展与企业命运紧密地联系在一起。第二次世界大战后美国如IBM公司的企业形象设计和日本企业的理念设计都使企业文化地位日益重要。

三 国际企业人力资源管理与国内企业人力资源管理区别

摩根（Morgan，1986）发展了一个国际企业人力资源管理模式。该模式包含了三个主要要素：即人力资源管理功能，包括员工的招募、配置、使用等；国别，是指国际人力资源管理（IHRM）的各项活动牵涉许多不同的国家，如母国、东道国和第三国，等等；员工种类，是指在国际企业中的员工形态，包括东道国人员、母国人员以及第三国人员，等等。

道林、舒勒和韦尔奇（Dowling，Schuler and Welch，1999）更清楚地指出了IHRM的内容与HRM（企业人力资源管理）有以下不同：

（一）具有更多的职能

国内的HRM所从事的工作不外乎人力资源规划、工资及薪酬的行政工作、员工福利、培训及管理发展、劳工关系、工作安全、人事系统及政策、公平的就业机会，等等。然而IHRM还考虑了课税及驻外人员的重新配置问题。

驻外人员的课税问题：如何使同一国家在不同东道国的驻外人员所负担的租税公平，以及减少驻外人员的租税负担等。

驻外人员的重新配置问题：包括驻外事前训练、移民、配偶子女问题、薪资报酬问题、回任问题等。

（二）具有更多的异质性功能

国内HRM讨论的是母国国民在同一地区、统一报酬政策及政治经济环境的管理问题。IHRM却牵涉母国人员、东道国人员和第三国人员。这些员工可能在同样的地区工作，却可能面临不同的报酬制度、不同的税赋计算、福利津贴，等等。因此，在单一组织内如何使来自不同地区员工的薪酬、福利计算公平，是IHRM的一大议题。

（三）涉及员工的私人生活

驻外人员从选派、训练到派人、省亲、回任等过程中，都牵涉员工的个人生活，因此IHRM部门必须和员工有较深层次的互动，甚至包括员工的家庭说服，让员工能了解所有与驻外相关的信息。

（四）目标对象不同

HRM的施行重点均为国内的员工，而IHRM会随着企业涉入国际化程度的增加，所考虑的对象逐渐由母国人员而扩及东道国人员以及第三国人员等等。

（五）更多的外界环境压力

由于IHRM涉及多国环境，故较国内HRM需处理更多来自外界的压力以及不同国家所诉求的不同议题。如除了不同东道国的政治经济环境有所不同之外，发达国家较重视劳资关系和福利，与发展中国家较强调就业率、劳工管理等方面的考虑也有所不同。

第二节　国际企业人力资源配置

一　国际企业人力资源配置流程

（一）人力资源配置方法

根据不同的人力资源配置哲学，将国际企业人力资源配置方法划分为四种：[①]

1. 民族中心法，即关键岗位由母国人员担任

优点：在经营理念、风格、目的等方面与总公司步调一致；易于控制，便于沟通。

缺点：限制了东道国人员的晋升机会，引起士气下降和高流失率；适应环境需要一段时间，在此期间，可能会做出错误或不当的决策；待遇差距较大时，母国和东道国员工可能感到不公平；其权益和生活水平的提高可能影响对当地下属的期望和感知程度。

2. 多中心法，即招聘所在国人员管理其当地子公司，而母国人员在母国总部任职

优点：消除语言障碍，解决外派人员及其家庭的适应问题，避免文化培训开支；避免一些敏感的政治风险；聘用费用不高；保持子公司管理的连续性。

缺点：总部可能难以控制子公司（因为语言障碍、国家忠诚的冲突、文化差异等）；所在国与母国公司经理人员的职业生涯受到阻碍，因为他们都无法获得管理的国际经验。

3. 地区中心法，即实行地区中心政策，按地理区域划分，人员在地区间流动，在多国基础上的功能合理化组合

优点：促进地区子公司调动到地区总部的高层管理人员与任命到地区

[①] 约翰·B. 库伦（John B. Cullen）：《多国管理战略要径》，邱立成等译，机械工业出版社2000年版，第289页。

总部的母国人员之间的互动；它是由纯粹民族中心法或多中心法转到全球中心法的一条途径。

缺点：在地区内可能形成"联邦主义"，而不是以国家为基础，从而限制了组织的全球立场；即使该方法的确在国家层面上能够提高职业生涯前景，但它仅仅把障碍移到地区层面上。

4. 全球中心法，在整个组织中选择最佳人员担任关键职位而不考虑其国别

优点：国际企业能组建一支国际高层管理人员队伍，并克服多中心法"联邦式"的缺点。

缺点：所在国政府很想使本国居民被聘用，即使没有足够的拥有技能的人可录用，政府也将使用移民限制以促使本国人员被聘用；陪同的配偶获取工作许可的困难性；由于培训和重新安置成本的增加，全球中心法的政策实施起来很昂贵。

（二）国际企业人力资源的招聘

1. 人力资源的来源

（1）母公司外派人员，即那些经过本国母公司教育和培训，并取得经验的本国公民。

优点：外派人员更了解母公司的战略意图；组织可以控制和协调；为有前途的经理人员提供获取国际经验的锻炼；由于特殊的技巧和经验，母国人员可能最适合该工作；确保子公司遵守组织目标、政策等。

缺点：东道国人员的提升机会有限；适应东道国的时间较长；母国人员可能将公司总部某一不合适的方法用于子公司；母国人员和东道国人员薪酬不同。

（2）东道国人员，即经过东道国的分公司教育和培训，并取得经验的东道国的人才。

优点：克服语言障碍；减少招聘和培训成本；解决文化适应问题；节省管理成本，增加了管理的连续性；解决就业问题，与东道国建立良好关系；避免烦琐手续。

缺点：公司总部的控制和协调可能受阻；东道国人员在子公司以外的职业生涯发展机会受限；限制了母国人员获得国外经历的机会；可能促成联邦主义而非全球发展。

（3）第三国人员，即从第三国中选拔国际人才。

优点：精通外语，了解其他国家文化；工资和要求比母国人员低；比母国人员可能更了解东道国环境。

缺点：调任必须考虑可能的民族仇恨；花费大笔费用和大量时间；可能受当地法律歧视政策的限制；第三国人员可能在任职结束后不想返回自己的国家。

2. 国际企业的人力资源招聘方法

对于国际企业来说，可以运用的人力资源招聘方法与一般企业是相似的，主要包括内部招聘和外部招聘两大类。选择内部招聘时，可以运用的方法包括工作公告、员工技能库、内部提名、员工荐举、公司内部临时人才储备、继任计划等。外部招聘可以运用的招聘方法主要有：广告招募、员工推荐、校园招聘、人才交流会、公共服务机构、网络招聘等等。国际企业一般会根据所要招募的劳动力数量、劳动力质量、可用的招聘预算以及相关法律规定等因素来决定招聘方法的选择。①

（三）国际企业的人力资源培训

1. 培训的主要类型

（1）常规性培训。常规性培训主要是按照企业培训的制度和规范要求进行的日常性培训，是人力资源培训的主要组成部分。主要包括：

岗前培训又称入职引导，上岗培训，包括新员工上岗，老员工转到新的岗位，技术和管理人员在新的岗位上就职等情况。即给新员工提供有关企业的基本背景情况，包括公司的历史、现状、工作岗位职责、操作程序等。培训一般分为两个阶段：一是组织上岗培训；二是部门上岗培训，又称工作现场培训。

在岗培训是指受训者既要参加培训，又要完成现所在岗位的工作任务，即一边工作一边接受培训。这种培训在时间安排上有两种方式：一是利用周末接受培训，可以把培训教师请到公司进行集体授课，也可以是受训者根据自己情况到培训机构参加培训；二是在平时工作日安排适当时间让受训者接受培训，比如攻读硕士、博士学位及参加 MBA 课程班学习，也可以是其他类型的短期培训。

脱产培训是指脱离现在岗位，集中一段时间进行受训，受训完以后回

---

① 赫伯特等：《组织人员配置》第四版，机械工业出版社 2005 年版，第 93—142 页。

原公司工作的培训方式。进行这种培训时，通常要与受训者签订相关协议，要求受训者在培训完以后回公司工作。在脱产培训期间，公司保留受训者原有岗位，并支付相应的报酬。

（2）职业生涯管理。很多国际企业开始把职业生涯管理作为人力资源培训的重要手段。实践表明，了解员工参与培训的动机、期望，以及他们对自身职业生涯的看法，对于组织取得良好的培训效果会产生影响。当前国际企业在职业生涯管理方面的突出表现有两个方面：一是为个人的职业生涯进行定位，主要从个人发展潜能和工作绩效表现两个维度进行个人发展定位；[1] 二是根据组织长期发展的需要，建立管理继任计划，并绘制组织、部门、人员的职业发展通道。

（3）外派培训。外派人员指由母公司任命的在东道国工作的母国公民和第三国国民，还包括在母公司工作的外国公民。外派培训主要是指那些国际企业为了适应当地情况对外派人员进行的培训。主要包括：①所在国的现实培训。所在国的现实培训是指当外派员工到达东道国后进行的跨文化培训，或者是针对外派人员所遇到的突发事件而进行的针对性培训。所在国现实培训主要有两种基本方式：传统的集体培训与现实的个体培训。传统的集体培训方式是把到达东道国的外派人员聚集在一起，给他们提供比外派前培训更具体的、更复杂的关于东道国文化的深层次知识。现实个体培训主要是通过多种方式实现对外派人员的辅导，比如可以通过确认外派人员的动机趋势以及发展需要，帮助他们树立明确的发展目标；可以通过鼓励外派人员检验他们在工作方面获得的新技术，帮助他们评估这些结果等。②全球性心智模式培训。其根本目的是拓宽个体的思路，以便超越过去的那种本地的狭隘眼界，从而形成一个包容全世界的心理图示。主要通过三种方式进行：一是利用回派人员进行培训，即外派到期返回公司总部的管理者或者员工对其他人进行指导。二是实地培训，其核心思想是把员工置于本国亚文化圈一段时间，时间的长短应适可而止，这种方式既能保证员工学到当地人的行为方式，又不至于让宝贵的时间从工作中损失。③基于多媒体/互联网的培训。多媒体软件和基于互联网的培训也应用到外派员工的培训中来，其主要方式包括两种：基于多媒体软件的培训和基于互联网的培训。

---

[1] 王璞：《新编人力资源管理咨询实务》，中信出版社2005年版，第210页。

(四) 国际企业人力资源绩效评估

1. 国际企业人员绩效评估标准

（1）母国标准。在母国标准情况下，国际企业对于全球范围内所有分支机构及其员工均以母国公司的绩效评价标准为依据进行绩效评估。这种方式操作简便，成本较低，但问题也较明显。一方面，各个分支机构在国际企业中的战略定位不同，其所处的国际环境也各不相同，因此，使用同一套评价表与权变理论不符；另一方面，使用母国标准也可能使其他国家或地区的员工受到自己所不能控制因素的负面影响，从而使自己的绩效评估面临额外风险。

（2）东道国标准。而如果使用东道国标准，虽然能够避免上述的额外风险，为各个东道国设置独立的绩效评估标准费时费力，也使国际企业在全球范围内的各个分支机构及其员工进行绩效控制和绩效比较变得非常困难。使用东道国标准的前提是对于当地员工的绩效评价指标和标准必须基于对当地分支机构的战略目标定位。

（3）区域标准。区域标准在一定程度上综合母国标准和东道国标准的优点，一方面是该区域内的各分支更容易与公司整体战略目标保持一致，并对各分支机构的绩效进行较为有效的控制和比较；另一方面，也能使绩效评估成本保持在一个合理的范围内，同时又能保持某一个地域之内文化和环境因素的特征。

（4）全球性标准。全球性标准需要使用国际企业的任何一个分支机构，因而在开发的难度上是最大的，但如果能够开发成功，那么其效果是最好的。全球性标准面临的另一个问题是本土适应性与国际化战略之间的冲突。一套标准的普适性提高，往往是以精确性下降为代价的。

2. 国际企业的人力资源绩效评估方法[①]

（1）排序法。排序法是最简单、常见的绩效评估方法之一，最简单的做法是针对某一项指标，将评估对象按照最好到最差顺序排列。

（2）配对比较法。配对比较法是将每一个被考评员工都与小组或团体中的其他员工进行比较，而不是仅仅按照一定顺序依次比较。在配对比较法中，管理者只有在对每一个员工与其他所有员工进行比较之后，才能得

[①] 姜秀珍：《现代人力资源管理》，上海交通大学出版社2008年版，第176—180页。

出对其绩效的总的评价结果。但是，由于该方法工作量较大（总的比较次数为 N（N-1）/2），因此，通常用于人数较少的组织。

（3）图表法。图表法是应用最为普遍的绩效评估方法之一。它首先要求确定出与被评估者的工作相适应的几项基本评估要素，然后对应于各项评估要素列出各种程度的选择项。当对员工进行绩效评估时，相对应于每个评估要素，对员工的工作表现确定出一定的程度，然后对各个要素上的评估结果进行汇总，即可得出该员工总的绩效评估结果。

（4）强制分布法。强制分布法是指员工按照事先确定的若干等级分别归入某一级别中的人员绩效评估方法。实施强制分布法，首先要确定分类等级以及相应的人数，然后将员工按照绩效归入某一等级。强制分布法可以用来对职责相同或相似且人数较多的员工进行评估，在员工之间拉开绩效评估结果的差距，以挖掘出优秀人才。

（5）目标管理法。通过考察员工工作目标达成程度来实现人员绩效评估的一种方法。目标管理法一方面强调员工工作成果的重要性；另一方面还强调个人和组织目标的一致性，尽量减少员工将工作重点移向偏离组织目标方向的情况。

（6）关键事件法。使用关键事件法进行绩效评估，就是将注意力集中在那些区分有效和无效工作绩效关键行为方面。评估者记下一些细小但能说明员工所做的是特别有效或者无效的事件。为某一个人记下一长串关键事件，就可以提供丰富的具体例子，向员工指明他有哪些被期望或者不被期望的行为。

（7）行为评分法。这种方法综合了关键事件法和图表法的主要因素：考评按某一序数值尺度对各项指标打分，不过评分项目是某人从事某项职务的具体行为事例，而不是一般的个人特质描述。

（8）描述法。要求评估者针对员工前一个阶段工作写一份记叙性材料，描述员工的所长、所短、过去的绩效以及未来的潜能等，然后提出改进和提高的建议。

（五）国际企业人力资源薪酬管理

1. 海外派遣人员薪酬的构成

（1）基本工资。它是薪酬的基本组成部分，是其他薪酬因素的基准，可以用母国货币或东道国货币支付。多数海外派遣人员原来是在母国被雇用的，所付薪金以在国内雇用时工作任务为依据，被派到国外时基本工资仍维持国内水平。当他们被派到一些国家，其所处职位的基本工资比国内高时多数公司将提高薪金。

（2）津贴。其目的是帮助派往国外的人员能够继续他们正常的生活模式。"生活费津贴"最受关注，它涉及对母国和东道国之间支付差额的补偿费用，如用于解决通货膨胀造成的差别。主要包括住房、生活费用、税制差异、教育及迁徙、探亲费、搬家费等。

（3）补助。一种是鼓励流动，一种是对生活在艰苦地方的补偿。它包括海外补助、合同终结费、出国费用。有时，补助也被用来作为鼓励流动而付出的奖金。它通常是基本工资的一个固定百分比（10%—20%），只在国外工作时才支付。

（4）福利。各种养老金和社会保险、休假、特殊假期和疗养福利等。

2. 海外派遣人员薪酬的特点

（1）薪酬水平较高，其中很大一部分主要在各种各样的福利和总部提供的各类服务上。除了享受国内的福利以外，还可能继续享有母国的福利，以便为以后的回国做准备。在两国之间的活动需要很大数额的额外补贴。

（2）标准较复杂。包括以本国为基础、以所在国为基础、以总部为基础和以全球为基础四种确定方式。

（3）外在薪酬所起作用越来越小，而内在薪酬的作用越来越大。

3. 国际薪酬的计算方法及优缺点

（1）现行费率法（市场费率法）。是将海外派遣的基本工资与工作所在国的工资结构挂钩。国际企业在当地调查基础上，决定是以东道国人员的工资为标准，还是相同国籍的外派人员执行统一标准，或者所有国家的外派人员工资统一。对于低工资的国家，国际企业往往在基本工资和福利之外提供额外的补贴。

优点：得到与当地人员平等的待遇；简洁明了，易于理解；能确定工作所在国的待遇；来自不同国家的驻外人员待遇平等。

缺点：同一人员不同任职期间薪酬存在差异；在不同国家工作的相同国籍的驻外人员之间薪酬存在差异。

（2）资金平衡法。在国际薪酬中应用最为广泛，其基本目标是"从驻外人员总体上考虑"。它使居住在国外和国内职位水平可比的人员具有平等的购买力，并且提供奖励来补偿不同派遣地之间的生活质量差别。

优点：为不同国家任职的相同国籍的驻外人员提供了平等的待遇；由于驻外人员的薪酬与母国的薪酬结构挂钩，强调了待遇平等，因而使驻外人员的回国安排变得容易；便于员工沟通和理解。

缺点：可能会在不同国籍的驻外人员之间、母国人员和所在国人员之间产生相当大的差距，因此引起员工的不满；在管理上会变得相当复杂，复杂性出现在税收、生活费用以及母国人员和其他国人员之间的待遇差异等方面。

二 国际企业人力资源配置趋势和特点

（一）人力资源配置理念由以民族为中心转向以全球为中心

国际企业竞争力不仅体现于拥有雄厚资本、先进技术、驰名品牌、完善的销售网络以及科学的管理等诸多方面，更重要的是先进的人才理念和人力资源全球配置的能力。与传统国际企业的殖民化掠夺型人力资源配置方式相比，现代国际企业的人力资源配置理念和战略都发生了本质的变化。国际人力资源管理文献中描绘了国际企业管理子公司和为子公司配备人员的方法，即民族中心法、多中心法、地区中心法和全球中心法。

民族中心法是国外的子公司很少有自治权，公司总部进行战略性的决策，国内与国外公司的主要职位由总公司管理人员来担任。

多中心法是将各子公司看成是独立的实体，具有一定的决策权，子公司由当地人进行管理，但这些管理人员是不可能被提拔到总公司任职的。

地区中心法体现了国际企业地区人才战略管理的特点，人员可以到外国任职，但只能在一个特定的区域内，地区经理不可能被提拔到总公司任职。

全球中心法则是从世界范围看待它的经营管理，无论总公司还是子公司，它们的每一个部分都在运用本身的竞争优势做出贡献。它们在全球范围内有着综合性的业务，它们只强调能力而不介意所聘人员的国籍。目前的国际企业已经越来越多地以全球为中心配置人力资源。摩根士丹利在全球5万多名员工中，超过120种不同国籍和90种语言，分驻全球28个国家的600多个办事处，形成了全球覆盖的金融网络。

（二）技术人才和高层管理人才成为全球化人才战略的中心

全球化人才战略即国际企业在全球范围内挑选合适岗位的人才，主要是技术人才和高层管理人才。充足的高质量技术研发人才是国际企业得以持续获取垄断利润的发动机,而高层管理人才则是支撑其庞大的国际化体系运营的舵手。随着国际市场竞争的加剧和国际企业自身的全球化发展,仅仅依靠母国人才难以满足其日益发展的国际性研发和管理的需求,也难以应对更高层面的国际市场挑战,因此,国际企业必须广泛招募全球一流的科技人才和高层管理人才,以保证它的技术开发和国际化管理处于世界领先水平,保持竞争的制高点。

随着国际企业研发的国际化对国际化科技人才的竞争越来越激烈。美国一直处于吸引人才的领先地位,全世界科技移民总人数的40%到了美国。1995年,美国科学家和工程师项目的工作人员达1200万,其中72%的人员生于发展中国家,23%拥有博士学位的人出生地不是美国,在计算机行业中这个比例高达40%。许多国际企业都在海外设有大量的研发机构。西门子公司仅在国外设立的研发机构就达15个;荷兰菲利浦公司在5个发达国家设立了7个研发中心;日本国际企业在欧美建立了数百个研发基地,雇用当地研究人员近万人。国际企业渴求人才,微软公司负责平台产品研发工作的重要领导大师吉姆·阿尔昆(Jim Alcuin)就经过了比尔·盖茨"三顾茅庐";IBM著名的深蓝计算机设计者许峰雄博士之所以能够加盟微软公司,也归功于此前公司曾追踪5年之久的不懈努力。

近年来,在一个国际企业的董事会或经理层中往往聚集来自不同国籍的高层管理人才。瑞典国际企业伊莱克斯的首席执行官声称,在聘用高级管理人员时并不局限于其所在国家,只要他具有适合该职务的能力就行。雀巢公司董事会由6个国籍的经营、法律等方面的专家搭建而成,执行董事会(相当于经理层)的成员由来自10个不同国家的经营专家组成,位于瑞士韦威的雀巢总部则由80多个国家的员工构成。这种大面积高管阶层国际化的现象在传统国际企业中是不可能见到的,也是现代国际企业人才国际化最显著的标志。它不仅使国际企业的管理效率得到了新的提高,同时也进一步增加了它的开放性和与世界的融合性,成为真正意义上的全球公司。从另一方面也可以看出,人才竞争已经成为国际企业竞争的核心。

(三)本土化人才战略成为实施全球化人才战略的主要支撑

近年来,国际企业在东道国大力实施本土化战略,这种本土化已经从单纯生产发展到包括生产、研发、采购等各个环节,其目的是推动其全球化战略。本土化的核心是人力资源的本土化配置。主要表现在:海外子公司人力资源配置已经由局部本土化发展到全面本土化；由传统的单纯低端人才（普通员工、一般技能）本土化发展到高端人才（高管人员、研发人才）本土化。国际企业海外子公司的全部或大部分重要职位都逐渐由东道国的本地人才担任，在其海外设立的研发中心也大量雇用本地科技人才。

雀巢公司是跨国化程度最高的公司，其在瑞士以外各地的资产占87%，销售额占98%，员工数占97%。西门子公司（中国）21000名员工中，仅有1%左右的外籍员工。诺基亚在中国员工总数超过5500人，本地化程度达95%以上，许多中高层管理职务都由本地员工担任。诺基亚公司（中国）在招聘程序中，一个职位首先向中国人才库开放，如果60天内招不到合适的人，再向港台地区和东南亚国家区域的人才开放，最后再向全球人才招募。

对于国际企业的人力资源战略来说，没有为了本土化的本土化，本土化的目的在于支持其全球化战略。2005年1月4日，诺基亚（中国）投资有限公司重组了四家在华生产型合资企业，实现了从全球到中国，再由中国支持全球的规划。诺基亚宣称，21世纪将把中国作为其全球的人才基地，为世界各地提供全面的高级人才支持。普华永道2004年发布的人才本土化研究报告声称：成本将不再是企业在选择本地人和外籍人时主要考虑的问题，取舍标准将完全回归到能力。目前，国际企业在华设立的研发中心达600家左右，吸引他们的主要是中国物美价廉的技术人力资源。微软是在中国设立研发机构最多的公司之一，目前在华设立了5个研发机构，其中在华的微软亚洲研究院有研究员170人左右，是微软在美国本土以外成立的第二个全球性研发机构，其中许多是行业的国际著名专家和海外华人学者。

（四）培训与开发成为优化人力资源配置的重要方式

当国际企业成功获取人力资源后，如何对其继续保持和施加影响，国际企业采用各种形式的培训，使员工文化理念、技术等方面适应母公司需要，成为国际型人才，以实现人力资源结构的进一步优化，支持企业战略的有效贯彻和实施。许多国际企业都有自己的培训理念和战略。雀巢公司自1998年以来，在中国推出了滚动培训项目（CCAT），强调雀巢文化和卓越经营的主要特征，改变沟通态度和团队合作，所有员工都参加了培训。诺基亚的中国人力资源战略则是通过吸收、培养和激励员工实现业务发展，重点培养中层以上本地人才在商务、技术和管理方面的技能。

国际企业培训与开发的主要方式，一是建立专业学校进行培训。许多国际企业建立了自己的"大学"或"学校"，而且数量不断增加。摩托罗拉大学、麦当劳大学以及迪斯尼大学、爱立信管理学院等都是专为母公司培训各种国际化人才的场所。诺基亚分别在中国、美国、欧洲以及亚太地区设有四所诺基亚学院，其宗旨是为创建持续学习的环境和支持员工不断地成长，并最终确保企业竞争优势的稳步提升。西门子公司与1997年10月在北京成立了西门子管理学院，每年有6000人参加各种培训，到2003年，有1000名本地经理人参加了全面培训。二是送出去培训。国际企业还定期将公司员工送回母公司或世界著名院校接受培训。松下公司每年"输入"100名海外经理，让他们与日本总部同事一起工作。2001年以来，雀巢公司陆续将中国公司重要骨干送到世界著名的瑞士洛桑国际管理学院参加特别培训。三是储备新生力量。微软公司为了保持人才战略的可持续性，尤其注重在大量优秀高校毕业生中选拔人才。正如比尔盖茨所说："从长远来看，潜质更有价值。"爱立信中国公司每年招聘60—80名大学应届毕业生，这些新来的大学生大部分要接受一年左右的培训，还有一部分要在不同岗位上轮换，一年后再决定他的适合岗位。同时爱立信还设有人才库对储备的优秀的后备人才建立了内部提拔制度。诺基亚则制定接班人计划，有步骤地培养未来高层职位的本地接班人。四是设有奖学金制度。如，联合技术公司根据奖学金计划负责支付员工的全部学习费用，并向完成学业获得相应文凭的员工赠送一定额度的公司股票。目前，已经有12000人以上全球各地员工借助奖学金完成了不同学业。

第三节 国际企业跨文化人力资源管理

一 文化差异对国际企业人力资源管理的影响

跨文化是指两种或更多的文化交遇时所呈现的一种独特的现象和状态。文化交遇的结果是可能产生冲突或者碰撞机遇并遭遇对方文化的强烈震撼，也可能最终走向文化的融合，即不同文化之间相互适应、相互吸收，最终融为一体。成功的国际企业管理人员通过努力理解文化差异来避免各种误解，这种努力的目标是为了提高文化敏感度，尊重文化价值观念中的差异，避免文化冲突。文化敏感度是指能够接受文化差异，并避免通过对抗性方式来表现本国的文化。文化与管理有着不可分割的联系，文化差异对国际企业人力资源管理的影响表现在多个方面。

（一）文化差异导致国际企业人力资源管理的复杂性

由于国际企业经营业务内容与要求、公司管理哲学与组织文化的差异性，不同企业在人力资源管理方面会有不同的标准和实践。例如在美国和英国企业中，一般甄选标准是职务申请人的能力、以前工作经验以及职业生涯的成功记录，而韩国和日本的国际企业中，学历是非常重要的标准。

由于国际企业的员工未必归属于同一种文化，因此企业员工在时间观念、劳动习惯、性别角色、心理期望、遵从态度、工作目的等诸多方面都存在很大的差异。以工作目的为例，不同文化对工作目的有不同的理解，有的文化把工作视为一种谋生手段，有的文化将其视为苦差事和惩罚，有的将其视为对上帝的责任等。

毫无疑问，在不同文化条件下企业的员工及其工作行为是互不相同的，这就要求国际企业的管理行为和领导方式必须具有跨文化的适应性和灵活性，否则就会出现问题。文化差异还影响国际企业选择人力资源管理导向的偏好，如美国公司更愿意使用当地人，日本公司倾向更多地利用外派人员管理国外的经营活动，而欧洲公司处于两者之间。

（二）国家背景导致各国在人力资源管理上的差异

国家文化由社会制度而产生的风俗习惯势力相结合，共同影响商业环境和特定的要素条件。进而，这种国家背景又决定一国的绝大多数公司所遵循的人力资源管理方式与政策。具体来说，人力资源管理的国别差异表现在以下几个方面：[1]

1. 劳动力的教育和培训

公司所能利用的劳动力的类型和素质是人力资源管理中的一个关键因素。一国教育体系为公司提供了最初始的人力资源，因为一个人需要多少培训才能成为一名合格的工人以及文凭对选拔的意义等都是由教育体系决

---

[1] 约翰·B. 库伦（John B. Cullen）：《多国管理战略要径》，邱立成等译，机械工业出版社2000年版，第316页。

定的。

2. 对选拔方式的法律和文化预期

一个国家的法律和深受国家文化影响的人们的预期，指明了管理者寻找新雇员的"正确"方法。例如，在某些国家，像女性求职者询问她们是否有计划近期结婚被认为是平常而且必要的，但在美国向求职者询问这样的问题是违法的，而且具有歧视色彩。

3. 求职者偏爱的工作类型

日本的大学毕业生更愿意受雇于大公司，这主要来自于大公司的工作安全感的吸引力。有些国家的企业家氏家族控制的，家族中的成员一起为这个企业工作，这些例子说明求职者受到工作地方文化价值与标准的影响。

4. 对公平报酬与晋升标准的法律和文化预期

由于文化预期与制度压力，对于报酬和晋升方面的问题在不同国家背景中经常会有不同答案。因为价值观念、准则和制度预期等影响着报仇的决定以及业绩考核同报酬的关系。例如，美国国际企业的管理者们经常发现，将报酬和业绩挂钩的做法在美国公司被认为是合法和公平的，而在其他国家却常被认为是无关紧要的。

5. 劳动方面的法律和传统

工会的法律地位和力量以及劳资双方的历史关系，对于人力资源管理实践有着深远影响。例如，在某些国家，历史上长期存在着劳资双方的冲突，而劳资冲突因国家背景不同存在着巨大区别。此外，工会在工人中的覆盖面也因国家背景不同而不同。

所有这些差异性，在某种程度上都是由不同国家的不同文化与商务时间的特征决定的。国际人力资源与管理部门需要认真研究不同国家的文化特征以及人力资源管理的特点，才能为有效的跨文化人力资源管理提供基本依据。

二 各国企业人力资源管理模式比较[①]

国际企业人力资源管理的各种模式是在各国不同的文化法律背景、价值观念、教育与培训体系影响下，并在各国企业跨国经营具体实践中形成

---

① 张芬霞：《跨国人力资源开发与管理模式的比较研究》，《武汉大学学报》（哲学社会科学版）2006年第2期。

的，它们异彩纷呈而又独具魅力的模式值得我们进行研究。下面主要从国家整体文化、招聘与培训、人才的开发与管理、国际人才的派遣几方面进行分析。

（一）国际企业人力资源管理的美国模式

1. 从美国的企业整体文化看，美国跨国公司的人力资源开发与管理主要体现了个人主义文化的影响

影响美国的个人主义文化，强调个人权利，注重社会范围内的公正，倡导社会合作，更注重积极的自由。具体体现在人力资源管理中，重视个性发展，强调个性的表现力、主动性、创造性、向权威挑战、追求多样性、勇于冒险等。在其跨国公司中，有来自世界各国的员工。因此，美国的跨国企业形成了一种宽容、和谐的企业氛围，并善于在企业发展后及时改变人力资源管理的重点，因而他们的跨国经营企业成功的较多。

2. 招聘与培训方面

美国公司采用各种类型的招聘战略，包括通过报纸广告、雇员自荐、内部提升、上门求职、大学、国家就业服务、私立就业服务等。美国经理认为报纸广告是所有类型工作中最有效的招聘渠道之一。在招聘的过程中公司注重个人成就（如教育、天赋、经验），个人被视为组织可以购买的各种技能的一种组合。以往的工作经验、测试成绩以及通过面试观察到的品质都有助于人事经理或雇用经理掌握有关候选人资格的信息。美国公司非常重视对员工的培训。培训方式主要有企业自设培训机构、利用专门的培训机构和跨国管理人员的职前国外训练等。例如，在 IBM 公司，组织的各个层次都要进行正规的行政与管理人才开发项目。特别还提供了新经理培训，包括美国的政策及实践、IBM 领导项目，以及 IBM 全球经理项目等。

3. 人才的评价和开发方面

美国许多公司都有鉴定和开发管理人才的计划，其目的在于培养那些愿意终生为公司工作的合格经理人员。主要步骤包括确定可以晋升的有才能的经理，并使他们与组织对管理人才的需要相匹配。在许多美国公司中，上一级经理人员有责任确定潜在的管理人才，并且管理业绩考核常包括对管理后备力量的考察。例如，IBM 公司，当年轻的管理人员被任命到海外去时，导师往往要担当特别重要的角色。一些公司采用更加直接的方式，如利用评估中心来鉴定经理人员；有些美国公司还为注定要进入较高

管理层的下级经理设置"快车道"职业生涯，并在其职业生涯早期就给他们安排各种富有挑战性的工作，如果他们能够成功，就会得到迅速晋升。然而，在像美国这样的个人主义的文化中，职业生涯管理依然是个人的责任，而这些个人目标可能与完成当前的组织任命或参与管理开发不相一致。因此，美国公司经理人员的流动是比较频繁的。

4. 国际性人才的外派

正确选派国外子公司的经理和主要管理人员，是国际企业人力资源管理中特殊而又重要的工作。许多美国公司总部较少干预下面的人事配备工作，下属的部门和单位自己招聘经理人员或后备经理人员，并按公司规定来确定人员的职位和提升。海外子公司较多地聘用东道国国民在其下属单位的管理层中，中低级管理人员几乎都是东道国国民，高级管理人员也有五六成来自东道国。

（二）国际企业人力资源管理的日本模式

1. 日本的企业整体文化

日本文化在不同程度上具有集体主义特征，日本企业以强调团队精神而在市场中取胜。强调集团主义与业绩主义相结合的献身价值和对纪律的高度重视为企业目标的实现提供了保证。日本企业文化的主要特点：

第一，"和"的观念深入人心。"和"是指爱人、仁慈、和谐、互助、团结、合作、忍让，它是日本企业成为高效能团队的精神主导和联系纽带。

第二，终身雇用制。终身雇用制贯穿日本员工生活与工作，迫使企业不断改善企业管理水平，以解决随技术进步而导致的人力过剩问题。

第三，年功序列工资制，这种工资制是依据职工的学龄、工龄、能力、效率等确定职工工资制度。

第四，推行企业工会制度。

2. 招聘与培训的文化

第二次世界大战以后，日本的一些大型公司，如日本电气、三菱、索尼、尼桑等，在人力资源开发上逐渐形成了独特的模式，其特点是招聘卓越人才，在工作竞争中不断淘汰能力较差者，将最优秀的管理人员提升到高层管理岗位上。日本公司在经理的选择中与高中和大学的联系密切，日本的大型公司把招聘对象集中在著名大学毕业生上，而不是有经验的经理。公司认为年轻人更容易塑造，以适应特定的公司文化。公司一般青睐某些特定大学的毕业生。日本的两所公立大学（东京和京都）的毕业生在日本工商界占主导地位。

3. 人才的评价与开发

日本公司更注重管理人员的个人品质而不是其技术能力，这意味着公司管理人员的开发必须有战略眼光，员工在进入公司后的 5 到 8 年内是业绩和发展潜力的考核期，不同技术和职能管理工作的业绩是考核的重点。经过考核期后引入竞争机制，每隔 4 年晋升一次，没有获得晋升的管理人员可能离开公司或者被安排到不重要的岗位。

4. 国际人才的外派

日本跨国公司的人力资源管理制度是高度竞争的人事制度，在日本模式中，日本公司总部统一领导全公司范围的人事配备工作，海外子公司的总经理由上级直接委派，高级管理人员绝大部分为本国派遣，中低级管理人员只有约一半是东道国国民。但是，近年来日本公司也意识到发展管理层多元背景的重要性，开始聘用一些东道国或第三国国民。

（三）国际企业人力资源管理的德国模式

1. 文化传统

德国文化受欧洲文艺复兴运动和法国资产阶级大革命的民主、自由等价值观影响很深。而且德国强调依法治国、拥有完备的法律体系，为建立注重诚信、遵守法律的企业文化奠定了基础。德国人长期形成的讲究信用、严谨、追求完美的行为习惯，对企业形成独特的文化产生了极大影响，几乎所有企业都把人事管理放到第一线，都有一套比较科学的人事评价标准和奖惩措施，注重工作结果。他们通常对人事的管理为垂直和层次管理，没有越位，也很少相互交叉。

2. 招聘与培训

一个先进的和标准化的全国性职业教育与培训体系为德国企业提供了主要的人力资源。德国模式的最大特点是正式学徒年限加上与技术专业密切相关的职业路径。学徒是技术雇员和蓝领工人必须经历的阶段，而且不限于年轻人，年长者也常寻求作学徒的机会，并取得证书。德国有近 400 种全国承认的职业培训的证书。德国存在两种主要的职业教育与培训形式，一种是包括一般的和专业化的职业技术学校以及学院；另一种称为双重体系，即把在职学徒培训和颁发熟练工人证的业余职业学校培训相结合。双重体系是德国职业培训中最重要的一部分，其中的培训和资格证书是全国标准化的，由此产生了一支训练有素的全国性劳动大军。双重体系来自雇主、工会和国家合作，费用由公司和国家分摊，其中公司支付费用的大约 2/3，雇主有特定义务让年轻人离岗参加职业培训。

此外，德国公司还大力投资于培训，接受过各种在职培训的工人占工人总数的 80%。在学徒阶段，员工要接受 2—5 年的公司在职培训，即使是大学毕业生，也要经历两年学徒期接受培训，并轮流在不同部门熟悉工作。

3. 人才的开发与管理

在德国模式中，考核期是员工进入公司后的 2—5 年。在这段时期，员工通过职能部门之间的流动全面了解公司情况，确定适合自己的工作，然后固定在合适的职能部门向上发展。这样便于雇员全面了解公司情况，并确定自己适合的工作或职能。在以后的 20 年中，每个人固定在合适的职能部门向上发展，他们必须不懈地学习和掌握新的技能，才能被提升到更高职位。

4. 跨国人才的派遣

德国企业十分重视让企业管理人员去国外工作，以学习了解和掌握国际经济管理的知识经验，这是德国企业在人才管理战略中的很重要的特点。例如，目前在德国最大的 25 家公司总经理中，有 15 人在国外工作过很长时间，对有关国际市场的竞争对手了如指掌。

（四）跨国公司人力资源开发与管理的英荷模式

1. 英国与荷兰具有保持良好的文化传统特色

受此影响，英国企业普遍思维保守，管理制度严格，员工的福利待遇得到充分保障，待遇优厚。

2. 招聘与培训方面

在英荷模式中，招聘并不刻意追求杰出人才。公司依照特定技术或职能岗位的需要录用大学毕业生。例如，在壳牌公司，新录用的大学毕业生中 80% 是学习技术的。在这些新员工职业生涯的最初几年，安排他们到特定职能部门工作和发展，考核期后，有较大发展潜力的管理人员被提升到重要岗位。

3. 人才的开发与管理

在人力资源发展中注重培养管理人员的全面知识和技能，是英国和荷兰公司人力资源开发与管理的一个特征。英国和荷兰企业普遍采用系统考核和评估的方式，确定管理人员的发展潜力，包括两到三天的管理情景模拟测试，由经过心理学家培训的高层管理人员观察和评估被考核人员的工作能力和素质，最后结果在一定程度上取决于公司高层管理人员的集体判断。

4. 国际人才的外派

许多英—荷公司以国家层面的地域单位为基础来管理他们的人员选派工作。各附属机构管理自身的人事配备工作，但总部会委派人事专家到下属机构以加强上下的协调。

（五）国外的国际企业人力资源管理模式对于我国的借鉴意义

全球化背景下，中国与世界经济联系越来越密切，众多有实力的企业"走出去"实现跨国经营，涉及行业从初期集中在贸易发展到现在的资源开发、加工工业、工程承包、装配等领域。目前中国企业跨国经营的主体主要是外贸专业公司和大型贸易集团、某些大型生产性企业或企业集团、大型金融保险、多功能服务公司和中小型企业。不管是哪类企业，普遍存在对跨国人力资源开发和管理的重要性认识不足问题。因此，借鉴发达国家跨国经营的经验和做法，结合企业实际系统开展人力资源开发和管理的研究，就具有较大的实际意义。具体来说，可以从以下几方面来开展跨国人力资源管理工作：

1. 重视跨文化差异和合作方面的培训

跨文化培训是解决人力资源管理中文化差异问题的基本方法。通过跨文化培训，可以加强人们对不同文化环境的反应和适应能力，促进不同文化背景人们之间的沟通和理解。将企业共同的文化传递给员工，形成企业强大的文化感召力和文化凝聚力。同时，进行跨文化培训可以促进不同文化背景的员工交流沟通，使他们能够理解、接受乃至欣赏异域文化、风俗，取长补短。这是合理控制和科学管理来自不同国家、民族、地区、组织的员工与生俱来的文化差异，提高人力资源产出效益的重要手段。

2. 认真分析跨国市场需求

在跨国经营环境下，企业对国际环境中人的行为进行分析和预测作用非常重要，如果是基于错误的分析和预测，雇员就不能按要求完成工作任务，企业也就不能获得好的绩效。例如，当地是否有合适的熟练工人？为了培养所需工人的技能，应该采取什么样的策略？以后当地是否也还有这些熟练技术工人？这些都会影响跨国经营的成败。

3. 高层领导应重视跨国人力资源管理

许多企业宣称把人才看作最重要的资产，但当面对跨国劳动力因素的影响时，他们就不这样认为了。企业公布财务报表，但很少公布由于缺少跨国人力资源管理而造成的长期学习曲线引起的时间损失、因雇用不合格的人而造成的资金浪费以及为降低损害而造成的成本，这还是没有真正认识到跨国人力资源管理的重要性。

4. 建立合理有效的人力资源开发与管理体系

例如，健全和完善科学的开发和管理体系、重视人力资源激励机制的研究，如经济利益的激励，权利和地位的激励，企业文化的激励等；注重长远规划和充分的论证预测等，就不会造成因人才缺乏而影响企业的发展。

第四节　国际企业人力资源管理发展趋势

当今世界，经济全球化、文化多元化给全球企业人力资源管理带来新的课题。一方面，一体化正在深入。随着区域性合作组织如欧盟、北美自由贸易区、亚太经合组织等产生，国与国之间的界限开始变得越来越模糊，地区经济甚至全球经济正日益成为一个不可分割的整体，牵一发而动全身。这种情况下，传统的管理理念不断受到冲击，作为经济一体化推动力及其自然结果的国际企业，既面对着不同的政治体制、法律规范和风俗习惯，同时又推动着各种文化的相互了解、相互渗透和不断融合。国际企业的管理者们经常会遇到诸如管理制度与价值观迥异的组织如何沟通与合作，不同国籍、文化背景和语言的员工如何共同完成工作等问题；跨国兼并的加剧也使国际化人力资源管理变得更为复杂。另一方面，竞争在加剧。全球环境下企业间竞争升温，哪怕是再好的管理战略，如果不能与时俱进，在短时间内就会被竞争对手模仿甚至优化利用，国际人力资源管理切合时势进行变革创新，已是大势所趋。

一　国际企业人力资源管理的变革及发展趋势

世界形势复杂多变，管理思潮日新月异，国际企业人力资源管理也在变革发展，其趋势主要表现在以下几点：

（一）构造创新型知识管理系统，引领国际人力资源管理新潮流

1. 什么是知识管理？

在组织中建构一个人文与技术兼备的知识系统，让组织中的信息与知识，透过获得、创造、分享、整合、记录、存取、更新等过程，达到知识不断创新的最终目的，并回馈到知识系统内，使得个人与组织的知识得以永续不断累积，国内外母子公司之间得以沟通共享企业资源，和谐发展，共同进步。

以往的知识管理工作主要由公司信息管理部门负责，其他业务部门仅作为辅助性机构出现，为他们提供信息支持，这种模式使得知识管理过于生硬，以致：

（1）员工积极性低，文化的差异也使得部分知识难以为人所了解；

（2）信息超载，不同业务部门难以在短时间内获取自己所需的知识组合；

（3）负责知识管理系统的人员对具体业务不熟悉，不能对反馈给予及时回应；

（4）全球范围内不同区域共用同一的知识系统，缺乏针对性；

（5）知识流于表面，满足不了日益纷繁复杂的全球业务的需要。

人力资源管理部门由于在处理人与事的配合，发挥人的潜能，以及员工的获取、整合、保持与激励、控制与调整、开发与培训等方面具有得天独厚的优势，在国际化形势下进入知识管理领域，打造创新性知识管理体系，营造灵活、创新、知识创造、转移、结合以及学习的氛围，提高企业国际化经营的效率，正逐渐被人重视，成为企业国际化进程中的一个新尝试。

2. 以西门子 Share Net 知识管理体系为例

西门子在知识管理领域所获得的巨大成功主要归功于其在全球最大的事业部——信息和通讯网络公司（ICN）成功实施了 Share Net 知识管理系统。Share Net 知识管理体系涉及很多层面内容，下面主要介绍人力资源管理的作用和工作：

（1）在世界范围内收集员工的意见，为项目的全球推广铺平道路。在 Share Net 的概念形成阶段，西门子人力资源部门就认识到，知识管理系统的开发不应该是孤立地、从上到下地部署到各地区公司的这么一个系统，

必须要考虑不同地区公司的文化差异、业务差异，于是他们联合各业务部门在全球范围内收集了将要使用 Share Net 的所有员工的意见，同时在第一期工程中就为 Share Net 项目团队增加了来自总部和 15 个地区公司的 40 名销售代表。团队中的所有成员要共同参与项目中问题的诊断，在诊断过程中，所有的销售代表都要求列举出一些不仅能在当地使用，也能在全球使用的解决方案和实践，这一做法使 Share Net 为随后该项目的全球推广铺平了道路。

（2）全球本土化，从地区公司选拔 Share Net 经理来促进整个系统良性发展。西门子采取了一种既能够把全球知识资源聚集到一起，又能够保留跨地区文化差异的方法——全球本土化的解决方案，由总部和各地分公司共同制定 Share Net 的战略方向，然后系统的主要战略性维护会落到各地分公司；为了把全球本土化战略落到实处，西门子分别在地区公司选出 Share Net 经理，他们和全球各地的投稿者一起组成了一个既注重全球总体战略又关注各地区公司文化的全球本土化组织。Share Net 经理们的提名应当是自下而上的，而且是自愿参加的，强制性的提名会导致 Share Net 经理缺乏能力和太重视技术能力。

（3）在知识社区的基础上构建组织内的知识集市。知识社区建立了人和人、人和组织以及组织和组织之间的联系，而知识集市则根据员工的不同需求将知识进行系统划分，通过提供知识地图、以及企业 Intranet 来进行最佳实践传输，保证所有员工能够访问最佳实践资源。

（4）持续性激励措施——知识转化为股份。经过一系列激励措施实践和修改后，Share Net 经理们决定把重点从奖励集体转为更多地奖励参与者身上，并推出了网上奖励制度。参与者将会因为质量高的投稿获得 Share Net 股份，这个股份系统是一个灵活的激励方案，能够根据激励的需要做出调整。例如，知识发布和论坛反映为 3 到 20 股，每一股在价值上相当于 1 欧元。Share Net 的技术系统自动根据贡献进行股份分配。股份激励系统产生了明显的效果。后来，这个奖励系统演变成了一个"在线商店"。在那里，股份可以通过交易置换成一定范围内的产品，例如专业文献和西门子便携电脑等，同时为了弥补由于数量上的成功带来的知识质量上的问题，Share Net 项目团队引入了一个星级评价程序，星级乘以某个特定因数就可以计算出贡献者所能赚到的股份数量，从而大大地提高了知识质量。这个激励举措取得了极大的成功，从这个奖励中员工感觉到自己受到了关注和直接的认同，全世界的人都知道自己，是对自己贡献的一个肯定，于是他们也更加认真地付出。

（5）打造组织内的知识管理文化，以业务目标为导向实施具体的知识管理活动。通过在组织中形成知识交流的气氛和知识共享的文化、结合持续性激励措施，使员工能够有效进行业务知识学习及虚拟团队学习，为了更好地进行知识的交流，Share Net 开发出组织隐性知识共享区，由紧急请求、论坛、新闻、Share Net 成员字典和聊天组成，成员可以通过这些途径进行沟通交流。

西门子还指出了一条通向成功知识管理的道路——以业务目标为导向，依据一定的知识战略，实施知识管理活动。它强调了一种融合思想，即应将企业业务目标、知识战略以及知识管理实施过程有机融合，知识管理实践应"从企业战略、业务目标中来，并到企业战略、业务目标中去"。

现在西门子有超过 150 个知识管理项目在全球推行，得益于知识的创造、分享和应用，西门子成为新经济领导型的企业，为实施知识管理项目的企业提供一个可供借鉴的标准。

以上是对西门子知识管理系统以及人力资源管理工作的一个简要的介绍，接下来，我们进入前沿与发展趋势预测的第二个研究。

（二）吸纳专业服务机构支持，铸造卓越的 IHRM 决策

企业进行国际化经营，往往会因为缺乏经验而使经营的道路显得异常困难，很多企业到外国之后，都是直接沿用以往在国内的经营方法以及绩效考核、奖惩机制等，新瓶装旧酒；有的则随便做些培训，在各个国家之间坐一趟飞机来回就以为自己是国际化人才，可以指点江山了，以上这些都导致企业国外经营的失败。一个问题的出现往往可以带出一连串的解决办法，在这样的背景下，一些专门为企业经营提供指导的服务机构就应运而生，这对于国际化人力资源管理来说是一次难得的机遇，这些服务机构：

（1）在全球范围内布局，熟知各个地区的市场情况、文化差异；
（2）涉足各行各业的经营业务，经验丰富；
（3）具有敏锐的触角和洞察力，能够快速觉察到市场的变化；
（4）专注于为企业国际化经营提供指导方案，专业性强。

人力资源管理部门在国际化过程中可以就自身发展中存在的问题向这些专业机构进行咨询，从他们丰富的经验中寻求外部帮助或者在这个咨询过程中捕捉灵感，比如让这些机构为自己设定培训方案、激励机制等，以此来辅助部门内部的决策，而不用单打独斗，在自己完全找不到方向的时

候乱下决策。在这里，无锡西姆莱斯公司就是一个很好的例子，它在人力资源管理过程中引进了用友的 EHR 薪酬管理系统，从而大大提高了自身管理效率，在人力资源战略创新上迈出重要的步伐。

（三）技能型人力资源——让人力资源管理参与具体业务运营中去

以往人力资源部门一般不参与到具体的业务运营中，企业进入国际化市场后，为了能够找准方向和减少决策失误，人力资源部门不能像过去那样单纯搞自己的绩效考核、培训等工作了，他们要进入各个部门去，亲身体验实际的工作，跟各个国家的员工一起工作、生活，在每天的工作中发现问题，然后再以此为依据制定人力资源管理措施，指导企业日常的运营，要让人力资源管理者既是人力资源管理部门的一分子，同时也是某个业务部门如国际营销部的员工。

（四）实现文化大一统——国际化人力资源管理的使命

在全球化风潮下，21世纪中外企业的竞争已经深入文化层面。企业文化是一种重要的管理手段，是一种价值观。企业文化是管理的最高境界，它虽然不能直接产生经济效益，但它是企业能否繁荣昌盛并持续发展的一个关键因素。一方面，企业需要为自己确定自身独有文化的发展方向；另一方面，人力资源部门通过在世界范围内为员工传递公司独有的一致的文化价值，进而在全公司内构建覆盖所有员工的文化认同感，全体员工团结一致，以优势文化抢占世界市场的领先地位。

二 我国企业人力资源管理在国际化进程中面临的机遇与挑战

（一）我国企业人力资源管理在国际化进程中面临的机遇

1. 开放的环境为我国企业的各类人才施展聪明才智提供了宽广的舞台

随着中国的入世，在 WTO 规则的作用下，国际及国内人才市场将更趋活跃和完善，运作机制将更加灵活机动，人力资源不可避免地将在全球范围内进行进一步的整合，人的活动空间得到极大的拓展，人才的流动更加自由、方便，这给我国企业的各类人才尽情地施展才华提供了一个更加宽广的舞台。

2. 全球经济一体化有利于我国企业自动纳入国际经济合作体系，增强核心竞争力

随着全球经济一体化的发展，各国经济之间的依赖性与企业之间的合作将日益增强，国际间的企业交往会进一步增多，国内的我国企业有了更多、更广泛地参与国际分工和国际合作的机会，有助于我国的我国企业学习借鉴国际上先进的企业经营理念和管理方法，从而提高我国企业人才队伍的综合素质，优化其人力资源，增强核心竞争能力。

3. 产业结构的调整为推动我国企业人力资源的结构性调整带来了契机

我国企业由于其发展的特殊性，大多数还集中在劳动密集型的传统产业里，已经不适应21世纪国际大市场的需求，因此，我国的产业结构以及产品结构都需要进行较大幅度的调整，而产业结构和产品结构的调整必然要导致就业结构的变化，就业结构的变化又必然要引起人力资源结构的调整，产生一系列的连锁反应，这就为推动我国企业人力资源结构的调整与优化带来了契机。

（二）我国企业人力资源管理在国际化进程中面临的挑战

中国加入世贸组织，改写了中国的历史，也改变了21世纪中国企业的生存方式和发展模式。将会有更多、更强的跨国企业以更直接的方式，长驱直入，跃上中国的经济舞台，带来崭新的技术、庞大的财力、一流的经营和管理方法，以及空前的竞争威胁。加上中国正处于经济高速发展时期，成功的改革开放、人口结构变化、城乡二元结构的改变以及经济全球化带来的价值观的变化，都使我国企业的人力资源管理面临更具特色的环境和挑战。

第一，全球竞争对我国企业的人力资源整体素质提出了更高要求。我国企业的人力资源数量虽多但整体素质低下，这是不争的现实，如何提高企业人力资源的整体素质，将一般劳动力培养为急需人才，是我国企业人力资源管理面临的又一大挑战。

第二，管理人性化和价值多元化对我国企业人力资源管理的挑战中国

改革开放的政策使人们的价值观日趋多元化。社会成员的学历普遍提高，年青的一代更喜欢具有一定风险的自我成长方式。自我成长的方式比以往更强调个人价值，要求企业管理更具人性化。另外，开放的社会也促进了价值观的多元化。这些变化对企业人力资源管理的影响着重体现在员工培训和激励上面。

第三，人才流失给我国企业的发展带来巨大的压力随着人才主权时代的到来，人才有了更多的就业选择权和工作的自主决定权。中国入世后，一些实力雄厚的跨国企业甚至国内的大型企业针对优秀人才而采取的待遇和科研环境等措施更具吸引力，非我国企业实力能及，这必将造成我国企业人才流动的进一步加剧，对我国企业保持稳定及健康发展提出了挑战。

在国际化进程中，中国企业的人力资源管理将面临诸多新问题。如何在复杂的国际化环境下，进行企业的人力资源管理，促进企业国际化进程的发展，是中国企业面临的难题。国际性人力资源管理必须要在人才招聘、选拔、绩效管理及培训开发等方面与企业的国际化战略充分结合，同时还要注重跨文化建设在国际人力资源管理中的重要作用，从而使人力资源管理职能在企业国际化战略的实施过程中起到重要的战略支撑作用。

（三）面对机遇和挑战，我国企业的发展方向

全球化已经成为21世纪企业人力资源管理的一个主要影响因素，并引起了一些在前一章中提到的问题。目前，中国企业处于国际化经营的初期阶段，实施成功的国际化人才战略将直接关系企业"走出去"的成败。因此，积极借鉴国际企业先进经验，对于推动中国企业跨国直接投资与跨国经营具有重要意义。

我国企业将更加直接地参加国际竞争，全方位、宽领域、深层次地面对全球化所带来的各种挑战，因此，我国企业必须采取联合的方式，增强整体的竞争能力，必然要求其人力资源管理战略的全球化，特别注意以下几点：

（1）树立全球化观念。企业管理者和员工的全球观念的系统整合与管理。也就是说，通过人力资源开发与培训使得我国企业的管理者和员工具有全球的视野。

（2）人才竞争的国际化。国际化的人才交流市场与人才交流将出现并成为一种主要形式。人才的价值就不仅仅是在一个区域市场来体现，它更多的是要按照国际市场的要求来看待人才价值。

第八章 国际企业人力资源管理实务

（3）注重跨文化管理。随着我国企业的全球化发展和国内外文化的交融，我国企业从业人员文化背景将发生重大变化，跨文化的人力资源管理将成为我国企业人力资源管理的重要内容。

（4）推进企业电子政务的建设。随着信息时代和网络社会的到来，随着企业发展的全球化，以信息网络为工具的虚拟工作形正在不断增长，我国企业要大力推进企业电子政务、电子商务或电子服务的建设步伐。

（5）推进整合模式的发展。我国大中型企业和国际化企业在人力资源管理中，很难使用一个模式对企业人力资源进行有效管理，总体上看，需要形成一个整合的人力资源战略，对应对我国企业人力资源发展及其管理要求。

第九章

企业并购与人力资源管理

第一节 企业并购

一 企业并购概述

企业并购是一种重要的投资实现方式,是企业规模扩张和战略发展的重要方式。企业通过并购可以获得其所需要的产权及资产,实行一体化经营,从而降低成本,取得规模经济。企业并购作为一种极其复杂的企业资本运行行为,涉及了一些彼此相互联系又相互区别的概念和原理,了解并掌握与此相关的基本理论是进行企业并购实践的根本要求。

(一) 企业并购的涵义

1. 什么是"企业并购"?

企业并购(Mergers & Acquisitions,M&A)是企业合并与企业收购的合称。一般认为,企业合并是指两家或两家以上的企业,在相互自愿的基础上,依当事人所制定的契约关系,并根据法律所规定的法律程序及权利义务关系而归并为一家企业的行为;企业收购则是指一家企业通过收购其他企业的资产或股权从而取得其他企业的控制权的行为。从法律的角度,企业合并可分为新设合并与吸收合并两种形式,新设合并用公式可表达为"A + B = C",吸收合并可用公式表达为"A + B = A (B)"。由于新设合并涉及的法律程序较为复杂,在具体实践中极少使用,因而一般的合并大都是吸收合并。狭义地比较，合并与收购的主要区别在于企业的收购并不需要将双方企业合并为一个法人主体，原企业仍然存续；广义的比较，合并与收购除了在法律程序和财务处理上区别明显以外，并无根本的区别，收购也被看成是广义合并行为的一种，一般研究都习惯将合并与收购合在一起，即统称为"并购"。

2. "企业并购"与"产权重组""资产重组"

目前在我国理论界谈到"企业并购"几乎都是与企业的"产权重组"或企业的"资产重组"联系在一起。"产权重组"和"资产重组"是两个具有中国特色的概念（至少笔者在所见的西方文献或国内对西方文献的引用中没有发现与其对应的概念表述）。产权重组就是指通过产权关系的变化使产权及产权结构在不同权利主体间重新组合和构造。资产重组是指在社会或企业范围内，资产的权利主体对资产进行重新组合、调整、配置的行为。

从企业并购的内涵来看，企业并购是一种产权交易行为，企业产权是以企业的财产所有权制度为基础而产生的一种权利关系，源于企业出资人的财产所有权。企业产权交易就是企业产权所有者将其资产所有权和经营权部分或全部有偿转让的经济行为，这种行为可以使企业控制权的流转与运动。在交易过程中，一部分权利主体通过出让其拥有的控制权而获取相应的利益，另一部分权利主体则通过一定代价获取这部分控制权。产权的交易虽然要通过产权的载体来实现，但它最终所关心的并不是载体，而是载体归属与使用中反映的权利，以及通过这种权利的转移所实现的经济利益。从这个意义上讲，企业并购是一种产权重组行为。从概念本身来看，资产重组的对象为物质形态，更可能在同一权利主体下进行，而产权重组至少要涉及两个权利主体。企业内部也可以进行资产重组，但它是指企业对其拥有的资产进行的整合行为。

在进行并购行为后，并购方对其规模扩大的资产进行治理与整合也是及其重要的，但那是并购后的话题。

（二）企业并购有关理论

企业并购理论是组织经济理论、企业理论以及公司财务理论中的重要课题。由于交易费用理论、信息论和博弈论等的长足发展，使得并购理论也取得了较大进展，成为目前西方经济学应用理论中最活跃的领域之一。对企业并购的考察，主要是对企业并购产生效应的探讨。西方主要的企业并购理论包括：

1. 效率理论

效率理论认为，企业并购对企业自身和整个社会是有潜在收益的，这主要体现在大公司管理效率的改进或形成协同效应。所谓协同效应，是指两个企业结合在一起运营后，其产出比原先两个企业之和还大的综合效果，即"2+2=5"现象。在效率理论中，又可分为五个子理论。

（1）管理协同效应理论。如果甲公司的管理比乙公司更有效率，在甲公司兼并乙公司之后，乙公司的管理效率将提高到甲公司的水平，那么，兼并就提高了效率，这种情形就是管理协同效应。

（2）营运协同效应理论。营运协同效应是指由于经济上的互补性、规模经济或范围经济，而使得两个或两个以上公司合并成一家公司，从而造成收益增加或成本减少的情形。营运协同效应理论的重要前提是，产业中的确存在规模经济，且在兼并之前没有营运在规模经济的水平上。

（3）财务协同效应理论。该理论认为企业兼并可出于财务方面的目的。比如，在具有很多现金流量但缺乏好的投资机会的企业，与具有较少现金流量但很多投资机会的企业之间，兼并显得特别有利，因为其可以促使资金在企业内由低回报项目流向高回报项目。此外，兼并会取得节省筹资成本和交易成本的好处，因为企业合并虽然使企业规模显著增大，但其筹资成本和交易成本却不会同步增大；同时一个合并企业的负债能力要比两个企业合并前单个企业的负债能力之和大。

（4）多元化经营理论。对一个公司来说，多元化经营可以分散风险，稳定收入来源。此外，收购公司如果原本就有特别的无形资产，如声誉、顾客群或是供应商，多元化就可能有效地利用此资源。

（5）市场低估理论。该理论认为兼并的动机在于目标公司的股票市场价格低于其真实价格。造成低估的原因可能由于：企业的经营管理未达到企业潜在的效率水平；并购公司拥有外部市场所没有的目标公司价值的内部信息；或由于通货膨胀原因造成资产的市场价值与重置成本的差异，使公司价值被低估。

2. 信息理论

信息理论认为，当目标公司被收购时，证券市场将重新评估此公司的价值，公司的股价会呈现上涨的趋势。这是因为，收购活动向市场传递了目标公司股价被低估的信息，即使目标公司不采取任何行动，市场也会对其股价进行重估。或者，收购事件的宣布或行动所表达的信息会使目标公司采取更有效率的经营策略。

3. 代理成本理论

延森和麦克林（Jensen and Meekling，1976）提出代理问题理论，认为代理问题的产生是由于管理者只拥有公司极少部分股权，使得管理者可能会不那么努力地工作并偏向于非金钱性的额外支出如豪华消费等，而这些消费成本是由公司全体股东承担的，但一般的个人股东却缺乏足够的激励去监督管理者，特别是在股权分散的大公司中，由此就产生了代理成本问题。解决或降低代理成本，可以通过将企业的决策管理与决策控制分开或通过报酬安排以及经理市场，或通过股票市场的股价水平给管理者的压力等机制解决。但当这些都不足以控制代理问题时，通过公开收购而造成的接管可能是最后的外部控制机制。马讷（Mane）还强调指出，如果由于低效或代理问题而使企业经营业绩不佳，那么并购机制就会使接管的威胁始终存在。

4. 管理者主义的自负假说

米勒（Mueller，1969）提出的管理者主义假说认为，企业管理者比股东更关心自身的权利、收入。社会声望和职位的稳定性，他们通过并购来扩大企业规模以此来维护自己增加收入、提高职位的稳定性。他假定管理者的报酬是公司规模的函数，因而其具有强烈扩大公司的欲望，甚至会接受资本预期投资回报率很低的项目。

罗尔（Roll，1986）提出的自负假说则认为，企业管理者往往高估了自身的管理能力，在规划改造目标企业时过分乐观，以致在资本市场上大规模高价收购其他企业，最后无法成功完成对目标企业的整合，从而导致并购失败，并把财富转移给目标企业的股东。罗尔的假说在后来的实证研究中被多次验证，即当并购消息传出后，并购方股价不涨反跌。

5. 市场势力理论

市场势力理论认为市场力量的产生来源于不断扩大的企业规模。一方面通过并购可以有效降低进入某一行业的壁垒，利用目标企业的优势资源实现企业低成本、低风险的扩张目的；另一方面将关键性的投入—产出关系纳入企业的控制范畴，以此达到减少竞争对手来增强对企业环境控制的目的，提高市场占有率，并增加长期获利的机会。

二 企业并购的成因

1. 形成规模经济，成为市场的领导者

规模经济，指在一定条件下（如生产专业化水平的提高等）使企业的单位成本下降，从而形成企业长期成本随产量的增加而减少的经济。规模经济反映的是生产要素的集中程度同经济效益之间的关系。但规模不是越大越好，一旦超越合理规模限度，经济效益反而下降。

规模经济体现社会化大生产的优越性。对于企业的规模经济，也可以从企业投入和产出的角度来理解。从企业投入角度，可以把企业规模理解为企业内生产力诸多因素的集约度，即劳动者的数量和质量、机器设备及生产流水线的数量和水平、占地面积和建筑面积、资产总额及资本总额等等。而从企业产出的角度，可以把企业规模认定为企业产出的水平，包括生产量、销售量、销售额、市场占有率、实现利润、上缴税金、人均收入等。诚然，只有规模的产出，才能吸引更大规模的投入，这样就形成了投入—产出—再投入—再产出，最后形成了最优的经济规模企业。

2. 实现资源的优化配置，资源共享、强强联合

企业资源是指企业拥有的人力、物力、财力等物质要素的总称。企业资源是企业赖以生存和发展的必备条件、是企业经营的对象，由于资源数量的有限性，资源占有的排他性和资源经营的长期性，以及某些自然资源的不可再生性等原因，资源紧张和短缺问题，已成为全球性问题，在我国更为严重。因此，如何充分利用社会上的存量资源，充分利用相关企业拥有的资源、提高资源的使用效率和产出效率，实现企业间的资源优化配置、资源共享，进而形成强强联合成为企业并购的又一主要动因。

在企业长期发展过程中，内部和外部的成长是互补的。如果企业要想成功地进入新产品和新地区的市场，那么在它发展的某个阶段就可能会需要进行并购。国际市场上成功的竞争，可能就取决于企业通过并购这个适时而有效的形式所获得的能力。并购增加了社会财富、提高了效率，使资源得到了最充分和最有效的利用，从而增加了股东所拥有的财富。如波音并购麦道公司就是美国两大飞机制造公司在优化资源配置、实现强强联合，抗争欧洲空中客车公司的一个例证。

3. 实现多元化经营和保持核心竞争力

多元化经营是指企业的产品、市场或服务类型在保持原有经营领域的同时，进入新的经营领域。企业同时涉及多个经营领域的经营战略，从外部经营的因素来说，多元化经营主要有三个方面的原因：一是产品更新原因。由于受产业规模、市场规模的限制，产品市场成长率长期徘徊不前，甚至有下降趋势，企业必须向新的产品领域扩张；二是市场发展原因。主导产品的市场集中度发生了新的变化，处于高度集中产业的企业，为了寻求更高的成长率与收益率，不能只在原有市场上发展，而要在原产业外的

新领域想办法；三是风险规避原因。企业对已有的产品的未来市场需求难以把握，为了分散经营风险，要考虑向其它产品领域扩展。同时由于受各国经济周期的影响，也促使企业在某一时期内将高成长的产业或产品与低成长的产业或产品有机的结合起来，以摆脱单一产业或产品经营带来的长期低成长或收益下降的困境，以提高企业的经营效益。

当然，进入新的产业领域或开展新的产品经营业务有许多方法。例如，可以投资建厂，即企业可以通过对新产业领域的市场调查，进行目标市场分析，确定市场占有率，同时进行投资经济可行性分析，确定最佳投资方案后进入新产业或开展新产品经营业务。再如，通过投资或并购方式进入，即对从事经营新产业或新产品业务的目标公司进行调查、分析、论证后，通过商务谈判、协商一致后，以投资入股、兼并、合并等方式进入该产业或该产品经营业务。以上两种方式各有利弊。对于一个大型企业集团而言，面对激烈的市场竞争，开发一个全新的产品或业务往往需要大量的时间、人力、物理与财力，但收益却仍然不很确定，因此许多企业集团在进入新产业或新产品业务时，更倾向于通过并购方式来实现企业的多元化经营。

三 我国企业并购现状与问题

（一）我国企业并购现状

我国企业并购较西方发达国家起步晚，但发展速度很快。我国企业并购规模和交易金额的高速增长被认为是全球范围内最活跃国家。1984年7月，河北保定纺织机械厂和保定市锅炉厂以承担全部债权债务的形式分别兼并了连年亏损、几乎处于停业状态的保定市针织器材厂和保定市鼓风机厂，开创了中国国有企业并购的先河。我国企业并购从20世纪80年代开始，经历了20多年的发展，大体上分为三个阶段：第一阶段是从20世纪80年代至90年代初，这个时期我国企业并购呈现半企业性、半行政性。第二阶段是20世纪90年代初至我国加入世界贸易组织以前，这个时期我国企业并购大体上是半市场化的运作。第三阶段是我国加入世界贸易组织以后，这个时期我国企业并购进入全市场化的转型整合期，与此同时，我国企业并购也出现了各种各样的问题，深入研究和正确认识这些问题有利于我国企业并购健康有序发展。

（二）我国企业并购的主要问题

1. 外部制度的不足

（1）并购主体"双元化"。我国企业并购仍然存在"政府主导"，许多并购都是政府与企业"共同努力"的结果，出现并购主体"双元化"。在西方市场经济发达国家，企业并购始终是企业行为，政府一般不介入，更不发布指令，仅作为并购活动的裁判进行行政协调。在我国，政府出于发展地方经济的动机，经常通过优惠政策等手段鼓励或强制并购，限制了企业并购市场的规模，影响了企业并购的效果以及资源的有效流动，阻碍了市场"优胜劣汰"作用的发挥。

（2）并购配套政策不完善。市场经济是法治经济，作为一种经济行为的企业并购要有完善的法律来保障当事人的权益。我国颁布了《关于企业兼并的暂行办法》《关于出售国有小企业产权的暂行办法》等规章，各地也相应制定了一些相关的法规或政策，但存在缺乏协调性、操作性不强、规定不全面等问题。另外，我国还没有建成完备的社会保障体系，政府出于社会安定考虑，往往要求收购方接受被收购企业的员工，这无疑进一步加大了企业并购的难度。

（3）并购资金来源匮乏。企业并购要耗费大量的资金，并购方企业不是总能自行承担如此大规模的现金支付，必须借助银行信贷。在我国现阶段商业银行制度环境下，银行信贷对企业并购的支持力度是有限的，造成当前我国企业并购融资中仍以内源融资为主，一旦并购所所需资金超过事前拟定的预算，将可能带来巨大的财务风险。企业并购难以获得银行信贷的重要原因是：一方面，目前我国国有商业银行的业务能力还没有专业化到有能力参与并购的而且也很难对并购后的企业运作实施有效的监控，从而难以控制信贷风险；另一方面，目前我国还没有形成完善的抵押贷款机制，在产权市场尚不发达的条件下，对抵押物的处理也会给银行带来风险。

2. 内部操作的不足

（1）盲目追求规模扩张与经营多元化。部分企业家在"官僚思维模式"的引导下，不考虑产业间的关联性，一心追求大企业集团的多元化经营模式，热衷吸收"休克鱼"（所谓休克鱼是指企业硬件不错，但在软件上如技术、人员、管理等方面不够完善，不能有效运行）类中小企业，盲目扩大经营规模，急于形成大的企业集团。有些企业盲目求大求全，轻率收购其他企业，结果背上了沉重的包袱；有些企业盲目地选择经营多元化战略，什么行业赚钱，就通过兼并此行业中的企业来介入此领域，给企业带来高风险；有些企业兼并之前，没有对目标企业做周密调查，购入了"烂摊子"，结果拖垮了自己；有些企业兼并之后，不注重内部资产的重组、人员的调整、机制的转换，以致不堪重负。企业并购的最终目的在于提高资源配置的效益、提高经营效率，盲目追求规模扩张和经营多元化，会使企业原有优势丧失，甚至威胁企业的生存。

（2）受"强弱"并购模式影响深刻。我国企业并购的兴起是以"强并弱"开始的，当时被誉为"保定模式"，在相当长的一段时期这种思维一直影响我国的并购活动。"强并弱"并购模式影响深刻的原因是：中小弱势企业规模比较小，融资渠道比较狭窄，经营效率比较低，发展比较困难；而大型优势企业资金相对充裕，管理水平上高于弱势企业，在技术和营销渠道上也具有一定的优势，所以多采取"大鱼吃小鱼"的形式。而且"强弱"并购得到政府一定优惠政策的支持，使得许多企业形成了强帮弱、富扶贫的并购状态。从表面上看这是大鱼吃小鱼，救活了一些企业，而事实上是优势企业的利润掩盖了弱势企业的亏损，并没有从根本上增强经济实力。

（3）财务并购弊端突出。财务并购是指为企业在财务方面带来效益的并购，主要表现为资本成本降低或会计财务处理上的以及税法惯例上的财务效益。财务并购简单易行，而且能产生明显的财务效果，导致我国企业对财务并购的"青睐"。但以财务并购为基础的企业在经历了一段时间运作之后，短期的财务效果逐步消失，企业很容易陷入危机。而且，由于所有者和经营者的分离，企业经营者往往为了短期的会计导向型效果及自身利益而损失公司的长远发展利益。

四 企业并购的影响

（一）并购方案对公司的影响

对公司发展历程来说，每一次的并购方案无疑是公司建立以来的最大变动，对公司未来的发展、管理组织机构、员工的管理制度等方面都会造成不同程度的影响。

1. 对公司未来发展的影响

（1）对公司上市的影响。并购后，能否作为一个独立的板块上市是影响公司未来发展的最大因素。

上市对于每个公司来说都是一个追求、努力的目标。然而上市公司的特点也会对企业发展产生影响。比如：

上市公司的益处：

➢ 可以募集到更多的资金，是融资最快捷的手段。

➢ 公司所有者把公司的一部分卖给大众的同时也将部分经营风险转嫁给了大众。

➢ 增加股东的资产流动性。

➢ 逃脱银行的控制，减少对银行贷款的依赖。

➢ 提高公司透明度，增加大众对公司的信心。

➢ 提高公司知名度。

➢ 把一定股份让渡给管理人员，缓和了管理人员与公司持有者的矛盾（agency problem）。

上市公司的弊端：

➢ 提高透明度的同时也暴露了许多公司的机密。

➢ 上市以后需定期把公司的资料通知股份持有者。

➢ 有可能被恶意控股。

➢ 在上市的时候，如果股份的价格订得过低，对公司就是一种损失。

同时，公司在上市前后的问责制度和财务披露制度也会有所不同。

（2）对公司业务技术的影响

在技术服务方面，公司将会有更强大的技术保障。通过企业并购，使企业获得对方成熟的技术服务、成熟的技术支持和更专业的技术人才。有了技术和人才支持，就可以再拓展更多的业务。在公司的发展中，资金和技术是不可或缺的，如果这两项得到了更好的保障，公司就会拥有更广阔的发展前景。

2. 对员工管理制度方面的影响

虽然公司的上市和公司员工的福利待遇等没有直接关系，上市造成的组织机构改变也不会直接对员工造成影响，但从长远的发展来看，公司的上市和组织结构的改变也会逐渐对员工管理制度产生一定影响。比如，员工管理条例和工作流程可能产生变化。并购后的公司，面对新的发展、新的环境，必须建构新的组织、新的制度、新的文化，这些问题都会直接反映到员工管理条例和工作流程中。再如，对员工福利待遇也可能产生影响。公司并购后，必须建立新的工资福利制度，与过去的制度相比较，可能存在文字形式上或内容实质上的不同，这势必在更改初期会产生一定消极影响。

（二）并购对双方的影响

1. 对并购方的影响

好处：

（1）获得规模效益。企业的规模经济是由生产规模经济和管理规模经济两个层次组成的。

（2）市场份额效应。横向并购，一般选择行业内较强的品牌，可以减少竞争对手。纵向并购是通过对原料和销售渠道的控制，有利地控制竞争对手的活动。

（3）经验成本曲线效应。并购可以分享目标企业的经验，减少企业为积累经验所付出的学习成本，节约企业发展费用；财务效应，通过并购可以实现合理避税。

（4）获取战略机会。

（5）方便上市。

坏处：

（1）企业并购会增加财务负担以及财务风险，增加收购成本和税收负担。

（2）企业并购可能会受到被并购企业所在国政府及当地人民的反对，增加收购成本。

（3）由于文化地域的差异，被并购企业在管理方面难度加大。

（4）企业并购必须与自身发展战略契合，同时，在组织架构设计、人力资源、品牌以及企业文化方面也需要整合。否则不但不能取得兼并重组的成功，甚至会危及整个企业的生存和发展。

（5）由于资源的输出，并购企业现有经营资源会减少，影响发展。

（6）进行并购时，会通过增发新股等措施，将降低股东权益，减少控股权。

2. 对被并购企业的影响

好处：

（1）被并购企业可以获得资金技术方面的支持，可以整合资源，开展其他业务。同时，可以利用并购企业的品牌优势。

（2）被并购企业可以将部分风险转移给并购一方，降低经营风险。

（3）被并购企业股东权益会增加。

(4) 可以充分利用所获得的资源开展其他业务，专注于某一领域发展，提高竞争力。

(5) 对于某些衰退行业，企业被并购可以实现资产的转移输出，有利于资金的合理利用。

坏处：

(1) 被并购企业员工积极性会受到影响。

(2) 并购方意图难以掌握，对企业的发展会产生重大影响。

(3) 被并购企业的控股权会产生变动，股东会失去对公司的控制。

(4) 并购一方文化和经营观念的入住，对被并购公司会产生很大的影响。

(5) 被并购企业可能会失去某一具有良好发展前景的产业。

(6) 被并购企业的资源可能会被其它控股公司大量转移，影响发展，增加经营风险。

第二节 跨国并购中的人力资源管理概论

一 高度重视跨国企业并购中的人力资源管理

（一）人力资源管理创新与企业可持续发展

人力资源及其管理过程在现代企业并购中的作用越来越受瞩目，人力资源管理的职能也发生了重大变化：由传统人事行政管理职能转变为战略性的人力资源管理职能，在企业并购中发挥着越来越重大的作用。然而，随着并购浪潮的进一步推进，人力资源管理面临的问题也越来越复杂，人力资源管理需要不断创新才能保障并购企业的可持续发展。管理创新是指创造一种新的更有效的资源整合范式，这种范式既可以是新的更有效的资源整合，以达到企业目标的全过程管理；也可以是新的资源整合及目标制定等方面的细节管理。

并购后价值创造的过程是在双方组织交互作用过程中发生的，这不可避免地会产生某种冲突，包括员工心理冲突、文化冲突、组织机制冲突和技术资源冲突等方面，并极有可能演化为组织危机，从而破坏企业核心能力或其载体和来源，导致关键人员大量流失，直接损害了企业的经营和发展能力。从有利于核心能力的保护、转移和扩散的角度出发，并购后的人力资源管理无疑是决定能否构筑和提升企业核心能力的关键因素，也是并购企业可持续发展的关键。

（二）全面认识人力资源管理

当并购成为众多企业扩大企业规模，持续增强竞争实力的一条便捷之路，并购形式也开始多样化，跨国企业并购中的人力资源管理问题愈加突出。

1. 薪资和激励机制的风险

并购方往往存在冗余人员，劳动力成本过多与留住核心人员的问题。他们需要在不降低薪资福利的前提下，降低人力资本；需要在裁去一些重复岗位工作的劳动力时不影响员工的士气，同时让高层核心技术人员和管理人才对企业未来的发展充满希望；需要平衡并购双方的薪资水平，在不造成企业成本负担过重的前提下，提供具有竞争性的薪资和福利来吸引关键人才。

在并购实践中，很多企业没有认识到企业最有价值的是员工的生产力、创新能力和知识。一般情况下，早在并购宣布前，那些核心人才便已成为猎头公司或者说是竞争对手的目标。一旦在宣布并购后有人觉得士气不旺或前途未卜，他们也会通过猎头公司寻找其他机会使事业更上一层楼，而不是等着并购后企业采取相应政策被动离开。巴奈特国际公司的首席信息官（CIO）在一份全球管理咨询公司的刊物《CIO 企业杂志》中这样写道："如果知识和经验用不上的话，那么从并购中获得的最根本的价值就会很快消失。一旦这些资产丢失了（通常是被竞争对手得到了），就不可能再夺回来。任何一个头脑清醒的经理都不会让有价值的固定资产这么轻易地落入竞争对手手中"。

从宏观经济的角度来进行分析，企业之间的良好的并购可以带来诸多益处，比如加速企业的发展，比如增加投资者的信心。因此，并购的核心要素之一就留住优秀技术人才和管理人才。这需要从行动上落实，并非像联想在并购之初凭着一纸合同承诺不裁员，然而几个月后，就在海外进行了"战略性裁员"。这样不仅影响了员工士气，也使原有的企业文化遭受了强大的打击。彼得·德鲁克（Peter F. Drucker）早就告诫人们："高管人员过去是老板，他们不想成为'事业部经理'"，因此相信可以"购买"管理层的想法是不切实际的，买方必须为所购买公司高管团队的流失做好准备。

2. 其他人力资源管理问题初露端倪

除上述人力资源管理问题，企业并购中还会出现其他管理问题，如企业招聘，当并购整合中不稳定因素出现时，如何通过新的形象，新的业务来吸引人才，如何在候选人中选择一个能适应企业过渡时期的人才等都会成为招聘的难题。又如，在并购双方的不同经营理念带来的不同人力资源管理体系和战略上，如何进行培训战略规划，为员工以及企业的发展添砖加瓦，尤其是在团队精神的建立和领导力的培养上，为并购带来更多有利的资源。我认为，无论是什么问题，沟通都是一个良策。

（三）实施人力资源管理整合策略

企业之间的并购行为最大目的就是在于创造一加一大于二的价值，为企业发展搭建更大的平台。而评定企业资产或价值的指针，除了有形的财务资金、不动产和产品外，负载企业智能的人才成为另一项企业最有价值的无形资产。如果购并后无法留下原企业的优秀人才，无法创造一个积极统一和谐的企业文化，并购的灾难就会随之而来。每一家进行购并的企业，皆希望借购并过程创造出梦幻团队或梦幻组合，借以帮助营业额和市场占有率的提升或是扩大产品和服务，甚至也有些公司希望通过购并带动股价上扬。但是实际有时购并后所产生的结果，似乎和初衷竟相违背。唯有事先做好完善的规划，谨慎地执行购并程序，合并后用心整合两个不同的企业文化，重视沟通的重要性并提供激励来留住优秀人才，化阻力为助力，才有可能真正享受到并购所带来的效益。

1. 企业文化整合——人力资源稳定策略

在充分沟通并了解目标企业的人员、文化状况后，并购企业可制定原有人员的调整政策，移植培养并购企业成功的企业文化和经营模式，以提高两企业的战略协调作用。这一过程以培训的形式进行，既能避免对目标企业员工的冲突，又能实现企业运营效率和并购构想。

企业文化是员工行为的指导思想，而企业文化融合是整个并购的起点，一个有效的并购整合方案在实施过程中要注重企业文化因素，进行必要的企业文化调查并设计出合理的整合计划。企业文化融合能够保持并购企业的整体性和凝聚力。通过利用企业文化的价值观、行为方式，体现出

第九章 企业并购与人力资源管理

一种整体性、全局性,服务于新企业的经营目标,而并非简单的资产叠加,减少突发事件的产生,节约并购的投资成本,规避文化风险。另外,在良好的企业文化氛围内,员工的贡献能够得到及时肯定、赞赏和奖励,从而使员工产生极大的满足感、荣誉感和责任心,以极大的热情投入工作中,有助于创造新价值。激励并不是局限于物质上的,员工越来越关注精神层面的需求,只有从人的内部进行激励才能真正调动人的积极性,恰当的精神激励比许多物质激励更有效、更持久。对员工来说,优良的企业文化实质上是一种内在激励,它能够发挥激励和凝聚作用,不仅排除了不必要的外界干扰,缓解了"员工并购情绪综合征",还能稳定员工队伍,留住重要的人才,达到人力资源的整合目的。

2. 人力资源激励策略

并购活动中人力资源整合策略的关键在于要采取实质性激励措施。仅留住人才是不够的,这只是前提条件,要引导人才为企业发展做出积极贡献才是整合活动的实质。企业需要一种能够鼓舞员工的前景规划,这个前景规划必须明确地加以表述,并传达给每位员工。当员工对他们所做的工作感到兴奋,对未来一片憧憬时,企业中弥漫着一种骄傲、神圣的热情。汉诺成保险公司总裁比尔·奥布莱恩说:"我们认识到,人们有一种迫切需要成为某种崇高使命组成部分的感觉。"从而,工作中的意义转变成能量,前景规划变成现实。从赫兹伯格的双因素理论可以了解到,当企业满足员工保健因素的期望后,员工并不会感到满意,不会想到感谢,也无法激发他们对企业更高更深更长远的付出与忠诚。因而可从以下三点来激励员工:

(1)薪资福利激励。这是员工最基本的保障,也是最基础的激励措施。一份具有竞争性的薪水只是留住员工的一个前提,现在越来越多的人看中的不仅仅是丰厚的薪水和经济效应,单从薪资留用人才并不会有很大成效,他们会通过了解公司的福利状况来衡量该企业对员工的重视程度。

(2)晋升激励。当员工将工作视为有意义的人生体验,追求职业生涯上的发展时,晋升对员工有很大的激励作用。彼得·德鲁克指出,在兼并的第一年内,极为重要的是要让两个企业管理队伍的大批人都受到跨越界限的重大晋升,使得两个企业的管理者都相信兼并为他们提供了个人机会。这一原则不只是运用到接近高层管理人员身上,也要运用到较年轻的管理人员和专业人员身上,企业的发展创新主要依赖他们的努力和献身。他们发现自己正在一步一步接近目标,职业生涯的曲线则愈加清晰。

(3)股权激励。这是一种实现精神理念到现实操作转变的价值实体。

如今，越来越多的企业通过股权留住人才，将企业的利益与员工本身的利益相结合，让他们感到自己是企业的主人，借以吸引和稳定人才队伍，保持企业的竞争力和生命力。在一定意义上讲，员工对企业的忠诚和奉献是对个人利益维护的延伸。当物质利益发生位移后，员工会主动关心企业的战略规划和短期目标实现，积极参与企业的决策和管理，为企业的发展献力献策。财富的定义早已不仅仅局限于金钱，依靠高薪留住人才的方法也早已不适用，"忠诚度"使用的频率越来越高，只有当员工感到努力工作不仅可以带给自己成就感，在为企业创造财富的同时，企业也给了他们丰厚的报酬以及归属感。企业文化能够综合发挥目标激励、领导行为激励、竞争激励、奖惩激励等多种激励手段的作用，从而激发出企业内部各部门和所有员工的积极性，而这种积极性同时也成为企业发展的无穷力量。因此，详细的人才留任激励措施常常成为收购协商中并购双方并注的焦点。

二 我国国际并购企业人力资源管理存在的问题

（一）并购企业忽视人力资源管理的战略性

并购企业不重视从战略性人力资源管理（SHRM）的视角来研究人力资源管理的问题。由于并购具有战略性，常常被视为一种战略行动，因而需要从战略视角考虑并购企业的人力资源管理问题。目前，许多并购企业的各级管理人员，尤其是企业高级管理人员尚未从思想意识上真正认识人力资源管理的战略地位和作用，在制定发展战略时，往往忽视人力资源战略规划，未认真分析并购后企业的人力资源状况及企业的人力资源管理体系能否有效支持企业发展战略，人力资源战略与企业发展战略不匹配，这些都对企业并购的成功造成很大威胁。

（二）并购企业缺乏系统的评估及保留关键人才的计划

在组织资本中，最具有战略性资产特征的是行业专属管理能力和企业专属人力资源，而这些能力和资源是附着在以个体和组织为载体的技能和知识系统、管理系统、价值观系统中的。保持人力资源的相对稳定性，关系到企业核心知识和技能积累，以及在组织内部的有效联结。被并购企业的关键人才（包括关键管理者及技术人员）是重要资源，是不可被轻易取代的，他们的离去将导致决策制定上的一系列问题，而这些问题可使整个并购价值降低。并且他们的离开不仅仅削弱了原企业，还可能增加竞争对手的实力。被并购企业关键人才的离职问题是并购中人力资源管理中的一个重要问题。事实上，这一问题也受到了并购方的关注，但是并购方并没有对他们进行系统的评估，也没有制定全面的人才挽留方案，仅通过被并购公司的股东或高层管理者的评语，或者外部咨询机构专业人员的意见，或者并购方管理层对他们的印象，就做出人力资源识别的结论，并据此采取一些表面化的、不系统的人才保留措施。事实上，用这三个方面的意见的任何一种来评估被并购公司的人员，都是很不合理的。

（三）并购企业缺乏有效的文化整合

文化差异是并购中非常重要的一个问题，但却常常被忽略。企业文化作为鼓舞士气、加强沟通和优化管理的核心因素，具有个性化、一贯性和隐含的控制性特征，对企业并购的成功起着极为重要的作用。由于文化影响群体成员彼此互动方式的各个方面，并且文化不易被修改，故此文化的威力在两种自主的文化彼此密切接触时都能得以体现，而这典型地发生在两个企业的并购中。并购中的文化差异对整合过程的有效性和股东的利益都有破坏性影响。而这种影响的程度又因行业特性的不同而不同。在服务业（如银行业）中，文化差异的此种影响更强，而在制造业中，其影响程度会得到一定缓冲。并购后企业能否化解文化冲突、有效整合文化是决定并购企业未来发展的一个重要因素。而我国许多企业在并购前一般只重视战略和财务因素，忽略两家企业并购后文化的兼容性。

（四）并购企业缺乏有效的信息沟通

在整合过程中，被并购企业的员工迫切想知道并购的最新进展，想知道新公司未来的发展设想，想知道自己在新公司中的位置。但遗憾的是，在整合实践中，这方面的工作并没有得到足够的重视：员工得不到这方面的详细信息，相反却是谣言满天飞，使企业内部充满了焦虑、动荡和不安的气氛。一方面，是因为并购方没有建立一条顺畅的正式沟通渠道，导致信息的传递和反馈都出现了问题；另一方面，是因为并购方的经理们也不情愿与被并购方的员工进行交流，因为他们无从回答后者提出的许多问题，而这样就可能会造成一些致命的错误。麦肯锡公司的一项调查显示，许多被并购方离职的员工承认,他们之所以离职,一个很重要的原因就是他们缺少关于并购的任何信息、他们不知道并购的最新进展、不知道自己在新机构中的位置、也从来没有指望能够在新公司中得到满意的职位。

三 并购企业人力资源管理创新对策

企业并购中的人力资源管理工作不仅是企业变革期的一种管理手段,而且是一门艺术。由于并购情况各不相同,没有一定的模式可以照搬,需要不断创新,但有一些共性的问题可以运用相同的策略及方法进行解决。如构建战略性的人力资源整合和开发计划。越来越多的企业逐渐认识到人力资源管理对企业发展具有重要的战略意义,并着手制定本企业的人力资源战略,对人力资源管理进行系统思考。并购企业的人力资源管理更加需要从战略视角出发,在整个并购战略的指导下,构建系统的人力资源整合和开发计划,以保障人员的平稳过渡。具体看,应该特别注意以下几点:

(一)开展彻底的人力资源尽职调查

人力资源尽职调查能够为评估目标企业的关键人才及团队制定恰当的人员整合政策提供事实依据。人力资源部门对被并购企业进行的评估工作应该包括员工的薪资水平、员工福利(包括医疗、保险、津贴等)、绩效考核办法、劳资关系等。由于并购企业的文化类型存在很大差异,而这一差异将直接影响企业并购的进度和难度,也将直接影响并购后的企业经营绩效,企业文化调查是并购企业的企业文化整合的基础工作。

(二)制定人力资源管理新政策

人力资源管理新政策主要包括人员留任政策、考核和激励政策、人员培训及职业发展计划三个方面。一般来说,人员留任政策的制定是一项比较困难的工作,但这一工作这决定了企业未来发展的人力资源的初始状况,而且这种状况将会影响到企业引进的人才的发展。所以,人力资源的留任一定要慎重。考核制会影响员工的去留及工作积极性,因此应当建立科学统一的绩效考核标准。人力资源部门应通过培训向员工宣扬企业新的目标和文化,并依据工作分析、绩效评估、职业发展计划,将员工个人需要同组织需要整合在一起,以提高员工满意度、减少组织内部的磨擦、提高组织绩效，更好地实现并购目标。

（三）留住关键人才

所谓"关键人才"，是指对被并购企业价值有突出贡献的人员，是行业专属管理能力和企业专属人力资源的携带者，是企业核心能力系统不可或缺的一部分。一旦失去，可能严重损害被并购企业现有的资本和未来的价值创造能力，他们可能是高层管理人员、技术专家，或者是销售骨干等。为了确保大多数关键人才在企业并购过程中（从并购开始直至并购磨合期结束后）留了下来，并购方需要做好以下四个环节的工作：及时评估，即在公司未来人才规划的基础上，结合尽职调查中所搜集的信息，来完成对关键人才的评估；专人负责与有效沟通，即并购方需要指定一位高层人士通过阐述企业的未来发展战略、肯定其个人价值、对其未来的发展空间做出承诺等方式以稳定这些关键人员；挖掘需求，即了解他们对新公司的期望，并能明确使他们离职的因素；有效激励，即结合员工的需求设计科学的激励方案，坚持物质激励和精神激励相结合、长期激励与短期激励相结合、个人激励与团队激励相结合的原则。

（四）确定新的领导团队

新任的高层领导者，在被并购企业人员心目中往往被视为并购企业的代表和象征，他们采取的任何政策决定以及对待人才的态度、行为均会被员工认为是并购企业的意思表达，直接影响目标企业人才的去留。新领导者要着手制定一系列政策来激发新团队的工作活力。在充分理解并购前两个公司典型经验、企业文化的基础上，以企业战略为导向，结合团队的任务、人员等实际情况，通过正式的及非正式的交流，引导团队成员的行为趋向组织和目标。新领导团队的能力与领导风格，将是保障整个新的企业营运策略得以贯彻执行的重要条件。新的领导者不仅要确保人力资源管理新政策的制定与企业的战略相匹配，更重要的是保障新政策的贯彻执行。

（五）开展基于能力的文化整合

能力决定着员工和组织的成功，而企业文化则决定着员工能以何种程度表现能力，因而，企业并购后文化整合的根本目标就是创建基于能力的企业文化，让企业文化向有利于企业经营业绩增长的方向调整，只有这样才能始终保持企业文化的先进性和竞争力。企业文化的整合应该在并购活动开始就要着手行动。企业文化的整合可以分三个阶段进行：

第一，探索阶段，该阶段的主要任务是识别文化差异、评估文化适应性、确立文化整合模式。企业文化差异是企业文化冲突的根本原因，要消除文化冲突，首先要识别双方文化差异。人力资源部的主要任务就是帮助企业管理人员深入了解双方企业文化的特征、强弱以及"相同点"和"不同点"。只有基于对原有企业文化的清醒认识，文化整合的工作才能有的放矢，落在实处。可以通过基本的展示、介绍会议、"跨公司会议"、借助专业的咨询公司的力量进行深入的跨文化分析等多种途径了解彼此的差异，了解的内容包括彼此的物质文化、制度文化以及更深层次的精神文化。根据并购的战略、并购双方文化的优劣和强度大小、文化适应性程度等综合因素，确立并购后的企业文化发展的理想模式，初步制定文化整合模式，即选择吸收式、分离式、融合式还是变革式。

第二，文化整合开始执行阶段，也就是文化整合步骤的实施阶段，这一个阶段往往伴随着组织结构建立、管理层调整或人员精简等较大的变革举措。这个阶段的主要任务是对文化冲突的管理，步骤包括尊重双方文化、明晰双方文化、促进相互适应。

第三，两种文化逐步走向融合的阶段。这个阶段需要的时间相对较长，在此阶段新的制度或管理层的调整业已完成，主要问题就在于维护新制度并使之能够顺利而有效地运行。在这个阶段的主要任务是加强企业文化的适应性训练，即加强员工对不同企业文化、不同企业文化环境的反应和适应能力，促进不同企业文化背景下员工之间沟通和理解。具体运作上，可以将并购双方的员工组织在一起，进行多种渠道、多种形式的跨文化培训。还可以通过工作岗位的交换、组建共同的工作团队和任务小组等方式，促进双方员工的交融，从而加强每个员工对新文化环境的适应性，增强其合作意识。

（六）通过有效沟通分享信息

并购方通过与目标公司员工进行经常性的有效沟通，不仅可以缓解员工对企业和个人未来发展的不确定感，减少并购对人力资本所产生的"震荡"，提高员工士气，而且可以通过建立一种开放和坦诚的气氛来提高管理层在员工心目中的可信度。由于企业的并购过程是一个震荡激烈、各种矛盾激化的非常时期，诸多问题并非并购之初可以预料，因此需要成立一个专门的并购领导小组，它是组织有效沟通的重要保障，成员由并购企业选派的主持工作的管理人员、被并购企业员工代表以及社会上聘请的管理专家组成，全面策划、组织和领导人力资源整合。

首先，成功的收购者应在宣布并购时就勾勒出公司未来的发展规划和市场前景，并向新员工表达对他们的热情与尊重。公司需要开诚布公地向员工解释并购的动因和期望达到的效应，解释被并购公司将如何适应新组织，及时公布新公司的整合计划，让员工了解并购及整合的最新进展情况，找准其在未来公司的目标定位，这样可以最大限度地打消员工的顾虑和不安，并减少并购过程中由于信息分布的不完全、不对称所引起的"道德风险"和"逆向选择"等机会主义行为。需要注意的是，这种交流和沟通应当在并购之前就在关键员工之间进行。

其次，在整合过程中人力资源管理的重点是协调员工的心理，通过各种方式引导和教育员工，降低不确定性，让员工了解产业的经营环境与组织变革，协助员工做好并购的心理准备，培养员工的未来价值。同时，增加员工在并购整合过程中的参与，特别是并购整合小组应由来自双方成员组成并让关键员工参与整合的规划与执行中。这不仅有利于双方员工的沟通和了解，增进双方在整合过程中的相互支持和协作，还表示并购方对被收购公司的尊重，增加整合过程的公正性和平等性。

四 跨文化的企业人力资源管理

（一）跨文化冲突

文化冲突是指两种或两种以上文化的相互接触所产生的竞争和对抗状态。它主要是指不同形态的文化或文化要素之间相互对立、相互排斥的过程。

根据美国国际学院商业研究中心1996年对财富500强企业的研究，发现五个主要的并购失败原因之一就是：不相容的企业文化。可见，如果企业文化的融合没有受到足够重视，将会导致整个并购整合过程的盲目性以及并购后期的兼容性下降。缺乏文化整合作为并购方案实施的基础，整合执行的方式就缺少了核心价值观作为思想指导方向，虽然有整合的目的，但在具体的整合过程中，遇到问题会变得无从下手，进而盲目地做出决策。同时，在表面整合完成后，企业文化没有兼容性，各种文化冲突会逐渐暴露出来，给企业的正常经营造成困难。因此，企业必须在并购整合过程中将企业文化放在全局性地位加以考虑，用以指引整个并购过程。

文化冲突产生的原因：

（1）思维模式。文化会影响人们对外界事物的看法和认识，不同的国家存在不同的文化，因此在思维模式方面必然存在差异，这一点在东西文化之间表现得尤为明显。西方文化的思维模式注重逻辑和分析，而东方文化的思维模式则表现出直觉整体性，这一点也是中国传统文化思维的特征。

（2）沟通形式。文化会影响人们对外界事物的看法和认识，不同的国家存在不同的文化，因此在思维模式方面必然存在差异，这一点在东西文化之间表现得尤为明显。西方文化的思维模式注重逻辑和分析，而东方文化的思维模式则表现出直觉整体性，这一点也是中国传统文化思维的特征。

（3）行为规范。文化会影响人们对外界事物的看法和认识，不同的国家存在不同的文化，因此在思维模式方面必然存在差异，这一点在东西文化之间表现得尤为明显。西方文化的思维模式注重逻辑和分析，而东方文化的思维模式则表现出直觉整体性，这一点也是中国传统文化思维的特征。

（二）中西文化冲突下的人力资源管理

1. 跨文化冲突管理模式

对于文化冲突的管理方式，托马斯（Thomas，1976）提出了极具影响力的冲突处理的五因素模型。该因素从满足自身利益和满足他人利益这两个维度，把处理冲突策略分为五种类型。这五种人际冲突处理策略分别代表了自持性和合作性的不同组合。

依据托马斯的五因素模型，可以结合企业自身条件，挑选适合的冲突管理方式，从而解决文化的冲突。主要方式有以下五种：

（1）支配方式：指在处理冲突的过程中，只考虑自身利益而无视他人的利益，为达到自己的目标，不惜以对方的牺牲换取自己的需求。这种方式常被管理者用来处理一些紧急问题，或用来管理组织中缺乏合作意识的成员。

（2）整合方式：以最大限度平衡和满足双方利益为前提，采用互相理解和合作的方式,解决双方之间存在的冲突。

(3) 妥协方式:在一定程度上既关心自身利益也满足对方的利益。采用这种方式的前提是双方有公共的目标,都有充裕的时间。

(4) 忍让方式:只考虑对方利益而无视自身利益,以保持双方良好的关系为导向,目的是为了消除异议,是一种合作的方式。

(5) 回避方式:对双方的利益都不关心,对冲突视而不见,采取置之不理的方式面对冲突。

一个有效的跨文化管理的模式,对于企业来讲是非常必要的,而对于跨文化管理模式,还可以归纳为以下几种形式:(1) 本土化模式〔如果用A代表母国企业的文化,B代表国外子公司的文化,那么,这种模式可以形象地表示为"A+B=B"。〕;(2) 本我化模式〔A+B=A〕;(3) 文化嫁接模式;(4) 文化融合模式〔A×B〕;(5) 借助第三方文化模式。

2. 我国企业并购中企业文化融合出现的问题

我国跨国企业在全球开展经营活动时面临的挑战更加直接,特别是需要解决以下四个难题:战略性控制问题、整合问题、适应问题、组织边界问题。针对以上四个问题,跨国公司必须积极应战,采取妥善措施来处理。但无论采取哪种措施最终都将指向一个具体的要素——人力资源的问题。正是由于组织文化对跨国公司的极度重要性,现在的跨国企业都非常强调组织文化对管理实践的领导作用,特别是对人力资源管理实践更是如此。但是,我国跨国企业在并购国外企业时,仍然存在一些文化融合问题,主要有以下几点:

(1) 并购前,缺乏对企业文化的兼容性评估。由于多数并购企业不重视企业文化,特别是并购企业对目标企业的具体文化了解较少,而在并购前,又往往重视物质化的内容,缺少对企业文化的内容形式的分析。管理者无法判断并购决策是否正确,使得并购方案在实施过程中问题重重,导致众多的并购无法完成企业之间的融合,并购方案也不得不以失败告终。而正确的文化兼容性调查,可以起到事先预警的作用,避免无序的并购,降低并购的成本和风险。比如,人们对联想集团和IBM公司的企业文化相当熟知,这样鲜明的文化特征既为联想集团的并购整合带了很大的信息资源,同时也看到了整合过程中的艰难。我们知道IBM的核心价值观是客户亲密、尊重个人、最佳服务、追求卓越;而联想的核心价值观是服务客户、精准求实、诚信共享、创业创新。从两者的核心价值观上可以看出两家企业主要存在以下的差异:一方面,IBM是较为注重员工间的平等,崇尚以人为本的高自由度的跨国知识型企业,而联想则是以市场为本的中国式强势控制力企业。另一方面，两者的薪酬体系、激励机制都存在极大差异。IBM采用美国标准薪酬，待遇优越，具有成熟的薪酬和激励机制，这些都是联想所不具备的。如果中方减少或停止这些薪酬和激励机制，IBM的原有员工将拒绝继续工作。但是如果前IBM员工继续拥有与联想中国员工不同的待遇，显然中方员工会产生极大不满。显然，联想比IBM更加层级化，有更多的决策层次，更倾向于专权，易导致决策迟延。而IBM则沿袭了美国管理者和下属之间那种妥协关系，较低的层级和较多的分权决策。

（2）目标企业文化往往不占主导地位。由于并购方采取并购行为的目的不同，在整合过程中占有主导地位，尤其在跨国收购中，并购企业的主要目标是获得控股权，而非金融性收益。整合中更多地考虑并购方的要求，甚至完全按照并购方意识行事，忽略了目标企业的文化。在我国，企业决策者往往有"先入为主"的思想，认为目标企业（被并购方）是自身扩张的工具而已，刻意设置并购双方的从属关系，把两者分离开来。同时，极力找出目标企业的不足之处，以点盖全，比如目标企业的供应环节有问题，则认为企业的其它方面都予以否定，这是"光环效应"的反应用典型表现。另外，并购的企业更注重自身文化的地位，具有排外性。特别是在跨国并购中，国家文化差异较大，并购方企业推崇以自己的国家民族背景产生的企业文化，排斥外来的文化，并以自己的企业文化作为判定对方文化好坏的标准。这几种思想和做法会极大地伤害目标企业员工的感情，降低员工的归属感和文化认同感，最终会激化文化冲突，甚至导致并购计划的破产。当然，这样的强势文化影响弱势文化也是有优势的一面，下文将会提及一个成功的案例。

（3）品牌情结成为融合难点。如上文提及的案例，两个具有典型强势文化的企业在融合过程中的碰撞造成的影响非常巨大，当冲突到来影响了员工工作情绪和积极性时，企业运作会相继出现障碍，仿佛多米诺骨牌一样，对企业造成重创。同样在联合重组中的红塔集团也面临了相同的问题。品牌取舍的博弈成为能否实现企业品牌发展战略目标的重大问题，同时关系到并购双方企业能否成功进行文化融合的关键。被并购方的员工甚至是并购方的员工若无法认同新的企业文化，其将难以在企业得到长足发展，难以为企业提高效益做贡献，更有可能阻碍企业的发展。专家们形象地把并购中员工经历的一系列情绪反应称为"并购情绪综合征"。并购情绪综合征揭示了员工所经历的一系列心理上的变化：从起初的否认、恐惧到最终的接受、关心的全过程。

有关研究表明，被购并公司员工主要关心以下问题：（1）认同感的失落。原先在组织中的地位、忠诚、认同感和未来的期望变得不再可信赖；（2）缺乏信息沟通且增加焦虑。关心未来工作展望、薪酬制度、角色转换、工作职能和地位的改变、职业生涯规划等；（3）非良性竞争。员工可能会因为过分关心是否能留住并保有现在的地位、权利、影响力，造成互相之间破坏性竞争，进而损及组织目标和组织发展；（4）人才流失。基于各方面的原因，在并购整合期内企业的诸多不稳定因素可能导致公司内核心人才的流失，从而员工对公司的未来缺乏信心，继而产生负面影响；（5）家庭影响。工作上的变化可能会在家庭中引起消极因素的诱因。

因此，并购公司高层要高度重视被购并公司员工的情绪变化，尤其要塑造统一和谐的企业文化，以迅速消除员工并购情绪综合征的初期反应，并使广大员工的注意力集中于本职工作。

3. 中国企业在国外，如何消除跨文化冲突

大家熟知，海尔在美国建厂缔造了全球最大彩电企业；TCL并购重组法国汤姆逊彩电和阿尔卡特手机业务成为全球第七大手机供应商；联想收购IBMPC，成为年收入超过百亿美元的世界第三大PC厂商。中国企业已经开始走向国际市场，但文化差异带来的文化冲突必将成为中国企业国际化的最大障碍，尤其是在中国企业缺乏国际化经验的情况下。为解决好文化冲突下的人力资源，必须注重以下几方面的工作：

（1）重塑企业核心价值观。寻找并建立共同的企业核心价值观，这种价值观具有开放性、兼容性、持久性特点，可以约束员工的语言和行为。在企业内部逐步建立共同的价值观作为企业文化的重要组成部分，是一种比较持久的信念，它可以确定人的行为模式、交往准则，以及何以判别是非、好坏、爱憎等。不同的文化具有不同的价值观，人们总是对自己国家的文化充满自豪，而认为外国人的言行举止不和常规，而事实上，这些看似古怪的言行举止、价值观念对该国人民来说是再自然不过的了，因此，我们要尽可能地消除这种种族优越感，尊重和理解对方的文化，以平等的态度交流。在此基础上，找到两种文化的结合点，发挥两种文化的优势，在企业内部逐步建立起统一的价值观。建立共同价值观，可以提高员工的凝聚力、向心力，人们为着共同的目标而奋斗时，往往会忽视导致冲突的因素。

（2）进行跨文化培训。接受跨文化培训是防治和解决文化冲突的有效途径。特别是中外合资企业要解决好文化差异问题，搞好跨文化管理有赖于一批高素质的跨文化管理人员。因此，双方在选派管理人员时，尤其是

高层管理人员，除了要具有良好的敬业精神、技术知识和管理能力外，还必须思想灵活，不守成规，有较强的移情能力和应变能力；尊重、平等意识强，能够容忍不同意见，善于同各种不同文化背景的人友好合作；在可能的情况下，尽量选择那些在多文化环境中经受过锻炼及通晓对方语言的人。通过诸如此类人力资源管理活动，能大大促进双方的沟通和理解，改善员工关系，提高团队合作精神，推动企业的持续发展。跨文化培训的主要内容应包括：认识和了解对方民族文化及原公司文化；文化的敏感性、适应性的培训；语言培训；跨文化沟通及冲突处理能力的培训；对于中方人员来讲，还需接收对方先进的管理方法及经营理念的培训。

（3）实现本土化发展。找准"保持自我"与"适应他人"之间的平衡点，实施本土化经营。"适应他人"是真正理解、尊重东道国文化，而"保持自我"是保持本国优秀文化的特色魅力与影响力，并把它变为强势竞争力。在找准平衡点之后，就需要取优去劣，优势互补，实施本土化经营。中国企业推行"本土化经营"的前提是有"与本地人打成一片"的指导思想，具体内容包括：当地人才的本土录用和培养、采购本土化、产品本土化、利润本土化等。经营本土化能缩小公司品牌和经营理念与当地语言文字、宗教信仰、风俗习惯间的差异，避免与东道国管理人员之间因文化差异而发生的冲突。通过人员本土化，选用当地优秀人才进行管理，有利于当地人才的成长与晋升，有利于人才流动的良性循环，最大限度地利用和开发世界各国的人力资源。

（4）进行人力资源分层管理。针对跨文化企业不同的管理层级，进行人力资源的不同层级管理。

①一线员工的来源及对其管理方式尽可能本土化。一线员工尽量本土化，并不仅仅是从成本角度考虑，而是考虑不同文化背景的员工共同工作可能产生的冲突。一线员工对当地的风俗习惯、沟通表达方式等存在共同性，如果突然加入一批外来文化的员工，他们就会从心理上有一种排外的情绪，不论是工作还是生活都会无形之中产生一种隔膜。中国企业入驻西方发达国家必须考虑这方面的事情，不能认为当地人力成本太高，而希望从自己国家引入员工来做替代或综合。

②中层管理人员要适当综合。许多外资企业或合资企业在进入某一国家后，都喜欢采用股权比例来分配双方管理人员数量，认为这样是一种比较好的折中方案。其实不然，真正的有利于企业发展的方案是以企业所处文化、发展战略、人员稳定性为出发点来"排兵布阵"。发挥不同文化背景管理人员的效用，对他们实行：一是跨文化培训，让双方管理人员都相

互了解各彼此文化，从中寻找认同点、接受点和禁忌点。二是公司企业文化教育，不论什么文化背景的人员，他们最终都是在为企业工作，为企业战略服务，所以企业文化的培训是非常必要的，使他们对企业从"不理解——理解——认同"。也可以在这一过程中找出不稳定性因素，对于不能适应人员的只能调换或辞退。三是提供有差异的薪酬福利，薪酬福利是人们工作的重要驱动力之一，有的文化背景人员对休假比较看重，不希望工作时间占据自己的个人时间，有的人员又对工作比较看重。在具体的实施过程中就要对来自不同文化的员工进行差异化的薪酬福利。四是不断地沟通，冲突绝大多数是在双方互不了解的情况下发生的。要为不同文化背景的人员提供尽可能多的沟通、交流的机会，利用不同文化的特色节日举办活动，让他们能真实感受和理解彼此的文化。

③高层管理人员要加强跨文化管理的能力。身处高层的管理人员，他们需具备高超的解决问题的能力和处事手段。富有经验的高管人员，在管理过程中容易形成思维定式，容易采取自己的管理经验来处理当下问题，而跨国公司的高管大多数是由公司所在国派出，这既是优势也是劣势。跨国公司在外派高管时，首先要对他们进行跨文化管理方面的培训，这一项培训包括：了解不同文化的形成、背景和历史；了解不同文化的差异；了解跨文化管理方式。高管在采取管理方式或实施企业战略时，如果没有跨文化方面的培训，就会造成片面处理的情况。

（三）人力资源管理对跨文化冲突管理的实施

1. 推行企业价值观

企业价值观是指企业及其员工的价值取向，是指企业在追求经营成功过程中所推崇的基本信念和奉行的目标，是企业决策者对企业性质、目标、经营方式的取向所做出的选择，是为员工所接受的共同观念。

例如，惠普公司在其《员工守则》中总结了企业的五个核心价值观：①相信、尊重个人、尊重员工；②追求最高的成就，追求最好；③做事一定要非常正直，不可欺骗用户，也不可欺骗员工，不做不道德的事；④公司的成功是靠大家的力量来完成，并不是靠某个人的力量来完成；⑤相信不断的创新，做事要有一定的灵活性。

企业价值观主要有以下几方面作用：①增强企业凝聚力；②规范企业与员工行为；③有利于企业制度创新与经营创新；④促进企业持续健康发展。

2. 跨国公司的招聘

在招聘选拔时,跨国公司大多将候选人对本公司文化的认可作为衡量候选人是否合格的首要标准,并且在随后的新员工引导活动中也把本公司文化的宣传作为活动的重点,力求使新员工能够完全领会并融入到公司的组织文化中来。

3. 注重跨国公司的培训

(1) 语言培训。学习东道国的语言,以便工作中正常的交流。

(2) 认识和了解民族文化及原公司文化。通过研讨会、课程、语言培训、书籍、网站和模拟演练等方式对员工进行培训,以便缩小可能遇到的文化距离,使之迅速适应环境。

(3) 文化的敏感性培训。训练员工分析当地文化特征的能力,了解当地文化是如何决定当地人的行为的,掌握当地文化的精髓,从而使员工更好地应对不同文化的冲击,减轻他们在不同文化环境中的苦恼或挫败感。

(4) 文化的适应性训练。跨国公司派员工到海外工作,出差或者学习。例如,韩国三星公司每年都会派出有潜力的年轻经理到其它国家学习,学习计划由学员自己安排。除了提高语言能力外,还要深入了解所在国家的文化和风土人情等等。通过这样的方法,三星公司培养了大批熟悉其它国家市场和文化的国际人才。

(5) 沟通及冲突处理能力的培训。管理者通过正式或非正式的、有形的或无形的跨文化沟通组织与渠道引导员工掌握处理人际关系、谈判和沟通的技能,从而促使员工之间的交流与合作。

4. 加强跨国公司的绩效考核

绩效管理在现代企业中与薪酬、晋升等密切相关,这在所有企业中都是一样的。但是跨国公司人力资源管理中绩效管理的目的不仅仅是为员工薪酬调整和晋升提供依据,而且加入了许多新的因素。例如,把绩效管理作为相关各方目的相结合的契合点,重视个人、团队业务和公司目标的密切结合。同时,在工作要求和个人能力、兴趣和重点之间发展最佳的契合点。跨国公司绩效考核方法主要包括:平衡计分卡法(BSC)、关键业绩指标法(KPI)、目标管理法(MBO)等。

5. 跨国公司的薪酬管理

在跨国公司中,薪酬除了基本工资以外,福利也是薪酬的重要组成部分。中国企业要在欧美等发达国家立足,有必要了解其福利状况并加以利用,制定出符合企业自身特点的福利系统。国外公司在提高员工福利方面,有很多经验值得中国企业学习:

首先，对员工的体贴入微。国外跨国公司对员工的身体健康和心理健康非常关注的，甚至有关于牙齿护理、眼睛护理以及心理辅导课程的福利规定。很多欧美跨国公司都会对此制定相应的措施。例如，为员工购买健身中心的会员卡，为员工报销健身费用，甚至很多大公司会有自己的健身房、健身器材。摩托罗拉公司通过员工援助计划向员工及其家属成员提供心理咨询，举办健康和保健教育等活动。通过这些辅导缓解员工心理压力，保持健康积极的心态，更投入到工作与享受生活。

其次，把员工培训作为福利。这一点与欧美企业"细致入微"的人文关怀的福利制度一样重要。通常，人们并不认为培训是一种福利，直到看到外资企业的培训状况后，才发现培训的重要性。培训是一个双赢工具，员工的发展也可为企业带来更好的业绩。

第三节 企业跨国并购中的人力资源管理实务

一 人力资源在跨国并购中的作用

（一）人力资源整合在跨国并购中的主要贡献

所谓"人力资源整合"，就是通过协调控制组织成员的目标动机与行为倾向，使他们自觉的把自己的行为潜力调动起来，并最大限度地凝聚和转化为企业的整体竞争优势。因此人力资源整合对跨国并购企业的经营有着非常重要的意义。

1. 减少人力资源的破坏和流失

企业并购不可避免的会造成企业管理方式的变化和优秀核心人才的流失，从而新增企业成本，这些成本主要来源于企业并购过程中人力资源的变异，这种变异主要是指人力资源的破坏和流失。而人力资源整合的最重要贡献是通过人力资源整合而减少上述成本。

TCL 在并购法国汤姆逊公司之后，因其人力资源整合不力，加之双方文化差异导致经营过程中出现了诸多的矛盾，使新企业员工满意度严重下降，诸多核心人才选择离开，致使新企业业务严重下滑，企业连续亏损。

相反，联想集团在并购 IBMPC 业务之后，由于中美文化存在的巨大差异，同时惠普、戴尔、猎头公司对业务部门的人才都视觊觎，联想也面临着业务部门关键人才流失的可能性，风险很大。但是联想集团在整合过程中，积极制定出各项稳定人心的政策，出台了一些实质性的激励措施来挽留员工，在保证薪酬的同时，考虑改变员工的支付方式；还为员工设定了职业生涯发展规划及定期培训，营造企业与员工共同成长的组织氛围。这些整合措施有效避免了业务部门核心人才的流失，保证了联想并购后的快速发展。可见，有效的人力资源整合是减少人力资源破坏和流失的关键。

2. 产生新的人力资本竞争优势

首先，通过并购，企业获得优质管理人才，增强了获取发展机遇的能力；其次，通过并购，企业获得优质销售人才，使多元业务谋取更多的市场获利；再次，通过并购，企业获得优质技术人才，使企业的产品附加价值得到显著提高。通过对目标企业人力资源的有效整合，可以优质的人力资本，获得竞争优势，并且通过人力资源整合所获得的这些人才竞争优势都不具有模仿性。

联想集团在并购 IBMPC 业务部门之后，13 位集团管理人员中有 6 位是来自 IBM，包括 CEO、全球首席运营官、首席市场官、产品开发负责人等重要的岗位。而并购后企业的成功经营也证明了这一决策的正确性。吉利在 2009 年 4 月成功收购了全球第二大自动变速器制造企业澳大利亚 DIS 公司，使其竞争力大大提高。2010 年 3 月 28 日，吉利汽车与美国福特汽车公司在瑞典哥德堡正式签署收购沃尔沃汽车公司的协议。吉利的成功，也在于他在并购过程中能有效地获取优质的人力资本，从而获得产品、技术、市场上的优势，使其实力不断增强。

3. 提高企业创造价值的能力

企业的根本目的是为了获取利润，而获取利润的途径则是不断地创造价值。对于企业来说，创造价值主要体现在提高经济效益、降低经营风险和增强发展潜力三个方面。

首先，跨国并购后的有效人力资源整合能够获取优秀的人才、先进的设备和技术经验以及更广阔的市场，从而获得规模效应和经验效应，提高企业经济效益；其次，跨国并购后的人力资源整合能使企业实现强强联合，信息共享，规避风险，降低决策失误率，大大降低经营风险；再次，跨国并购后有效的人力资源整合可以保留和吸收更优秀的人力、物力为公司所用，并且通过相应的培训开发，可以进一步发掘并购前未能发掘的潜力，从而使公司的发展潜力大幅度增强。

第九章 企业并购与人力资源管理

2005年,阿里巴巴收购雅虎中国全部资产,同时获得雅虎10亿美元投资,并享有雅虎品牌在中国的无限期使用权。阿里巴巴此次跨国并购真正实现了1+1>2的效应,很大程度要归功于人力资源的整合。阿里巴巴的收购获取了雅虎的网络人才、网络技术和中国的市场,特别是在中国无限期使用品牌的权利与获取得了高额投资,使得阿里巴巴的实力大幅度提升,不仅增加了企业实力,而且为企业储备了无限的发展潜力,阿里巴巴创造价值的能力成倍上涨。如今的阿里巴巴已发展成为中国最大的网络公司和世界第二大网络公司。

所以,企业并购中的人力资源整合对于企业控制并购中的人员成本、提高企业创造价值的能力具有重要贡献,有效的人力资源整合能够提高企业并购成功概率,从而真正实现1+1>2的正面效应。

二 中国企业在跨国并购中人力资源整合的风险及原因分析

(一)跨国并购中人力资源整合面临的主要问题

1. 人力资源整合过程较长

人力资源整合对跨国经营至关重要,但是中国企业在跨国并购后,管理层并没有认识到人力资源整合的重要性,而是更加注重并购后的产品、市场、运作、法律等方面的问题,很少考虑企业中人力资源的作用;再次,并购后的企业人力资源管理也不规范,没有形成系统的管理模块,人员的随意任用,激励和沟通的缺乏,使人力资源整合根本无从入手,更无法有效实施;这都使得并购企业人力资源整合的过程延长,人才逐渐流失,进而影响企业生产效率和利润的增长,甚至是并购的失败。

大型跨国公司多在100天内完成整合,整合管理者就是在这一时期来引导新公司的每一个人走过两个组织合并过程中的崎岖之路,最终使两个组织有效地运行起来。

2. 员工工作职责不清,效率低下

跨国并购后,两个组织合并为一个组织,必然涉及岗位的重复和工作内容的交叉,造成工作职责不清,工作效率下降;员工不能立即找到自己在组织中的角色,或者员工不清楚其在新组织中的职责定位,甚至很多员工并不能确定自己的职位能否保住,即使可以保住,其职位也是不确定的，进而会削弱员工工作积极性，这就特别需要每个员工职责清晰，避免组织工作内容的混乱，规范员工的工作行为，并且为组织提供一个明确的考核依据，为企业的培训、薪酬激励提供参考。

3. 员工满意度下降，核心人才流失

企业核心人才是在企业发展过程中通过专业素养为企业做出或者正在做出卓越贡献的员工，他们比一般员工更具有竞争性，是企业创造效益的主力军。而核心人才的流失，对于企业，特别是跨国企业的影响是不可忽视的。第一，核心人才的流失会使跨国企业原有的团队遭到破坏，进而影响企业项目的进程甚至是成败；第二，核心人才的流失会带走一批人。核心人才常常拥有较好的人缘基础，他们的离开，常常会形成一批人才的陆续外流；第三，核心人才的流失还会影响在职人员的情绪，挫伤整个跨国公司员工的情绪。

企业并购一般会对员工的心理和情感造成巨大的冲击，使其在情绪上有巨大的波动，从而对新的组织产生不满。若处理不当，这些由于忧虑和担心造成的情绪上的波动往往会分散员工的注意力，他们不再关心自己的职责，对销售和客户更是无暇兼顾。这样企业的经营业绩会受到很大影响，而员工也会受挫，从而更进一步增加了其情绪上的波动性，满意度严重下降。

4. 企业文化冲突严重

一个被大家共同认可的企业文化对于跨国公司具有很高的价值。首先，企业文化可以规避并购后新企业的帮派之争。两个企业并购，并购企业与被并购企业的员工很容易形成两个帮派，在各项工作中也容易形成暗地竞争。而统一的企业文化则有利于把两个企业的员工真正整合起来，形成一个表里如一、彼此共鸣的团体，为组织的终极目标奋斗。其次，企业文化有利于降低并购企业的运营成本，加快整合进程。统一的企业文化使企业员工团结一致，减少工作失误率，降低工作重复建设的现象，从而节约运营成本，尽早整合成功。再次，统一的企业文化可以促进跨国公司的长远发展，减少企业整合的阻力。企业文化可以为并购企业树立良好的企业形象，使企业广交良缘，获取更多优质的客户，为企业的长远发展铺平道路，减少整合阻力。

而在实施跨国并购时，两个不同国家的不同企业必然会存在两种不同的企业文化，也必然会产生文化冲突。企业被并购后，员工就会意识到他们原有的价值观和工作方式都将发生改变，也会条件性地发生心理抵制的态度。企业文化冲突具体表现在并购主体间的文化不相容或相容性弱，并购双方之间较大的文化差异对整合过程的有效性有着破坏性影响。

(二) 跨国并购中人力资源整合风险的原因分析

1. 没有意识到人力资源整合的战略意义

有效的人力资源整合必须依赖有效的战略整合。战略整合即并购后企业在综合分析目标企业情况后，将目标企业纳入其战略之内，使目标企业的所有资源服从并购企业的总体战略以及为此所作的相应安排与调整，使双方企业的各业务单位之间形成一个相互关联、互相配合的战略体系，从而取得战略上的协同效应。解决了企业的战略整合问题之后，就可以以此为基础，从战略的高度来制定人力资源获取、利用、保持和开发的系列整合策略，构建人力资源的整合与管理体系。

中国企业在跨国并购后，最关心的是怎样为新公司盈利，所以企业的管理者会直接把工作重点直接放在对企业内外环境、行业、竞争对手、价格、渠道方面的研究上，而对并购企业的战略整合问题关注很少，出现只注眼前，不注长远，把战略意义抛之脑后的错误；其实，中国企业在跨国并购后，往往缺乏能透彻了解被并购企业及其所在地区文化特色、能将其所有资源纳入主体企业总体战略计划，从而达到协同效应的管理人才，从而根本无法意识到人力资源整合的战略意义。TCL公司当初如果能够意识到人力资源整合的战略意义，事先就做好充分的整合准备，制订完整的战略整合计划，就不至于会错过最佳的整合时机，从而导致最后的连续亏损和失败。

2. 忽视对企业冗余人员的合理安置

中国企业在跨国并购后，原来的两个企业合并为一个企业，必定涉及组织部门的重复和工作岗位的重复，造成企业人员的冗余，而过多的冗余人员也会使员工无归属感和安全感，造成情绪波动，整体士气低落。

企业为了节约成本，重振员工士气，必定会合并工作岗位，裁减员工，减少企业人员的冗余。如何安置这些冗余人员，恰恰是中国企业跨国并购中人力资源整合过程中最容易忽视、处理最不到位的问题。如 TCL 公司在并购法国汤姆逊公司之后，很多业务部门和工作岗位出现重复，员工的工作职责出现交叉，而 TCL 只是按照企业的传统管理方式，在没有进行人力资源盘点和工作分析的情况下，就简单地裁掉了冗余的员工。

3. 缺乏交流平台及有效的培训激励机制

机制，是一种系统的运行方式和利益的分配规则，它形成后可以自我完善和发展，不以任何人甚至是领导的意识而改变。有效的机制具有导向作用，可以使企业员工按照既定的目标去努力，使个人目标与组织目标趋于一致，使员工与组织共同发展；同时，有效的机制还具有提升作用，通过创建有效机制稳定员工情绪，可以激发员工的主动性、积极性和创造性，为企业创造更大的价值；最后，机制还具有约束作用，它可以规范员工的行为使其按照公司的规定做事，从而实现企业目标。而中国企业在并购过程中，往往也是只注重了新企业产品、价格、渠道、市场等如何盈利等方面，没有系统的人力资源整合战略和计划，更不会意识到有效的交流及培训激励机制，这是新企业管理者最容易忽视、也无暇顾及的方面。

在中国企业并购过程中，并购企业的双方管理团队、特别是被并购企业的各层级员工都迫切想知道并购整合的最新进展，想知道新公司未来的发展方向和经营目标，也关心并购主体的整体实力，关心母体企业的资源投入，员工想知道其在新公司中未来位置，关心自己和并购主体企业的薪酬是否一致，关心自己的工作汇报关系，关心并购前的团队配合是否发生变化等；但是在整合实际操作中，员工往往得不到这方面的真实信息，并购双方没有建立顺畅的正式沟通渠道，信息的传递和反馈都会出现很多问题；另一方面，并购方的高层管理人员也不愿意与被并购方的员工进行沟通，因为他们对于许多问题都无法解释清楚。从而造成信息不对称，产生决策失误、经营失败、利润亏损、员工满意度下降、人才流失等一系列问题。

4. 没有对双方企业文化差异进行评估

中国企业在跨国并购过程中，往往都是比较重视物质化的东西，不重视被并购企业文化的存在及作用，对并购企业的文化知之甚少，这样会导致在并购过程中出现很多问题，无法完成并购双方企业之间的融合，最后导致跨国并购方案不得不以失败而告终。

三 中国企业跨国并购中的人力资源整合对策

成功的跨国并购会给企业带来发展机遇，使企业进入快速成长期。在这个过程中，人力资源要进行有效配置和优化组合，从战略、配置、机制、文化等方面采取对策。

（一）整合人力资源战略

1. 制订合理的人力资源整合计划

人力资源整合计划即是对企业并购后新企业在人员选拔、配置、培训、考核、激励等方面所做出的计划,其目的是使新企业的所有员工能够明确知道并购后的企业目标,使个人符合新企业的价值标准,从而主动调整自己的心态和行为以适应组织的需要。对于跨国并购后的企业而言,合理的人力资源整合计划要能把并购双方企业的现有资源都纳入其中并有效使用,其人员的选拔配置、考核激励能为所有员工,特别是被并购企业的员工所接受和认可,协调一致按计划行事。

联想在完成对IBMPC业务部的收购之后,首先成立了一个由高层管理人员领导的整合小组,负责管理各项整合工作。他们围绕企业的发展战略,根据双方企业的实际情况,制订了一个系统的人力资源整合计划来指导整个整合过程,这份整合计划包括了"文化融合、人才稳定、薪酬激励"三大方面的计划;其次,他们提出始终以"坦诚、尊敬、妥协"三大方针来指导贯穿整个整合过程,以使整合过程中的矛盾和冲突最小化。最后,他们把整个整合计划在全公司公开,征求员工的意见并进一步对之进行改善,直到所有员工对之认可和接受为止。这为联想之后的人力资源整合铺平了道路,也是联想集团实现成功并购的基础。

2. 有效实施战略计划

有效实施人力资源战略计划应该是一个以"实施—检查—反馈—修正"为基础的持续循环过程,贯穿整个整合过程的始终。

联想在制订了系统的人力资源整合计划之后,其整合领导小组会在每周进行一次调查访谈,征求员工对公司员工配置、绩效考核、薪酬发放、激励制度及企业文化等方面的意见,从中发现问题,再分析存在这些问题的原因,重新制定出新的解决方案,使人力资源整合计划更加完善和适用。通过此种循环模式,联想的员工真正感受到了公司对他们的关注,工作的归属感和热情由此而增加,更加积极地配合公司人力资源战略计划的实施。

所以,中国企业在跨国并购后应该首先制订一个全局性的人力资源整合计划,确定一个双方公司都能接受的整合负责人组成整合小组,并使双方公司员工都能了解整个整合流程,从而使整合计划在大家的支持中有效进行。

(二) 合理配置企业人员

企业员工的合理配置,就是要把最合适的人安排到最合适的岗位上去。合理配置企业员工,是保证企业工作顺利完成的基石,是提高工作效率的保证，是开发员工潜力的催化剂，也是节约人力成本的有效途径。对于跨国并购企业而言，没有合理的人员配置，不仅会影响到新企业的工作效率和利润的增长，而且人岗不匹配的员工也会影响企业整体员工的士气和组织氛围，进而会造成员工的流失，人力资本的破坏和运营成本的增加。

1. 确定人员甄选的方法

在并购整合的过程中，组织需要进行重新配置员工的工作岗位，并且选择最合适的工作人员，包括新企业的领导人、相关项目的负责人以及核心员工。特别要消除对被并购企业优秀人才的排斥心理，做到唯才适用。

2. 有序安置冗余人员

首先，根据被并购企业的实际情况和自身对于并购的整体规划，制定出相应的人员留任政策。通过调整组织结构、精简冗员，以提高合并企业的经营业绩。

其次，在经过一段时间的磨合之后，根据企业运转的实际情况，再通过分析和考核，对企业人事状况进行进一步的调整，最终确定机构、岗位和人员。

联想集团在并购后，确定了13位高层管理人员，包括CEO、全球首席运营官、首席市场官、产品开发负责人等，其中有6位来自IBM；此外，新企业的核心技术人员、基层的管理人员也没有出现离职的现象。

第一，联想结合了访谈法、档案法等方法通过集体讨论从双方企业内部选拔企业高层管理人员，并根据每位管理人员的特质分配到相应的岗位，在这一选拔过程中，联想对于IBM内部人员毫无排斥心理，坚持唯才适用，以效益最大化为目标。

第二，对于并购后企业的冗余员工，首先根据新企业人力资源规划定员定岗，然后根据新企业被大家认可的考核制度进行考核，裁减多余员工之后，用多项福利制度、娱乐设施等安抚员工情绪，并为员工制定职业生涯规划，提供相应的培训，稳定员工的同时提高业务素质。

（三）建立培训与激励机制

1. 建立全新的人才培训机制

首先，培养全体员工对并购后企业的认同感。企业并购后由于目标企业员工会失去他们原有的感情依托，所以并购后的新企业有责任接纳被并购企业的员工，让他们了解母公司的历史，向他们传输母公司的价值观、

第九章 企业并购与人力资源管理

规则和理念。

其次,对企业核心人才进行专项的技能培训。企业的核心竞争力很大程度上依靠的是企业的核心人才。在培训之前,一定要进行相应的培训需求分析,明确培训的目标;在培训中,要采用多样化的培训方法,最好是并购企业和目标企业都能接受和适应的方法;培训之后,一定要从反应、学习、行为、业绩等四个方面对被培训者做全面的评估,以便后期培训的改进。

最后,根据公司业务需要,培训能适应不同文化差异的管理人员,其培训内容应包括:对对方民族及原公司文化的认知和了解、语言培训。

联想在跨国并购后,在了解了IBM企业文化背景的前提下,根据新企业所有员工的爱好、兴趣、特长制定了相应的培训政策——包括新员工的入职培训、高管人员的出国培训、全体员工的文化培训等。

2. 建立统一的薪酬激励机制

首先,建立一个统一、全新的绩效考核方案。绩效考核是制定薪酬制度的依据和基础,所以,一个统一的、能被大家认同的绩效考核方案是发放薪酬、有效激励的基础。在中国企业的跨国并购整合过程中,要正确认识与被并购方的绩效考核的差异,对于薪酬存在的差异,要正确对待。

其次,在绩效考核的基础上制定合理的、适应并购企业的薪酬体系。要尊重被并购企业的薪酬政策,在保留被并购方的薪酬系统的情况下,根据企业的长期发展战略,对并购各方的原薪酬系统进行合并,制定新的工资薪酬系统。联想跨国并购后出台了一系列激励机制留住员工,如在联想的分配制度中,超额完成利润部分50%以上缴集团公司,另外50%则由事业部自行处理用于奖励或福利,这种激励机制赋予了员工更大的工作动力。

再次,要注重建立有效的沟通平台和多样化渠道。在跨国并购的背景下,有语言和非语言的沟通障碍,人们对双方的政治、经济、法律、社会环境都缺乏足够的了解,对习俗、价值观等的认识也有所差异。因此,要定期向全体人员发布与跨国并购的有关信息,这样可以缓解员工压力,赢得他们的信任、理解和支持。此外,双方领导也应加强沟通,了解员工心态,有效处理各种问题和矛盾,减少整合的阻力。

联想与IBM在谈判正式展开的阶段就建立了联合沟通小组,由双方负责沟通工作的最高领导牵头,还包括投资银行和公关顾问。从正式宣布收购到收购结束的整个过程中,沟通小组都确保一切沟通活动和消息口径高度一致。联合沟通小组为各个部门提供各种文件,交流各种信息,反馈员工意见，在整个整合过程中，沟通小组作为交流中介提供了交流平台，减少了整合的阻力；此外，为了加强双方企业人员的沟通，联想还鼓励员工学习英语，鼓励两企业员工进行文化交流。这些举措都促进了跨国并购整合工作的顺利进行。

（四）创新企业文化

1. 评估双方企业文化差异

应对跨国并购中的人力资源文化整合进行全面调查、分析和评估，广泛分析包括双方的国家文化和企业文化的差异。此外，还要特别注意目标企业所在国的主导文化。在评估文化差异时，首先从物质层面开始，然后再深入到制度层面，最后到达精神层面，明确其特点，然后对并购后双方企业文化的融合进行判断。

2. 选择合理的文化整合模式

首先，企业应根据实际情况选择合适的文化整合模式。根据人力资源的吸引和留任程度又及文化差异程度，可分为四种文化融合模式（如图9-1），如下图所示。企业要根据实际的情况选择最适合自己的文化融合模式。

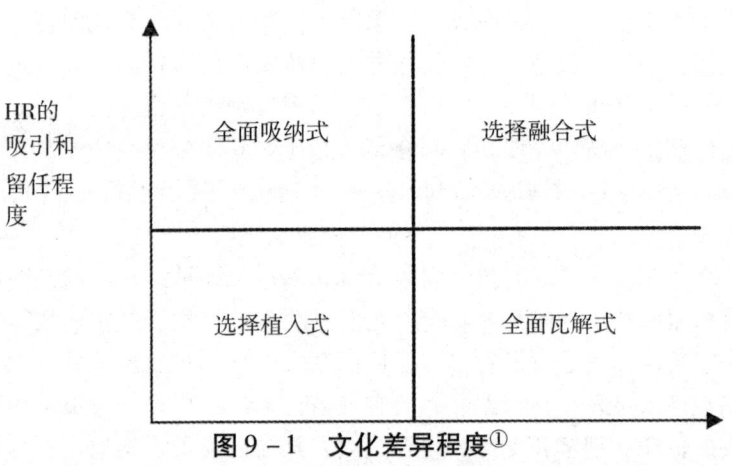

HR的吸引和留任程度	全面吸纳式	选择融合式
	选择植入式	全面瓦解式

图9-1 文化差异程度[1]

其次，再创企业新文化。再创企业新文化可以经过以下几个步骤：一是改变企业文化环境。通过企业文化的宣传，向员工传送信息和决心，鼓

---

[1] 余建年：《跨文化人力资源管理》，武汉大学出版社2007年版。

励员工接受新文化；二是全面推进新文化，在新企业全面推行新的规章制度，培养新企业所有员工对新企业文化的认同感和归属感；三是持续强化新文化，文化变革是一个长期的过程，新文化的建立更需要一个长期的持续强化，必要时可通过一定的奖惩措施来巩固和维护新文化。

总之，人力资源整合是中国企业跨国并购成功的重要因素。中国企业跨国并购是企业获取海外资源、增强自身核心竞争力的有效途径。越来越多的中国企业正在实施"走出去"的发展战略。并购中的人力资源整合是跨国并购成功与否的关键因素，能否通过人力资源的优化整合，实现并购后产品、技术、资本、市场的整合，是企业并购的首要问题。

第十章

企业人力资源管理参考案例

第一节 苹果的文化与人力资源管理

一 苹果公司大事记

乔布斯一手创办了苹果公司,并为其付出了一生心血,苹果公司将乔布斯的才能发挥到了极致,两者相得益彰。为此按照时间顺序选取苹果公司发展史上的几件大事:

1976 年,由 Steve Jobs、Steve Wozniak 和 Ron Wayn 在乔布斯父母的车库里创立苹果电脑公司。在当年开发并销售 Apple I 电脑。Apple I 的成功销售给乔布斯带来巨大的鼓舞。

1983 年,由于苹果公司的壮大,Jobs 决定聘请前百事可乐公司主管 John Sculley 任苹果的 CEO 与其一起掌管苹果公司,相信他会让这颗未老先衰的苹果"枯木逢春"。乔布斯希望通过注入新鲜血液,给苹果公司带来生机和活力。

1985 年,Jobs 和 Sculley 在产品设计方面分歧越来越大,在董事会内部的斗争中 Jobs 失败了。Sculley 获得了苹果产品设计绝对的领导权。

1986 年,乔布斯 30 岁时,正式被自己办的苹果公司解雇了。乔布斯曾在斯坦福大学的演讲中提到过这件事,自己在而立之年被自己创办的公司解雇,给他带来了很大的打击,他曾一度茫然不知所措,他追随自己的内心,仍然选择了在原来的行业发展,重新燃起创业的热情,创办了新的 NEXT 公司。

1991年，苹果电脑遭遇危机。当时苹果的操作系统是MacOS，但其与流行的兼容机软硬件不兼容。这大大束缚了它的发展。这曾经非常成功的市场策略，现在却让它吃尽了苦头，微软的操作系统很快占领了广大的市场，苹果公司陷入了债务危机。

1997年，苹果又以收购NeXT公司的方式让乔布斯重回到苹果。重回苹果的乔布斯不负众望，采取一系列措施，使公司股价节节攀升。

2004年，史蒂夫·乔布斯被诊断出胰腺癌，苹果股价重挫。

2011年10月6日，苹果公司创始人史蒂夫·乔布斯去世。但与上次被诊断出患有胰腺癌不同的是，此次苹果的股价并未大幅震荡。

这可以说是乔布斯花了近十年的时间打造的结果。据消息人士透露，至少从2004年开始乔布斯和苹果董事会已着手落实接班人计划，希望能将乔布斯的管理风格和决策智慧传承下来。但据苹果前任软件技术总监Avie表示，乔布斯不会经常谈论接班人的问题，他认为，只要苹果公司的企业文化能够继续维持，就能吸引人才继续留在苹果。

二 苹果公司的企业文化

（一）企业概括

在美国风险投资历史中，苹果公司较早展示了风险投资的不同凡响。1976年，两个20多岁的青年设计出了一种新型微机（苹果一号），受到社会欢迎。后来，风险投资家马克首先入股9.1万美元，创办了苹果公司。1977—1980年3年时间，苹果公司的营业额就突破了1亿美元。1980年，公司公开上市，市值达到12亿美元，1982年便迈入《幸福》杂志的500家大企业行列。一家新公司在5年之内就进入500家大公司排行榜，苹果公司就是首例。苹果公司的上市犹如核爆炸的成功一样震撼着世界。早先在苹果公司下赌注的风险投资家更是丰收而归。

回顾本世纪第一个10年，总裁乔布斯重返公司后，借力几款明星产品使销售额迅速增长，终于走出了20世纪90年代经历的低谷，公司利润率持续处于行业内高端水平。2004年以来，苹果公司一直保持着两位数的增长率，平均利润率近32%。2007年苹果推出iPhone，自此，智能手机市场的原有格局完全瓦解。2009年金融风暴后，业界经营一片惨淡，苹果公司却仍稳居福布斯全球高绩效公司榜单。

（二）企业文化对苹果公司的重要性

苹果公司原有文化的核心是一种鼓励创新、勇于冒险的价值观。自白手起家，小小的苹果电脑便在技术领域引发两次变革，迫使包括 IBM 和微软在内的每一家电脑公司都加入它开启的新潮流。不仅是勇于创新，事实上，公司一直是我行我素，冒高风险，甚至反潮流。公司的信条是进行自己的发明创造，不要在乎别人怎么说，一个人可以改变世界。正是这种大无畏精神使公司能够推出令广大用户喜爱的 Macintosh 电脑，开鼠标定位器和图像表示法的风气之先。公司也一直以这种独创精神为傲。在其创办初期，公司曾在楼顶悬挂海盗旗，向世人宣称"我就是与众不同"。然而正是这种价值观造就了苹果的成功。苹果的企业文化主要表现在以下几方面：

1. 设计

首先，每个员工都必须牢记苹果比其他任何一家公司都更加注重产品的设计。像微软这样的公司向来不擅于打造让人赏心悦目的产品，而苹果才是真正地在做设计了解消费者的需求，懂得如何满足消费者的需求，然后着手实现这些目标。虽然实现起来并不总是很容易，但苹果似乎每次都能恰到好处地完成。这难道不是员工的努力造就了苹果的成功吗？

2. 忘记一切，从头开始

员工初到苹果时，公司就希望他们立即做一件事：忘掉曾经了解的技术。苹果公司所做的事情与其他公司都不一样。无论是产品的设计、新产品的设计理念还是公司独具的简单运营方式，只要是在苹果，所有事情就会不同。把在其他公司的工作习惯带到苹果来，可能会造成更多的麻烦。苹果是不同寻常的。

3. 坚信苹果比其他所有公司都强

不同于行业里的其他任何公司，苹果公司非常自负。其中的部分原因是由于乔布斯非常自我，他相信苹果是世界上最强的公司，有不同于其他公司的做事方式。虽然苹果的仇敌无法忍受这一点，但是对所有该公司的粉丝和员工而言，这一信条已经成为了一种号召力。

4. 看重外界的看法

由于自负的本性，苹果用心聆听人们对自己产品的批评。但在真正的苹果时尚里，该公司会选择更加恶毒的行为来回应这些批评，这一点是行业里其他所有公司都不能企及的。毕竟，行业里有哪家公司可以在遇到诸

第十章 企业人力资源管理参考案例

如 iPhone4 天线门这样的事件时还能满不在乎,依旧我行我素的呢?苹果不喜欢听到别人指责自己是错误的,并希望不管是自己的员工还是外界的追捧者都能跟自己坚定地站在一起。

5. 永不服输

苹果最具魅力的一点就是它永不服输。就算产品被批评得体无完肤,该公司也能在危急时刻找到脱离火海的方法。没有哪个领域能比计算市场把这一点展现得更加淋漓尽致的了。在做出了一些有着不少争议(和风险)的决策后,乔布斯凭借正确的策略扭转了局面,使公司获得了收益。今天,苹果希望自己所创造的利润可以打破纪录。乔布斯最不想看到的就是竞争对手击败自己的公司。也许,这就是为什么谷歌在移动市场的收益能让这位 CEO 如此愤怒的原因。

6. 时刻关注细节

如果说苹果懂得哪一条经营之道,那就是关注细节意味着长远回报。例如,谷歌的 Android 操作系统,现在可能卖得很好,但在使用了一段时间之后,大多数消费者就会发现 Android 与苹果的 IOS 操作系统相比缺乏一些闪光点。这点差距并不会让消费者觉得 Android 操作系统不太好用,事实上,可以说 Android 和 IOS 一样好用,但这点小小的差距确实会让一些消费者禁不住怀疑谷歌为什么就不能做得更好一点。在大多数情况下,苹果却多努力了一点点。但就是这一点点的努力使得苹果成为了最大的赢家。与此同时,这也是苹果对自己员工的期望。

只乔布斯是必不可少的人物——如果佩珀马斯特的离职暗示了苹果内部是如何运作的,那么很明显只有乔布斯是不可替代的人物。佩珀马斯特曾帮助世界上最知名的智能手机取得了超乎寻常的成功,如果在其他公司也好(不管文化差异与否),没有人会愿意看到他满心悔恨地离开。不过,这一点也只能归咎于乔布斯的自我。很明显,乔布斯认为自己才是苹果成功的关键。苹果的爱好者和某些员工可能会同意这种说法,但佩珀马斯特在 iPhone 的成功上也是不可或缺的一员。苹果公司里还有谁可以让 iPhone 团队像佩珀马斯特领导时那样有效地工作呢?这一点的确值得每一个人去思考。但或许并这不重要。苹果公司再次证明,只有乔布斯才不会丢掉饭碗。

7. 保密至高无上

谈到苹果的企业文化,就不得不提及该公司对保密工作的态度。不同于行业里的其他许多公司,苹果在即将推出新产品时很少会泄密。也许,这就是为什么苹果公司会制定长期的保密准则,只有那些能做好保密工作的公司才能取得成功。而那些泄露公司秘密的员工，哪怕是无意间，也只有被炒掉的分儿。

8. 主导市场才是最重要的事

在涉及技术时，乔布斯脑海中只有一个目标，那就是"主导市场"。他所想的不只是击败市场上的所有公司，而是要彻底摧毁他们。乔布斯想向世界表明，只有他的公司才是最强的。乔布斯就是想向所有竞争者、消费者和所有人证明这一点，并希望员工可以帮他实现这个目标。如果员工不这样做的话，那么就只会被解职。

9. 战略定位

也许没有人像乔布斯这样起伏跌宕：21岁创立苹果公司；30岁被赶出自己创立的企业，从而二次创业；10年后重返苹果。重回苹果后的乔布斯努力改变公司的现状和涣散的企业精神：他首先削减了产品线，把正在开发的15种产品缩减为4种，以节省运营成本。之后，苹果紧缩战线，不向公司不能占据领导地位的市场扩张；开拓销售渠道，结盟美国最好的经销商；同宿敌微软和解，取得微软对其1.5亿美元的投资……

苹果的战略逐步清晰，乔布斯坚定了他的战略变革：不再把苹果塑造成一个纯粹的PC制造商，而将它打造为一个高端消费电子与服务公司，以此获得差异化的竞争力。

10. 强大的领导力是企业最根本的创新动力

乔布斯的卓越领导力，不仅表现在他本人的高效创新战略上，还在于他能够亲身参与到创新实践的各个环节中去，让他的创新DNA传承下去，使苹果公司持续欣欣向荣。而坚持让创新落地，也折射出苹果不一样的企业文化和他们的与众不同："苹果可以不长在树上，苹果就是要另类。"也许正像乔布斯所说："成功没有捷径。你必须把卓越转变成你身上的一个特质。最大限度地发挥你的天赋、才能、技巧，把其他所有人甩在后面。"

11. 产品至上

乔布斯曾经说过，当产品人不再是推动公司前进的人，而是由营销人推动公司前进，这种情况是最危险的。因此，苹果的一个重要工作就是聚焦于产品。

2010年5月26日，美国发生了一件大事。那一天，苹果公司以2213.6亿美元的市值一举超越微软公司，成为全球最具价值的科技公司。与微软的"组装模式"相比，苹果走的一直是一条全封闭的道路。他们自己研发硬件和软件产品。为了不让苹果产品插上其他厂商的设备，乔布斯甚至在研发苹果机的时候使用了一种特别的螺丝将机箱紧紧锁住，普通螺丝刀根本无法打开。为了尽可能地贴近更多的消费者，扩大"果粉迷"以外消费者对苹果产品的认知，苹果还在其零售店精心设计了"数字生活中枢"用户体验场，实现了文化、产品、品牌和口碑之间的良性循环。可以说，充满个性的苹果，在其进军的每一个科技领域都创造了经典：电脑可以没有鼠标和键盘；手机外观可以很个性化。而且，苹果研发的所有电子产品都像"烤面包机"一样傻瓜，没有复杂的操作程序，只要一个按钮就可以运行。

人才第一——乔布斯曾当众表示，他花了半辈子时间才充分意识到人才的价值。在他看来，要制造与众不同的产品，首先要有与众不同的团队。为此，他不吝重金聘请人才，甚至亲自参与招聘工作，寻找那些他耳闻过的最优秀人员和那些他认为对于苹果各个职位最适合的人选。于是，苹果公司留下了国际一流人才。

在苹果，每个工程师都是天才，他们强调工程师主导，强调激情与开放。而且，这些优秀人才来到苹果后，都会拥有大额的股票期权，同时会有充分给予发挥自己创造力的自由，不被官僚气氛妨碍。乔布斯虽然对苹果的诸多业务亲力亲为，但是他喜欢用争论和辩论的方式，在团体工作的环境中开拓创造性思维。

尤其让人感慨的是，当苹果公司受到微软、IBM强烈冲击后，苹果并没有因为企业的不景气而裁掉员工，而是更加注重员工的价值，将员工利益与公司利益捆绑到一起，从而使其研发趋于稳定，并保持快速发展。苹果有很好的医疗保险计划，有慷慨的假期安排。员工们工作都很卖力，但是工作结束之余，可以毫无压力地享受自己的生活——这是苹果一直宣扬的理念。

应该说，是亲和的文化氛围、健康向上的企业文化，吸引了高智慧并且高满意度的员工，造就了苹果的团队精神和核心力量，成就了苹果的创新价值主张。

优秀员工是企业最宝贵的财富。一位资深人力资源专家说，如果说个人工作能力是推动企业发展的纵向动力，那么团队合作则是横向动力。培养一支充满团队精神的高绩效团队，是企业决策层的管理目标之一。

乔布斯是个传奇。他的苹果和他一样，惊艳了这个世界。当许多企业都在为员工的频繁跳槽头疼，即使加薪升职也无法挽留员工们的去意而苦恼时，探析苹果成功的竞合之道和其背后的企业文化，也许不失为一种有用的方式。

四 乔布斯的人力资源管理理念

（一）尊重人才

乔布斯很凶，与人交往向来不会掩饰自己的脾气，但仍有一批忠心耿耿的部下追随。为什么呢？最大的原因是尊重和激励。乔布斯曾当众表示，他花了半辈子时间才充分意识到人才的价值。尤其值得钦佩的是，当苹果公司受到微软、IBM强烈冲击后，乔布斯并没有因为公司的不景气而裁掉员工，而是更加注重员工的价值，通过大力度的激励将员工利益与公司利益捆绑到一起，凝聚了人心，从而使苹果研发趋于稳定并保持快速发展。苹果有很棒的医疗保险计划，有慷慨的假期安排。员工们工作都很卖命，但是完事后，可以毫无压力地享受自己的生活——这是苹果一直宣示的理念。

（二）朋友式管理

除了注重激励之外，乔布斯很看重与员工之间的沟通。他的"朋友式管理"一直被人津津乐道。在苹果，从来都不是为了管理而管理，也从来没什么等级观念。因为乔布斯注重与员工间保持密切的合作，他认为大家在一起沟通才会使思维开阔，这也会最大限度减少内耗，乔布斯一直致力于在苹果内部消除沟通障碍。这使得苹果的团队凝聚力大大增强，整体效率也大为提高。而在目前，真正的竞争是人才竞争。许多企业都在为员工的频繁跳槽头疼，即使加薪升职也无法改变员工们的去意。倒不如像乔布斯一样，打造一个竞争者无法取代的环境，这样的环境不仅关乎待遇、具体工作，更关乎管理者的魅力以及对员工的尊重，如果企业达到这样的高度，那么凝聚力必然会趋于完美。

反思：人力资源管理不能仅仅依赖领袖

不过，没有一种管理制度是真正完美的，苹果也不例外。乔布斯的逝世引发了苹果股价大跌，这也让我们从另一方面进行反思：没有乔布斯的苹果，还会成为世人追捧的对象吗？从人力资源管理来看，企业的发展领袖的地位至关重要，但却不能仅仅依赖领袖。从苹果来看，大到企业战略定位，中到产品创新和竞争手段，小到产品的研发和市场推广以及人才招聘乔布斯都要亲身参与。而如果一个企业家无论是战略层面还是执行层面，甚至到了操作层面都要亲自参与的话，无疑会削弱下级的管理能力。那么一旦领袖出现状况，这个企业将很难应对危机。

因此，每个企业都应当建立自己的人力资源风险控制体系，培养起优秀的管理团队。把精英们从繁杂的企业高速运转的日常事务中解救出来，让制度管理取代人的管理，让优秀管理人才，不仅能够管理好企业，还能够管理好自己的健康。

（三）苹果电脑公司设计的平衡计分法

这种方法使高级管理层的注意力集中到一个能使讨论范围不再局限于毛利、股权报酬率和市场份额的战略上。一个对苹果公司管理层的战略思想十分熟悉的小型指导委员会，从五个方面一一选择应当集中的测评类型，并在每种类型中确定若干种测评办法。在财务方面，苹果公司强调股东价值；在顾客方面，强调市场份额和顾客满意度；在内部程度方面，强调核心能力；在创新和提高方面，强调雇员态度。苹果公司的管理层按以下指标一一分析了这些测评类型：

1. 顾客满意度

从历史上看，苹果公司曾是以技术和产品为重心的公司，靠设计出更好的电脑进行竞争。顾客满意度指标刚开始引入时，目的是使雇员适应公司向顾客推动型的转变。但是，苹果公司意识到自己的顾客基础不是同质的，因而觉得有必要再独立进行自己的调查，以弄清全球范围内主要的细分市场。

2. 核心能力

公司经理人员希望雇员高度集中于少数几项关键能力上，如用户友好界面，强劲的软件构造，以及有效的销售系统。不过，高级经理们认识到，以这些能力为尺度测评绩效比较困难。因此，公司目前正在研究对如何获取难以衡量能力的量化指标。

3. 员工的投入和协调程度

苹果公司每两年在公司的每个组织中进行一次全面的员工调查；随机抽取员工进行调查则更为频繁。调查的问题包括员工对公司战略的理解程度，以及是否要求员工能创造出该战略一致的结果。调查结果说明了员工反应的实际水平及其总体趋势。

4. 市场份额

达到最大能力的市场份额，对高级管理层十分重要。这不仅是因为显而易见的销售额增长收益，而且是为了使苹果的平台能牢牢吸引和保住软件开发商。

5. 股东价值

股东价值也被视为一个业绩指标，虽然这一指标是业绩的结果，而不是驱动者。把这一指标包括在内，是为了消除以前对毛利和销售增长率的偏好，因为这两个指标忽视了为了未来取得增长今天必须进行的投资。股东价值指标量化了为促进业务增长而进行的投资可能产生的负面影响。苹果公司的多数业务是在职能分工的基础上组织的（销售、产品设计、全球范围的生产和经营），因此，只能计算公司整体的股东价值，而不能分层计算。不过，这一指标可以帮助各个单位的高级经理们分析他们的活动对公司整体价值的影响，并对新的业务活动进行评价。

虽然这五个绩效指标最近才开发出来，但它们已经对帮助苹果公司的高级经理集中精力于自己的战略起了很大作用，首先，苹果公司的平衡计分法主要是作为一种规划手段，而不是控制手段。换句话说，苹果公司用这些指标调整公司业绩的"长波"，而不是推动经营的变革。而且，除了股东价值之外，苹果公司的测评指标都可以横向和纵向两个方向深入到每一个职能部门。从纵向考虑，每一个测评指标都可细分为若干个组织部分，可以评价每一部分对整体的运作起了什么作用。从横向考虑，比如说，测评指标可以识别设计和制造对顾客满意度等起了什么作用。而且，苹果公司发现，平衡计分法有助于为提出和实现规划建立一种可计量输出值的语言。

苹果电脑公司的五个绩效指标被用作基准，与行业中最优秀的组织进行比较。现在，它们还被用来制订经营计划，并被纳入高级经理人员的报酬计划之中。

五 苹果公司独特的方式如何为其成功奠定基础

一个公司的企业文化与人力资源管理模式，实际上是公司管理的两种策略、手段。一个企业在管理过程中，通过企业文化和人力资源管理对员工进行教育、管理，使员工上下保持一致，把个人的奋斗目标和企业的发展规划一致，在现有的人力、物力的基础上，最大程度地发挥出人、财、物的作用，推出产品，使这种产品满足消费者的需要，得到消费者的认可，从此在市场上打败竞争对手，立于不败之地。

苹果公司如此的成功，肯定也与其企业文化和人力资源管理模式分不开。现在来看一下企业文化和人力资源管理模式在公司发展过程中是如何起作用的。

第二节 联想并购 IBM

2004年12月8日,联想集团正式宣布收购 IBMPC 事业部,收购范围为 IBM 全球的台式电脑和笔记本电脑的全部业务。联想获得 IBM 在个人电脑领域的全部知识产权,遍布全球160多个国家的销售网络、一万名员工,以及在为期五年内使用"IBM"和"Think"品牌的权利。新联想总部设在美国纽约,在北京和罗利设立主要运营中心。交易后,新联想以中国为主要生产基地。

联想收购 IBMPC 事业部的支出总计为17.5亿美元。并购以后,新联想的股东构成中,联想控股占有46.22%的股份,IBM 占有18.91%的股份,公众股占有34.87%的股份。并购交易完成后,新联想年销售额将超过120亿美元,成为继 DELL 和 HP 之后全球第三大 PC 厂商,成为进入世界500强的高科技制造企业。联想此举在国际化的道路上迈出了非常关键的一步。

一 并购的动因及过程

(一)调整战略,回归主业

20世纪90年代,联想在我国 PC 市场独领风骚。但随着国内市场开放,戴尔、惠普等 PC 国际厂商的进入,方正、同方、TCL 等国内品牌的激烈竞争,使得联想的 PC 业务风光不再。2000年,联想在国内的份额已经达到30%,已触摸天花板。发展空间开始受限,寻找新的发展道路已经势在必行。新路子无非两条:一是在国内市场多元化发展;二是到海外发展。近几年,联想的多元化之路走得很不顺利,斥巨资投入的 FM365、赢时通成为网络泡沫的牺牲品,软件、服务、手机以及数码产品领域等也只开花不结果,交了不少学费。2003年,联想高层经过慎重考虑决定进行战略调整,由多元化转向专业化,专注于 PC 业务并向国际化发展。企业走国际化道路，有两条路可走：一是靠自我发展，即自己投资新建海外企业；二是进行跨国并购。前者所需投资大且耗时较长，后者则风险较大，但成效快。联想选择了并购。

（二）拓展海外业务，获取国际一流品牌

2001年，杨元庆开始带领联想尝试走向国际市场。联想先后与英特尔、微软等跨国公司通过项目合作方式培养了一批了解国际业务的人才，培训范围包括技术、产品、市场部门。在培养人才的同时，联想开始将部分产品销往国外，并在美国、英国、荷兰、法国、德国、西班牙、奥地利建立了七家子公司，以及超过100家的海外营销渠道。但是，渠道太长，运作不畅，物流成本过高。2003年，联想国际化收入占其总收入的比例不到5%。联想在试探性地产品销往北美和欧洲市场时，发现了两个问题：一是要在强手如林的北美、欧洲市场推广自己的品牌PC，所耗成本极高；二是渠道组建相当困难。为了尽快拓展海外业务，联想决定并购国际著名品牌。

二 并购后的资源整合

并购的成功与否，关键是并购后的整合。联想、IBM作为两家优秀企业，在许多方面存在着较大差异，产生冲突难以避免。为了实现并购后的有效整合，联想对整合采取的策略是：对IBM，联想更多是抱着观察、研究、学习的态度，采用双品牌、双市场战术保持过渡期的暂时稳定，而不急于改造；为了使整合顺利进行，联想确定了整合原则："坦诚、尊重和妥协。"柳传志解释，整合出现矛盾，首要的是"妥协"，搞清楚什么是最重要的事情，双方再慢慢腾出时间解决矛盾。

（一）人力资源整合：留用外方人才

美国管理大师德鲁克在并购成功的五要素中指出，公司高层管理人员任免是否得当是并购成功的关键。主管人员选派不当会造成目标公司人才流失、客户减少，经营混乱，影响整合和并购目标的实现。如果并购方对目标公司经营业务不熟悉，又找不到合适的主管，则应继续留用目标公司主管。麦肯锡咨询公司的一个调查发现，约有85%的并购方留用了目标公

司经理人员。联想缺少国际化经营人才，留用 IBMPC 的高层，有利于平稳过渡，减少动荡。事实上，新联想也是这样做的。在新联想中，杨元庆担任董事局主席，CEO 则由原 IBM 高级副总裁兼 IBMPC 事业部总经理斯蒂芬·沃德担任。目前，在联想 14 位副总裁和高级副总裁中，五位来自 IBM，另有五位的背景是跨国公司或国际咨询公司。新联想拥有一支高水平的国际化管理团队。一年的实践证明，留用斯蒂芬·沃德，稳定了军心，实现了平稳过渡，新联想的国际业务已顺利地扭亏为盈。现在，新联想已进入新的整合阶段，就是使新联想实现盈利性的增长。为此，新联想聘任戴尔前高级副总裁阿梅里奥担任公司新的 CEO，沃德担任公司顾问。

国外研究表明，并购后很快离开的绝大部分是技术、管理专门人才。因此在过渡与整合阶段，应采取切实措施稳定和留住这些对企业未来发展至关重要的人才资源。IBM 个人电脑业务部门有近万名员工，分别来自 160 个国家和地区，如何管理这些海外员工，并留住关键人才，提防戴尔、惠普等厂商乘机挖墙脚，对联想来说是个巨大的挑战。为了稳定队伍，联想承诺将暂时不会解雇任何员工，并且原来 IBM 员工可以保持现有的工资水平不变。把他们在 IBM 的股权、期权改成联想的期权。另外，在并购协议中规定，IBMPC 部门的员工并入新联想两年之内，不得重投旧东家 IBM 的怀抱。联想原想设立双总部，但是原来 IBM 方的部分员工坚持认为要用国际化的形象，还是把总部设在纽约。这些措施使 IBMPC 人员流失降低到最低程度。到目前为止，IBMPC 部门 9700 多名员工几乎全部留了下来，其中 20 名高级员工和新联想签署了 1—3 年的工作协议。

（二）市场渠道资源整合：留住客户

新联想的最大挑战是保留 IBM 的核心客户，并且打败戴尔和惠普。新联想对客户流失风险是有预计的，并采取了相应措施：全球销售、市场、研发等部门悉数由原 IBM 相关人士负责，将总部搬到纽约，目的是把联想并购带来的负面影响降到最低；IBM 在全球发行的《纽约时报》和《华尔街日报》上刊登巨幅广告，向消费者承诺：IBMPC 业务并入联想后，IBM 大部分的经理级主管人员仍会是新公司里的主角，IBMPC 的系统架构也不会改变；2004 年 12 月 13 日联想集团披露与 IBM 之间的附属协议，特别强调，对一些特殊客户（如已签订合同并未交割的政府客户），联想集团将被允许向 IBM 提供这些客户的个人计算机和某些服务。新联想将使用 IBM 品牌五年，这对客户的保留有很大的帮助，联想还会继续用 IBM 的销售模式，继续使用 IBM 的服务，继续使用 IBM 的融资手段，这些对客户来说感觉没有变化。联想和 IBM 一起，一共派了 2500 个销售人员到各个大客户做安抚工作、说明情况，现在市场基本上稳定了。

（三）文化资源整合：融合双方优秀的企业文化因素

并购的七七定律是：70%的并购没有实现期望的商业价值，其中 70%的并购失败于并购后的文化整合。文化冲突在跨国并购的情况下要较国内并购更为明显。因为跨国并购不仅存在并购双方自身的文化差异，而且还存在并购双方所在国之间的文化差异，即所谓的双重文化冲突。学者们认为，文化差异造成的文化冲突是跨国并购活动失败的主要原因。联想与 IBM 的文化冲突，既有美国文化与中国文化的冲突，又有联想文化与 IBM 文化的冲突。如何跨越东西方文化的鸿沟，融合双方优秀的企业文化因素，形成新的企业文化是联想未来面临的极大挑战。为了减少文化差异，增加交流，新联想把总部迁到美国纽约，杨元庆常驻美国总部。为了双方更好地沟通，新联想采用国际通用语言——英语作为公司的官方语言。文化磨合最重要的是董事长、CEO 的磨合，现在联想的两位高层磨合得很好。但文化整合是一个长期的过程，需要企业付出时间和耐心，需要并购双方高层以及双方员工的沟通、妥协，切不可操之过急。

（四）品牌资源整合：保留 IBM 的高端品牌形象

根据双方约定，新联想在今后五年内无偿使用 IBM 的品牌，并完全获得 "Think" 系列商标及相关技术。其中前 18 个月，IBM 的 PC 部分可以单独使用，18 个月到五年之间可以采用 IBM 和联想的双品牌，五年后打联想的品牌。鉴于 IBM 是全球品牌、高价值品牌、高形象品牌，新联想在并购后大力宣传 ThinkPad（笔记本）品牌和 ThinkCentre 桌面品牌，以此作为进军国际市场的敲门砖。与此同时，新联想确定了国内 Lenovo 主打家用消费，IBM 主打商用的策略，两条产品线将继续保持不同的品牌、市场定位，并在性能和价格方面做出相应配合。

联想对于进军国际市场做了充分准备。早在 2003 年，联想成功地由 Legend 变成了 Lenovo。2004 年 3 月 26 日，联想集团成为国际奥运会全球合作伙伴，通过赞助 2006 年都灵冬奥会和 2008 年北京奥运会，提高 Lenovo 品牌在全球市场的知名度。另外，聘请国际广告机构——奥美公司，创作了全新的广告宣传语——只要你想！相信这些举措，定会加快 Lenovo 从一个区域性品牌向世界性品牌的过渡。2005 年 11 月底，联想宣布提前放弃 IBM 的品牌，并打算在全球实施以 Lenovo 为主的品牌战略。我们认为，联想在五年内应继续使用 IBM 的高端品牌"Think"，而不放弃 IBM 品牌。因为在顾客心中，IBM 就是高品质的象征，有很高的顾客忠诚度；联想可以在国际市场上推出 Lenovo 的中低端品牌。

（五）财务资源整合

IBMPC 业务是亏损的，联想凭什么敢接过这个"烫手的山芋"呢？IBM 的 PC 业务毛利率高达 24% 却没钱赚，联想的毛利率仅有 14% 却有 5% 的净利润。IBM 在如此高的毛利率条件下仍然亏损，是其高昂成本所致：一是体系性成本高。整个 IBM 的管理费用要分摊到旗下的各个事业部，PC 部分毛利率相比其他事业部要低得多，利润就被摊薄了，但联想没有这部分费用；二是管理费用高。IBM 历来是高投入、高产出，花钱大手大脚，因此管理费用高昂。譬如生产一台 PC 机，IBM 要 24 美元，联想只要 4 美元；IBMPC 每年交给总部信息管理费 2 亿美元，这里有很大的压缩空间。IBMPC 本身的业务是良好的，联想控制成本能力很强，二者结合可以使成本大大减少，并很快实现盈利。

第三节　沃尔玛的人力资源规划

一　沃尔玛中国的发展

从 1996 年沃尔玛中国第一家店在深圳落地，与其攀登世界 500 强顶峰的步伐相比，沃尔玛在中国并没有显示出强势的美国式扩张，反而屡屡因为在适应"中国政经"周期的竞赛中落后于对手，而被贯以"折戟中国"的判定。只有沃尔玛在中国庞大的采购，因为深深契合于这个国家所追寻的"世界工厂"崛起道路，才为这家全球最大的公司在中国建立了"权势"和荣耀。这可能不是沃尔玛中国的真相。毋庸置疑，十年之间，在独特的中国政经周期和商业环境中，跨国公司在中国选择了相当变通的生存方式。

一个现象是，十年之间，跨国公司在中国已经走下了"神坛"。这本来是中国商业界的一大幸事，可能意味着双方消除自卑和傲慢之后，回到商业本身交汇。但太多的案例正在显示，跨国公司的本土化正在将中国那种"关系"运作的炉火纯青，正在将我们所期待的商业革命变换为"中国功夫"，并为此获得了巨大的利益。而太多卷入其中的中国人，即使如抨击微软的强势时，也不由自主劝诱其适应所谓的"中国规则"。而这种规则不幸很多时候是我们正要努力摆脱的枷锁。事实上，这种过于中国化的跨国公司竞争行为已经被惩罚。那些正在被曝光的案例无不在显示一个商业组织的腐败，失控，公司价值的道貌岸然。

想象这样一个特殊的人群：他们有150万之众，遍布在世界各地的城市与乡村，他们或聪明或平凡，可能受过高等教育，也可能只有小学毕业，他们来自不同的文化与社会，说不同的语言，有迥然相异的性情。但是他们却有极为相似的行为模式，当别人走到面前三米的时候，他们都立刻习惯性地露出微笑，他们信奉世界上最大的美德是诚信，最大的恶是欺骗，他们相信坐言不如起行，今日事一定要今日毕，他们认为当众跳舞一点都不可笑，不会对别人微笑的人才可笑。他们谨记自己的使命是让当地的人们买到优质便宜的商品，只要自己始终如一地做好这件事，就能登上顶峰。

划分这个庞大人群的是一家公司的名字——"沃尔玛"，世界上最大的公司，零售业的巨头，这群人正在或曾经为这家公司服务。但将他们维系在一起的，却不全然是商业上的利益，而是一种类似血缘的精神性纽带。就像精明的犹太人，即使他们离开沃尔玛多年，也很容易从人群中辨认出来，因为他们的工作方式、待人接物，甚至习惯用语，都显示出"沃尔玛"的烙印。沃尔玛中国区副总裁 JamesLee 说："沃尔玛文化不是一条领带，可以上班打上，下班摘掉，它是我的生活方式。我无法想象它会改变，一百年也不会。"

二 世界最大的"小镇家庭"

据说观察一家公司的停车场，能够了解这家公司的风格是务实还是奢华，我在北京知春里盈都大厦的停车场里兜了大半圈儿，还是没有找到地上画着"员工专用"白色字样的停车位。这座大厦的楼上就是沃尔玛的超级卖场，问工作人员，他手一比，"就在这里，跟顾客一起用"。"在沃尔

第十章 企业人力资源管理参考案例

玛，所有人都没有专属停车位。"这家店的总经理郑冠童证实了这一点，"那样就挤占了顾客的停车空间。这种事情在沃尔玛是不分级别的，停满了我就到外面找个地方停。""这种事情在沃尔玛会？"这是我在采访中最密集地听到的句式之一。所谓"这种事情"大都是些零售工作中常见的琐碎事务，但"在沃尔玛会"后面的答案却常常在意料之外。好像"经理对基层的同事不礼貌吗？这种事情在沃尔玛一定会要求这位经理当面道歉。""天天到卖场来找人聊天的顾客？对这种事情，沃尔玛的每个同事都义不容辞地陪他聊，不过时间长了就会指定专人负责"。

用不着很敏锐的听众也能听出话外之意：第一，我们很自豪自己与众不同的价值观；第二，如果你觉得不能理解，我很乐意为你解释，或者更合适的说法是，为你"洗脑"。

沃尔玛人的价值观，或者说沃尔玛企业文化的动力，简单地说，是由一些非常高远的人格箴言——比如"尊重个人""让顾客比满意更满意""追求卓越""服务社会"，以及很多亲切具体的生活小指导——比如"今日事、今日毕""聆听、说出来、让别人知道""从错误中学习""领导就是为他人服务的"等构成的。走过沃尔玛色彩鲜艳、井然有序的门店，穿过一道小门，你将见到另外一个迥然不同的世界：狭小的过道里局促地摆放着员工的储物柜、饭盒、挂围裙的钩子，如果一个人驻足，其他人就必须侧身通过。墙壁上贴满了各种各样的标语、表格、海报：有阐释"公仆领导"的倒金字塔形海报，有画着黄色笑脸的鼓励员工称赞他人的口号，有本卖场今天的预算和昨天的销售成绩，一张精确到每个小组的销售表占据了大半面墙，在加上贴着沃尔玛中国区高层照片和联系方式的小贴纸、"给总裁的信"的信箱、"推荐商品销售大赛"的成绩表。朴素的白墙被这些五颜六色、随意涂鸦式的"装饰品"们搞得活像幼儿园的绘画大赛现场。身穿红蓝色工作服的员工们行色匆匆，遇到时笑语迎人，即使仓管员对总经理，也都直呼其名。

对一位沃尔玛卖场总经理与供应商美国荷美尔肉食公司中国总经理瑞克的采访，就在这条过道尽头一间几平米大小的房间——档案室中进行的。在一堆铁货架和纸箱子中间，高壮的瑞克先生脱掉西装，显得颇为适应，明显对沃尔玛"务实"的行事风格早已见怪不怪。观察沃尔玛的"背面"，也许比从喧嚣繁华的"正面"，能够更清楚地看到沃尔玛的性情与理念。从这个狭小杂乱的空间，可以看到对他人的尊重所营造出的一种家庭式暖意，诚信务实的正直态度，以及轻松热情的"小镇文化"，和谐地融合一处，构成了沃尔玛独特的文化氛围。

三 昂贵的诚信

这个温暖、正直的"沃尔玛文化"并不"便宜"。从沃尔玛成为一家真正的连锁商店开始,如何保持源于小镇的文化传统,就成了一个问题。当一种文化不再是天然存在于人们心中,而是变成需要"致力于营造的",它的成本可能比建造一个严密的管理体系更加昂贵。在沃尔玛发展的历史上,关于沃尔玛的小镇文化能否抵御大城市的腐蚀,一直在争论。在更加世故、复杂的中国文化中,沃尔玛能否顺利地复制,需要面对更多挑战。

诚信,在沃尔玛文化中是一个很特别的词汇。几乎所有被采访者都说了同样的话:"在沃尔玛,一个人做错了什么事情,都有被原谅的机会,有专门的人去帮助他改正。但只有一件事,是绝对不可以做的,就是不诚信。"诚信的内涵包括两部分,一是对当地的法律法规百分之百遵守,二是对公司的政策规章、原则百分之百遵守。不管哪个方面,沃尔玛的态度都是非常严厉的,一旦发生此类问题,立即解聘。在观察一家沃尔玛卖场的时候,我在服务台遇到一次争吵。一个男子拿着一张列着几十项商品的小票要求开具发票,内容写上"文具"。服务台的小姐无奈地解释:"真的不行,您这上面有食品,我不能开成文具。"男子指着墙上"不满意可退货"的标识,称不给开发票就退货。在中国门店,要求将商品开文具发票是很常见的情况。沃尔玛的理由是,这是税务部门明确规定禁止的,所以我们无论如何都不可开。但是沃尔玛的管理层感到无奈的是,像他们一样严格遵守这个规定的商家并不太多。

这类罔顾"中国国情"的例子很多。人力资源副总裁王培是1995年就加入沃尔玛的第一批员工,尽管是从美国公司过来的,她还是处处觉得这个公司太新鲜了。别人过来帮忙办事,到了中午恭恭敬敬地把人家送走了,连饭都不留一顿。当时,她美国过来的上司说了一句话:"没关系,开始是很困难的,我们希望的是沃尔玛的行动去影响周围的环境,包括供应商。"看着那么多的供应商,她当时觉得这话真飘。沃尔玛对采购员的管理非常严格,员工手册中详细地罗列出采购员不能接受的好处包括:免费商品、体育及娱乐活动入场券、货币或商品形式的回扣、给予沃尔玛某位员工"特别"折扣、打折的商品或不再使用的样品、供应商付款的旅游、酒水、食品、用餐及个人服务。

沃尔玛总部设置了专门接待供应商的区域,供应商要先在类似前台的地方拨打内部电话,约采购员到会谈大厅见面。这个大厅大约有几百平

第十章 | 企业人力资源管理参考案例

米,分成一个个半开放的隔间,除了看起来并不太舒适的桌椅,只提供网络接口和饮水。在这样没有隐私的简陋空间,供应商与采购员之间很难暧昧起来。值得一提的是,在大厅的入口,设有一个小窗口,有些供应商带来的样品不愿带回去的话,采购员会交到这个窗口,由公司统一捐赠给慈善机构。这样一来,采购员人员没有任何理由从这个大厅带走任何物品。在当时中国的市场规范下,这种要求很"唐吉柯德"。开头几年,采购部几乎每月都有一单案子,采购部看到人事部门来人就怕,因为这多半意味着谁又犯事了。但到现在,王培已经很久没接到采购受贿的案子了。

近几年发生的诚信案子,更加微妙和难以划分。郑冠童就遇到过一个看似对公司毫无损害的事件:沃尔玛关于大宗售卖有些限制性规定,例如低于一定毛利的商品不可以大宗售卖,因此,一笔销售金额达到一定数量就要申报审批。一位员工想出把一笔销售分解成几单的主意,逃避审批。在他看来,反正分开与合起来最后的销售额是一样的,他的处理对客户有利,对公司无损。结果这名员工被以违反规定处理。

还有一种更具争议性的案例,令沃尔玛对于诚实与欺骗的界定再次反复琢磨。沃尔玛经常推出价格很低的特价产品来吸引顾客,这些商品对于内部员工也很有吸引力,脑子比较"灵活"的员工就想点子,偷偷把一件特价商品藏到仓库里,或者塞到货架下面隐蔽处,等下班后换掉工作服,再拿出来去埋单。这样的行为在沃尔玛一旦被发现,同样立即解聘。为了维护强硬的诚信标准,沃尔玛付出了与一贯节俭风格极不相称的高额成本。为了处理此类问题,沃尔玛在聘用法律顾问方面一向大手笔,除了潜在收入损失、人才损失、管理成本、监控设备投入,有时还要付出远高于个案可能造成损失的代价。常常为了一把四毛钱的青菜、一双鞋子,沃尔玛还要搭上三个月薪水做解聘金。不仅劳动局出面劝说,这么少的金额,内部批评一下算了,还有员工为此将沃尔玛告上法庭,即使在法律的范畴里,这种行为也很难明确算作偷窃,沃尔玛还为此输了官司。

沃尔玛有另外一个算法,王培说:"我们一个商场员工500人,特价商品的数量都未必有那么多。如果每个员工都第一时间知道特价的消息,每种特价东西可能顾客还没看见,就被员工先买掉了。""滋生",是沃尔玛最感忧心的一个词。这是一家太庞大的企业,中国两万五千名员工,全球百万员工。一件正确的事情,被数千门店、百万人复制,成就了沃尔玛的成功。但是一件细小的诈骗、欺瞒,一旦被复制,便将成为可怕的创伤。偷藏四毛钱青菜,这人性中小小的贪婪,就像一滴细小的毒液,一旦在肌体中蔓延开来,就可能使得沃尔玛引起为傲的"天天特价"政策被轻易摧毁。单靠制订一套巨细靡遗的规章条款，在百万员工中强力推行，并建立一支巨大的监察队伍来确保没有偷瞒漏报的现象，是否能有效杜绝如此大基数中难免存在的贪婪和侥幸对公司的损害？还没有一家企业成功做到。

沃尔玛的诚信文化也许很昂贵，但是在单靠规则不能掌控局面的时候，"诚实"作为一种信条，在员工内心建立起自我约束。诚信文化不仅有效管理着如此庞大的人群，谨守公司规章，不欺瞒漏报，不利用公司的平台寻租，不自做聪明贪小便宜；而且为公司的整体运转提供了一个信任的环境。在这样庞大的、员工来自完全不同背景的公司里，如果员工在工作中不断地忧虑是否该信任某人，那么"四海一家"就是一个妄想。

四　服务随心而不逾矩

什么是优质的零售服务？能够在货架上找到想要的商品；在迷惑的时候得到售货人员的帮助；对产品不满意的时候可以退换。但是为什么同样作出指引，有的顾客觉得满意，但有人觉得敷衍？在多长时间内作出反馈才不会让顾客感到失去耐心？

有人说零售即细节，那么到底哪些细节能够令顾客感到满意，并且愿意向朋友推荐这家卖场呢？即使是零售业的专家，详细地描述出哪些做法能够确实地令顾客下次光顾，也并不是容易的事情。因此，沃尔玛这样的零售业巨头也很难在员工手册上罗列出所有情况下正确的做法，除了预留出10%左右因卖场情况不同而无法规定的情况，需要各卖场经理酌情处理，只有在服务顾客中比较常见问题才有答案。这就意味着在面对顾客的一线，很多不可测的状况，完全要依赖于那些大多受教育程度不高、工资最低的卖场员工能够正确地作出判断。

沃尔玛著名的"服务顾客""三米原则""日落原则"，为一线服务人员在三条重要维度上画下了底线；所有事情都需要从顾客的角度考虑，以保证顾客的利益；当面对顾客三米的时候，必须微笑；如果顾客今天作出投诉，必须在日落之前答复顾客。这三大原则，保证了沃尔玛的员工在服务顾客时，可以灵活地针对事件状况作出判断，解决问题，同时服务内容、服务态度与服务时效，可以达到令人满意的标准，正所谓"随心所欲不逾矩"。

青岛沃尔玛的某客户服务人员，接到了顾客的电话，称自己今天在这里买的一块肉，在交完钱后忘记拿走了。经过调用录像查询，这位客服发现确有此事，肉被大意地忘记在收款台边，下一个顾客便当作自己的物品拿走了。按照一般的情理，在这件事情当中，沃尔玛并没有失误，但是这位客服却痛快地补偿给顾客一块同等金额的肉。顾客自然很满意，但是在这样一件并不常见而且责任并不清晰的事情中，为什么这位客服可以毫无顾虑地作出这个决定？我就这个案例询问了沃尔玛几位管理者，他们都表示这在沃尔玛毫无疑问是非常正确的做法，这位客服没什么好担忧的，因为他遵循了沃尔玛的"第一信条"——让顾客满意。

当事情的解决超出了一线员工的权限，这种问题令很多服务优良的大企业左右为难，当企业达到一定规模，内部职责清晰与结构稳定的重要性往往会超越顾客满意度的重要性，因此，他们限定一线员工的权限，要求遇到不能解决的问题时逐级上报。这种做法无疑将延长顾客等待的时间，但是——得罪一个顾客总比让内部一团混乱好。沃尔玛的一线员工同样也有自己的一定权限，但在一位客户有需要时，"服务顾客"总是第一优先的理由。如果此时只有位其他岗位的员工在场，沃尔玛的文化鼓励他去提供帮助。即使因帮助某位顾客寻找商品，而耽误了本职工作，只要确认属实，他便不会受到任何责备。如果问题的解决远远超出一线员工能够承诺的权限，沃尔玛也有办法做到在日落之前答复顾客。其实很简单，因为"日落原则"是个通用的原则，从基层员工到总裁都要遵守，客服人员接到一个投诉，向主管请示，主管可能再向经理请示，即使需要到副总裁那里才能作出决定，整个流程仍然保证在日落前完成。沃尔玛通过文化的指引和约束，使得它在面对顾客服务时，既体现全球同一的高品质服务，也始终保持灵活、亲切的态度。

五 "我的沃尔玛"，平凡员工的伟业

在沃尔玛深圳总部楼道里，贴着2005年度单项商品销售竞赛（VPI）参赛名单：下面一排贴着个很打眼的外国人的照片，这是沃尔玛亚洲区的总裁钟浩威，他的促销商品是价值29.90元的鹿皮绒靠垫。在他旁边，是一些非常强劲的对手，因为他们大多是卖场的基层员工，非常了解自己管辖的每种商品。

单项商品销售竞赛是沃尔玛公司的一种营销竞赛，公司的每位员工都会挑选一种或几种认为具有销售潜力的商品，用他认为最独特的促销方法（包括促销活动、商品陈列、店内广告等）来实现商品销售的增长。到指定期限后，再统计这些计划是否有效地促进了参赛商品的销售量，以此决

定胜利者。

能够在这样的比赛当中战胜自己卖场的总经理,甚至亚洲区总裁,对于每个员工都是令人兴奋的事情。通过这样的比赛、门户开放政策、草根会议,沃尔玛不断向员工展示自己美国式的开明文化。

根据统计数字都表明,沃尔玛提供的不是行业最高工资,而且管理严格,但它却从不缺追随者,并常常获得最佳雇主的称号。因为沃尔玛在成功地将商品销售给顾客之前,首先成功地将公司销售给自己的员工。

一名沃尔玛员工在进入公司之后,通过一系列"沃尔玛化的过程",彻底成为一个沃尔玛人,遵从沃尔玛的价值标准、做事方式、思考模式,但是获得的是一个被充分尊重的环境、平等的发展机会和在公司内部几乎无限的发展空间。

萨姆·沃尔顿的伟大创建之一,就是称呼所有员工为合伙人,配合激励机制,使得员工拥有主人翁的感觉,激发他们对企业的热情。这就等于将销售商品并且获得利润的激情灌注在百万员工身上。

在中国,合伙人这个称呼可能显得有些怪异,他们找到了一个更加中国化的词,"同事"。这个有点"同心协力、共攘大业"味道的词,表达了类似的意思。"总"这个词在沃尔玛是不合时宜的,所有人彼此称呼姓名,由于直呼名字在中国文化中带有一点不客气的感觉,大家想出来的通融办法是称呼英文名字。收银员称呼总经理"Jary",多少可以略减心理障碍。

在沃尔玛每家卖场后面,都张贴着经营的成本与销售数字,员工可以随时了解自己的卖场、自己所在的小组卖掉了多少东西,是亏本还是盈利。虽然这使得销售数字难免外露,但却成功地将整个公司的经营责任,分拆为一个一个微小的、可以被员工直接感受到的责任,赋予每个基层员工。

公司规模的庞大常常使得个体的员工感到面对组织的无力和渺小,我说不说有什么用?我能改变什么?无力慢慢转变为冷漠。

为了激发员工的"权力感",沃尔玛设立了各种各样上下贯通的建议渠道和批评渠道。

如果某员工经常有好点子,他是不会被漠视的,因为有太多方式可以将他的点子变成现实,并且在全国甚至全世界的沃尔玛店里推行。除了前面提到的单项商品销售竞赛,还有最佳实践评选、"我的店"活动,损耗奖励计划,等等。

例如,一位经理看到经常有顾客由于口渴打开饮料就喝,付款与否全凭自觉。按照沃尔玛的服务理念,不可以阻止顾客,他便想出在显眼的地方设立免费饮水处的主意。由于效果不错，这个主意被选为最佳实践，被宣传推广到全国的卖场，虽然没有实质的物质奖励，但是看到自己的创意在全国各地被变为现实，点子的"版权所有者"都将之视为莫大的荣誉。

除了完善自己的工作，沃尔玛也鼓励员工完善别人的工作。卖场里的任何员工都可以随时叫住卖场经理谈自己的建议。由于每个场所都将管理者的联系方式公布出来，即使其他卖场的员工偶尔路过，看到有不足之处，也可以直接给管理人员打电话或者写电子邮件提出建议。

对不相关的职能部门提意见，在很多企业是禁忌。在专业人士负责专门工作的原则下，外行或不了解情况的人提意见，不仅是浪费时间，而且会干扰当事部门的工作和情绪。但 James Lee 则不这么看，他认为：所有的员工都不是在为部门工作，而是在为沃尔玛公司工作，因此每个人都有责任关注公司所有的业务，也有权利为公司的工作提出建议。

郑冠童每天要花一个小时在楼面回答员工的提问。其中，有些是很有价值的建议，但很大一部分是他早已知道，或者公司以有定论的事情。比如一位员工拉住他，询问公司为什么不像很多超市那样，分发彩页宣传品。这是一个在很多年前就反复讨论过的话题，但他仍然要感谢对方的建议，然后解释发行彩页的成本是多少，能够带来多少效果，是否可以持续，为什么不符合公司的原则？

他说："我不在乎花这些时间，最重要的是保护他们对公司的热情和参与感。另外，如果他的建议不符合公司的原则，那更应该把公司的思路和原则讲清楚，如果不花这个时间，以后要推一件事，可能要花十倍的时间。"

萨姆·沃尔顿在自传的前言中提出，沃尔玛的故事最重要的是证明了"对那些平凡的、辛勤工作的人来说，只要给予他们机会、鼓励以及激励他们尽力而为，就没有绝对做不到的事情。这就是沃尔玛之所以成为今天的沃尔玛的原因：平凡的人们共同奋斗，完成这些不平凡的业绩。"

或者说，沃尔玛成功的关键是，用最优化的成本激发平常人性中积极的因素——比如荣誉，遏制消极的因素——比如贪婪。

在中国区，有两三位总监级别的管理层只有初中学历，从卖场员工一步一步地走上来。这些案例成为激励员工的榜样，证明在沃尔玛，学历和行业背景都是非常次要的评价因素，只有工作业绩决定一个人的前途，给予他们勇气和信心改变自己的命运。

除了拥有平等的展示自己能力的机会，沃尔玛还给予员工跟自己想要的任何领导者直接沟通的权利。在萨姆·沃尔顿先生在世的时候，任何员工都可以驱车几百公里到他的办公室前要求见面，而他总是会亲自听听他们要说些什么。他说，虽然我不总能解决他们的问题，但是如果我把他们当作我的合伙人，至少我应该给他们些时间，听听他们的麻烦。

员工们如果感到不满，既可以直接给负责的管理者或者部门打电话（沃尔玛所有的非运营部门都设有热线，员工不需要确定谁该负责某事，只要拨打热线电话，接电话的人必须负责此事，类似某些地区110的"首接负责制"），也可以通过草根调查向人力资源部门反映。

草根调查是为了保持士气的一种制度，定期在员工当中发放调查问卷，匿名填写自己感到不公正或不满意的环境因素。例如员工被上司在众人面前不客气的呵斥，感到上司不尊重自己，就可以投诉。由于调查由第三方公司进行，所以无须顾虑信息泄露。然后，人力资源部门根据调查公司的报告，对需要改进的问题举行草根会议，在出现问题的卖场或部门举行基层员工会议，听取意见，并制定员工可以接受的解决方案。

在沃尔玛，可以明显感受到平等开明的气氛，每个员工都可以轻松地表达对任何阶层管理者的意见。但是与之相对的另一面，是沃尔玛对工会等中间组织的抗拒态度。萨姆·沃尔顿本人非常憎恨工会，为组织工会不惜聘请昂贵的律师。他认为，工会这样的组织将破坏管理者与员工之间的信任关系，造成对抗。而一旦员工与管理层之间心存芥蒂，任何新举措的推行都将被各层之间的疏离、冷漠、猜忌而淹没，一举一动都变得无能为力。只有解决这个问题，沃尔玛才能成长为一个规模巨大的"小镇公司"。

他的对策之一就是设立比其他公司更开放的沟通方式，如果每个员工在他需要的时候，都能否找到一个高层肯倾听他的话，他就不会郁积对整个组织的抵抗情绪，而不会求助于建立内部团体以争取自身的利益。

开明的沟通方式带来的另一个好处，就是对管理团队的全方位监督。由于没有一位上司可以完全垄断下属向上投诉的渠道，因此，任何不诚信、腐败或者不尊重他人的行为，都时刻面临曝光的危险，环境有助于约束自己的行为。

在沃尔玛，员工被赋予了罕见的权力，能够时刻了解经营状况，意见随时上达天廷，这种"超透明"的做法不但没有危及正常和管理结构和流程，反而使得管理结构更加稳定。

六　榜样的力量

与我预想的不同，沃尔玛这样具有独特文化的公司，在招聘的时候并

第十章 企业人力资源管理参考案例

不特别青睐某种性格的人，不够淳朴或不够谦和的人未必会被拒之门外。因为，沃尔玛有充足的信心，将这些性格灌注到每个成员的基因中。

加入沃尔玛成为其中的一员，就必须要作好迎接一次激烈"洗脑"的准备。

洗脑的第一步是培训，在沃尔玛，有技能、英语、服务等多种培训，其详细和独特足以令对人们原先的很多思维定式构成巨大冲击。

郑冠童自称"整个人的性格、价值观，在进入沃尔玛最初的几年内几乎全部被改变"。1996年，刚进入中国的沃尔玛在深圳进行了规模庞大的招聘，人才市场水泄不通，市面风传"十万人应聘"。郑冠童当时在一家公园的门市部门工作，对何谓成熟的零售业一无所知。当时他已经是科级干部，沃尔玛只能提供员工的职位，由于面试的考官对他这个门外汉态度很尊重，他想先看看。

培训的第一天，公司不讲公司政策、流程，而是服务顾客的基本要求，怎样站在顾客的立场考虑，只要是能够为顾客着想、不违反公司原则的事情，都可以做。他评价"那样的培训，相信谁都会印象非常深刻"。每个人还得到了一本萨姆·沃尔顿的自传。一个星期后，他根据自己的观察得出结论：那些说法都是真的，总经理真的会一起整理货架，上面来巡店的老总真的会过问员工对顾客笑没笑这种事情，原来单位的采购员一年动辄能收上百万回扣，在这里竟然被禁止。他决定留下来。

榜样的力量，是沃尔玛对员工头脑最强大的渗透方式。

在"倒金字塔形"的公仆领导海报上，最高层的管理者被放在最下层，而众多基层员工被放置在顶层。这虽然是一种稍有夸张的宣传方式，但是在沃尔玛，管理层的自我约束确实更为严格，所有对员工提出的要求，管理者都被要求做到，而且要做得更好。

沃尔玛的三大信仰几乎都是指向性的，很难清晰地描述和界定。什么叫尊重个人，什么叫服务顾客，员工很难得到明确的说明，而大部分靠对上级的观察和领悟。要求主管尊重自己的员工，这个要求可能每个人都能产生自己的理解，有人可能觉得好声好气的就是尊重，但是如果总监巡店的时候不问销售数字，而是先问员工某某进来的情绪如何，他就能感受到上司的行为明确地在推动他理解何为尊重个人。

沃尔玛北京公关部的高静在加入公司的几天后，发现自己每次很恭敬地与上司打招呼的时候，上司却一脸为难，终于，上司忍不住找到他，指着自己的胸牌说："你看，我叫徐俊，你可以叫我的名字，也可以称呼我的英文名，但是请别再叫我徐总，以后我不会再答应了。"

反过来，几乎每个初次接触沃尔玛文化的人，都会对沃尔玛明显带有乌托邦色彩的文化产生质疑：大家都说顾客是上帝啦，人家来退货还不是一样推三阻四！别的公司老总也说叫名字就好，还不是装装样子！

消除这些疑虑，需要沃尔玛管理者不断地身体力行那些看似花架子的原则。以说服员工，这些是真实的文化，是切实可行，而且永恒不变的。

记者向JamesLee提出这样一个问题：如果因为非常好地执行了为顾客着想的退货政策，直接影响到卖场经理的利润数字时，你将对他说什么？他回答："顾客服务和成本控制的确存在矛盾，但是我们需要坚持退货政策的重要。这显示我们的承诺。如果退货太多，他应该去检视是否货物来源出了问题。"

无疑，他的答案决定了全国40多家沃尔玛的顾客在退货时的遭遇。

接受采访的每个管理者，在谈到选拔时最关注的素质时，都提到候选人的影响能力，能否带领团队很好的工作，是否能激励团队，是否能够以身作则的体现沃而玛的价值观。

对于一些经理来说，最大的挑战不是高速运转的工作，而是著名的"沃尔玛欢呼"，这种萨姆·沃尔顿从韩国引进的鼓舞士气的方式对于中国人来说的确是很刺激，一群人在大庭广众之下，突然大喊"我们是谁？给我一个W，给我一个A，我们是沃尔玛"。

沃尔玛的管理者几乎都是沃尔玛欢呼的爱好者，不仅大会小会来一个，还常常搭配相应的姿势伴舞，像棒球运动员或者啦啦队都无所谓。有经理在组织招聘会时特地安排所有的主考同事在开始前来一次"沃尔玛欢呼"，应聘者的表情可想而知，有人甚至嘀咕："这家公司的人是不是疯的？"

沃尔玛之所以能够在全球建立高度一致的文化，依靠的是榜样的力量。由每一级的管理者从上级的言行举止细细揣摩，然后再推广到下一级员工，每个人都是沃尔玛文化的推销员，就像萨姆一样，将自己作为沃尔玛文化的投影。

七　企业成功源于沟通

大凡生活中善于观察的人都知道，猫和狗是仇家，见面必掐。其实，阿猫阿狗们之所以为敌，是因为语言沟通上出了点问题。比较明显的是：摇尾摆臀是狗族向伙伴示好的表示，而这一套"身体语言"在猫儿们那里却是挑衅的意思；反之，猫儿们在情绪放松表示友好时，喉咙里就会发出

第十章 企业人力资源管理参考案例

"呼噜呼噜"的声音,而这种声音在狗听来就是想打架。结果,阿猫阿狗本来都是好意,却是猴子吃麻花——满拧。但从小生活在一起的猫狗就不会发生这样的对立,原因是彼此熟悉对方的行为语言含义。所以,熟悉对方语言,进行有效沟通十分重要。

企业员工千差万别,对于管理者来说,成功的管理就是要善于同各种类型的员工打交道,其根本就是企业管理者准确掌握员工的语言与行为方式。人类的所有语言都不像猫和狗那样是完全不同的两回事儿,若企业管理者能做到利用员工的语言去与他们打交道,就能轻而易举地突破沟通障碍,减少许多不必要的管理麻烦。

美国沃尔玛公司总裁萨姆·沃尔顿曾说过:"如果你必须将沃尔玛管理体制浓缩成一种思想,那可能就是沟通。因为它是我们成功的真正关键之一。"

沟通就是为了达成共识,而实现沟通的前提就是让所有员工一起面对现实。沃尔玛决心要做的,就是通过信息共享、责任分担实现良好的沟通交流。

沃尔玛公司总部设在美国阿肯色州本顿维尔市,公司行政管理人员每周花费大部分时间飞往各地的商店,通报公司所有业务情况,让所有员工共同掌握沃尔玛公司的业务指标。在任何一个沃尔玛商店里,都定时公布该店的利润、进货、销售和减价的情况,并且不只是向经理及其助理们公布,也向每个员工、计时工和兼职雇员公布各种信息,鼓励他们争取更好的成绩。

沃尔玛公司股东大会是全美最大的股东大会,每次大会公司都尽可能让更多的商店经理和员工参加,让他们看到公司全貌,做到心中有数。萨姆·沃尔顿在每次股东大会结束后,都和妻子邀请所有出席会议的员工约2500人到自己的家里举办野餐会,在野餐会上与众多员工聊天,大家一起畅所欲言,讨论公司的现在和未来。为保持整个组织信息渠道的通畅,他们还与各工作团队成员全面注重收集员工的想法和意见,通常还带领所有人参加"沃尔玛公司联欢会"等。

萨姆·沃尔顿认为让员工了解公司业务进展情况,与员工共享信息,是让员工最大限度地干好本职工作的重要途径,是与员工沟通和联络感情的核心。而沃而玛也正是借用共享信息和分担责任,适应了员工的沟通与交流需求,达到了自己的目的:使员工产生责任感和参与感,意识到自己的工作在公司的重要性,感觉自己得到了公司的尊重和信任,积极主动地努力争取更好的成绩。

沟通的管理意义是显而易见的。如同激励员工的每一个因素都必须与沟通结合起来一样，企业发展的整个过程也必须依靠沟通。可以说，没有沟通企业管理者的领导就难以发挥积极作用，没有顺畅的沟通，企业就谈不上机敏的应变。

从某种意义上讲，沟通是激励员工的重要源泉。重视每一次沟通所产生的激励作用，企业管理者会发现对员工的最大帮助就是心存感激。"士为知己者死"，企业管理者的"理解、认同"的"知遇之恩"必将换来员工的"涌泉回报"。

作为一名企业管理者，要尽可能地与员工们进行交流，使员工能够及时了解管理者的所思所想，领会上级意图，明确责权赏罚。避免推卸责任，彻底放弃"混日子"的想法。而且，员工们知道的越多，理解就越深，对企业也就越关心。一旦他们开始关心，他们就会爆发出数倍于平时的热情和积极性，形成势不可当的力量，任何困难也不能阻挡他们。这正是沟通的精髓所在。如果企业管理者不信任自己的员工，不让他们知道公司的进展，员工就会感觉自己被当作"外人"，轻则会打击员工士气，造成部门效率低落；重则使企业管理者与员工之间，形成如阿猫阿狗样的相互不信任的故意，产生严重隔阂，无法达成共识。当然，管理中的沟通误会，并非都出自企业管理者与员工之间的隔阂，缺乏共同的沟通平台，往往也会造成沟通误会。

由此可见，理解、认同、适应对方的语言方式和行为习惯，是强化管理沟通最基本的内在条件。

八　如何让员工努力工作？

沃尔玛在中国因拒建工会而备受争议，有内部人士透露沃尔玛不建工会的理由是：沃尔玛在全球都没有组建工会的惯例，在中国也不例外。那么，没有工会，沃尔玛如何保障员工权益并让员工卖力工作呢？

（一）沃尔玛对下属称"同事"

精诚合作的团队精神是企业成功的重要保证。沃尔玛的企业文化崇尚"尊重个人"，不只强调尊重顾客，为顾客提供一流的服务，而且还强调尊重公司的每一个人。沃尔玛是全球最大的私人雇主，但公司不把员工当作"雇员"，而是视为"合伙人"和"同事"。公司规定对下属一律称"同事"而不称"雇员"。即使是沃尔玛的创始人沃尔顿在称呼下属时，也是称呼"同事"。沃尔玛各级职员分工明确，但少有歧视现象。领导和员工及顾客之间呈倒金字塔的关系，顾客放在首位，员工居中，领导则置于底层。员工为顾客服务，领导则为员工服务。"接触顾客的是第一线的员工，而不是坐在办公室里的官僚"。员工作为直接与顾客接触的人，其工作质量至关重要。领导的工作就是给予员工足够的指导、关心和支援，以让员工更好地服务于顾客。在沃尔玛，所有员工包括总裁佩戴的工牌都注明"我们的同事创造非凡"，除了名字外，没有任何职务标注。公司内部没有上下级之分，下属对上司也直呼其名，营造了一种上下平等、随意亲切的气氛。这让员工意识到，自己和上司都是公司内平等而且重要的一员，只是分工不同而已，从而全心全意地投入工作，为公司也为自己谋求更大利益。

在沃尔玛，管理者必须以真诚对待下属，不能靠恐吓和训斥来领导员工。创始人萨姆·沃尔顿认为，好的领导者要在待人和业务的所有方面都加入人的因素。如果通过制造恐怖来经营，那么员工就会感到紧张，有问题也不敢提出，结果只会使问题变得更坏；管理者必须了解员工的为人及其家庭，还有他们的困难和希望，尊重和赞赏他们，表现出对他们的关心，这样才能帮助他们成长和发展。萨姆·沃尔顿自己就是一个好表率。美国《华尔街日报》曾报道，沃尔顿有一次在凌晨两点半结束工作后，途经公司的一个发货中心时和一些刚从装卸码头上回来的工人聊了一会儿，事后他为工人改善了沐浴设施。员工们都深为感动。

沃尔玛对员工利益的关心有一套详细而具体的实施方案。公司将"员工是合伙人"这一概念具体化为三个互相补充的计划：利润分享计划、员工购股计划和损耗奖励计划。1971年，沃尔玛开始实施第一个计划，保证每个在沃尔玛公司工作一年以上，以及每年至少工作1000个小时的员工都有资格分享公司利润。沃尔玛运用一个与利润增长相关的公式，把每个够格的员工的工资按一定百分比放入这个计划，员工离开公司时可以取走这个份额的现金或相应的股票。沃尔玛还让员工通过工资扣除的方式，以低于市值15%的价格购买股票，现在，沃尔玛已有80%以上的员工借助这两个计划拥有了沃尔玛公司的股票。另外，沃尔玛还对有效控制损耗的分店进行奖励，使得沃尔玛的损耗率降至零售业平均水平的一半。

（二）门户开放让员工参与管理

门户开放是指在任何时间、地点，任何员工都可以口头或书面形式与管理人员乃至总裁进行沟通，提出自己的建议和关心的事情，包括投诉受到不公平的待遇，而不必担心受到报复。若他的上司本身即是问题的源头或员工对答复不满意，还可以向公司任何级别的管理层汇报。门户开放政策保证员工有机会表达他们的意见，对于可行的建议，公司会积极采纳并实施。任何管理层人员如有借门户开放政策实施打击、报复行为，都将受到相应的纪律处分甚至解雇。

沃尔玛与员工之间的沟通方式不拘一格，从一般面谈到公司股东会议乃至卫星系统都有。沃尔玛非常愿意让所有员工共同掌握公司的业务指标，每一件有关公司的事都可以公开。任何一个分店，都会公布该店的利润、进货、销售和减价情况，并且不只是向经理及其助理们公布，而且向每个员工包括计时工和兼职雇员公布各种资讯，鼓励他们争取更好的成绩。沃尔玛认为员工们了解其业务的进展情况是让他们最大限度地干好其本职工作的重要途径，它使员工产生责任感和参与感，意识到自己的工作在公司的重要性，觉得自己得到了公司的尊重和信任，他们会因此努力争取更好的成绩。

（三）对离职员工同样重视

沃尔玛给每一位应聘人员提供相等的就业机会，并为每位员工提供良好的工作环境、完善的薪酬福利计划和广阔的人生发展空间。在其他零售企业，没有数年以上工作经验的人很难提升为经理，而在沃尔玛，哪怕是新人经过6个月的训练后，如果表现良好，具有管理好员工和商品销售的潜力，公司就会给予一试身手的机会，如做经理助理，或去协助开设新店等，若干得不错，就会有机会单独管理一间分店。事实上，沃尔玛的经理人员大都产生于公司的管理培训计划，通过公司内部提拔起来的。沃尔玛还设立离职面谈制度，确保每一位离职员工离职前，有机会与公司管理层坦诚交流和沟通，从而能够了解到每一位同事离职的真实原因，有利于公司制订相应的人力资源挽留政策，一方面可以将员工流失率降低到最低程度，另一方面，也可让离职同事成为公司的一名顾客。公司设有专业人员负责员工关系工作，受理投诉，听取员工意见，为员工排忧解难。由于沃玛能够提供行业内相对优势的条件,所以人才流出也比较少。

在沃尔玛,员工的成长都伴随着相对应的培训,常用的培训方法之一就是交叉培训,让不同部门的员工交叉上岗,培训学习,获得更多的职业技能。让员工掌握多种技能具有不可低估的优势。当员工一人能做多种工作时,工作团队的灵活性和适应性就会大为提高。在有人度假、生病和任务突然变化时,他们可以轻而易举地代替工作。又如要到新的地方开店,让新招聘的员工来做开店前的准备,常会因经验不足而无法提高工作效率,而让老员工去支援,就可避免这样的问题。

沃尔玛公司由于注重加强员工对于整体工作运行的普遍性认识,进行多技能培训,因而保持了员工工作的高质高效。众所周知,由于工作单调乏味,零售业成了人员流动最大的一种职业,适当的岗位轮换和职务调动,有助于削减等级分化,提高员工的工作积极性,也有利于不同部门的员工能够从不同角度考虑到其他部门的实际情况,减少公司的内耗,达到信息分享。比如,让采购部门的同事进入销售部门,销售部门的则到采购部门工作,既丰富其工作能力又强化其全局观念,从而减少公司的经营成本,为公司创造更多的利润。

在市场竞争日趋激烈的形势下,企业的生存与发展是企业上下都必须面对的现实问题,而企业能否生存与发展,说到底,关键在于能否在企业内部形成一股凝聚力,能否充分发挥员工的积极性和创造力。沃尔玛的人性化管理,让管理者与员工融为一体,共同为公司发展竭尽全力,这也是它成功的关键。沃尔玛在全球多个国家被评为"最受赞赏的企业"和"最适合工作的企业"之一。沃尔玛没有工会,但在保障员工权益方面的确也有其可取之处。

附 录

21 世纪的中国

第一节 中国人口老龄化导致劳动人口下降

人口老龄化是指老年人人口数量占总人口数量的比重随着时间的推移而不断增大的变化过程。出生率与死亡率是影响人口老龄化的两大因素。当前，我国人口正处在"低出生率、低死亡率"的低增长率阶段，必然会出现人口老龄化现象。步入 21 世纪以来，人口老龄化已经成为世界各国共同面临的问题，但对于经济还不发达的中国而言，人口老龄化的提前来临无疑会给中国带来许多不利影响和强大压力。

一 劳动年龄人口比重下降将导致劳动力不足

随着人口老龄化的进一步发展，不但会对劳动生产率产生影响，而且会影响到劳动年龄人口、就业人口等。人口老龄化对劳动生产率的影响首先表现在劳动力的供给方面。劳动力的供给一般是由总人口中处于劳动年龄人口的多少来决定的。劳动年龄人口是指 15—64 岁的人口。劳动年龄人口的数量及其在总人口中的比重，对一个国家或地区的经济发展至关重要。从总体来说，人口老龄化发展会导致劳动年龄人口比重相对下降。在人口老龄化的初期阶段，由于少年儿童人口比重下降的幅度较大，而老年人口比重上升的幅度较小，甚至小于少年儿童人口比重的幅度，那里就会出现劳动年龄人口比重不是下降而是上升的现象。当老年人口比重上升的幅度大于少年儿童人口比重下降的幅度时，劳动年龄人口比重就会立即下降。

劳动年龄人口的相对缩减就意味着就业人口的减少。就业人口是指16周岁以上并且能够通过从事合法的社会经济活动取得相应报酬或收入的人口。是反映在一定时期内全部劳动力资源的实际利用状况的一个指标。在一定的生产资料和技术条件下，劳动力资源不足就可能导致部分生产资料和技术设备的闲置，影响社会生产活动的正常运转，影响生产力和经济的发展。这种情况在欧洲等发达国家表现比较明显，劳动力短缺的问题成为制约他们经济发展的一个重要因素，而这正是由出生率下降、死亡率下降而形成的人口年龄结构老龄化所造成的。对于中国来说，由于在现阶段劳动力资源还很丰富，在相当长的一段时间内（2015年前）中国面对的将是劳动力过剩而不是劳动力不足。但是从2015年开始，随着劳动力数量的下降，当达到一定程度后必然会影响劳动生产率，进而影响经济的发展。

二　人口老龄化对中国养老模式也有一定的影响

中国人口的老龄化问题将导致劳动人口的下降，劳动人口的下降会影响经济的发展，经济的发展决定着人们的资金收入和日常生活水平。而养老问题的内容有以下两个方面：一是经济保障，二是生活照料（包括精神慰藉）。可见，拥有充足的经济来源是解决养老问题的一个重要保障。而人的预期寿命的延长，意味着个人养老费用要占据其一生收入更大的比重；家庭要为养老支付更多的财富；社会要为养老提供更多的资源，这些都意味着国民收入分配格局以及经济资源配置格局的改变，对我国养老模式产生了一定影响。从经济保障方面来看，我国城乡供养模式呈相反的态势。城市老人以社会养老为主，农村老人则以家庭养老为主；从老人的生活照料和精神慰藉方面来看，我国无论城乡仍主要由家庭承担。与家人共同生活，便于子女供养、照料老人，也是我国老年人比较认同的生活方式。根据上海市的调查，超过95%的老年人对子女赡养和生活照料状况表示满意，同时有96%的老年人倾向于在家养老。但是，随着人口老龄化进程的不断深入，劳动人口的不断下降，家庭养老模式面临越来越严峻的挑战。

三　人口老龄化对中国的社会保障成本产生了重大影响

与其他老龄化国家相比，我国人口的老龄化现象具有未富先老的特征，也就是说，我国已经提前步入了老龄化社会。老龄化社会是指65岁以上的人口比例超过总人口的7%。65岁以上的人口所占比例增大、劳动人口下降影响经济增长，势必会加重我国社会保障的成本。因此，推行社会养老保障体系，是社会发展的必然趋势，但是在选择社会保障模式时，必须考虑到人口老龄化的影响。从发达国家的经验来看，用于老年人口的养老支出，与社会经济发展水平和人们的收入水平的变动有密切关系，但与老年人口规模及比重的关系更密切。一些城市重视社区建设，使老年人在社区中得到方便的医疗、保健咨询服务，降低了医疗开支，这些都是有益的经验。从管理体制上，还可实行社会保障与商业保险相结合，进一步加大保障的力度。农村合作医疗制度已在一些地区试点，对大病治疗给予有力的支持。据调查，贫困农民在脱贫后又返贫的，有60%是因病，在疾病、灾害等方面完善社会保障、商业保险，将为农村的共同富裕，尤其是为农村老人的生活保障提供必要的制度支撑。

第二节　中国的用工荒

中国人口老龄化现象影响了劳动年龄人口的比重，劳动年龄人口比重下降将导致劳动力不足。因此，随着我国人口老龄化趋势的发展变化，近年来在企业出现了"用工荒"问题。不少劳动者为找不到合适的工作烦恼，相反，各级政府、企业抓住各种机会，做了大量工作，为劳动者搭建就业平台，提供就业岗位，虽然起到了一定的积极作用，但是企业招得来、留得住、用得上的工人仍然少之又少。从而陷入一个"劳动者满世界找工作，企业到处招人"的怪圈，形成用工荒和就业难的问题。除了受我国人口老龄化的影响，其突出的原因还有以下几个方面：

一　经济发展不平衡，区域差距明显

在我国各地，尤其是沿海地区与其他地方的经济发展不平衡，区域差异很大。导致用工的不平衡，大部分劳动者涌入沿海城市，就造成就业难的现象，而沿海城市经济的发展，对劳动者的要求也相对高，也出现一定的用工难现象。

二 传统就业观念的影响

目前许多企业生产第一线的工人 90% 以上是农民工，多数城镇居民不愿自己的子女当工人，纷纷花钱甚至不惜一切代价供养子女读大学，毕业后由于花费和投入的比例不协调，形成高不成、低不就的状况，从主观上造成了目前的"用工荒"和"就业难"。

三 企业用工结构失衡，工人缺乏就业技能

用工荒不是个别现象，而是一个普遍性的难题。有些企业是劳动密集型企业，对工人的技术要求较低，用工量大，节后一起招工，势必造成用工荒。

对于企业用工荒、劳动者就业难的问题，可以从以下几个方面出发，尝试性解决：

（一）提高劳动者的报酬

由于用工企业不按劳动者创造的效益和价值支付劳动报酬，工资标准偏低，使劳动者产生畏难情绪，导致挑挑拣拣选择企业。这就要求用工企业把劳动者的工资待遇进一步调整和提高，将按劳分配原则真正落到实处。

（二）维护劳动者的合法权益

有些用人企业不按《劳动法》办事，不落实劳动政策法规，不仅各种社会保险不给劳动者缴纳，而且还克扣和拖欠劳动者的工资，权益没有受到保护反而受到侵害，造成了现在的招工难问题。因此，要逐步完善劳动保障体系，加大企业养老、医疗、工伤、失业、生育五险的缴存力度，加快与外省、市住房公积金对接速度，全面推行劳动合同制度，维护劳动者合法权益。做好医院、学校等基础设施的配套建设工作，解决务工人员的后顾之忧。

（三）保障企业员工的待遇逐渐提高

在规划人力资源架构时需考虑到提高企业员工待遇。落实政策，健全社会保障，缩小收入分配差距，调动企业员工的积极性。

（四）帮助就业劳动者树立正确择业观

劳动者应认清就业形势，立足当前合理正确选择自己的职业，从实际出发，要面对现实。就业难需要劳动者提高技能素质。国家要大力发展经济，党和政府要实施积极的就业政策，加强引导，完善市场就业机制，扩大就业规模，改善就业结构劳动者要树立正确的就业观念并不断提高自身的劳动技能和劳动素质。

第三节 网络经济的崛起

一 网络正在走向人们生活的每个方面

网络经济是一种新的经济形态，它是建立在计算机网络基础上，以现代信息技术为基础的新的高级经济发展形态，具有全球化、全天候、虚拟性、创新性和边际收益递增等特征。

全球化特征：信息网络使地理距离变得无关紧要，消除了空间因素的制约，全球经济一体化进程大大加快，各国经济依存性加强；

全天候特征；信息网络每天24小时运转，使得基于网络的经济活动很少受时间因素的制约，可以全天候连续运行；

虚拟性特征：网络经济在虚拟的信息网络空间中进行经济活动，这有别于网外物理空间中运行的现实经济，从而具有更大的风险性；

创新性特征：网络经济源于高新技术和互联网，但又超越高新技术和互联网，其在技术创新的同时还需要有制度创新和企业创新、管理创新和观念创新的配合；

边际收益递增的特征：网络经济边际成本随着入网人数的增加而呈递

减趋势，而信息网络的收益却随着入网人数的增加而递增，网络规模越大，边际收益就越大。

步入21世纪以来，网络在商务活动中扮演的角色重要性与日俱增，因特网上无限丰富的信息资源和用户资源，不仅能使使用者降低经济活动的交易成本，而且可以获得不可估量的巨大经济利益。因此，互联网的应用正从一般的信息浏览功能向更具价值创造功能的网络经济方向发展。可以说，网络经济已经成为当今社会生产力发展的必然趋势，网络经济时代已经向我们走来。

二 发展网络经济的意义

网络经济不同于以往的农业经济和工业经济。在网络经济时代，信息产业以及以此为基础的各种服务行业将成为经济发展的主导产业；在信息产业空前发展的基础上，世界经济全球化趋势，将进一步增强，国际贸易、国际投资以及跨国生产、跨国经营活动等将更加活跃；在世界经济全球化的大背景下，整个经济运行的机制、方式和规则等也必将发生深刻的变化。网络经济发展的最为直观的形式是电子商务的出现和迅猛发展。现在已有越来越多的公司开始运用互联网来进行采购和销售。这不仅意味着商业机会的大量增加，而且意味着一个真正的全球性"新兴市场"的诞生。任何公司要想不断扩大其市场影响，增加其市场份额，保持其竞争优势地位，就必须加入互联网。

在2000年，美国经济在持续高速增长了10个年头以后，出现了放缓的迹象，并由此引发了整个世界经济的增速下降，给网络经济的发展也蒙上了一层阴影。但我们绝不能因此而对网络经济的发展前景产生怀疑，失去发展网络经济的信心。美国经济经过长达10年的高速增长之后，做出一些调整是很正常的，也是必要的。这不过是市场经济内在规律起作用的正常表现而已。

网络经济体现了未来经济发展的趋势，不仅是因为它创造了美国经济长达10年的高增长奇迹。更重要的是因为它为现实经济增长构筑了一个全新的技术平台，提供了一种将信息资源转化为经济收益的高效工具，营造了一种全球化的经营环境。人们利用先进的计算机技术，可以进行计算机自动控制、计算机辅助设计、计算机辅助制造和计算机集成制造等，实现生产的自动化，从而大大提高生产效率，并使个性化的小批量生产的边际成本最小化；人们利用发达的计算机网络，可以实现信息的快速传递和资源共享,从而充分利用各种信息资源为经营决策服务,并大大加快高新技术向现实生产力转化的速度,把信息资源转化为现实的经济资源;人们通过由计算机网络连成一体的全球化市场,可以实施真正的全球化经营战略,优化全球范围的资源配置,提高整个人类社会的经济资源利用效率,促进整个世界经济的增长。可见,网络经济的真正价值不仅在于它本身能够立即产生多少有形财富和利润,更重要的是它所营造的是一种崭新的社会经济形态,为全体社会成员提高社会发展能力和经济创造力提供一个平台,使所有产业都构建在一个新的起点上,使企业有可能实现财富迅速积聚和跳跃式发展(见表1)。

表1 信息和通信技术支出占国内生产总值比重　　　　　　　　单位:%

国家和地区	2003年	2004年	2005年	2006年	2007年	2008年
世　界	6.50	6.50	6.48	6.47	6.22	6.01
高收入国家	6.72	6.67	6.67	6.71	6.52	6.31
中等收入国家和地区	5.51	5.77	5.77	5.63	5.29	5.13
中　国	7.88	7.99	7.90	7.45	6.57	5.97
中国香港	6.28	7.01	7.82	8.17	9.40	9.20
孟加拉国	1.93	2.41	4.07	5.86	8.04	9.04
印度尼西亚	3.14	3.34	3.34	3.20	3.25	3.29
伊　朗	2.41	2.61	2.68	3.23	3.49	
以色列	6.02	6.26	6.13	6.03	5.71	5.39
日　本	6.71	6.60	6.69	7.00	6.88	6.69
韩　国	8.97	9.48	9.21	9.42	9.20	9.07
马来西亚	12.83	13.42	12.05	12.23	11.05	9.70
巴基斯坦	3.17	3.33	3.87	4.17	4.36	4.37
菲律宾	5.03	6.01	5.34	5.40	5.87	6.12
新加坡	10.10	9.70	9.56	8.72	7.53	7.08
斯里兰卡	2.40	2.70	3.27	3.81	4.57	4.34
泰　国	5.81	6.19	6.11	6.16	6.07	6.20
越　南	7.49	7.28	6.74	6.36	5.93	4.85
埃　及	3.96	4.69	5.32	5.36	5.23	5.70
尼日利亚	4.03	3.97	4.03	3.32	3.38	3.09
南　非	7.99	8.00	9.49	9.80	9.45	10.10
加拿大	6.95	6.92	6.67	6.48	6.57	6.60

续表

国家和地区	2003 年	2004 年	2005 年	2006 年	2007 年	2008 年
墨西哥	4.60	4.71	4.83	4.74	4.68	4.55
美　国	7.50	7.50	7.41	7.37	7.34	7.36
阿根廷	4.25	5.05	4.57	5.37	5.19	4.83
巴　西	5.70	6.22	5.86	5.67	5.46	5.28
委内瑞拉	3.14	3.18	3.67	4.04	3.94	3.53
捷　克	8.16	8.27	8.32	8.40	8.24	7.60
法　国	5.57	5.53	5.62	5.78	5.45	5.17
德　国	5.78	5.86	5.90	6.01	5.57	5.39
意大利	5.15	5.26	5.33	5.48	5.13	4.95
荷　兰	6.77	6.80	7.10	7.21	6.70	6.29
波　兰	5.70	6.33	6.07	6.28	5.77	5.50
俄罗斯联邦	4.23	4.46	4.33	4.24	3.82	3.46
西班牙	5.61	5.02	5.21	5.19	4.88	4.79
土耳其	4.53	4.22	4.17	4.06	3.96	4.06
乌克兰	6.76	7.89	8.15	8.08	6.78	5.93
英　国	6.28	6.25	6.12	6.06	6.03	6.34
澳大利亚	6.46	6.03	5.88	5.87	5.82	4.93
新西兰	5.67	5.49	5.51	5.50	5.14	5.48

资料来源：世界银行 WDI 数据库。

从表1可以得出一个结论：一般情况，发达国家信息和通信技术支出占国内生产总值比重都比较高，而低收入国家却很低，一个国家的经济发展水平很大程度上依赖于信息和通信技术。

信息产业、信息技术的出现，除了可以大量应用现有的和过去的传统产业之外，跟新技术的出现一样，还会有新的信息产业出现。就像有火车，当然就有火车运输业；有飞机，就有飞机运输业；有电话、电报就会出现电信产业。我们现在所讲的信息化、新的产业有一个特点，那就是要有一个相当大的基础设施投入，而今电子商务正在如火如荼地进行，所以国家要加大信息产业的建设，迅速发展网络经济。

根据以上分析，我们应未雨绸缪，及早对即将来临的网络经济进行科学的理论探讨和分析，认真研究和总结全球范围内网络经济发展的经验和教训，正确制定和实施符合我国国情的网络经济发展战略，加快我国网络经济发展的步伐，对加快我国社会主义现代化建设的步伐，增强我国广大企业在全球经济中的竞争能力，具有非常重要的现实意义和历史意义。我国正在实施科教兴国战略，加快社会主义现代化建设的步伐。在全球网络经济刚刚兴起的时代背景下，要紧紧抓住这个难得的历史机遇，大力加强网络经济基础设施和网络人才队伍建设，推动以现代计算机技术为核心的信息技术产业发展。

第四节　全球化国际竞争日益激烈

随着网络经济的发展，经济全球化格局的形成，使国际人才争夺日趋激烈，国际竞争的深化必然推动企业生产要素在全球内流动并进行优化配置，包括人力资源的全球配置。这就导致人力资源管理不论从理论角度还是实践的角度都出现了一些新的趋势，需要企业及时更新观念，在新形势下抓住机遇，获得长足发展。

一　新经济环境特征

21世纪是新经济时代，与传统经济形态相比它表现在经济全球化、知识经济、服务经济、网络经济。首先，在世界范围内、各国各地区的经济相互交织、相互影响并融合成统一整体，形成"全球统一市场"。所谓"经济全球化"，指在市场经济的基础上生产要素在全世界范围内的自由活动和合理配置，逐渐以至最终完全消除国家间的各种壁垒，使其相互渗透、相互储存并不断加深，从而把世界变成一个整体的过程。其次，我们知道21世纪的经济是世界经济一体化条件下的经济，是以知识决策为导向的经济。知识经济是一种以知识为基础的经济。知识经济对人类经济社会活动的各个领域，对现有的生产方式、生活方式、思维方式等正在产生重大的影响。再次，服务经济是以人力资本为基本生产要素的经济，是指从事服务经济的就业人数占国民经济总就业人数60%以上的经济形态。改革开放以来，随着我国国民经济的快速发展，经济结构发生了很大变化，消费者主权越来越明显。企业应时时领先消费者，培养消费者的偏好，占领市场份额。而不仅仅停留在售后服务环节,应转向吸取消费者意见并反映到产品上走到消费者前面,也就是 21 世纪的服务经济应围绕服务价值链开创新的服务模式。最后,网络经济的不断崛起,体现了未来经济发展的趋势。

二 人力资源管理的变革趋势

在 21 世纪经济全球化、人才国际化的大背景下,生产要素全球配置、信息技术全球推进,出现人才流动、人才缺失等变化,要求企业管理,尤其是企业人力资源管理进行变革,以适应全球化国际竞争日益激烈的发展趋势。其中人力资源管理的变革趋势有以下几点:

(一) 人力资源管理成为企业战略规划及战略管理不可分割的组成部分

人力资源可以说是企业最重要的资源,其不仅仅是人事部门的事情,而是整个企业的战略性工作之一,是企业董事会和最高层管理者必须关心的事情。因而所有的企业在设计自己发展战略的的时候,都将公司和部门战略与人力资源战略统一起来为企业战略决策服务,各项人力资源管理理念和方法之间应达成有效的切合。

(二) 人力资源管理日益显出在企业价值链中的作用

21 世纪,人力资源管理的核心是如何通过价值链的管理来实现人力资本价值的增值,价值链本身就是对人才激励和创新的过程。围绕价值链拓展管理范围,人力资源管理在企业价值链的作用日益突出。因此人力资源管理部门应该积极加强与企业各业务部门的联系,从权力中心走向服务中心。

(三) 人力资源管理边界呈日益模糊状态

一直以来,人力资源管理仅仅是企业组织内部的一项管理活动,有其独立的工作范畴。近年来,随着业务外包、战略联盟、虚拟企业等各种形式的企业网络组织的出现和迅猛发展,使人力资源的管理边界日益模糊,其管理已经跨越组织的边界，不再仅仅局限于企业内部的管理事务，而是面向于更为广阔的管理空间。

第五节　全球化格局对未来人力资源管理的影响

在经济全球化、人才国际化的背景下，为了适应新经济对企业组织生存和发展的要求，人力资源管理正发生一系列新的变化。

一　知识管理是未来的主导

全球化竞争时代将是以人才为主导的时代，素质高又稀少的人才将获得更多的工作机会和更高的经济报酬，知识型员工成为企业人力资源管理关注的重点，知识的创造、知识的传递、知识的应用、知识的增值成为人力资源管理的主要内容。

二　建立新型员工关系

人力资源管理是影响企业和员工关系的所有管理决策和行为总和。企业人力资源管理出现了日益模糊的状态，企业要重视知识资本、人力资源和管理，这需要整个企业包括高层管理人员对一线员工全方位的关心。

三　以服务为中心

围绕价值链来拓展管理范围。人力资源管理在企业价值链中的重要作用日益突出，是因为它可以为顾客提供附加值，顾客既包括企业外部的顾客，也包括企业内部各个部门，因此人力资源管理部门应该积极加强与企业各业务部门的联系，人力资源管理部门应该从权力中心走向服务中心。

四　建立人才引进制度

吸引留住优秀人才，帮助员工进一步发展，在不断变化的全球性竞争环境中留住优秀人。企业之间竞争直接转变为人才的竞争，因此企业要吸引自己需要的优秀人才，设法留住企业内部的优秀人才，一方面要帮助员工规划职业生涯，为员工提供个性化的人力资源服务和产品，考虑员工个人在本企业工作过程中人力资本的加强；另一方面设法提高员工的工作生活质量，使他们实现自身的人生价值和目标。

五 利用信息技术，实现虚拟化管理

企业的知识，尤其是隐性的知识，依赖的是企业内部和外部专家的知识对企业技术发展的决策和组织诀窍的积极影响。美国、欧洲都在研究高绩效组织的问题，研究高绩效组织是怎么创建的。而信息技术的广泛应用要求人力资源管理要利用信息技术，以网络为供应区，虚拟化管理。比如网上招聘、网上培训、网上沟通、网上考评等。

六 倡导以人为本的价值观

企业的发展包括硬性和软性两个方面的内容，硬性是指创造市场价值的技术，软性是指企业的能力，即能不能吸引、留住优秀人才。比较而言，软性的企业组织能力更难获取和模仿，一个企业能不能制定和创造出好的政策和环境，关键要看一个企业有没有哲学理念、共同的价值观以及共同的宗旨和目标。

在全球化背景下，企业需要新的技能，解决新的问题，需要掌握新的技能，引入新的资源。以前有很多研究人力资本、社会资本、组织资本的学者，比如美国鲁森教授已经开始研究心理资本。过去我们在这方面注意不够，主要研究人力资本、社会资本和组织资本问题，现在越来越多的学者也已经在关注心理资本问题。

如果企业考虑全球化，倡导以人为本的价值观，就需要考虑员工的治理方式、员工的能力和员工的思维方式。首先从员工治理的方式来讲，企业要考虑全球资源网络和全球企业组织的构架，整合全球信息平台，以推进全球化作为企业能力的需要等；其次从员工的能力来讲，需要考虑员工有没有全球视野、外语能力等；再次以全球化的角度来讲，需要包容性的文化、跨文化信任、从全球利益考虑企业能力，等等。

参考文献

[1] 吴冬梅等编著：《现代企业人力资源管理实务：人力资源管理案例分析》第 2 版，机械工业出版社 2011 年版。

[2] 贺清君：《企业人力资源管理全程实务操作——HR 管理者高效工作指南》，中国法制出版社 2013 年版。

[3] 王瑞永编著：《中小企业人力资源管理精细化设计全案》，人民邮电出版社 2011 年版。

[4] 武欣编著：《绩效管理实务手册》，机械工业出版社 2005 年版。

[5] 魏秀丽：《现代企业人力资源管理实务：员工管理实务》第 2 版，机械工业出版社 2011 年版。

[6] 苏钧：《现代企业人力资源管理：员工招聘、甄选、岗位引导和绩效考核》，中国致公出版社 2007 年版。

[7] 胡八一：《民营企业人力资源管理实务》，电子工业出版社 2012 年版。

[8] 胡八一：《国有企业人力资源管理实务》，电子工业出版社 2012 年版。

[9] 孙海法：《现代企业人力资源管理》第二版，中山大学出版社 2010 年版。

[10] 胡君辰、杨林锋：《企业人力资源管理》，格致出版社 2011 年版。

[11] 赵曙明：《国际企业：人力资源管理》第三版，南京大学出版社 2005 年版。

[12] 王先玉、王建业、邓少华：《现代企业人力资源管理学》，经济科学出版社 2003 年版。

[13] 伍双双：《企业人力资源开发与管理实务》，北京交通大学出版社 2010 年版。

[14] 刘毅、王艳杰主编：《现代企业人力资源开发与管理》，哈尔滨工程大学出版社 2007 年版。

[15] 杨东辉、金英伟主编：《企业人力资源开发与管理》第三版，大连理工大学出版社 2010 年版。

[16] 王启珊、吴兴华：《企业人力资源管理》，华中科技大学出版社 2013

年版。
［17］董福荣、刘勇：《现代企业人力资源管理创新》，中山大学出版社2007年版。
［18］姚水洪、任新刚主编：《现代企业人力资源管理概论》，大连理工大学出版社2007年版。
［19］秦志华：《企业人力资源管理原理》，清华大学出版社2008年版。
［20］李中斌：《企业人力资源管理新论》，中国言实出版社2009年版。
［21］吴晖主编：《企业人力资源管理制度编写实务》，中国劳动社会保障出版社2007年版。
［22］郑海航、吴冬梅主编：《企业人力资源管理——理论·实务·案例》，经济管理出版社2012年版。
［23］吕实主编：《企业人力资源管理与开发》，北京交通大学出版社2011年版。
［24］费英秋主编：《中小企业人力资源管理》，经济管理出版社2012年版。

后　记

　　在我国，人力资源管理不仅已经发展成一个学科、一个专业、一门课程，而且发展成为社会经济的重要领域和社会性职业。关于人力资源的研究及其论著浩如烟海、举不胜数。现代企业的类型、模式、管理等也可谓一日千里地发展变化。20世纪企业管理教材中绝大多数内容已经不合时宜。由此，编辑一本具有特色的企业人力资源管理著作，确非易事。好在很多学者已经做了很多工作，我们可以从中汲取营养。本书就是在参考了大量论著基础上完成的，在此我们表示最诚挚的谢意。由于时间和能力有限，本书未能一一标注引用的文献，在此对原作者表示最真诚的歉意。

　　由于水平有限，书中错漏一定不少，敬请读者批评指正，以期今后修改。

2014年2月7日